Die Schicksale der Frauen aus der Wedekind-Dynastie: Briefe, Tagebuchaufzeichnungen und Erinnerungen werfen ein neues Licht auf Frank Wedekinds Ehe und auf das Leben seiner Frau Tilly und deren beider Töchter, Pamela und Kadidja, die auch nach dem Tod des Dichters nicht gänzlich aus seinem Schatten zu treten vermochten. Anatol Regnier, Enkel von Frank und Tilly Wedekind, wertet in dieser Biografie erstmals Teile des bislang unter Verschluss gehaltenen Familienarchivs aus und zeichnet ein faszinierendes Psychogramm dreier Frauen zwischen künstlerischem Anspruch und obsessivem Leben.

ANATOL REGNIER wurde 1945 als zweites Kind von Pamela Wedekind und Charles Regnier geboren. Nach dem Musikstudium und langjähriger Lehrtätigkeit am Konservatorium in München lebte er in Australien und Israel. Regnier wurde 2005 mit dem Ernst-Hoferichter-Preis und 2012 mit dem Schwabinger Kunstpreis ausgezeichnet.

ANATOL REGNIER BEI BTB
Damals in Bolechów. Eine jüdische Odyssee
Frank Wedekind. Eine Männertragödie
Wir Nachgeborenen. Kinder berühmter Eltern
Jeder schreibt für sich allein. Schriftsteller im Nationalsozialismus

Anatol Regnier

Du auf deinem höchsten Dach

Tilly Wedekind und ihre Töchter

Eine Familienbiografie

btb

Penguin Random House Verlagsgruppe FSC® N001967

8. Auflage
Genehmigte Taschenbuchausgabe September 2005,
btb Verlag in der Penguin Random House Verlagsgruppe GmbH,
Neumarkter Straße 28, 81673 München
Copyright © by Albrecht Knaus Verlag
in der Penguin Random House Verlagsgruppe GmbH
Umschlaggestaltung: Design Team München
Umschlagfoto: AKG-Images
Druck und Einband: GGP Media GmbH, Pößneck
MK · Herstellung: sc
Printed in Germany
ISBN 978-3-442-72674-5

www.btb-verlag.de
www.facebook.com/penguinbuecher

*Carola und Adrienne gewidmet im
Andenken an unseren Vater*

Inhalt

I. Du in deinem Herzen leer
Tilly und Frank

II. Unterhaltend pfeift der Wind
Tilly, Pamela und Kadidja

III. Drehn wir uns auf hohem Turm

Drei Frauen

Anhang

I

Du in deinem Herzen leer

Tilly und Frank

Du in deinem Herzen leer,
Ich in blindem Wahne –
Dreh dich hin, dreh dich her,
Schöne Wetterfahne!

FRANK WEDEKIND, *Die Wetterfahne*

Vorgeschichte

In den Berichten seiner Kinder, Jahrzehnte nach seinem Tod verfasst, erscheint Eduard Newes als gut aussehender, man könnte sagen schöner Mann, mittelgroß und kräftig, mit nach hinten gekämmten dunkelblonden Haaren, graublauen Augen, einer edlen Nase und einem buschigen, rötlichen Schnurrbart. Auffallend schöne Hände soll er gehabt haben, mit langen Fingern und rosa glänzenden Nägeln. Sein Sohn Rudolf, der später in Wien bei einer Bank arbeitete, erwähnt seinen wuchtigen Brustkorb – nackt habe er wie ein zu klein gebliebener Riese ausgesehen. Seine Tochter Martha hebt seinen Humor hervor: Auf dem Sterbebett habe er den Pfarrer gefragt, ob er die Jungfrau Maria von ihm grüßen solle, er sehe sie ja bald. Die Trauerfeier sei unversehens zu einer fröhlichen Veranstaltung geworden, als mehr und mehr Gäste Anekdoten aus seinem Leben erzählten. Seine Tochter Tilly schwärmt von Spaziergängen durch die Grazer Innenstadt, bei denen er alles kaufte, was sie wollte, einfach so, weil es Spaß machte. Herzensgut sei der Vater gewesen, freundlich, charmant, ein bisschen leichtsinnig, mit einem ganz und gar ungewöhnlichen Lachen: stumm, mit geschlossenem Mund, sozusagen nach innen hinein, bis er rot wurde und ihm Tränen über das Gesicht liefen.

Eduard Newes, geboren 1842 in Pardubitz in Böhmen, wächst auf in Armut und Enge. Sein Vater ist mit siebzehn Jahren zum Regiment der Deutschmeister assentiert worden und hat bei Aspern gegen Napoleon gekämpft, in jener Schlacht, die binnen weniger Stunden vierzigtausend Tote forderte. Dafür hat er das Kanonierkreuz erhalten und ist taub vom Geschützdonner heimgekehrt. Eduards Mutter, heißt es, stammt aus verarmtem französischem Adel und ist Mehlspeisköchin beim geistesschwachen Kaiser Ferdinand gewesen. Das Eheangebot eines Grafen schlägt sie aus und heiratet stattdessen den Stallburschen Newes, der ihr acht Kinder beschert, spielt und trinkt und ihre zweitausend in Silberzwanzigern gesparte Gulden verschleudert.

Um die winzige Pension zu strecken, näht sie in Heimarbeit Kommisswäsche. Der kleine Eduard und seine Geschwister müssen helfen. *Johann konnte ein zugeschnittenes Hemd selbstständig fertig machen, ich konnte endeln, Anna nähte. Alles musste mit der Hand gemacht werden.* Als alter Mann hat Eduard die Geschichte seiner Jugend aufgeschrieben, für die Kinder, damit sie wissen, wo sie herkommen.

Dem Elend entfliehen, etwas Anständiges lernen. Eduard Newes entscheidet sich für den Kaufmannsberuf und hört Staatsverrechnungslehre an der Grazer Universität – niemand in seiner Familie hat einen solchen Ort je betreten. Die Steiermärkische Sparkassa stellt ihn an, er mietet eine Vierzimmerwohnung, erneuert Teile des Hausrats.

Aber so leicht lässt sich das Pech nicht abschütteln. Seine Schwester Anna bleibt an einem Glockenzug hängen, renkt sich die Schulter aus und ist fortan verkrüppelt. Seine Lieblingsschwester Josephine stirbt sechzehnjährig an Lungenentzündung, weil sie, vom Tanzen erhitzt, keine Droschke nahm und zu Fuß nach Hause ging.

Zwei Brüder, der fesche Franz und der fesche Wenzel, geraten auf die schiefe Bahn. Franz defraudiert Edelsteine bei einem Goldarbeiter und treibt sich in Ungarn als Landstreicher herum, Wenzel stiehlt schon in der Schule und wird von seinem Brotherrn wegen eines Kassadefizits an die Luft gesetzt. Als nichts mehr hilft, müssen beide nach Amerika. Ein Pferdehautkoffer wird mit Kleidern gefüllt, Anna näht Münzen in Kragen und Hemdsäume, Eduard besorgt Fahrkarten bis Baltimore, dazu billige Uhren aus dem Versatzamt und einen Revolver. Aber schon auf dem Schiff geraten sie in schlechte Gesellschaft. Franz schreibt noch einmal und bittet um Geld, Wenzel soll geheiratet haben. Dann hört man nichts mehr von ihnen.

Eduard Newes ist achtunddreißig Jahre alt, als er im Mai 1880 seine Frau kennen lernt, in einem Laden, wo sie Ballhandschuhe kauft. «Darf man wissen, bei welcher Gelegenheit sie getragen werden?», fragt er charmant. «Beim Universitätsball», antwortet die junge Dame. «Da werde ich das Vergnügen haben, Sie wiederzusehen», sagt Eduard.

Sie tanzen und plaudern in der Ressource. Am Sonntag darauf lädt die Familie der jungen Dame den liebenswürdigen Junggesellen zu einem Ausflug auf den Schöckl. Auf dem Heimweg gibt er ihr den ersten Kuss, am nächsten Tag verloben sie sich. Die Braut ist dreiundzwanzig Jahre alt.

Von Mathilde Engländer ist weder Schriftstück noch Fotografie erhalten. Ihre Kinder nennen sie *Mamscherl* oder *unsere gute Mutter*. Apart habe sie ausgesehen, mit einem schmalen Gesicht und einem *rassigen Schnurrbärtchen,* und kränklich sei sie gewesen – ein nicht näher bezeichnetes Nervenleiden. Geboren ist sie 1857 in Wien, als Tochter des Zahn- und Wundarztes Adolf Engländer.

Spätestens bei der Nennung dieses Namens müssen in Graz fragende Blicke erfolgt sein, denn Engländer heißen eigentlich nur Juden. In der Nazizeit, als die Familie ihre Abstammung belegen muss, wird Adolf Engländers Name mit dem Zusatz «kath. Zahnarzt» versehen, aber bei seinen Eltern fehlt die Angabe der Religion – ein sicherer Hinweis darauf, dass etwas «nicht stimmt». Adolf Engländer hat sich, wie viele seiner Glaubensgenossen, als junger Mann taufen lassen. Aber die Taufe macht aus einem Juden keinen Nichtjuden – das Grazer Bürgertum ist erzkonservativ und nationalistisch eingestellt, Eduards Mutter und Schwester verhehlen die Missbilligung seiner Wahl nicht.

Andererseits bewohnt Zahnarzt Engländer ein prächtiges Haus in der Herrengasse nahe der Mariensäule, und Mathildes drei Brüder sind in Berufen erfolgreich, von denen man in der Familie Newes nur träumen kann. Dagobert, der Älteste, ist Kapitän bei der Donaudampfschifffahrtsgesellschaft, Richard Professor an der Technischen Hochschule in Wien, und der jüngste

Bruder, Adolf wie der Vater, macht Karriere bei der Österreichischen Creditanstalt, also genau auf Eduards Gebiet.

Vielleicht glaubt Mathilde Engländer, als Halbjüdin nichts Besseres zu bekommen, vielleicht reizt sie Eduards gutes Aussehen, vielleicht ist es Liebe. Sie heiratet den um fünfzehn Jahre älteren Mann am 11. September 1880 und zieht mit ihm in die Leonhardstraße im neu erbauten Jakominiviertel. Drei Kinder werden geboren: Dora, Paula und Rudolf.

Kurz darauf bricht das bescheidene Glück zusammen. Eduard Newes wird aus dem Sparkassendienst entlassen. Ein anonymer Schmähbrief an den Kanzleidirektor ist der Grund, und obwohl Eduard beteuert, nichts damit zu tun zu haben, muss er seinen Hut nehmen, fassungslos, im Innersten verletzt und so schwer getroffen, dass er sich nach Angabe seiner Kinder davon nie wieder ganz erholt. Mathilde erleidet als Folge des Schocks eine Fehlgeburt.

Eduard wird eine Pension von zwölfhundert Gulden jährlich zugesprochen – er wertet das als Beweis dafür, dass man ihn für unschuldig hält. Aber was soll er, dreiundvierzigjährig, mit dem Rest seines Lebens anfangen? Er versucht sich als Häusermakler und Finanzberater, aber ein Jahr nach seiner Entlassung hat sich die Lage so zugespitzt, dass Hilfe von außen notwendig ist.

Die kann nur von einer Stelle kommen: von den Juden und Halbjuden der Familie Engländer. Beide Seiten tun sich schwer, denn inzwischen ist eine Seite von Eduards Charakter bekannt geworden, die seine Frau seit langem quält: Eduard Newes ist ein Schürzenjäger. Ob er für seine Lust Geld ausgibt, ist nicht bekannt, aber Frauen, besonders junge Kroatinnen, so genannte «Windische», die in vielen Grazer Haushalten arbeiten, sind vor ihm nicht sicher. Seine Frau hat ihn mehrmals ertappt und ist darüber in tiefe Melancholie gefallen.

Die Engländers helfen trotzdem. Gemeinsam hat man die Idee einer Weinhandlung. Graz ist eine Weintrinkerstadt, und wer bei den Bauern um Maribor und Ptui günstig einzukaufen versteht, kann großen Profit erwirtschaften. Eduard ist gelernter Kaufmann, und was ihm an Fachwissen fehlt, soll ein Verwalter einbringen. Ein Haus wird gesucht, das Geschäft und Familie beherbergen kann.

In Sichtweite des Stadtparks findet man ein ideales Objekt: das Eckhaus an der Zinzendorf- und Brandhofgasse. Ladentür und Schaufenster nehmen zwei Häuserfronten ein, der Keller ist groß genug, um Fässer zu lagern, ein Innenhof ist vorhanden, und der Rest des Hauses bietet so viel Raum, dass man notfalls einen Teil vermieten kann. Die frühgotische Leechkirche, stadtbekannt, liegt schräg gegenüber, und durch die Zinzendorfgasse fährt die Pferdebahn – ein Hoch auf den Unternehmer aus Prag, der die Grazer Stadtväter endlich von ihrer Notwendigkeit überzeugt hat.

Das Haus kostet neunzehntausend Gulden, für Umbauten werden weitere zehntausend Gulden veranschlagt. Mathilde kratzt den Rest ihres Erbteils zusammen, Eduard legt sein geringes Erspartes hinzu, Familie Engländer gleicht den Fehlbetrag aus. Eduard Newes kann aufatmen. Der praktische Sinn und die Entschlusskraft seiner angeheirateten Verwandten haben ihn vor dem Ruin bewahrt. Wie es um sein Selbstbewusstsein bestellt ist, bleibt unklar, ob er sich seiner Untreue schämt, auch. Wahrscheinlich gelobt er Besserung, wahrscheinlich glaubt ihm seine Frau – beiden bleibt wenig anderes übrig.

In diese Situation der Unsicherheit, des Bangens, der Verzweiflung, aber auch des Aufbruchs kommt am 11. April 1886 Mathilde Emilie Adolfine Newes zur Welt, die später als Tilly Wedekind bekannt wird.

Es ist Sonntag. Die «Tagespost» meldet gutes Wetter, Kaiser Franz Joseph eröffnet den Sojourn in Schloss Schönbrunn, und der Schauspieler Alexander Girardi, ein großer Sohn der Stadt Graz, beendet sein diesjähriges Gastspiel. Wenige Wochen nach Tillys Geburt zieht Familie Newes in das neue Haus.

Das reine Buxtehude, urteilt Franklin Wedekind, vierundzwanzig Jahre alt, als er die bayerische Hauptstadt am 5. Juli 1889 wiedersieht. *Die Straßen schmutzig und eng. In einem Zigarrengeschäft sehe ich noch die nämliche Auslage stehen, die ich vor drei Jahren dort gesehen. Ich gehe in den Franziskaner, der mich durch sein schmieriges Äußere und Innere anekelt.*

Franklin Wedekind ist nicht freiwillig in München. Die Berliner Polizei hat ihm die Aufenthaltsgenehmigung verweigert, weil er sein Staatsangehörigkeitsattest nicht beibringen konnte und sein amerikanisches Bürgerrecht nicht genügte, das er durch den langen Aufenthalt seines Vaters in San Francisco besitzt. *So bleibt mir nun nichts übrig, als fortzugehen,* schreibt er seiner Mutter im schweizerischen Lenzburg. *Morgen oder übermorgen Abend verreis ich nach München. Gelingt es mir dort, mein Auskommen zu finden, so ist es gut. Wenn nicht, so werd' ich mich auf den Winter nach einer Redaktionsstelle in der Schweiz umsehen.* Ins Tagebuch notiert er: *Beim Anblick des Anhalter Bahnhofs überkommt mich ein starkes Gefühl der Beschämung, wenn ich daran denke, mit wie keckem Mut ich vor 6 Wochen hier im herrlichsten Morgensonnenschein eingezogen.*

Franklin Wedekind will Dichter werden und ist es eigentlich schon. Tausende von Seiten hat er beschrieben, bereits als Sechzehnjähriger konnte er Beiträge in Zeitungen unterbringen. In Lenzburg steht eine Kiste voller Entwürfe. Dichtenwollen und Dichtenmüssen haben sein Leben nicht einfacher gemacht. Die Lehrer haben seine *jeder gesunden Entwicklung und Disziplinierung im Wege stehende Poetasterei* gegeißelt, er ist sitzen geblieben, musste mehrmals die Schule wechseln und hat das Abitur nur mit Hilfe von Privatunterricht geschafft. Als sein Vater entdeckte, dass er bei seinem ersten Münchner Aufenthalt nicht Jura studierte, sondern Theater besuchte und Dramenentwürfe schrieb, sperrte er alle Mittel. Trotzig wollte Franklin beweisen, dass er als freier Schriftsteller bestehen kann – und scheiterte, trotz ehrlicher Bemühung, sparsamer Lebensführung und Reklameversen für Julius Maggis aufstrebendes Suppenimperium. Talentiert, aber glücklos – so sieht sich Franklin Wedekind.

Der erste Münchner Abend verläuft beschwingt. *Gegen Berlin der reine Landaufenthalt. [...] Fast fürchte ich, vor lauter Gemütlichkeit nicht zum Arbeiten zu kommen.* Die Sorge ist unbegründet – Franklin ist fleißig wie immer. «Eppur si muove» heißt das Werk, an dem er schreibt, ein Lustspiel in vier Aufzügen. Er hofft, den ersten Akt bald zu vollenden.

Indessen fehlt die anregende Berliner Gesellschaft. Die Münchner sitzen beim Bier, sich selbst genug, weit weg vom Rest der Welt. *Die Rede kommt auf Dr. Wörner, der in New York Vorträge in schwarzem Frack und weißer Binde halte, wobei sich Dr. Muncker dahin verspricht, dass er weißer Frack und schwarze Binde sagt. Allgemeines Gelächter in der Art, wie junge Hühner gackern. Darauf wiederholt jeder der Gesellschaft noch einmal extra weißer Frack und schwarze Binde und belacht den Ausdruck noch einmal persönlich. In dieser Weise geht es den ganzen Abend. Was will man? Wenn der Teufel Hunger hat, so frisst er Fliegen.* Am 18. Juli bezieht er ein *langes, darmartiges Zimmer* in der Akademiestraße 21 bei Frau Mühlbauer, deren *Hund und Katzen die Wohnung mit einem Gestank erfüllen, der einen schier zu Boden wirft.*

Der *hässliche Typus der Münchnerinnen* fällt ihm auf. *Alle haben skrophulöse Physiognomien, dicke Nasen, unschöne Hälse, schlechte Zähne und lederfarbene Haut.* Im Hacker- und Hofbräukeller, in der Engelsburg und im Café Luitpold schmachtet er die Kellnerinnen an. *Ob diese Büste wohl echt ist? [...] Besonders oben her ist sie so prachtvoll gewölbt wie die Hagia Sophia.* Ein Fräulein Rosa lässt ihn grüßen. Er *zittert und bebt* dem nächsten Tag entgegen, aber flüchtet, bevor es zu einem Treffen kommt. In einem Pissoir in der Maximilianstraße verschlingt ihn ein *bärtiger, eleganter Herr* mit seinen Blicken. *Er läuft mir auch wirklich ein gutes Teil nach, bleibt dann aber zurück. Ich kämpfe einen nicht unbeträchtlichen Kampf, ob ich nicht lieber wieder umkehren soll. Die Entscheidung finde ich darin, dass ich mir sage, später [...] wenn ich für mich meine Schäfchen im Trockenen habe, wenn ich sicher bin, nicht Leidensgefährte zu sein.*

«Stunden der Andacht» heißt Franklins Sammlung erotischer Gedichte. Das Mysterium des Geschlechtlichen hat er in Lenzburg mit Kameraden des von ihm gegründeten «Senatus

Poeticus» ausgiebig diskutiert. Persönlich ist er gehemmt, hat Angst vor Verletzungen. *Ich liebe die brausende, zügellose Leidenschaft, die Tumulte des Herzens über alles, vielleicht gerade darum, weil sie mir am meisten abgehen,* gesteht er einem Freund.

Die Affäre mit Bertha Jahn-Ringier sitzt ihm in den Knochen, jener Mutter eines Lenzburger Mitschülers, die er als Zwanzigjähriger mit Gedichten umworben und hart bedrängt hat, bis sich die fünfundvierzigjährige Witwe in ihn verliebte. Er hat sich damals ziemlich übel benommen, ihre Briefe unbeantwortet gelassen und, um sie loszuwerden, grausam und plump eine junge Geliebte erfunden.

Jetzt fällt es schwer, eine Beziehung zu knüpfen. *Nachmittags im Englischen Garten spreche ich ein junges, einfach gekleidetes Mädchen an, das sich auf meine Bank gesetzt. Sie liest in einer Anthologie namens Edelweiß und häkelt dazu. [...] Tagsüber sei sie am liebsten allein, aber des Abends, so nach sieben [...] da sei sie oft recht dankbar, wenn ihr ein Herr seine Begleitung anbiete, da sie sich sonst fürchte. Ich verabschiede mich auf Wiedersehn und schlendere ins Café Putzer unter den Arkaden, wo ich in einer großen dänischen Dogge einen Leidensgefährten erblicke. Der Hund liegt an der Leine und leidet offenbar auch an Mangel an Umgang.*

Das Bild seines Vaters verfolgt ihn: Dr. Friedrich Wilhelm Wedekind, Niedersachse, Amerika-Auswanderer und Herr auf Schloss Lenzburg im Aargau. *Wenn ich tagsüber an ihn denke, überkommt mich ein Weh, das mir die Kehle zuschnürt.* Franklin war acht Jahre alt, als der Vater das Schloss kaufte und mit Frau und drei Kindern von Hannover in die Schweiz zog. Er verlebte eine goldene Kindheit, aber sprach bald von *heimatlichen Katzbalgereien, wo jede Harmlosigkeit [...] als Teufelei betrachtet wird.*

Bei einer Auseinandersetzung mit dem Vater über sein erschwindeltes Jurastudium hat er sich zu einer Tätlichkeit hinreißen lassen und ihm ins Gesicht geschlagen. Er trägt schwer an der Erinnerung. Jetzt ist der Vater tot, zweiundsiebzigjährig vom

Schlag getroffen, ein Mann, der das Beste wollte, literarisch interessiert und weltläufig, aber am Ende ein übel gelaunter Greis mit polternder Stimme, in wertlose Sammlungen vertieft (der Auktionator bewunderte lediglich das mit unendlicher Sorgfalt angelegte Verzeichnis) und so isoliert, dass er sich das Essen in einem Korb vom Schlosshof in sein Turmzimmer zog und auf den Boden stampfte, wenn er etwas wollte.

Die letzte Nacht träumte mir wieder von Papa. Er war so bescheiden in seinen Ansprüchen. Der Dinge, die seit seinem Tode geschehen, tat er mit keiner Silbe Erwähnung. Er wünschte nur, dass man ihn ein paar Jahre noch in Ruhe leben lasse. [...] Ich stand dem Fenster gegenüber am Tisch und kramte zwischen den Gardinen herum. Da trat er in einem leichten schwarzen Rock [...] in seiner gewohnten elastischen Gangart hastig aus der Tür zur Rechten, tat nur wenige Schritte ins Zimmer und sah sich ängstlich nach beiden Türen um. Darauf warf er mir einen so flehentlichen Blick zu, dass es mir die Kehle zuschnürte. Und doch bin ich ihm nicht einmal entgegengegangen.

Am 24. Juli 1889, seinem fünfundzwanzigsten Geburtstag, wartet Franklin vergebens auf Nachricht aus der Schweiz. Haben ihn alle vergessen? Seinen Bruder Willy zieht es nach Afrika; Armin, der Älteste, lebt als Arzt und Familienvater in Zürich; Schwester Erika, genannt Mieze, hat nichts im Kopf als ihre Gesangsausbildung, und die kleine Mati ist in Darmstadt in Pension. Donald, sein jüngster und liebster Bruder, der absolut nicht weiß, was er mit seinem Leben anfangen soll, versucht sich in New York als *Teacher of German, French, Italian, Latin and Greek, Mathematics, Physics, Geography and History*. In seiner Einsamkeit gräbt Franklin Briefe von Lenzburger Freunden aus. *Gegen Abend bin ich infolge der Lektüre in einer rührseligen Stimmung, so dass ich das Bedürfnis hege, allein zu bleiben. Ich gehe ins «Münchner Kindl», ein Tingeltangel, wo ich mich leidlich amüsiere, hauptsächlich deshalb, weil man die Beine besser sieht als in der «Italia».*

Ein Erbteil von neunzehntausend Schweizer Franken erlaubt ihm ein sorgloses Leben, aber wenn die schriftstellerische Arbeit stockt, fühlt er sich nutzlos. *Nicht selten quält mich der Gedanke, ob mein Arbeiten denn in der Tat auch ein Arbeiten sei. Dieses Gefühl überkommt mich meistens sonntags, wenn ich alle Welt faulenzen sehe, was mir unmöglich ist. [...] Die Arbeit ist eben etwas, das sich durch sich selbst vermehrt. [...] Seit Donnerstag wieder keine Seele gesprochen.*

Als Schüler in Lenzburg und Aarau sind Ideen und Verse nur so aus ihm herausgesprudelt. Sein Witz, seine Phantasie und Sprachgewalt haben die Kleinstadt förmlich durcheinander gewirbelt. Um des Schreibens willen hat er den Bruch mit dem Vater riskiert und sich in Zürich durchgehungert. Aber jetzt, da er schreiben muss, weil es sein Beruf ist, fällt es ihm schwer.

Auf langen Spaziergängen denkt er nach, wie es in seinem Stück weitergehen könnte. Marguerite, fünfzehn Jahre alt, fällt ihm ein. *Ich denke mir, dass das Mädchen auf den Händen hereinspaziert kommt und Geld einsammelt, indem es die Füße um weniges auseinanderhält. Dann lässt es sich durch Affen auskleiden, wobei die Hauptsache eine vollkommene Passivität ist. [...] Das Mädchen wohnt und schläft mit einer Hündin zusammen, von wegen des Seelenduftes. [...] Auf dem Weg zum Hofbräukeller denke ich mir unter dem Mädchen meine eigene Tochter.*

Auf-den-Händen-Gehen soll sie lernen, indem er mit ihr Schubkarren fährt. *Gestraft wird nicht, nur freundschaftlich angeregt mit einer recht feinen Gerte, die ich ihr über den Unterleib führe. [...] Über Mittag beschäftigt mich die Idee, meine Tochter, wenn sie achtzehn, neunzehn geworden, vor Bleichsucht etc. zu beschützen, indem ich ihr anrate, sich den oder jenen Knecht oder Hausdiener aufs Zimmer kommen zu lassen. Natürlich rüste ich sie mit Präservativ aus.*

Er fürchtet, verrückt zu werden. *Meine Vereinsamung mag auch nicht wenig daran schuld sein. Ich bin so hilflos meiner Arbeit gegenüber geworden, ich lebe so unter dem Bann dieser Vorstellung, dass ich selbst auf der Straße ohne allen Halt hinbummle. Ich komme mir, wie ich so den Häusern entlanghaste, vor wie ein Verbrecher.*

Manchmal empfindet er *eine zärtliche Sehnsucht* nach seiner

Laute. *Wenn sie noch existiert, werde ich sie mir vielleicht doch auf den Winter kommen lassen.* Zahngeschwüre plagen ihn. Er legt Feigen auf, betäubt die Schmerzen mit Bier. *Wenn ich morgens im Bett aufs Frühstück warte, lege ich meine Zähne auf den Nachttisch [...] sofort fallen ein Dutzend Fliegen darüber her, weiden von Zahn zu Zahn und scheinen sich offenbar sehr daran zu erlaben.* Dazwischen: *Krakeel mit Frau Mühlbauer wegen Katzenstinkerei.*

«Eppur si muove» handelt vom Ringen um Stoff und künstlerische Gestaltung, um Franklins Abgrenzung gegenüber Kollegen der eigenen Generation, von denen einer ihn besonders interessiert: Gerhart Hauptmann. Er hat ihn in Zürich kennen gelernt und ist in Berlin oft mit ihm zusammengewesen.

Der Schlesier Hauptmann, zwei Jahre älter als Franklin, hat die Landwirtschaft erlernt, Bildhauerei studiert und sich vor einiger Zeit dem Schreiben zugewandt. Er ist verheiratet, aber lebt in beständiger Angst vor der Syphilis, der so genannten Rückenmarksstarre, und bewohnt eine pompöse, vom Geld der Ehefrau gekaufte Villa in Erkner. *Mit seinem grotesken, etwas blöden Profil, mit rattenkahl geschorenem Kopf, in schweren, nussfarbig dunklen Wollkleidern, die ihm um den Leib hängen, als hätte sie der erste beste Dorfschneider verfertigt, sieht er aus wie ein Tollhäusler.*

Aber so einfach ist es nicht. Hauptmann ist begabt. Im Frühjahr hat er, etwa gleichzeitig mit Franklin, ein Drama begonnen und innerhalb sechs Wochen vollendet: «Vor Sonnenaufgang». Jetzt wird es gespielt, am Lessingtheater in Berlin. Fontane persönlich hat sich bei Otto Brahm dafür eingesetzt, und Arno Holz nennt es das *beste Drama, das je in deutscher Sprache geschrieben wurde.*

Seinem Bruder Armin klagt Franklin, er sei in München *gewissermaßen abgeschlossen von der Welt. Seit 3 Monaten hab ich keinen Menschen mehr per Du angeredet, höchstens mich selbst.* «Eppur si muove» bewegt sich so wenig von der Stelle, *dass ich mir nachgerade als Penelopeia erscheine, die jede Nacht wieder abraspelt, was sie den langen Tag über gewebt. [...] Schreibe ja doch nur um des Schreibens willen. Ich könnte mich ebensogut wie eine wohlerzogene Jungfrau mit einer Handarbeit beschäftigen.*

Zinzendorfgasse, Ecke Brandhofgasse. Ein lang gestrecktes Haus, zweistöckig, gelb getüncht, mit grünen Fensterläden. Gegenüber die alte Leechkirche, aus grobem Naturstein, mit Turm, Uhr und Zifferblatt, das man vom Wohnzimmer aus sehen kann. Ein kleiner Friedhof mit niedriger Mauer, ein eisernes Tor, das fast immer offen steht, mit Stufen, die zu ihm hinaufführen. Wer sich aus dem Fenster lehnt, kann an der Kirche vorbei über das Glacis schauen. Dahinter liegt, grün und undurchdringlich, der Stadtpark mit sauberen Kieswegen und Bänken, plätschernden Brunnen und Denkmälern. Statt der Pferdebahn fährt jetzt die Elektrische. Die Anwohner nennen sie die «rote Kleinbahn», sie trägt die Nummer 2 und fährt bis über die Stadtgrenze nach Maria Trost.

Im Erdgeschoss ist Vaters Geschäft. Unter dem Ladentisch gibt es buntes Seidenpapier und Stanniolhülsen. Auf einem Bock daneben steht die Stöpselmaschine. Regale reichen bis unter die Decke. Es riecht nach Essig. In einem Raum wird Bier abgezogen, in einem anderen Maibowle und Punsch zubereitet. Ein Eisschrank wurde angeschafft. Ein Serbe holt Eisblöcke mit einem Haken vom Pferdewagen und trägt sie auf der Schulter hinein. In einem Wandschrank bewahrt Vater die besten Apfelsorten auf. Im Geschäft ist es dunkel – zu viel Licht schadet dem Wein, sagt der Vater. Im Keller lagern Fässer. Eine gewundene, weiß gescheuerte Holztreppe führt in die oberen Stockwerke.

Die Wohnung hat quadratische, durch Türen verbundene Zimmer mit grünen Kachelöfen. Das Wohnzimmer bietet Ausblick in zwei Richtungen und bekommt Morgensonne von der Zinzendorfgasse. Schwarz lackierte Möbel mit weiß geblümten Damastbezügen stehen auf hellem Parkett. Vom Küchenbalkon sieht man auf den Dachgarten von Herrn Srobil, dem tschechischen Nachbarn, der in Töpfen Tomaten und Kräuter zieht. Es gibt sogar ein Badezimmer.

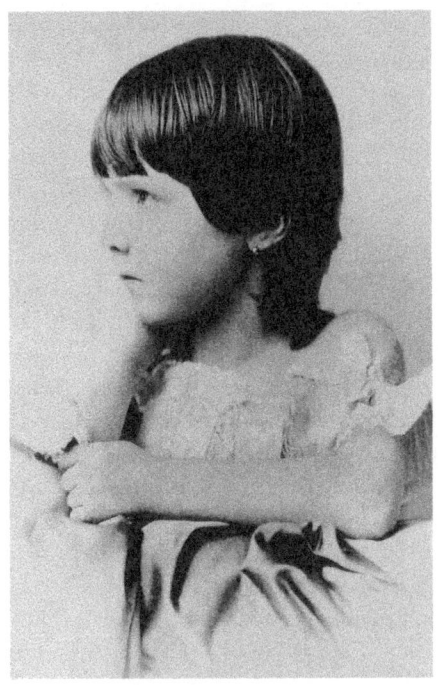

Tilly als Kind in Graz, um 1890

Aber es ist eng. Die zerbrechliche Mathilde Newes hat vier weiteren Kindern das Leben geschenkt. Eines ist gestorben, sieben sind geblieben: Dora, Paula, Rudolf, Tilly, Bertl, Karl und Martha. Zwei Zimmer bewohnt Großvater Engländer. Nach dem Tod seiner Frau hat er einen Schlaganfall erlitten, ist rechtsseitig gelähmt und kann nicht mehr sprechen. Auch sein Diener, den er mit einem Pfeifchen ruft und der ihn im Sitzwagen spazieren fährt, wohnt im Haus. Das erste Stockwerk ist vermietet. Dora, Paula und Tilly teilen ein Zimmer, die kleine Martha schläft bei den Eltern, die Brüder haben ihr Nachtlager auf Diwans im Wohnzimmer und Salon. Die Köchin macht sich ihr «Tafelbett» in der Küche auf der Arbeitsplatte, auf der tagsüber Marillenknödel, falscher Hase und andere Speisen zubereitet werden. Der gemauerte Waschkessel neben dem Kachelherd ist der Lieblingsplatz der Katze.

Eines Nachts werden die Kinder vom Geräusch hin und her laufender Füße geweckt. Am Morgen heißt es, der Großvater sei gestorben. Das Wohnzimmer wird schwarz ausgeschlagen, die Mutter kniet am Betpult, zu beiden Seiten des Sargs stehen Kerzen. Des Großvaters Zimmer werden vermietet, und die Kinder können nicht glauben, dass sie ihn nie mehr sehen werden.

Sieben Kinder. Zwischen Dora, der Ältesten, und Martha, der Jüngsten, beträgt der Altersunterschied dreizehn Jahre. Dora ist auffallend hübsch, groß gewachsen und schwarzhaarig. Sie bewegt sich schnell und sicher, hat Sinn fürs Praktische. Paula, weit weniger hübsch, leidet unter ihrer Dominanz, besonders weil die Eltern die beiden ältesten Töchter gern gleich gekleidet sehen. Paula ist schwerblütig und verschlossen. Sie liest viel, sitzt nachmittags über ihren Schulbüchern und würde gern studieren. Aber niemand nimmt das ganz ernst, und meist geht ihre Stimme im allgemeinen Trubel unter. Rudolf, der Dritte, ist ein gewissenhafter, ordentlicher Schüler.

Dann kommt Tilly, genau in der Mitte, mit jeweils drei älteren und drei jüngeren Geschwistern und auch im Rahmen der stattlichen Familie Newes eine ungewöhnliche Erscheinung. Sie hat einen feingliedrigen, biegsamen Körper, gerade, perfekt geformte Beine, das klassisch-griechische Profil mit Stirn und Nasenbein in einer Linie, ungewöhnlich dichtes, kastanienbraunes Haar und zwei unterschiedliche, grünblau ins Lila changierende Augen. «Tilly ist mehr als hübsch», sagen die Verwandten, «Tilly ist eine Schönheit!»

Eine glückliche Kindheit? Äußerlich gesehen ja. Graz ist eine bunte, südliche Stadt. Die Magnolien blühen früher als anderswo, die Sommer sind wärmer. Auf dem Markt gibt es frische Feigen und Melonen, Bosniaken in blauen Pluderhosen und Bolerojäckchen bieten bunte Lederarbeiten, Glasperlen, Erdnüsse und Datteln an. Vater Newes geht gern einkaufen. Mit sicherem Blick wählt er die besten Lämmchen, Gockel und Fische aus und lädt sie dem Burschen vom Geschäft in den Tragkorb, die so genannte Butte. Morgens stehen Tassen mit dem Namenszug jedes Kindes aufgereiht im Speisezimmer, und die Köchin schenkt, je nach Alter, Milch oder hellen Milchkaffee ein.

Sonntags reiben sich die Schwestern Helenenpomade in die Haare, flechten sich gegenseitig die Zöpfe. Die Leute bleiben stehen, wenn Eduard und Mathilde Newes mit sieben herausgeputzten Kindern die Straße zur Leechkirche überqueren. Am Sonntagnachmittag gibt es im Stadtcafé heiße Schokolade, und jedes Kind darf sich zwei Stück Kuchen wählen. Zu Weihnachten reicht der Christbaum bis unter die Decke und ist «etagenweise» geschmückt – unten hängen Lebkuchenreiter, Äpfel und Nüsse, in der Mitte Zuckergebäck und oben, fast unerreichbar, Likörkringel und Marzipan. Die große Krippe mit Kalvarienberg, Eselstreibern und Bauernfigürchen ist aufgestellt und mit einem viereckigen Glassturz bedeckt. Ein Höhepunkt des Jahres ist der Nikolomarkt auf dem Franzensplatz, wo an Buden Windlichter leuchten und es nach gebrannten Mandeln und Met duftet. An hohen Feiertagen werden Fahnen hinausgehängt – die schwarz-gelbe habsburgische nach vorn zur Zinzendorfgasse, die ungarische grün-weiß-rote seitlich zur Brandhofgasse. An Fronleichnam stehen Kerzenleuchter in den Fenstern, und die Mädchen, weiß gekleidet mit blauer Schärpe, die Haare mit Zuckerwasser gewellt, gehen in der Prozession. Eine Französischlehrerin kommt ins Haus. Alle Newes-Kinder haben Klavier- oder Geigenunterricht.

Doch unter der Oberfläche drücken Sorgen. Eduard Newes ist als Kaufmann zu redlich, das Geschäft geht mittelmäßig bis schlecht. Der Verwalter ist gekündigt, Eduard verkostet den Wein selbst, Mathilde muss im Geschäft helfen. Es gilt, den Lebensstandard zu halten, aber ohne die Hilfe der Verwandten ist das kaum möglich. Onkel Dagobert, der Donaudampfschifffahrtskapitän, beteiligt sich mit fünfzig Gulden monatlich. Onkel Adolf, zum Direktor der Österreichischen Creditanstalt in Prag aufgestiegen, erlässt die Zinsen für das Startkapital von Eduards Geschäft. Beim Besuch der Onkel wird besonders üppig aufgetischt – der Anschein von Wohlstand soll gewahrt werden. Die Kinder spüren die Abhängigkeit der Eltern und freuen sich dennoch über die Mitbringsel – kandierte Früchte aus Wien, Puppen aus Paris oder Kuglerbonbons aus Budapest.

Auch anderes geschieht in dem schmucken Eckhaus mit den grünen Fensterläden, was die Öffentlichkeit nicht wissen soll. Eduards «Hang zum Küchenpersonal» hat sich nicht geändert. Nach wie vor wechseln die Mädchen häufig, von Mathilde Newes entlassen, wenn die Art ihres Verhältnisses zum Hausherrn unübersehbar wird. Mathilde ist dann jedes Mal wie ausgelöscht und zieht sich tagelang in ihr Zimmer zurück. Der Vater flüchtet sich in Strenge und erschreckt die Familie durch seinen Jähzorn.

Besonders seit dem Tod des kleinen Edi leidet die Mutter an Schwermut. Er war drei Jahre jünger als Tilly, hübsch wie ein Engel, aber lebensschwach und gefährdet. Sie hat ihn aufgepäppelt, ist nächtelang wach geblieben, hat ihm Tee eingeflößt, die Brust eingerieben, ihn in Decken gewickelt. Er war ihr Goldstück, ihr Ein und Alles. Aber kurz vor der Geburt von Martha erkrankte Edi an Gehirntuberkulose, und während sie mit Martha in den Wehen lag, läuteten die Glocken der Leechkirche zu Edis Totenmesse. Mathilde soll damals keinen Laut von sich gegeben haben, den Schmerz hat sie nie verwunden. Umso mehr freuen sich die Kinder, wenn ihre Mutter guter Dinge ist. Dann spricht sie Französisch mit «Mademoiselle», der Lehrerin, oder spielt Lieder auf ihrer Zither.

Die hübsche Dora ähnelt dem Vater. Ständig hat sie kleine Liebschaften, tauscht Briefchen und Nachrichten aus, trifft Burschen nach der Schule oder auf dem Weg zur Musikstunde. Tilly ist ihre Vertraute und geduldige Zuhörerin. Denn, wie Tilly später berichtet, kreisen auch ihre Gedanken um nichts anderes. Zudem verbindet sie mit Dora ein kleines Geheimnis: Sie ist ungefähr sieben Jahre alt, als Dora, damals zwölf oder dreizehn, eines Nachts zu ihr herübergerückt und sie an allen möglichen Stellen berührt. Über mehrere Jahre geschieht das fast täglich. Dora ist die Aktive, Tilly die Passive. Sie fühlt zunächst weder besonderes Vergnügen noch Unrecht, aber je mehr Dora ihr Ver-

Die Newes-Kinder 1902:
Rudolf, Tilly, Paula, Bertl, Dora, Karl und Martha (v. l. n. r.)

schwiegenheit abverlangt, desto mehr melden sich Schuldgefüh-le. Dann entdeckt Tilly, dass sie sich auch selbst jenes süße Lust-gefühl beibringen kann. Es gerät ihr fast zum Lebensinhalt. Gleichzeitig genießt sie die Macht über Dora, der sie mit Ent-hüllung drohen kann. Als junge Witwe schreibt sie ihre Erleb-nisse auf, möglicherweise im Rahmen einer Psychoanalyse. Der Bericht findet sich in ihrem Nachlass.

In der Schule ist Tilly still. Sie glaubt, dass ihre Mitschülerin-nen sie langweilig finden. Umso mehr versucht sie, sich bei Spie-len hervorzutun. Sie überredet den Bademeister, ihr ein Seil um den Leib zu binden, und springt vom Turm ins Becken. Sie liebt die Turnstunden. Schwimmen und Schlittschuhlaufen sind ihre Freude. Eine adlige Schulkameradin lädt sie zum Reiten ein. Auch Deklamieren und Textelernen macht ihr Spaß. Sie fasst Mut und probt mit der Klasse ein Theaterstück. Ein «Kränz-chen» bildet sich, das sich in der Zinzendorfgasse trifft. Tilly genießt es, im Mittelpunkt zu stehen. Soll sie vielleicht Schau-spielerin werden?

Die Idee lässt sie nicht mehr los. Mit fremder Zunge reden, Schicksale darstellen, trotz Schüchternheit Beachtung finden. Tilly liest Schiller, die Jungfrau von Orleans wird ihre Heldin. Bald kann sie die ganze Rolle auswendig. Sie vertraut ihrem Vater ihren Berufswunsch an. Ohne die Mutter zu fragen, geht er mit ihr durch den Stadtpark zum Schauspielhaus. Tilly spricht den Monolog «Die Waffen ruhn, des Krieges Stürme schweigen». Es ist Sommer 1901, Tilly ist fünfzehn Jahre alt.

Direktor Otto Purschian findet Tilly nicht unbegabt. Aber ihre Stimme sei noch schwach, ihre Bewegungen seien ungelenk. Sie solle Unterricht nehmen und in einem Jahr wiederkommen. Als Lehrerin empfiehlt er Maximiliane Bleibtreu, die Schwester der berühmten Hedwig Bleibtreu vom Wiener Burgtheater. Die erinnert sich, dass sich Tilly beim ersten Besuch kaum hinter dem Rücken ihres Vaters hervorwagte, und versucht vor allem, das Selbstvertrauen ihrer jungen Schülerin zu stärken. Später bedauert Tilly, technisch nicht mehr gelernt zu haben. Aber als sie im Frühjahr 1902 wieder bei Direktor Purschian vorspricht, engagiert er sie für die kommende Spielzeit.

Paris ist tatsächlich über alle Illusion erhaben, schreibt Franklin Wedekind am Neujahrstag 1892 seinem Bruder Armin. *Wenn es mir irgendwie gelingt, mich zu halten, werde ich wohl mehrere Jahre hier bleiben.* Er bewohnt ein Dachzimmer *mit großem Bett und knisterndem Kaminfeuer* und sehnt sich *furchtbar nach Ruhe und Arbeit.*

«Eppur si muove» ist unter dem Titel «Kinder und Narren» endlich erschienen. Den Ansporn zur Fertigstellung gab Gerhart Hauptmann, der, man staune, schon wieder ein Stück herausgebracht hat: «Das Friedensfest». Darin hat er, zum Teil wortgetreu, Franklins Zwist mit seinem Vater wiedergegeben, den Franklin ihm in einer schwachen Stunde in Zürich anvertraut hat. Franklin hat sein eigenes Stück daraufhin umgeschrieben und Hauptmann als Dichter Meier karikiert. Aber kein Verlag zeigte Interesse, keine Bühne nahm es an. Er ließ es auf eigene Kosten drucken, der Buchhandel übersah es, die Kritik nahm keine Notiz. Hauptmanns «Friedensfest» hatte im Juni 1890 in Berlin Premiere.

Seither hat Franklin ein neues Stück begonnen und in verhältnismäßig kurzen sieben Monaten fertig gestellt, eine «Kindertragödie» über die sexuellen Nöte Jugendlicher: «Frühlings Erwachen». Es erschien, von Franklin wieder selbst finanziert, im Züricher Verlag Jean Gross mit einem Titelbild von Franz von Stuck. Man hält es für unaufführbar, aber der literarische Erfolg ist unbestritten. *Ein dramatischer Erstlingswurf, mit der Klaue des Löwen gezeichnet,* urteilt Michael Georg Conrad, und Richard Dehmel nennt es *eine Dichtung, die zeigt, wie das Drama der Zukunft etwa aussehen wird.* Der berühmte Max Nordau, in Paris als Arzt ansässig, wendet sich persönlich an den Autor: *Geehrter Herr, ich bin wütend über Sie. Sie haben mir eine schlaflose Nacht verursacht. Sie sind ja ein FÜRCHTERLICHER Mensch. Ich bin jeden Tag zwischen zwölf und ein Uhr zu sprechen. Es soll mich sehr interessieren, mit Ihnen über das sonderbare Buch zu plaudern.* Mit solcher Anerkennung im Rücken, hofft Franklin, in Paris zu reüssieren. Er arbeitet an einem Schwank, «Fritz Schwigerling», und hofft, dass «Frühlings Erwachen» in Deutschland gespielt wird.

Inzwischen betreibt er in der Zweimillionenstadt Sexualstudien. Sein Französisch ist mäßig, sein Umgang mit französischen Intellektuellen so gut wie nicht vorhanden, aber niemand soll ihm nachsagen, die Gunst der Stunde nicht genutzt zu haben. Die Münchner Zurückhaltung ist ganz und gar aufgegeben.

Seine Freundinnen sind so genannte Kokotten oder Grisetten, oft morphium- oder schwindsüchtig, mit Syphilis infiziert, durch uneheliche Kinder belastet, auf Geldgeschenke angewiesen. Seine Erlebnisse notiert er ins Tagebuch: *Rachel zieht sich wie gewöhnlich gleich bis aufs Hemd aus und räkelt sich auf dem Diwan. [...] Sie ist durchaus appetitlich. [...] Wir verbeißen uns ineinander, sie appliziert mir einige Liebesmale, und ich erreiche trotz meiner falschen Zähne auf ihrem Schenkel ebenfalls einen*

*Anflug davon. [...] Ich finde mich ausnahmsweise etwas stärker
als schwach, schlafe dann aber sofort ein [...] und schnarche ununterbrochen bis nachmittags um drei.*

Seine Leidenschaft ist *Minet*, zu deutsch «kleine Katze», die
orale Befriedigung der Frau, auch *in den Salatkeller steigen* genannt: *Ich nehme ihre Füße auf meinen Schoß, klappe sie mehrmals auseinander, sinke dann dazwischen. [...] Obschon sie sich
vorher nicht gewaschen hat, ist nicht der leiseste Beigeschmack
zu spüren. [...] Ihr voller Körper gerät ins Zittern, er windet sich
und bäumt sich auf; schließlich wiehert sie wie ein Füllen. Ich
renke mir die Kinnlade wieder ein, merke, dass ich mir das Zun-
genband zerrissen habe und lispele wie ein Jude. Nachdem sich
der Sturm in ihrem Körper gelegt hat, geht sie ins Cabinet de toilette, um sich zu waschen, ein Bedürfnis, das ich meinerseits nicht
empfinde.*

Oft ist der Komponist Richard Weinhöppel dabei. Franklin
hat ihn im Sommer 89 in München kennen gelernt und versteht
sich blendend mit ihm, trotz des förmlichen «Sie»: *Vor mir auf
dem Diwan knäulte sich unter einigem Gegrunze ein düsterer
Klumpen zusammen, an dem nur die nackten Schultern des Mäd-
chens deutlicher erkennbar waren. Weinhöppel sagte: Jetzt! – Ich
schob das Gas wieder in die Höhe, und der Liebesakt vollzog sich
bei praller Beleuchtung.*

Am 12. Juni 1892 hat Franklin auf einem Spaziergang die Idee
zu einer «Schauertragödie», mit dem Londoner Frauenmörder
«Jack the Ripper» als Schlusspunkt, dessen Gestalt bis in die
Einzelheiten der zernagten Fingernägel bekannt ist. Titel: «Die
Büchse der Pandora». In den folgenden Monaten huschen Be-
schreibungen von Personen durch das Tagebuch, die man im
Stück wiederfindet: die Prostituierte Lulu, die ihr hündisch er-
gebene Nini, die Lesbierin Fernande, der Artist Holthoff, der
sich *mit Fäusten der Weiber erwehren muss* und in dessen Pratze
jede Frauenhand wie ein Pistolengriff verschwindet. Ein Freier
mit *einem fürchterlichen Paar Augen* wird erwähnt. Franklin
hofft, das Stück rasch zu beenden – es wird ihn zwanzig Jahre
lang beschäftigen.

Sein Bruder Armin versorgt ihn von Zürich aus mit Geld, aber Ende 1893 ist das Erbe ausgegeben. Der Schwank «Fritz Schwigerling» liegt ungelesen in Berlin, kein Theater will «Frühlings Erwachen» spielen. Hauptmanns neues Stück «Die Weber» hat indessen auch in Paris rauschenden Erfolg.

1894 verbringt Franklin ein paar traurige Monate in London, dem *abgeschmacktesten Buxtehude,* das er je gesehen hat: *Abends um 12 Uhr wird man polizeilich zu Bett geschickt, am Sonntag bleibt man dem Wahnsinn überantwortet.* Über Paris kehrt er nach Deutschland zurück, dreißig Jahre alt, ohne Plan, von vager Hoffnung getrieben und der dringenden Notwendigkeit, Geld zu verdienen. *Ich fürchte in einen Abgrund zu fallen, aus dem es mir nicht mehr möglich sein wird, mich emporzuarbeiten,* schreibt er an Willy Grétor, einen dänischen Kunsthändler, der ihn zu mancher Bühnenfigur inspirieren wird.

In Berlin unternimmt er einen erneuten Versuch. Im Februar 1895 liest er in Otto Erich Hartlebens Wohnung vor ausgewähltem Publikum seine Lulu-Tragödie. Aber die *hohe Pathetik und Feierlichkeit seines Vortrags* wirkt unfreiwillig komisch. *Laute Heiterkeit* bricht aus, als im vierten Akt der Name Hugenberg fällt und gleich darauf ein Regierungsassessor Hugenberg den Raum betritt.

Im Sommer 1896 ist er wieder in München. Der Verleger Albert Langen hat die satirische Zeitschrift «Simplicissimus» gegründet. Mit fünfzehn Gedichten, drei Erzählungen, sechs Interviews, zahlreichen Witzen und Bildunterschriften ist Wedekind im ersten Jahrgang einer der fleißigsten Mitarbeiter – Zeilenhonorar fünfzehn Pfennig, Gedichtpauschale zwei Mark fünfzig. Heinrich Mann trifft ihn vor dem Verlagsgebäude in der Kaulbachstraße und beschreibt sein *von Wut und Hass verwüstetes Gesicht.* Wedekind will endlich wahrgenommen werden. Zeitgenossen erinnern gelb karierte Pepitahosen zum grauen Gehrock, gelbe Glacéhandschuhe, einen nach allen Richtungen wuchernden Vollbart, eine betont gebeugte Körperhaltung, schlurfenden Gang, den Zylinder ins Gesicht gezogen.

Ich mache die bedenklichsten Salto Mortali, um nicht Hun-

gers zu crepieren, schreibt er an Weinhöppel. *Ich erscheine mir selbst wie jemand, der in Gesellschaft nach etwas sucht und bei dem es «heißer» und «heißer» wird [...] und wenn ich es diesmal nicht finde, werde ich es niemals finden. Entweder geht es in die Höhe, oder wir sehen uns vielleicht nicht wieder, weil ich so nicht länger mitmachen könnte.*

Eine neue Geliebte gibt ihm Hoffnung: Frida Strindberg, Noch-Ehefrau August Strindbergs und Tochter des bekannten Wiener Journalisten Max Uhl. *Wenn mir jemand aus meiner zehnjährigen Arbeit endlich blankes Gold münzen kann, so ist es Frida,* meint Franklin. Doch als sie ihm am 18. August 1897 in München den Sohn Max Friedrich gebiert, ist das Verhältnis bereits zerrüttet. Wedekind sieht sich erst acht Monate später *die Folgen seiner Gewissenlosigkeit* an. Inzwischen isst er das Gnadenbrot bei seiner vier Jahre jüngeren Schwester Erika, die als Koloratursopranistin an der Königlich Sächsischen Oper in Dresden Karriere macht.

Im Februar 1898, neun Jahre nachdem er mit der Arbeit an «Eppur si muove» begonnen hat, wird in Leipzig zum ersten Mal ein Stück von ihm aufgeführt: «Der Erdgeist», Teil eins der Lulu-Tragödie, die er aus Zensurgründen und auf Druck von Verlegern geteilt hat. Er selbst steht zum ersten Mal als Schauspieler auf der Bühne. Im Oktober kommt «Der Erdgeist» am Münchner Schauspielhaus heraus. Aber kaum geht es aufwärts, trifft ihn ein neuer Schicksalsschlag.

Der «Simplicissimus» hat trotz Warnung durch den Rechtsbeistand des Verlags Franklins Gedicht «Im Heiligen Land» gedruckt, das die Palästinareise Kaiser Wilhelms II. verspottet. Die Polizei hat wenig Mühe, den Autor auszumachen. In der Premierennacht flieht er von München nach Zürich – für ihn *der Zusammenbruch eines ganzen, großen Gebäudes.*

Weinhöppel tröstet ihn. Wedekind nennt ihn *lieber Schatz* und fügt hinzu: *Wenn dieser Brief einmal späteren Forschern in die Hände fällt, wird er für die Beurteilung unseres Verhältnisses entscheidend sein. Viele werden sagen: Ich hab's mir doch immer gedacht!* Er rechnet aus, in zwei Jahren neunzehnmal den

Wohnsitz gewechselt zu haben. Gerhart Hauptmann erhält derweil zum zweiten Mal den Grillparzer-Preis.

Im Exil beginnt Wedekind ein neues Stück: «Der Marquis von Keith», eine gesellschaftskritische Hochstaplerkomödie um den Bau eines Münchner *Feenpalastes* und die Unvereinbarkeit von Genuss und Moral. *Ich will noch einmal versuchen, etwas Praktisches, Brauchbares für die Bühne zu schaffen. Gelingt es mir diesmal nicht, dann lasse ich es vielleicht für mein ganzes Leben.* Die Schlussszene zwischen dem Marquis und seinem Gegenspieler Scholz wird Thomas Mann *das Schrecklichste, Rührendste und Tiefste* nennen, *was dieser tiefe, gequälte Mensch geschrieben hat.*

Im Juni 1899 stellt sich Wedekind in Leipzig dem Gericht und verbringt fünf Monate in der Festung Königstein wegen Majestätsbeleidigung. In einer Nebenzelle sitzt der «Simplicissimus»-Zeichner Thomas Theodor Heine. Der Ort erinnert Wedekind an Schloss Lenzburg – *der Wind pfeift und heult, die Türen klappern, die Fenster klirren.* Unermüdlich feilt er am «Marquis von Keith». *Der ganze Ausgang [...] hängt für mich von meiner Arbeit ab. Wenn die das wird, was sie werden soll, dann will ich alles, alles, alles segnen. Wenn nicht, dann habe ich eben wieder ein Jahr verplempert, und dann ist es ja gleichgültig, auf welche Weise.*

Im Februar 1900 wird er entlassen, fünfunddreißig Jahre alt, mittellos. Er zieht nach München, nimmt Wohnung in der Franz-Joseph-Straße 42 in Schwabing und schließt sich der so genannten Brettl-Bewegung an, die Kleinkunst nach französischem Vorbild produzieren will. Im April 1901 eröffnet in der Türkenstraße im Hinterzimmer des Goldenen Hirschen das Kabarett «Elf Scharfrichter». Bald ist Wedekind allabendlich dabei – *die bebänderte Laute in schwerfälligen Händen,* wie sich Heinrich Mann erinnert, *die Stirn unheilverheißend gesenkt und von geschorenen Haaren ausgezackt [...] eine mit allen Wassern gewaschene Erscheinung.*

Sein ganzes Streben richtet sich darauf, den «Marquis von Keith» herauszubringen. *Wenn mir das gelingt, dann will ich da-*

für mit Freuden jeden Abend im Tingeltangel auftreten. Wenn nicht, dann wird die bevorstehende Saison eine schwere Leidenszeit für mich, denn das Balladensingen hängt mir jetzt schon gewaltig zum Hals heraus. [...] Als Spaßmacher und Hanswurst vor das Publikum zu treten, während einem mit dem Besten, was man zu sagen hat, der Mund verschlossen bleibt, das wäre eine Tätigkeit, die einem in allerkürzester Zeit das Herz abfressen müsste.

Die Berliner Uraufführung des «Marquis von Keith» am 11. Oktober 1901 wird *mit Hohngelächter begraben,* das Stück nach drei Vorstellungen abgesetzt. *Die längste Zeit dieses Winters brachte ich in trübseligem Hinbrüten zu [...] Man hofft und hofft von einem Durchfall zum anderen, von einem Scheinerfolg zum anderen. [...] Wie langsam dieser Weg aufwärts führt, davon hätte ich mir nie etwas träumen lassen. Und so wird man alt und dick. Ich sehne mich von ganzem Herzen nach großen Rollen, nach anstrengender und erschöpfender Betätigung. In Ermangelung solcher Genüsse sucht man Trost in den Armen des Bieres, und der Kummerspeck setzt sich an.*

Den kindlichen Namen Franklin hat er abgelegt. Er unterschreibt jetzt kurz und hart mit Frank.

2

Annäherung

1902–1905

In Graz versammelt sich Familie Newes in dem dunklen Ladenraum des väterlichen Geschäfts, wo die Regale bis zur Decke reichen und es immer leicht nach Essig riecht: Eduard Newes, Mathilde Newes, Dora, Paula, Rudolf, Tilly, Bertl, Karl und Martha. Der Pfarrer soll Tilly segnen. Zwar ist sie am Theater nur als Volontärin engagiert, und die letzte Entscheidung steht noch aus, aber die Sorge um die Tochter raubt der Mutter den Schlaf.

Mitte September beginnt die Saison. Tillys erster Auftritt ist in Adolf Wilbrandts Historienstück «Der Meister von Palmyra». Eltern und Geschwister, Onkel, Tanten und Nachbarn sitzen im Parkett, Tillys Freundinnen bevölkern die Galerie. Tilly hat nur einen Satz zu sagen, aber natürlich gibt es Bravorufe und Blumen. Ihre nächste Rolle, die Miranda in Shakespeares «Sturm», bringt eine erste Erwähnung in der Presse. Von einer *beachtlichen Talentprobe* ist die Rede und vom *Zauber knospender Jungfräulichkeit.* Eine *leise Neigung der Zunge, an die Zähne zu stoßen,* werde durch *fleißiges «Über den Kork-Sprechen»* leicht zu überwinden sein. Tilly klebt die Rezension in ein rot gebundenes Album. Was sie nicht betrifft, schneidet sie weg, ihren Namen unterstreicht sie mit Bleistift.

Premiere folgt auf Premiere. Als Pächter und verantwortlicher Unternehmer muss Direktor Purschian für volle Häuser sorgen. Was nicht läuft, wird abgesetzt, manches schon nach zwei Vorstellungen. Man spielt Klassiker, vorwiegend Schiller und Shakespeare, daneben Volkstümliches von Peter Rosegger und Eduard von Bauernfeld und alles, was anderswo Zugkraft bewiesen hat: Ohnets «Hüttenbesitzer», «Die Gerechtigkeit» von Otto Ernst, «Im bunten Rock» von Joseph Schlicht und immer wieder Stücke von Charlotte Birch-Pfeiffer.

Tilly ist in fast jeder Produktion dabei. Sie schläft wenig, hat jeden Tag Probe, lernt in jeder freien Minute Text und ist bei alledem sehr glücklich. Schon jetzt würde es ihr schwer fallen, ohne Theaterspielen zu leben. Die Bühne nimmt ihr die Selbstzweifel und schafft Verbindung zu Mitmenschen. Es ist wie ein Traum: Bekannte und Fremde gratulieren auf der Straße, das rote Kritikenalbum füllt sich, an der Theaterkasse gibt es Karten mit ihrem Porträt zu kaufen. Eduard Newes nennt sie nur noch *meine Tochter, die Künstlerin,* ein anonymer Verehrer besucht jede ihrer Vorstellungen und schildert seine Eindrücke in langen Episteln. Ganz Graz, sticheln die Schwestern, sei in Tilly verliebt. Sie selbst hat nur Augen für Otto Purschian, ihren Direktor. Der aber wahrt Distanz, zu Tillys Bedauern. Nach den Vorstellungen holt Bertl sie ab, ihr jüngerer Bruder. Zu zweit gehen die Geschwister durch den Stadtpark. Zu Hause steht ein Imbiss bereit. Während Tilly isst, erzählt sie Bertl die Ereignisse des Tages, und wenn er einnickt, rüttelt sie ihn wach.

Gelegentlich kommen Theatergrößen aus den Hauptstädten nach Graz. Gastspiele von Berühmtheiten sind eine wichtige Einnahmequelle für Provinztheater. Um ein schnelles Zusammenwirken mit dem örtlichen Ensemble zu ermöglichen, sind Bühnenbilder und Inszenierungen standardisiert. Salons, Felsenschluchten und Thronsäle sehen von Königsberg bis Innsbruck ähnlich aus, der Mortimer tritt immer von links auf, und der Kronleuchter bleibt oft über mehrere Inszenierungen einfach hängen. Wichtige Rollen haben Provinzschauspieler jederzeit parat, der Umfang ihrer Rollenliste ist entscheidend für ihr Engagement. Anfängerinnen wie Tilly müssen jede Partie neu lernen. Adele Sandrock kommt als Kameliendame. Am Burgtheater kämpft sie gegen jüngere Kolleginnen, in Graz rollt man den roten Teppich aus. Die «Neue Post» erwähnt *Schluchzen und Naseschneuzen* in der Sterbeszene. Als Dienerin sitzt Tilly an ihrem Bett.

Kostüme stellen die Schauspieler selbst, die Damen höfische und volkstümliche Tracht, Umhänge, Reisemäntel, die Herren Lederwesten und Kriegerkleid, das spanische Wams, die Toga – vor Christus: Sandalen, nach Christus: Ritterstiefel, lautet die Faustregel. Und nicht zu vergessen: fleischfarbene Trikots! Man zeigt keine Haut – ob Dame oder Herr. Tillys Kostüme näht die Newes'sche Hausschneiderin. Da Tilly als Volontärin keine Gage bezieht, könnte ihr Vater beim Theater einen Zuschuss beantragen – aber wer erscheint schon gerne bedürftig?

Hauptmanns neuestes Werk wird aufgeführt, «Der arme Heinrich» – sein vierzehntes Stück. Auch Wedekinds «Kammersänger» findet seinen Weg nach Graz, das einzige Werk von ihm, das sich bisher durchgesetzt hat. In Graz hält er sich beachtliche sieben Vorstellungen lang – man vermutet in der Titelfigur das Porträt eines am hiesigen Opernhaus wirkenden Tenors. Tilly spielt Miss Isabel Coeurne, die sich im Hotelzimmer versteckt und den Kammersänger in gebrochenem Deutsch um seine Gunst bittet. In Gorkis «Nachtasyl», das seit Max Reinhardts Berliner Inszenierung auf allen Bühnen zu finden ist, spielt sie die Maria Antonowna, im «Hamlet» die Ophelia mit keinem Geringeren als Adalbert Matkowsky vom Berliner Hoftheater, den viele für den größten Schauspieler seiner Zeit halten. Über Matkowskys Leistung sagt Tillys Album nichts – sie hat wieder einmal weggeschnitten, was sie nicht betrifft. Über sie selbst heißt es, dass sie in kurzer Zeit *große Fortschritte* gemacht habe.

Zum Schluss der Saison wird «Der Sturm» wiederholt. Tilly erhält so viele Blumen und Kränze, dass sie der Bursche aus Vaters Geschäft mit dem Handwagen abtransportieren muss. In zehn Monaten hat sie sechsundzwanzig Rollen bewältigt und ist fast jeden Abend auf der Bühne gestanden. Sie ist so überanstrengt, dass ihre Hände zittern und sie zu weinen beginnt, wenn jemand sie unerwartet anspricht. Aber natürlich ist sie überglücklich. Als Zeichen seiner Anerkennung lässt ihr Direktor Purschian eine «Remuneration» von tausend Kronen auszahlen. *So schön war es nie wieder,* sagt Tilly über ihr erstes Bühnenjahr.

Otto Purschian verlässt Graz mit Ablauf der Saison. Differenzen mit der Stadtverwaltung sollen der Grund sein. Kölns neues Theater sucht einen Pächter, Purschian hat den Zuschlag erhalten. Als einziger Dame seines Ensembles bietet er Tilly an, ihn dorthin zu begleiten.

In Berlin ist Frank Wedekind derweil nach eigener Aussage *mit der Literatur fertig,* trotz einer Aufführung des «Erdgeist» durch Max Reinhardt mit der berühmten Gertrud Eysoldt als Lulu. *Die halsstarrige Abneigung des großen Publikums gegen mich würde ich auch in den kommenden zehn Jahren durch die heißesten Kämpfe kaum besiegen, und was hätte ich dann vom ganzen Leben gehabt! Ich wiederhole mir täglich mit dem Gefühl großer Erleichterung, dass mir von jetzt an die Literatur den Rücken hinunterrutschen kann. In allem, was ich bis jetzt geschrieben habe, fehlt mir DIE GROSSE LIEBE, der Hauptmann seine gewaltige Wirkung zu danken hat. Und diese Liebe lässt sich nicht vorgaukeln, auch wenn man es noch so durchtrieben anstellt.*

Max Friedrich Strindberg, Wedekinds Sohn, kommt in die Schule. *Wenn ich mich nicht täusche, ist übermorgen, den 18., Fritzis Geburtstag,* schreibt Frank an Marie Uhl, die Großmutter des Jungen, bei der er aufwächst. *Wollen Sie ihm bitte die besten Grüße von seinem ihm unbekannten Papa sagen. […] Fritzi ist jetzt sechs Jahre alt […] ich selber bin jetzt nahezu vierzig Jahre alt […] und die Wahrscheinlichkeit wird immer größer, dass ich mich nicht mehr verheiraten werde. In diesem Falle wäre es selbstverständlich, dass Fritzi und ich noch einmal sehr gute Freunde werden. Fritzi kann mir mit Recht darauf erwidern, dass das alles Zukunftsmusik ist […] zu meiner Entschuldigung kann ich nur das eine sagen, dass für mich das ganze Leben bis jetzt nur Zukunftsmusik war.*

Inzwischen hat er einen weiteren Sohn gezeugt, Frank Zellner, geboren am 22. August 1902. Die Mutter, Hildegard Zellner, lebt in Landshut. Ob und wann der Bub seinen Vater gesehen hat, ist nicht bekannt.

Wedekinds Pessimismus findet Ausdruck in einem neuen

Stück: «Hidalla oder Sein und Haben». Hidalla ist die Ich-Erzählerin seines Romanfragments «Mine-Haha», das einfließen soll in das Projekt «Die große Liebe». Er hat dafür die Bibel, den Koran, das Nibelungenlied und Werke von Herodot bis Friedrich Engels studiert. Eine neue Gesellschaftsordnung schwebt ihm vor, bestimmt von Schönheit, frei gelebter Sexualität und Zucht, eine Art Gefängnis der Freiheit, gottloser Gottesstaat, amoralische Moralanstalt, in der Frauen *mit den Hüften denken*. Er unterteilt sie in *Prinzessinnen, Patrizierinnen, Zigeunerinnen, Klavierlehrerinnen und Köchinnen* und verfasst ein Glaubensbekenntnis «Die 60 Zeilen oder Die 7 Worte» und ein «Todeslob», das bei Opferzeremonien zu singen ist. Der Held von «Hidalla» ist der «Zwergriese» Karl Hetmann, ein verwachsenes, missverstandenes Genie, das die Wahrheit sagt und deshalb davongejagt wird und im Zirkus als dummer August endet, während Feinde seine Ideen ausbeuten.

«Die Büchse der Pandora», der zweite Teil der Lulu-Tragödie, wird im Februar 1904 im Nürnberger Intimen Theater uraufgeführt – mit einer *ausdrücklichen Warnung* an das weibliche Publikum auf der Einladungskarte. Der «Fränkische Kurier» meldet *eine Reihe der unerquicklichsten, peinlichsten, die Nerven förmlich revolutionierenden Auftritte*, die «Münchner Neuesten Nachrichten» klagen: *Nichts bleibt uns erspart!* Der Nürnberger Polizeiausschuss verbietet weitere Aufführungen.

Frank Wedekind singt derweil in München seine Brettl-Lieder, lustlos und zum Geldverdienst, nach einem Streit mit den «Elf Scharfrichtern» nun im Kabarett «Die sieben Tantenmörder».

Spielzeit 1904/05. Gustav Mahler leitet die Wiener Hofoper, am Burgtheater spielen Hedwig Bleibtreu, Josef Kainz und Alexander Girardi. Kaiser Franz Joseph steht früh um fünf Uhr auf, betet lange, dient dem Volk am Schreibtisch, raucht billige Zigarren, liest keine Bücher, zumindest keine literarischen, geht unwillig ins Theater, noch unwilliger in Kunstausstellungen (besonders wenn Zeitgenössisches zu sehen ist) und verschlingt seine kargen Mahlzeiten so schnell, dass seine Gäste, denen bei seinem Aufstehen die Teller weggezogen werden, in Scharen ins Hotel Sacher eilen, um den ärgsten Hunger zu stillen. Arthur Schnitzler hat den «Reigen» verfasst, ähnlich unaufführbar wie Wedekinds «Frühlings Erwachen». Arnold Schönbergs «Verklärte Nacht» sprengt die Grenzen Bach'scher und Wagner'scher Harmonie. Theodor Herzl ist verstorben, der zionistische Gedanke lebt. Im Café Zentral an der Herrengasse treffen sich Künstler und Literaten, und in der Berggasse 19 Mitglieder der «Psychologischen Mittwochs-Gesellschaft» in der Wohnung des Dr. Sigmund Freud.

Auch Tilly Newes ist in Wien, nach einem enttäuschenden Jahr in Köln, in dem sie künstlerisch nicht zum Zuge kam und das mit einem Schock endete: Otto Purschian, ihr Förderer und väterlicher Freund, starb sechsundvierzigjährig in seinem Urlaubsort im Allgäu. Ein Selbstmord wird nicht ausgeschlossen. Es heißt, er habe sich mit dem Kölner Theater finanziell übernommen.

Tilly ist in Wien am Kaiser-Jubiläums-Stadttheater am Währinger Gürtel engagiert, für eine junge Schauspielerin eine hervorragende Adresse. Sie wohnt einen Steinwurf entfernt in der Fuchsgasse, zusammen mit ihrem Bruder Rudolf und ihrer Schwester Paula. Rudolf ist dank Adolf Engländers Vermittlung bei der Österreichischen Creditanstalt beschäftigt, Paula fungiert als Tillys Aufpasserin, nicht aus freien Stücken und schon im zweiten Jahr. Die Eltern lassen Tilly nicht allein gehen, und Paula ist zu Hause die Entbehrlichste. Ihr Wunsch nach einem Studium ist nicht gehört worden, die vergeudete Zeit im Schatten ihrer erfolgreichen Schwester verbittert sie. Sie verbringt viele Stunden schreibend. Kommt Tilly vorbei, hält sie die Hand vor das Heft. «Schreibst du wieder alle meine Sünden auf?», fragt Tilly dann.

Tilly spielt große Rollen, Desdemona, Emilia Galotti, Luise Millerin, die Marie im «Clavigo». Die Wiener Presse ist freundlich, Kritiken erscheinen in Fülle. Die Grazer Zeitung berichtet: *Unsere Landsmännin Tilly Newes ist auf dem besten Wege, ein*

Spielzeit 1904/05:
Tilly als Desdemona in Wien

erklärter Liebling des Wiener Stadttheaterpublikums zu wer-
den. Adele Sandrock ist jetzt ihre Kollegin. Die Theatergöt-
tin hat in einer Auseinandersetzung Burgtheaterdirektor Paul
Schlenther ihren Vertrag vor die Füße geworfen, der zu ihrer
Überraschung ihren Abgang seelenruhig akzeptierte. Adele kann
nun froh sein, im jungen Ensemble des Stadttheaters ein Unterkommen zu haben.

Tillys beste Freundin ist die Schauspielschülerin Ida Orloff,
begabt und unkonventionell, in St. Petersburg geboren und
deshalb Iduschka genannt. Die junge Dame ist trotz ihrer sechzehn Jahre weit herumgekommen und hat Männerbekannt-
schaften in einer Freizügigkeit genossen, über die Tilly nur
staunen kann. Auch ihre Berichte über die Zustände an der
Schauspielschule lassen an Deutlichkeit nichts vermissen. Als

Tilly dann zwei junge Herren kennen lernt, macht ihr Iduschkas Beispiel Mut.

Es sind die Brüder Paul und Rudi Eger, aus gutem jüdischen Haus, literarisch interessiert, theaterbegeistert. Beide gefallen Tilly. Als Paul an Scharlach erkrankt, kommt Rudi allein, aber als Paul zum ersten Mal ausgehen darf, bleibt Rudi zu Hause. Paul lädt Tilly in den Prater ein – es ist Sonntagnachmittag, die Wintersonne scheint –, fährt mit ihr im Gummiradler durch den Park, und noch am selben Tag geschieht es, in seiner Studentenbude in der Liechtensteingasse. Tilly fühlt sich wie neugeboren. Abends trinkt sie sich einen Schwips an. *Endlich alle diese Halbheiten vorbei, derer ich leider genug erlebt hatte,* erinnert sie sich. *Aber bald fühlte ich dunkel, dass auch die Erotik den Abgrund zwischen mir und den Menschen nur zeitweise überbrücken kann.* Ihr Bruder Rudolf ist entsetzt. Sie bringe Schande über die Familie und sei es nicht mehr wert, den Namen Newes zu tragen.

Dann kommt jener Montag, der 20. Februar 1905, Tillys Schicksalstag. Der Wiener Schriftsteller- und Journalistenverein Concordia hat zum Ball in die Sophiensäle geladen. Die Tänze tragen ironische Titel wie «Feuilleton», «Telegramm» oder «Politische Übersicht», Johann Strauß Sohn und Franz Lehár haben sie komponiert. Von Peter Altenberg bis Bertha Zuckerkandl ist alles anwesend. Auch Tilly hat eine Einladung.

Nach Mitternacht, viele sind schon gegangen, winkt sie jemand an einen Tisch. Es ist Karl Kraus, der «Fackel»-Herausgeber, dreißig Jahre alt und schon berühmt. Tilly setzt sich in die Runde der Schauspieler und Zeitungsleute. Plötzlich sagt ein älterer Kollege: «Die kleine Newes, als Jüngste, muss jetzt ein Gedicht vortragen.» Tilly erschrickt, aber beschließt, nicht zu kneifen. Vielleicht will sie es den Männern zeigen. Sie steht auf und spricht das Gedicht «Ilse» von Frank Wedekind. Sie hat es in Köln in einer Sammlung «Deutsche Chansons» entdeckt und aus einer Laune heraus gelernt. Die Anwesenden scheinen es zu kennen.

Ich war ein Kind von fünfzehn Jahren,
Ein reines, unschuldsvolles Kind,
Als ich zum ersten Mal erfahren,
Wie süß der Liebe Freuden sind.

Er nahm mich um den Leib und lachte
Und flüsterte: O welches Glück!
Und dabei bog er sachte, sachte
Den Kopf mir auf das Pfühl zurück.

Seit jenem Tag lieb' ich sie alle,
Des Lebens schönster Lenz ist mein;
Und wenn ich keinem mehr gefalle,
Dann will ich gern begraben sein.

Die Tischrunde applaudiert, auch Karl Kraus. Ein paar Tage später bietet er Tilly an, bei der von ihm geplanten Aufführung von Wedekinds «Büchse der Pandora» mitzuwirken.

Im April 1905 reist Frank Wedekind nach Stuttgart. Das dortige Theater spielt «Hidalla oder Sein und Haben». Im Hotel findet er einen Brief: *Sehr geehrter Herr! Ich habe Ihre «Büchse der Pandora» gelesen, – ich habe in Erfahrung gebracht, dass Sie hier sind u. im selben Hotel wohnen, – ich möchte Sie sehr gerne kennen lernen u. bitte Sie, mir ein Autogramm von Ihnen persönlich zu überbringen! Verzeihen Sie, wenn ich Sie incommodiere, u. erfüllen Sie mir bitte meinen Wunsch! Berthe Marie Denk.*
Die Unbekannte ist eine fünfundzwanzigjährige Wienerin, Schauspielerin, wie sie sagt, allem Anschein nach finanziell unabhängig. Wedekind speist mit ihr auf der Solitude und arrangiert eine Automobiltour über Ludwigsburg nach Monrepos. *Ich bleibe die Nacht bei ihr,* notiert er in seinen Taschenkalender. Seine Tagebücher wird er in den Jahren seiner Krankheit fast vollständig vernichten, aber die Kalender sind erhalten und geben Auskunft.
Seiner Mutter schreibt er: *Die Stuttgarter haben mir meine*

Hidalla entschieden übel genommen. [...] Trotzdem waren die Tage, die ich vor vier Wochen in Stuttgart zubrachte, die herrlichsten, die ich seit langer Zeit erlebt habe. [...] Ich glaube sogar beinah, dass ich mich verlobt habe; ich weiß es aber noch nicht ganz bestimmt und bitte daher, mir vorderhand noch nicht zu gratulieren.

«Die Büchse der Pandora» ist in Deutschland verboten. Auch in Wien kann das Stück nur als geschlossene Vorstellung gegeben werden, ohne freien Verkauf, mit schriftlich vorbestellten Eintrittskarten. Karl Kraus hat das Trianon-Theater im Nestroyhof an der Praterstraße gemietet und hochkarätige Schauspieler gewonnen. Als Jack the Ripper wird Wedekind erwartet. Tilly spielt den Liftjungen Bob, Ida Orloff die Kadidja di Santa Croce, beides kleine Rollen. Aber als Wochen vor der Premiere noch keine Lulu gefunden ist, bietet Karl Kraus Tilly die Hauptrolle an.

Tilly tut sich schwer. Wedekinds sperrige Sprache macht ihr zu schaffen, und Paul Eger, ihr Freund, ist gegen ihre Teilnahme an dem umstrittenen Projekt. Mehrmals bittet sie, ihr die Rolle des Liftjungen zu lassen, aber Karl Kraus meint, es ginge schon.

28. Mai 1905, Generalprobe. Unbemerkt betritt Wedekind mit Karl Kraus den dunklen Zuschauerraum. Tilly ist auf der Bühne. Am Ende des Akts flüstert ihr jemand zu: «Es gefällt Wedekind. Er ist entzückt.» Sekunden später kommt ein mittelgroßer, untersetzter Mann mit hellen, graublauen Augen auf sie zu. Sie fühlt eine große, fleischige Hand. Der Schnurrbart, den sie von Fotografien kennt, ist abrasiert, die Haare sind kurz geschoren.

Am Premierennachmittag scheint die ganze Unternehmung noch einmal gefährdet: Adele Sandrock hat angeblich erst jetzt bemerkt, dass die Zuneigung der Gräfin Geschwitz zu Lulu lesbische Liebe ist, und weigert sich zu spielen. Wedekind bewegt sie zum Einlenken, durch einen Kniefall, heißt es.

Am Abend sind alle sechshundert Plätze besetzt. Max Reinhardt ist da mit Felix Holländer, seinem Chefdramaturgen, und Gertrud Eysoldt, der Berliner Lulu, ebenso Otto Brahm, Weg-

Die halsstarrige Abneigung des großen Publikums
Frank Wedekind wartet auf Erfolg, 1904

bereiter Hauptmanns und Direktor des Berliner Lessingtheaters. Der zwanzigjährige Kompositionsschüler Alban Berg, der später die Oper «Lulu» schreiben wird, sitzt im Parkett. Kurz bevor die Türen schließen, schlüpft ein dreizehnjähriger Bub in den Saal, der den Gedanken unerträglich findet, das Ereignis ohne ihn stattfinden zu lassen: Fritz Kortner.

Karl Kraus hat vor zehn Jahren einen Reinfall als Schauspieler erlitten. Seitdem hält er nur noch Vorträge. Das allerdings tut er meisterhaft. Die Schreibtischlampe als einzige Lichtquelle, schleudert er Sentenzen in den Zuschauerraum und unterstreicht ihre Wirkung mit prophetischen Gesten. Natürlich lässt er es sich nicht nehmen, die von ihm auf die Beine gestellte Aufführung der «Büchse der Pandora» mit einer Vorlesung einzuleiten. Kernsätze: *Die Frau ist nicht dazu da, dem Egoismus ihres Besitzers zu dienen, sondern kann nur in Freiheit zu ihrem höheren Wert emporsteigen. [...] Jeder Mann erträumt sich eine Hetäre, aber degradiert sie unweigerlich zur hörigen Hausfrau oder zur Mätresse, weil ihm das soziale Ehrbedürfnis über einen schönen Traum geht. [...] Lulu ist eine Nachtwandlerin der*

45

Liebe, ewige Geberin und ewige Verliererin. [...] Frank Wede-
kind ist der Befreier des weiblichen Geschlechts. [...] Frank We-
dekind ist ein neuer Shakespeare.

In den Kulissen warten Frank und Tilly auf ihren ersten gemeinsamen Auftritt. Der «neue Shakespeare» hat unübersehbares
Lampenfieber. Er tut Tilly Leid, und zur Beruhigung gibt sie ihm
einen Kuss.

Beim anschließenden Souper ist er wieder obenauf. Eine Virginia zwischen den Fingern, unterhält er sich mit den Gästen.

«Sind Sie noch Jungfrau?», fragt er Tilly. Anscheinend stellt
er jedem jungen Mädchen diese Frage.

«Natürlich!», antwortet Tilly.

Aber nach einer Weile sagt sie: «Übrigens – zu dem, was Sie
mich vorher gefragt haben: Natürlich nicht.»

In seinen Kalender notiert Wedekind: *Zwischen Marie Denk*
und Ottilie Newes – und meint damit die Sitzordnung.

Ein paar Tage später erhält Tilly einen Brief in schwer les-
barer deutscher Schrift: *Verehrte große Künstlerin! Entzücken-*
des Menschenkind! Ich habe Dir so unendlich viel zu danken,
dass ich vergebens nach treffenden Worten suche. Aber ich muss
Dir sagen, wie hoch beglückt ich mich fühle, dass ich Dich
sehen und kennenlernen durfte. Dass das Publikum mein ab-
scheuliches Stück ohne Dein kluges und zugleich so madonnen-
haftes Spiel nicht so geduldig hingenommen hätte, darüber be-
steht für mich nicht der geringste Zweifel. Aber davon hast Du
ja nichts. Ich habe zu meinem Bedauern bis jetzt noch keiner-
lei Besprechung über die Aufführung zu Gesicht bekommen.
Und doch wünschte ich so sehr, dass Dir Deine herrliche Leis-
tung an jenem Abend zum Glück gereichen möge. Ich kann
mich auch gar nicht in den Gedanken finden, dass wir uns zum
ersten und letzten Mal gesehen haben sollten. Ich wünsche Dir
von ganzem Herzen die höchsten künstlerischen Erfolge und
Triumphe, die einem Menschenkind beschieden sein können. Er
bittet um ein Bild von ihr und bestellt Grüße an *ihn* – Paul Eger.
Die Gefühle des Neides kommen nicht auf. Dazu habe ich Dich
zu lieb.

Tilly antwortet postwendend, in der in Österreich üblichen lateinischen Schrift, gut lesbar, flüssig: *Lieber Herr Frank Wedekind! Ich danke Ihnen sehr für Ihren lieben Brief, auf den ich natürlich furchtbar stolz bin. Mir war auch sehr leid, dass niemand über die Vorstellung geschrieben hat. Deshalb bleibt es mir doch ein unvergesslicher Abend.*

Den Brief lässt sie fünf Tage liegen. Inzwischen erfährt sie, dass «Die Büchse der Pandora» im Juni wiederholt wird. *Was mögen Sie wohl schon von mir denken? Ich war nämlich grässlich erkältet und lag im Bett. «Er» schickte mir seinen Freund, der Doktor ist, und machte mir täglich auch einen Besuch. Das war allerdings wunderhübsch, hat die Erholung aber nicht gerade beschleunigt. Nun also, Donnerstag ist's! Ich freu' mich sehr und finde es sehr, sehr nett, dass ich Sie so bald wiedersehen kann. Ich werd mich auch in dem Kleid photographieren lassen, schon um Ihnen zu beweisen, wie sehr sympathisch Sie mir sind. Wie lang sind Sie da? Hoffentlich kann man ein paar gemütliche Stunden zusammen verbringen. «Er» dankt für die Grüße und erwidert sie auf's Herzlichste. Nun adieu, lieber Wedekind, auf frohes Wiedersehen! Ihre Tilly Newes*

Die Wiederholungsvorstellung findet am 15. Juni statt. Wedekind wohnt bei Karl Kraus und macht einen Ausflug mit Berthe Marie Denk nach Kloster Neuburg. In der Nacht vor der Aufführung notiert er den Besuch eines *Hurencafés*.

Die Wiener Presse berichtet sehr wohl über die «Büchse der Pandora». Die Rezension des «Deutschen Volksblattes» findet sich in Tillys rotem Album – die letzte, die sie eingeklebt hat. Danach sind die Seiten des Heftes leer. *Die Aufführung stand ganz im Zeichen der großen, reifen Kunst des Fräulein Adele Sandrock. Die übrigen halfen dem Drama das Grab schaufeln, in dem es wohl für immer begraben bleiben wird. Die «Büchse der Pandora» wurde unter allgemeinem Gähnen zu Ende gespielt. Selbst dieses so sorgfältig gewählte Publikum war derart gelangweilt, dass es weder Entrüstung noch Zustimmung kundgab und damit dokumentierte, dass es, Gott sei Dank, für die Offenbarungen dieses neuen Shakespeare – wie Wedekind in der*

einleitenden Konferenz nicht eben geschmackvoll genannt wur-
de – nocht nicht reif sei.

Tilly wird nur in einem Nebensatz erwähnt.

Wedekind ist den Sommer über mit Berthe Marie Denk beschäftigt. Briefe gehen hin und her. Sie nennt ihn *meinen geliebten Cäsar* und drängt auf Heirat. Ende Juni kündigt sie sich in
München an. Wedekind räumt seine Wohnung auf und schreibt
am Vorabend ihrer Ankunft im Pschorrbräu für sie ein Gedicht:

An Berta Maria, Typus Gräfin Potocka

Wie stapften wir einst als Kinder so stramm
Barfuß durch alle Pfützen
Und ließen uns den kalten Schlamm
Hoch über die Knie spritzen!

Wie einst als Kinder durch Wald und Flur,
So stapfen wir heute durchs Leben;
Der ganze Schlamm der modernen Kultur
Bleibt uns an den Beinen kleben.

Lass dir's nicht schaudern, was ist dabei!
Wir scheuen nicht Ottern und Nattern,
Solang nur der Kopf und die Brust noch frei
Und im Sturm deine Haare flattern.

Wedekind und Berthe Marie verleben drei harmonische Tage,
reiten zusammen aus, machen eine Rundfahrt auf dem Starnberger See. *Schäferstunde bei Gewitter,* notiert er. *Ich liebe sie.*
Bei ihrer Abreise heult er *wie ein Schlosshund* und sitzt bis vier
Uhr früh im Simplicissimus. Im August bittet sie ihn zu sich
nach Franzensbad. Er tut wie geheißen, aber die rechte Stimmung bleibt aus. *Wir trennen uns um zehn Uhr, ohne Abschied
genommen zu haben.* In München meldet der Kalender Zu-
sammenkünfte mit einer gewissen Mizzi Weißhaupt.

Tilly hat sich für den Herbst nach Frankfurt am Main engagieren lassen, wohl auf Druck ihrer Familie, die mit ihrem Wiener Lebenswandel nicht einverstanden ist, und ihren Namen in Tilly Niemann geändert. Es begleitet sie Mathilde Newes, ihre Mutter. Tilly ist unglücklich. Das Residenztheater an der Neuen Zeil ist ein umgebautes Varieté ohne festes Ensemble, mit einem Dramaturgen, der gleichzeitig Inspizient und Logenschließer ist. Tilly hat Sehnsucht nach Paul Eger, die Gegenwart der Mutter bedrückt sie. Sie will weg. Aber wohin?

In der Zeitung liest sie, Wedekind habe sich verlobt und werde in Berlin «Hidalla» herausbringen. Kurz entschlossen schreibt sie ihm einen Brief:

Lieber Frank Wedekind! Also in Berlin werden Sie spielen, oh verflucht, dass man nicht in Berlin sein kann! Am liebsten käm ich hin. Was man von Ihnen alles hört, Sie sind verlobt? Sehen Sie, aus Empörung, dass sich so interessante Menschen verloben, ging ich hin und tat desgleichen. Er ist Serbe, weiß riesig viel und ist auch sonst sehr nett. [...] Hier lass' ich mich SICHER für Sie photographieren, und wenn Sie die Zeit der «Büchse der Pandora» in Wien noch nicht ganz vergessen haben, senden Sie mir bitte auch das Ihre! Herzlichsten Gruß Tilly Newes

Ihre Verlobung hat sie erfunden. Will sie Wedekind eifersüchtig machen?

Als sie nichts hört, legt sie nach: *Gar nicht nett find' ich das von Ihnen, dass Sie sich gar nicht mehr um mich bekümmern! [...] Abgesehen davon, dass Sie mir sehr sympathisch sind, verfolge ich heute einen ganz bestimmten Zweck mit meinem Brief. Mein Direktor hat mir nämlich erzählt, dass er in Berlin mit Direktor Barnowsky gesprochen hat, der mich eventuell einige Zeit im Winter haben will für eine Aufführung der «Büchse». Nun können Sie sich denken, wie sehr ich das wünsche! Barnowsky selbst kann ich mich aber nicht direkt antragen, und so wende ich mich an Sie. Den reizenden Brief, den Sie mir damals schrieben, hab' ich mir aufgehoben. Es tat Ihnen damals Leid, dass mir die Aufführung nicht gleich ein gutes Engagement eintrug; nun wäre es vielleicht doch noch entscheidend für meine Carriere.*

Diesmal antwortet Wedekind: «Hidalla» sei schon besetzt, aber Barnowsky werde nach Frankfurt kommen und sich Tilly anschauen. *Hoffentlich bringt er Dich gleich mit. Ich danke Dir herzlich für Deine beiden lieben Briefe und gratuliere Dir zu Deiner Verlobung mit dem Serben [...] Hat er auch Geld (Gold), um dem schönen Kleinod die richtige Fassung zu geben? Auf baldiges Wiedersehen! Ich küsse das Heiligtum! Frank.*

Victor Barnowsky, dreißig Jahre alt, hat von Max Reinhardt das Theater Schall und Rauch übernommen und in Kleines Theater Unter den Linden umbenannt. Als vorsichtiger Geschäftsmann fragt er Wedekind telegrafisch: *Erbitte diskret Auskunft, ob Fräulein Newes berlinreif?* Trotz der vermutlich positiven Antwort gefällt ihm Tilly nicht besonders – zu mädchenhaft für die rassige, entschlossene Fanny Kettler in «Hidalla».

Tilly bestürmt Wedekind: *Lulu braucht doch auch starke Weiblichkeit, und ich glaube, das besitze ich in hohem Maße, wenn ich auch noch sehr jung und schlank bin. Machen Sie ihm das doch begreiflich! [...] Lieber Wedekind, beweisen Sie ihm möglichst unauffällig, dass ich genügend Weib bin, um die Fanny zu spielen. Ich möchte so gern! Wenn doch die Sache schon sicher wäre!! Glauben Sie, dass mir alles andere gleichgültig ist?*

Schließlich willigt Barnowsky ein – Wedekind ließe ihm keine Ruhe. *Hurra – nach Berlin! Ankomme Mittwoch im Laufe des Tages,* telegrafiert Tilly an Wedekind. Sie fährt ohne die Mutter.

3

In Berlin

1905–1908

Berlin 1905. Tiefer Friede. Wilhelm II. regiert unangefochten fern vom Volk. Polizisten tragen Pickelhauben, die Bürger Melonen, die Frauen lange Röcke und bis zum Hals geschlossene Blusen, die Haare hochgesteckt unter flachen, bänderverzierten Hüten. Hochbahn und Elektrische fahren, der Bahnhof Friedrichstraße ist gebaut, der U-Bahnbau begonnen. Straßen und Trottoirs sind aufgerissen, die Schächte mit Holzgerüsten abgestützt. Am Leipziger Platz hat Wertheim eröffnet, das «schönste Warenhaus der Welt», mit einer Grundfläche doppelt so groß wie der Reichstag, erleuchtet von hunderttausend Glühbirnen. Am Dönhoffplatz steht das Warenhaus von Hermann Tietz, gekrönt von einer riesigen Weltkugel und mit einer Lebensmittelabteilung, wie sie kein Auge je gesehen hat. Artur Nikisch leitet das Berliner Philharmonische Orchester, Max Reinhardt kauft, beraten von seinem Bruder Edmund, für zweieinhalb Millionen Mark das Deutsche Theater an der Schumannstraße. Berlin hat mehr als zwanzig Theater, und das Berliner Publikum ist, erzogen durch Jahrzehnte der Kritikertätigkeit Theodor Fontanes (*ein kalter Hauch weht herauf,* sagten die Schauspieler), das wachste Europas.

Wedekind kommt am 8. September 1905 in Berlin an und nimmt Wohnung am Schiffbauerdamm Nummer 6. Am nächsten Tag beginnen die Proben zu «Hidalla oder Sein und Haben» im Kleinen Theater Unter den Linden. Die Abende verbringt er mit Viktor Barnowsky oder mit seinem Bruder Donald, der zwischenzeitlich eine Affäre mit Frida Strindberg hatte und mit des Bruders Bänkelliedern auftritt, aber immer noch nicht weiß, was aus ihm werden soll. Am 26. September hat «Hidalla» Premiere.

Ein Achtungserfolg. *Ein ernstes, strenges Thesenstück überraschte die Hörer*, schreibt Monty Jacobs im «Berliner Tageblatt». *Wedekind selbst spielte den verkrüppelten Schönheitsapostel [...] mit sichtlicher Nervosität und mit einer seltsam schulmäßigen Sprechweise. Aber von diesem bleichen, zuckenden Gesicht mit den glühenden Fanatikeraugen ging ein wunderlicher Zauber aus, der auch die Lachlust des Verständnislosesten zu bändigen wusste.*

Im Lessingtheater hatte eine Woche zuvor «Hanneles Himmelfahrt» von Gerhart Hauptmann Premiere, mit Ida Orloff in der Titelrolle, Tillys Wiener Freundin. Otto Brahm hat ihr Talent erkannt und zu sich geholt. Das sechzehnjährige Mädchen ist Berlins neue Sensation, berühmt über Nacht und mehr als das: Gerhart Hauptmann, kürzlich zum zweiten Mal verheiratet, hat sich so heftig in sie verliebt, dass es ihn förmlich aus der Bahn zu werfen droht. Wedekinds Aktivitäten notiert er in sein Tagebuch: *Soeben aus «Hidalla», wo Wedekind selbst mitwirkte. Es war ein groteskes Vergnügen, diese Spinne, inmitten ihres eigenen Netzes und darin erwürgend, zappeln zu sehen.* Einen Tag später: *Künstlerischer Sadismus: das Auftreten Wedekinds.*

Am 18. Oktober trifft Tilly in Berlin ein – zum ersten Mal allein, auf sich gestellt, frei zu tun und zu lassen, was sie will. Sie wohnt ein paar Tage bei Bekannten und zieht dann in ein Fremdenlogis in der Albrechtstraße, um die Ecke von Wedekind am Schiffbauerdamm.

Aus Wedekinds Kalender:

19. Oktober: *Diniere mit Tilly Newes. Abends kommt sie zu mir.*

22. Oktober: *Mit. T. N. im Kaiserkeller. Bis 2 Uhr bei mir.*

28. Oktober: *Erstes Auftreten von Tilly Newes. Wir soupieren im Hotel. Sie kommt zu mir.*

2. November: *Wir soupieren bei Aschinger. Sie kommt zu mir.*

4. November: *Wir soupieren mit Tilly. Sie kommt zu mir bis morgens 6 Uhr.*

5. November: *Um 1 Uhr kommt Tilly und erzählt mir, dass man sie vor mir gewarnt hat.*

6. November: *Auf der Bühne merke ich, dass mich Tilly mit Licho betrogen hat.*

8. November: *Am Vormittag kommt Tilly und versichert mir, sie habe mich nicht betrogen.*

23. November: *Tilly und ich fahren zu Frau Hertwich, die uns beide nackt photographiert.*

In ihrem autobiographischen Fragment aus den Zwanzigerjahren schildert Tilly die Umstände ihres Wiedersehens mit Wedekind: *Kaum dass ich in Berlin war, knüpfte ich zu Frank eine Beziehung, oder er zu mir, kurz: Es war halt da, wie etwas Selbstverständliches. Heute fühle ich mich zu gleichaltrigen, eher jüngeren Menschen hingezogen, damals war mir der 22 Jahre ältere Mann interessant. Er schien mir der Inbegriff der Männlichkeit, der geistigen Überlegenheit. Ich hatte Respekt vor ihm, etwas, was ich eigentlich nie sehr vor jemand gehabt hatte, schon gar nicht vor meinem Vater mit seiner österreichisch-weichen, nachgiebigen Art. Frank war Preuße (Hannoveraner), geistig überlegen, diszipliniert, mir alles ganz neue Dinge. Ich musste mich zusammennehmen. Es begann ein neues Leben.*

Tilly spielt die Fanny Kettler in «Hidalla» zunächst als zweite Besetzung. Die Presse nimmt keine Notiz. In «Ghetto», einer Milieustudie des Holländers Hermann Heyermans, wird sie zum ersten Mal in einer Berliner Zeitung erwähnt: *Als Rose stand ihm Tilly Niemann zur Seite. Beide Darsteller schienen zu Anfang am besten, im Offenbaren scheuer Befangenheit. Später, als die Leidenschaft ihr Recht verlangte, wollten die Mittel der sympathischen Anfängerin noch nicht recht ausreichen.*

Barnowsky scheint von Tilly überzeugt und bietet ihr einen Vertrag zu fünfhundert Mark monatlich mit jährlicher Steigerung. Sie ist noch nicht volljährig, ihr Vater muss unterschreiben, sie schickt den Vertrag nach Graz. Wedekind reagiert erstaunt, fast gereizt. Offensichtlich will er gefragt werden: *Trotz aller Anbetung, die er mir entgegenbrachte, verlangte er eine kolossale Respektierung seiner Person.*

Nach der Vorstellung wartet er vor dem Theater auf sie, die Hände auf dem Rücken, ein Schaufenster betrachtend. Nebeneinander gehen sie durch das winterliche Berlin: er betont bürgerlich im Umhang mit Hut (die Zeiten seiner exotischen Kleidung sind für immer vorbei), sie in Stiefeln mit hohen Absätzen, ein Tuch um den Kopf – Wedekind und seine «Neue». Bis in die Morgenstunden sitzt man in Kneipen.

Tilly lernt berühmte Menschen kennen: den Sexualforscher Magnus Hirschfeld, die Schauspielerin Gertrud Eysoldt, den Zeichner Emil Orlik, den Wiener Theaterleiter Josef Jarno, den Maler Lovis Corinth, die Publizisten Maximilian Harden und Alfred Kerr (der eine geschminkt und mit hohen Absätzen, der andere mit einem Bärtchen um den höhnisch verzogenen Mund; «um ein Bonmot verkauft er seine Seele», sagt man) und, von Wedekind besonders geschätzt, Dr. Walther Rathenau, Vorstandsmitglied der AEG und Geschäftsinhaber der Berliner Handelsgesellschaft. Manchmal ist der Meister selbst da, der Zauberer mit dem Strahleauge und der weichen Wiener Stimme, die Zunge nachdenklich in die Backe geschoben: Max Reinhardt, Nachfolger und Gegenspieler des großen Otto Brahm, Berlins neuer Theaterkönig, dessen nie gesehene theatralische Opulenz die Massen begeistert, aber auch Kritik hervorruft. Alfred Kerr nennt ihn *Mystifax Reklamowitsch Klimbimsky.*

Tilly hat es nicht leicht. Das Gespräch dreht sich um Personen, die sie nicht kennt, um politische Vorgänge, die sie nicht überblickt, um Bücher, die sie nicht gelesen hat. Sie will sich und Wedekind nicht blamieren. *Er interessierte sich für so vieles, ich für so wenig. Aber ein Gebiet war es, auf dem wir zusammentrafen: das Gebiet der Erotik, und zwar nicht nur praktisch, auch theoretisch. Dieses Gebiet kann angeschlagen werden, wo und wann es will – ich werde immer mit gleich starkem Interesse dabei sein.* Manchmal spricht Wedekind davon, sie heiraten zu wollen. *Aber er zweifelte an meiner Liebe, an meiner Treue.*

Tillys Mutter ist ihr nachgereist. Sie hat in Frankfurt abgewartet, wie sich die Dinge in Berlin entwickeln und will nach dem Rechten sehen. Nun sitzt Mathilde Newes, die kleine, dunkle Wienerin mit dem «rassigen Schnurrbärtchen» im Kreis der Berliner Schauspieler und Literaten – Wedekind ist nicht begeistert. Es kommt zum ersten Streit. Tilly leidet Qualen: *Wie ich von Dir ging, war mir ganz und gar schwindlig, unklar. Was jetzt? Es war so tot, so leer, nichts, gar nichts. Ich habe nicht geweint und nichts geredet. Ich lief in meinem Zimmer hin und her – es ist nicht möglich [...] er glaubt nicht an deine Fähigkeiten. Wie hättest du dann den Mut, daran zu glauben? Wie hättest du ohne diesen Glauben hier spielen können? [...] Und du hast ihm nie gezeigt, dass du keinen Mut hast, dass du nicht an dich glaubst, nur um ihm zu gefallen. Und jetzt meint er, du siehst an allen anderen Leuten Fehler, nur an dir nicht. Und er glaubt nicht, dass du eine Künstlerin werden kannst.* Wedekind hebt jeden Brief Tillys auf. Fehlende Daten trägt er nach, schlecht lesbare Wörter schreibt er in eigener Schrift darüber.

Tilly drängt die Mutter zur Abreise, hilft ihr packen, befördert sie zum Bahnhof. Von der Droschke aus sieht sie ein Waffengeschäft. Auf dem Rückweg lässt sie halten und kauft einen Revolver, als Requisit für den «Marquis von Keith». *Wenn ich seh', es nützt nichts oder ich habe zu wenig Mut, ist es immer gut, das Ding zu haben,* schreibt sie Wedekind. Für den Abend ist «Hidalla» angesetzt. *Und nun soll ich Dich wiedersehen, ich kann es nicht ertragen und sehne mich doch so danach!* Sie bittet Barnowsky um größere Rollen und nimmt sich vor, den Hermann Casimir im «Marquis von Keith» so gut wie möglich zu spielen.

Wedekind lässt sie fünf Tage lang schmoren. Am 4. Dezember notiert er: *Versöhnung bei Habel. Nachher bei mir.* Am 10. Dezember besiegelt er, unter Zuhilfenahme der zufällig anwesenden Ida Orloff, mit Tilly eine Bindung besonderer Art: *Ich liebe Tilly vor Iduschka. Tilly lässt sich von mir mit der Reitpeitsche schlagen. Ich bringe Iduschka nach Hause.* Die Namen der Mädchen kaschiert er durch hebräische Buchstaben, die er als Gymnasiast gelernt hat.

Drei Tage später hat «Der Marquis von Keith» Premiere. Ein glatter Durchfall. Das Stück sei eine *hastig konzipierte Unrein-*

schrift, eine ungehobelte, ungefeilte, wirre, verwirrende Laune,
Wedekind habe die Titelrolle *spottschlecht* gespielt. Tilly wird
nicht einmal erwähnt.

Tilly wird krank. Ein Arzt konstatiert eine Mittelohrentzündung und durchsticht Tilly in ihrem Fremdenlogis das Trommelfell. Tilly brüllt wie am Spieß und vergisst fast, dass sie zum
ersten Mal in ihrem Leben Weihnachten nicht zu Hause ist.

Im Januar 1906 kommt Paul Eger nach Berlin, wahrscheinlich,
um die Beziehung zu retten, kurz darauf, wohl aus demselben
Grund, Berthe Marie Denk – für Wedekind zur rechten Zeit,
denn das Auftauchen seines Vorgängers gefällt ihm gar nicht:
*T. verlässt mich um 10 Uhr, um Paul Eger bei sich zu empfangen. Fühle mich sehr unglücklich. Hole Tilly vom Theater ab,
Tucherbräu, bringe sie nach Hause, sitze bis zwei bei Stallmann.
Zu Hause finde ich Brief von Bertha Maria, telegraphiere an sie
und bleibe bis morgens im Café Bauer. Ich bin selig.* Wedekind
mietet Berthe Marie bei seiner Wirtin ein und verbringt auch
nach Vorstellungen mit Tilly die Abende mit ihr. Berthe Marie
hat die Affäre mit Wedekind nicht gut getan. Im Herbst erwog
sie, in ein Kloster zu gehen. Jetzt ist sie krank und will so schnell
wie möglich nach Wien zurück. Wedekind hat sie, soweit es
bekannt ist, nicht wiedergesehen. Mit Paul Eger gibt es einen
Abend zu dritt. Wedekind behauptet, ihn sympathisch zu finden – und bleibt bis zum Lebensende eifersüchtig auf ihn.

Am Lessingtheater kommt ein neues Stück von Gerhart Hauptmann heraus: «Und Pippa tanzt!», ein Glashüttenmärchen aus
seiner schlesischen Heimat, in knapp drei Monaten *wie in einem
eisernen Schraubstock* für Ida Orloff entstanden, die die Titelrolle spielt – wenn es nach ihm ginge, in einem zwanzig Kilogramm schweren Kleid aus gesponnenem Glas. Idas Vertrautheit mit Wedekind erfüllt ihn mit Abscheu. *Wedekind stürzte auf
die Bühne, und in dem erprobten und überlebten Jargon duzte
er Pippa. Es riss mich. Wie kann ein so widerlicher Ton ausgelöst
werden vor dem äußeren Adel einer solchen Erscheinung: der
alte Hurer mit dem gemachten Genieton und das Kind mit dem
natürlichen. Aber sie flog hin, wenn er rief, und er wartete wie*

ein Hund auf sie vor der Tür. Ida hat nach der gemeinsamen Liebesnacht Frank und Tilly in einem verzweifelten Brief ihre Einsamkeit geklagt und um Freundschaft gebeten.

Frank und Tilly gastieren mit «Hidalla» in Leipzig und besuchen in Berlin ein Gastspiel der Tänzerin Isadora Duncan. Tilly lernt Hermann Bahr und Richard Strauss kennen. Max Reinhardt verpflichtet Wedekind für die Titelrolle in Molières «Tartuffe», Tilly studiert den Text mit ihm. Das Auswendiglernen fällt ihm schwer. Sie selbst behält jede Rolle im Handumdrehen. Zur Begründung sagt Wedekind: «In einen Kopf, in dem wenig drin ist, passt viel rein.» Donald Wedekind hat sich entschlossen, in die Schweiz überzusiedeln – was er dort tun will, bleibt unklar. Frank schenkt ihm zum Abschied zweihundert Mark. Sein Freund Richard Weinhöppel, inzwischen Konservatoriumsprofessor in Köln, kommt zu Besuch. Tilly mag ihn auf Anhieb. Wedekind notiert: *Im Kleinen Theater treffe ich Weinhöppel, der mir einen Vortrag über Tillys Charakter hält. [...] Ich bin in sehr schlechter Stimmung.*

Am 16. Februar 1906 findet im Kleinen Theater ein Heine-Abend statt – fünfzig Jahre nach dem Tod des immer noch umstrittenen Dichters soll Geld für ein Denkmal gesammelt werden. Wedekind hat für den Wesensverwandten einen gereimten Vortrag verfasst, in dem er ein hellgrünes Samtkleid und einen rosenbesetzten Hut erwähnt, die er an Tilly besonders gern sieht. Tilly hat die Huldigung wahrgenommen, aber ist schüchtern und geht beim anschließenden Souper nicht darauf ein. Wedekind, der Anerkennung erwartet, traktiert sie in Gegenwart Weinhöppels mit ironischen Bemerkungen. Tilly zerbeißt ein Glas, spuckt sich blutige Scherben in die Hand und läuft auf die Toilette. «Pass auf, die tut sich noch was an», warnt Weinhöppel.

Frank bringt Tilly in einer Droschke nach Hause, aber sie will zu ihm. Auf seinem Zimmer lässt er sie allein und beruhigt sich in der Eckkneipe mit Bier. Tilly, vom Alkohol benebelt und äußerst elend, beißt in ein Kissen. Der Stoff birst, Daunen schweben umher. Frank kommt zurück, sieht die Bescherung, nimmt Tillys Bilder von der Wand, zerreißt sie und tritt darauf herum.

Tilly will ihn hindern, die Petroleumlampe fällt vom Nachttisch, das Bett fängt Feuer. Frank unternimmt Löschversuche mit Ofenasche und lässt nicht nach, Tilly zu beschimpfen und zu beleidigen. Tilly, nur mit einem kurzen Hemd bekleidet, verlässt die Wohnung, läuft die Treppe hinab. Kommt er ihr nach? Als sie nichts hört, zieht sie die Haustür auf, überquert den Schiffbauerdamm, klettert über die Brüstung und springt in die Spree.

Das eisige Wasser bringt sie zur Besinnung. Sie macht Schwimmbewegungen, sieht etwas Schwarzes auf sich zukommen, hört Stimmen. Ein Schiffer, durch Franks Rufe geweckt, zieht sie heraus. Frank wickelt sie in seinen Mantel, gibt dem Schiffer zwanzig Mark, trägt Tilly hinauf und beschwichtigt die empörte Zimmerwirtin mit ebenfalls zwanzig Mark. Den Rest der Nacht kniet er vor ihrem Bett, *weinend*, wie es in Tillys Erinnerungen heißt.

Am nächsten Tag bittet er Gertrud Eysoldt und die von Reinhardt nach Berlin geholte Adele Sandrock um Rat. Beide bestätigen, dass er kaum eine andere Wahl habe, als Tilly zu ehelichen. Wedekind, der gemerkt hat, dass Tilly nicht nur ein sanfter Engel ist, wird für den Rest seines Lebens behaupten, geheiratet worden zu sein. Tilly trägt von ihrem Abenteuer außer einer kleinen Brandwunde am Oberarm keinerlei Blessuren davon, nicht einmal einen Schnupfen. Am 18. Februar, zwei Tage nach ihrer Tat, gibt das Paar seine Verlobung bekannt. Abends spielt Tilly im «Nachtasyl».

Die kurze Zeit, bis wir heirateten, war wie ein Traum, und es schien mir damals, als ob ich Frank wirklich liebte. Vielleicht hätte es eine wirkliche Liebe werden können, wenn er es richtig verstanden hätte. Aber einerseits vergötterte er mich, andererseits schüchterte er mich ein. Ich war so jung und unfertig, wie Wachs in seinen Händen. Aber statt Vertrauen und Gemeinsamkeit kam immer mehr einseitiger Respekt. Es war fast, als ob er fürchtete, sich jemanden zu nah kommen zu lassen. Und dabei hungerte er schließlich nach Liebe.

Am 10. März notiert Wedekind in seinen Kalender: *Tilly wird schwanger. Tillys Empfängnis.*

Es schien mir, als ob ich ihn wirklich liebte
Frank und Tilly als Verlobte, Berlin Frühjahr 1906

In den Vorgärten blüht es, an den Bäumen grünt frisches Laub. Verbände der organisierten Arbeiterschaft marschieren durch die Straßen Berlins. Es ist Dienstag, der 1. Mai 1906, Tillys Hochzeitstag.

Eduard Newes hat mit einem traurigen Brief die nötigen Dokumente geschickt – Tilly ist das Erste seiner Kinder, das heiratet, und er ist nicht dabei. Aus Rücksicht auf Franks Ablehnung so genannter «Sentimentalitäten» hat sich Tilly die Anreise ihrer Familie verbeten. Auch von seinen Verwandten wird niemand erwartet. Paula hat eine Torte mit Zuckerguss geschickt. In ihrem Zimmer in der Albrechtstraße wartet Tilly auf die Droschke, die sie abholen soll. In der Früh hat ein Bote einen weißen Fliederstrauß und einen Rubinring von Frank gebracht. Plötzlich geht die Tür auf, und Onkel Dagobert Engländer tritt herein, der Donaudampfschifffahrtskapitän aus Wien. Tilly fliegt ihm an den Hals.

Beim Jawort im Rathaus Moabit setzt draußen Marschmusik ein. Alle lachen, auch der Standesbeamte. Im Café des Zoologischen Gartens, in Hör- und Riechweite der Raubtiere, gibt es ein Hochzeitsfrühstück, das Diner ist im Savoy-Hotel bestellt. Unter den Gästen sind Adele Sandrock und Berlins Zensor Richard von Glasenapp, von dessen Genehmigung die Freigabe von Wedekinds Stücken abhängt. Niemand weiß, was sich Frank bei der Einladung gedacht hat, aber der Zensor macht den Spaß mit. Telegramme werden verlesen, Toasts ausgebracht. Onkel Dagobert hält eine Rede auf Italienisch. Frank versteht sich blendend mit ihm.

Franks Trauzeuge ist Emil Gerhäuser, ein bekannter Wagner-Sänger, der wegen Stimmproblemen zurzeit nicht auftreten kann und vom Geld lebt, das Ottilie Gerhäuser, seine Frau, als Schauspielerin verdient. Tilly kann Gerhäuser nicht leiden, besonders seit ihr sein Kommentar zur bevorstehenden Hochzeit hinterbracht wurde: «Zehn Jahre wird's wohl halten.»

Auch Ida Orloff ist da, allein. Gerhart Hauptmann versucht, sich im schlesischen Agnetendorf in den Armen seiner Frau von seinem Wahn zu heilen. Über Tilly und Frank schreibt ihm Ida: *Wenn man die beiden Menschen sieht, wird einem ganz weh zumute. Glücklich sind sie, so unbeschreiblich, wie die Kinder. Ich gönne es ihnen, trotz stillen Sehnsuchtsneids!*

Keine Zeit zum Feiern. Am 2. Mai 1906, am Tag nach der Hochzeit, wird Wedekinds Einakter «Totentanz» im Intimen Theater in Nürnberg uraufgeführt. Am Hochzeitsabend besteigen Frank und Tilly den Schlafwagen am Anhalter Bahnhof. Im Nebenabteil sitzt Max Halbe, Autor des Erfolgsstücks «Jugend» und eigentlich einer von Wedekinds engsten Freunden. Aber seit einer Rauferei in einem Münchner Bierkeller zwei Jahre zuvor haben sie nicht mehr miteinander gesprochen. Halbe macht Anstalten, Wedekind zu begrüßen, der verzieht keine Miene.

Um vier Uhr früh hält der Zug in Nürnberg. Das Ehepaar fährt durch die schlafende Stadt und steht samt Gepäck vor verschlossener Hoteltür. Ein Nachtportier öffnet. «Wen darf ich eintragen?», fragt er müde. «Herrn und Frau Wedekind», sagt Frank. «Vater und Tochter?», fragt der Mann zurück. Wie auf ein Stichwort torkelt ein betrunkener Nachtschwärmer herein und macht Tilly Komplimente wegen ihrer Schönheit und Jugend. Frank verliert die Fassung, Tilly fängt an zu weinen.

Um zehn Uhr ist Probe. Frank und Tilly haben ihre Rollen gemeinsam studiert, Emil Messthaler, Direktor des Intimen Theaters, hat seine Truppe vorbereitet und stellt die Dekoration. Am Vormittag wird das Ganze zusammengesetzt, nachmittags schläft man, abends wird gespielt. Nach diesem Muster finden zwölf Jahre lang Wedekind-Gastspiele statt. Manchmal gibt es drei oder vier Probentage, aber wenn es nicht anders geht, muss auch einer reichen.

Der «Totentanz» ist im Frühjahr 1905 entstanden und Berthe Marie Denk gewidmet. *Ich kann Dir nur den guten Rat geben, verbrenn Deinen «Totentanz», denn er strotzt vor Unwahrheiten*, schrieb sie Wedekind damals. Sie verkannte Stück und Autor: Der «Totentanz» enthält Wedekinds sexualpsychologisches Credo und den Kern seiner lebenslangen Obsession: dass die Frau beim Geschlechtsakt nichts empfinden MUSS, während der Mann ihn ohne Erregung nicht ausüben KANN, dass somit das Männliche dem Weiblichen unterlegen ist. Das Freudenmädchen Lisiska, das Tilly spielen soll, hat die Liebe in solchem Übermaß genossen, dass nur noch körperlicher Schmerz sie erregt. *Ich glaube, es war Frank eine Art perverses Vergnügen, mich in solchen Rollen und in allen möglichen «Entkleidungen» den Menschen zu zeigen, mich aber im privaten Leben in immer größerer Distanz zu halten*, schreibt Tilly in ihrem biographischen Fragment.

Das erstmalige Auftreten Wedekinds mit seiner jungen Frau sorgt für Aufsehen. Das Haus ist ausverkauft. Auch Münchner Publikum ist angereist. Der «Nürnberger Generalanzeiger» bemerkt: *Es ist das Verdienst der neuen Leitung des Intimen Theaters, den Sadismus bühnenfähig gemacht zu haben; jetzt ist die Reihe am Masochismus.* Aber Frank habe seine Rolle gut gespielt, auch Tilly erhält Lob. Nach drei Vorstellungen reist das Ehepaar nach Berlin zurück. Am 8. Mai meldet Wedekinds Kalender: *Wir essen zum ersten Mal zu Hause zu Abend.*

Tilly soll an der Seite Harry Waldens im «Idealen Gatten» spielen – eine große Chance. Oscar Wildes Stücke sorgen für volle Häuser, der neunundzwanzigjährige Walden ist nach seinem Erfolg in «Alt Heidelberg» beim Publikum enorm beliebt. *Bevor wir heirateten, sprachen wir einmal von meinem Engagement,* erinnert sich Tilly. *Ich wollte es selbstverständlich beibehalten. Frank nahm Anstoß daran, dass es vom Direktor abhängig sein soll, ob er seine Frau auf Reisen mitnehmen könne oder nicht. Es war ein ernstes Gespräch. Als ich abends allein war, überlegte ich, ob in der Ehe mit Frank nicht eine große Gefahr für meine Selbstständigkeit läge, die mir sehr teuer war. «Noch kannst du zurücktreten von dieser Verbindung», sagte ich mir. Aber ich beruhigte mich mit dem Gedanken, dass es wohl nicht so schlimm werden würde.* Wedekind selbst, von Max Reinhardt hoffnungsvoll als Tartuffe engagiert und bereits mit dem großen Schauspieler Friedrich Mitterwurzer verglichen, versagt in der fremden Rolle. Er kann nur den eigenen Figuren jenes fanatische Leben einhauchen, das die Zuschauer in Bann zieht, und wird bis zum Ende seines Lebens nur noch in Stücken auftreten, die er selbst geschrieben hat.

Nach einem langen Probentag, beladen mit Einkäufen, schließt Tilly die Wohnungstür auf. Im Flur stehen gepackte Koffer.

«Ich habe das Mädchen nach einer Droschke geschickt», sagt Wedekind, «ich fahre nach Leipzig.»

«Du fährst nach Leipzig? Warum?»

«Ich habe keine Lust, mir deine Liebesszenen mit Harry Walden anzuschauen …»

Die Drohung mit Abreise: ein beliebtes Druckmittel Wedekinds. Tilly wird immer wieder darauf hereinfallen. *Hätte ich damals gesagt: «Fahre hin!», er wäre schon wieder gekommen,* schreibt sie später. *Aber ich war wenige Wochen verheiratet, war in anderen Umständen, übermüdet und durch die Plötzlichkeit seines Entschlusses erschreckt, es sah ja wie Flucht aus. Ich brach in Tränen aus und fuhr ganz zerknirscht mit an die Bahn.*

Im Habsburger Hof wartet man auf die Abfahrt des Zuges.

«Ich könnte ja absagen», meint Tilly leise.

Er verlangte eine kolossale Respektierung seiner Person
Frank und Tilly, Berlin um 1906

«Ja, würdest du das tun?», fragt Wedekind – und verwirft seinen Reiseplan auf der Stelle.

Ein Arzt bestätigt Tillys Schwangerschaft, eine Kollegin übernimmt ihre Rolle, das extra angefertigte Kleid landet auf dem Hängeboden. Der «Ideale Gatte» wird ein Serienerfolg. *Frank hatte mir auseinandergesetzt, dass es viel praktischer sei, zusammen in seinen Stücken zu gastieren, wir dienten damit unserer gemeinsamen Sache. Ich war ja so logisch und sah alles ein. Damit hatte er alle Macht in den Händen. Ich war nicht mehr der selbstständige Mensch, der sich selbst erhalten konnte und es aus eigener Kraft zu etwas gebracht hatte. Das trat immer mehr in den Hintergrund. Ich war das junge, vermögenslose Mädchen, das von dem Mann und durch den Mann alles hatte, Stellung, Einkommen, alles. Und was ich selbst künstlerisch erreicht hatte, wurde möglichst vergessen, ich «wurde» nur durch ihn.*

Bis zum Tod Wedekinds wird auch Tilly nur noch in seinen Stücken auftreten.

Georg Stollberg, Pächter und Direktor des Münchner Schauspielhauses, will das Sommerloch seines Theaters mit einem Wedekind-Gastspiel füllen. Wedekind sagt zu. Den Einwand, dass Tilly nicht gut im fünften Schwangerschaftsmonat in München spielen könne, wo es im dritten Monat in Berlin angeblich nicht möglich war, wischt er beiseite: Das Münchner Gastspiel findet während der Theaterferien statt, in denen Tilly vertraglich nicht gebunden ist. Barnowsky erfährt es, ist wütend, aber machtlos. Allein hätte Tilly einen solchen Affront niemals gewagt.

In München fährt Frank mit ihr durch den Englischen Garten, besucht mit ihr das Ungererbad. Sie lernt seinen Schauspiellehrer Friedrich Basil kennen und Münchens Publikumsliebling Gustav Waldau und betritt zum ersten Mal den Riemerschmid-Bau an der Maximilianstraße. Eine Bewährungsprobe steht ihr bevor: Nirgendwo ist Wedekind bekannter als in München, sein gesamter Freundeskreis wird anwesend sein, aller Augen werden sich auf sie richten. *Das Publikum wird sich die Gelegenheit, einen leibhaftigen deutschen Dichter, und noch dazu den unan-*

ständigsten, mit seiner ehelichen Gattin auf der Bühne zu sehen, nicht entgehen lassen wollen, meinen die «Münchner Neuesten Nachrichten».

Umso niederschmetternder ist die Reaktion der Presse nach ihrem Auftreten in «Hidalla»: *Frau Wedekinds Organ und ihre sonstigen Ausdrucksmittel gestatten ihr nicht, diejenige Größe in der Gestalt der Fanny Kettler zum Ausdruck zu bringen, die der Dichter zweifellos hineinlegen wollte. Nach dieser ersten Probe erscheint mir Frau Wedekind als eine Künstlerin von großer Intelligenz, aber beschränkter, schwerlich entwicklungsfähiger Technik.*

Im «Kammersänger» ergeht es ihr nicht besser: *Die Steigerungsfähigkeit ihres Spiels hat eben eine gewisse Grenze; was sich darunter hält, wirkt sehr gut, was darüber hinausgeht, versagt trotz wahrnehmbaren guten Willens.*

Das Schlimme ist: Der Rezensent hat Recht. Tilly hat den Wedekind-Ton nicht verinnerlicht und beginnt zu zweifeln, ob sie es jemals schaffen wird. *Ich lernte sprechen bei ihm und vieles andere Gute, aber ich wurde verkrampft, gespreizt und unnatürlich. Alle meine echten, natürlichen Veranlagungen, mit denen ich vorher mein Glück gemacht hatte, wurden gehemmt. [...] Ich war durch seine bestimmte, sichere Art selbst unsicher geworden, besonders weil ich oft anerkannte, dass er wusste, worauf es ankam. Ich wagte nicht mehr zu widersprechen.*

Erst die Lulu im «Erdgeist», jenes rätselhafte Wesen, das Männer durch bloße Weiblichkeit zu Fall bringt, gelingt ihr. *Ich hatte ein instinktiv richtiges Gefühl für sein Schaffen,* sagt Tilly, *wenn ich auch vieles damals noch nicht verstand.* Tillys Lulu überzeugt Wedekind mehr als die ihrer intellektuellen, raffinierten Vorgängerin Gertrud Eysoldt, und auch die Münchner Presse findet freundliche Worte: *Frau Tilly Wedekind brachte den infamen Ton der Dirne, die sich ihrer Minderwertigkeit ebenso bewusst ist wie ihres schließlichen Sieges über den intelligentesten Mann, mitunter ganz glänzend zum Ausdruck.*

Von München reisen Tilly und Frank nach Lenzburg. Schon vom Zug aus sieht man das Schloss auf dem Hügel oberhalb der Stadt, einen mächtigen Bau mit Türmen, Zinnen, Schießscharten und Stützmauern. Den *verfluchten Steinhaufen* nennt es Mutter Wedekind. Als sie das erste Mal davorstand, brach sie in Tränen aus – niemand hatte ihr gesagt, dass es keine Wasserleitung gab. Zwanzig Jahre ihres Ehelebens hat sie auf seine Bewirtschaftung verwandt, fünf Jahre ihres Witwendaseins auf seinen Verkauf.

Mati, Franks jüngste Schwester, wartet am Bahnsteig. Emilie Wedekind empfängt das Paar in ihrem Alterssitz, dem «Steinbrüchli», einem freundlichen, spalierobstbewachsenen Haus am Fuß des Schlossbergs. Sie ist sechsundsechzig Jahre alt, eine *prächtige Erscheinung*, wie Tilly sich erinnert, *größer wirkend, als sie war, durch ihre Haltung und den schönen ausdrucksvollen Kopf. Das weiße Haar war in der Mitte gescheitelt, über die Ohren gelegt und rückwärts zu einem Knoten aufgesteckt. Der Mund konnte sarkastisch lächeln, die Nase war fein gebogen, die Augen, von einem besonders hellen, klaren Grün, blickten scharf und kritisch. Es war nicht leicht, ihrem Blick standzuhalten.* Zwanzig Jahre war sie alt und in San Francisco als Vaudevillesängerin gestrandet, als Dr. Wedekind sie heiratete; fünf Kinder hat sie dem viel älteren Mann geboren.

Frank ist ihr Lieblingssohn. Sie hat sein Schaffen kritisch begleitet und lehnt manche seiner Stücke, allen voran «Frühlings Erwachen», strikt ab. Aber dass er als Schriftsteller Erfolg zu haben beginnt, freut sie – sie will keinen zweiten Sohn wie Donald haben, der nichts zustande bringt und sein Leben vergeudet. Später erfährt Tilly, dass sie Franks Wahl einer so viel jüngeren Frau nicht billigt. Sie kennt die Nachteile einer solchen Konstellation aus eigener Erfahrung und Franks vom Vater geerbten Hang zur Eifersucht. Donald Wedekind hatte, aus Berlin kommend und nach seinem Eindruck von Franks junger Ehefrau gefragt, mit der Hand Luft geknetet und: «Keine Masse» gesagt. In den Folgejahren wird Tilly Emilie Wedekind mehr als einmal Rat suchend um Hilfe bitten und in ihr sogar eine Art Verbündete finden.

Auch Erika Wedekind ist da, die so genannte «Mieze», Franks mittlere Schwester, Königlich Sächsische Kammersängerin und geschätzter Gast an ersten Opernhäusern. Franks Verhältnis zu ihr ist zwiespältig. Er bewundert ihren Fleiß und ihr Durchsetzungsvermögen, aber hält sie für herrisch, schnippisch und oberflächlich. Es macht ihm zu schaffen, dass er so oft von ihr finanziell abhängig war.

Die Geschwister gehen mit Tilly auf den Horner, wo man nett sitzt und leichten Schweizer Wein trinkt. Frank zeigt ihr die Kantonsschule in Aarau, wo er mit Mühe das Abitur geschafft hat, und die Mauer, von der er als Junge fiel und sich den Arm brach. Man erzählt Anekdoten, erinnert an Vergangenes. Tilly, im sechsten Monat schwanger, fühlt sich unwohl. Ihre neuen Verwandten sind fast ausschließlich aus der Generation ihrer Eltern. Frank versucht zu arbeiten, findet aber keine Ruhe.

Max Reinhardt hat einen lang gehegten Plan verwirklicht: ein Theater, in dem die Zuschauer unmittelbar am Geschehen teilnehmen. Kammerspiele des Deutschen Theaters nennt er seine neue Schöpfung, ein ehemaliges Tanzlokal in der Schumannstraße in unmittelbarer Nähe zum Hauptgebäude, dreihundertzwanzig Plätze groß, mit modernster Technik ausgestattet, im Geschmack der Zeit dekoriert. Es soll im November 1906 mit Ibsens «Gespenstern» eröffnet werden, als zweite Inszenierung soll Wedekinds «Büchse der Pandora» folgen. Frank hat das Stück den Sommer über neu bearbeitet und ein Vorwort verfasst, in dem er auf die Zensurverbote und Gerichtsprozesse eingeht, die das Werk seit Jahren von der Öffentlichkeit fern halten. Gertrud Eysoldt soll nach Reinhardts Willen die Lulu spielen.

Aber Zensor Glasenapps Weigerung, mehr als nur drei Aufführungen zu genehmigen, macht den Aufwand für Reinhardt unrentabel. Wedekind sieht wieder einmal sein Pech bestätigt. Umso überraschter ist er, als Chefdramaturg Felix Holländer ihm mitteilt, dass Reinhardt stattdessen «Frühlings Erwachen» spielen will – falls Wedekind bereit wäre, einige Stellen abzumildern.

Um sein verloren geglaubtes Stück auf die Bühne zu bringen, ist Wedekind jedes Mittel recht. Außerdem braucht er Geld. Er hat mit Tilly eine vornehme Wohnung in Tiergartennähe bezogen, Kurfürstenstraße 125, im dritten Stock, mit großen, hellen Räumen, weiß lackierten, zum Teil verglasten Doppeltüren, einem «Berliner Zimmer» in der Mitte und einem Dienstbotentrakt am Ende. *Infolge meines zweimaligen Umzugs in diesem Sommer bin ich stark aufs Trockne geraten,* schreibt er Karl Kraus.

Sechzehn Jahre nach seiner Entstehung überarbeitet Wedekind «Frühlings Erwachen». Er streicht die Masturbationsszene in der Korrektionsanstalt und die Weinbergszene, in der sich Ernst Röbel und Hänschen Rilow auf den Mund küssen. Ein Abortbesuch des Letzteren zum Zweck der Selbstbefriedigung wird nur angedeutet, aus *Beischlaf* wird *Fortpflanzung,* aus *Abortivmitteln* werden *Geheimmittel,* und die Lehrer Sonnenstich, Knüppeldick und Hungergurt heißen jetzt Sanftleben, Wunderhold und Morgenroth.

Es gibt Zwist, weil Wedekind echte Schulkinder auf die Bühne bringen will. Reinhardt hält seine besten Schauspieler dagegen: Camilla Eibenschütz als Wendla Bergmann, Bernhard von Jacobi als Melchior Gabor und Alexander Moissi, die Entdeckung der Saison, als Moritz Stiefel. Gertrud Eysoldt ist als Ilse zu sehen, Wedekind spielt den *vermummten Herrn.* Der Schweizer Karl Walser malt die Kulissen, die neuartige Drehbühne ermöglicht schnelle Szenenwechsel.

Am 20. November 1906 ist Premiere. Ein Sturm der Entrüstung bricht los. «Frühlings Erwachen» sei *bühnenunmöglich, ekelhaft* und *in technischer Hinsicht von einer stammelnden Ungeschicklichkeit, die den Karren zehnmal umzuwerfen drohte.* Paul Heyse, nachmals Nobelpreisträger für Literatur, meldet sich aus München mit einer Faust-Paraphrase:

Alles Lebendige entsteht durch Zeugung,
Das Unanständige ist unsre Neigung.
Das Unbeschreibliche, hier wird's getan,
Das Ewigweibliche ist nur ein Wahn.

Aber Berlins Großkritiker Maximilian Harden, Alfred Kerr und Monty Jacobs stellen sich, wenn auch mit Einschränkungen, hinter Wedekind – und er hat Max Reinhardt auf seiner Seite, *den Bühnen-Napoleon, der das Wort «unmöglich» nicht kennt.*

«Frühlings Erwachen» bleibt zwanzig Jahre auf dem Spielplan des Deutschen Theaters. Es wird allein zu Wedekinds Lebzeiten sechzigmal neu inszeniert und als Buchausgabe fünfunddreißigmal aufgelegt.

Da gab's nun auch Tantiemen viel und hohe Gagen für das Spiel, dichtete Wedekind in den Hungerjahren mit einem spöttischen Seitenblick auf Gerhart Hauptmann. Fortan ist auch bei ihm immer Geld in der Kasse. Tillys Baby wird in keinen Armenhaushalt hineingeboren.

Die Wehen beginnen am 11. Dezember abends. Mutter Newes wäre gern zur Geburt gekommen, aber Tilly hat abgelehnt – aus Rücksicht auf Frank. Der zieht sich nach dem Theater in sein Arbeitszimmer zurück. Um vier Uhr beginnen die Schmerzen. Tilly weint und tobt. Der Arzt will ihr eine Betäubungsspritze geben, Tilly lehnt ab. Sie will bewusst erfahren, wie es ist, ein Kind zu bekommen. Man flößt ihr schwarzen Kaffee ein. Frank erscheint mit Sekt und einem Tablett voller Gläser. Er hat eiskalte Hände. Um acht Uhr früh am Mittwoch, dem 12. Dezember 1906, kommt Anna Pamela Wedekind in der Kurfürstenstraße 125 im dritten Stock zur Welt. Mit Kleidern wiegt sie dreitausendsechshundertvierzig Gramm.

Seiner Mutter berichtet Wedekind: *Tilly befindet sich unberufen sehr wohl. Sie hat die Entbindung leicht überstanden. Die Hebamme und ein Spezialist, die zugegen waren, hatten nichts zu tun.*

4

Paula

7. Januar 1907

Montag, 7. Januar 1907. Die Grazer «Neue Post» meldet *trostlose Wetterverhältnisse* und *vierzig Stunden andauernden Schneefall.* Im zweiten Stock des gelb getünchten Hauses in der Zinzendorfgasse sitzt der fünfzehnjährige Karl Newes über seinen Schulaufgaben. Die Eltern sind im Geschäft. Es ist vier Uhr nachmittags und draußen fast dunkel. Seine Schwester Paula tritt hinter ihn, schaut ihm über die Schulter ins Heft und streicht ihm über den Kopf. Im Nebenzimmer schreibt Dora einen Brief, Paulas ältere Schwester, in deren Schatten sie steht und mit der sie sonntags immer gleich gekleidet zur Kirche musste. Paula setzt sich zu ihr, kostet ein von ihr gebackenes Weihnachtsplätzchen und lobt seinen Geschmack. «Ich lege mich hin», sagt sie, «bitte stört mich nicht.»

Kurz darauf ertönt ein durchdringender Schrei. Dora läuft in den Flur. Karl ist schon am Badezimmer, schlägt und tritt gegen die Tür, rüttelt an der Klinke. Von drinnen hört man Stöhnen und gurgelnde Laute. Die Eltern kommen hinzu, plötzlich ist auch Bertl da. Anstatt die Tür aufzubrechen, schicken sie ihn nach einem Schlosser. Er bringt einen Lehrbub, der sich vergeblich um Öffnung des Schlosses bemüht. Schließlich holt Bertl eine Leiter, hebt das Oberlicht über der Tür aus und springt ins Badezimmer. Paula liegt in einer Blutlache, Waschbecken und Wände sind mit Blut bespritzt. Eine halb geleerte Flasche Cognac steht auf der Kommode, daneben ein Zettel: *Um Gottes willen nicht retten.*

Die Ankunft des Sanitätswagens verzögert sich wegen des Schnees. Als Dora sieht, wie man ihre Schwester auf einer Bahre die Treppe hinunterträgt, erleidet sie eine Maulsperre (Malokklusion). Ihr Mund dehnt sich von einem Ohr zum anderen, und für einen Moment scheint es, als wolle sie Paula in den Tod folgen.

Gestern Abend hat sich in unserer Stadt ein sensationeller Selbstmord ereignet, berichtet die Zeitung. Die Tochter eines hiesigen Hausbesitzers schnitt sich in der Wohnung ihrer Eltern mittels eines Rasiermessers die Kehle durch und brachte sich eine grässliche Wunde bei. Durch den ungeheuren Blutverlust halb tot, wurde sie mittels Rettungswagen in das Allgemeine Krankenhaus überführt, wo sie gegen 9 Uhr abends verstarb. Als Ursache des grässlichen Selbstmords ist Trübsinn angegeben. Die auf so furchtbare Art aus dem Leben Geschiedene ist die Schwägerin eines bekannten modernen Dichters, dessen Gattin durch längere Zeit an den Grazer vereinten Bühnen als Künstlerin tätig war.

Paula hat sich außer der Kehle auch die Pulsadern aufgeschnitten. Die Wunden sind so gravierend, dass die Ärzte nicht feststellen können, was sie als Erstes tat.

Trübsinn. Paula hat das Temperament ihrer Mutter geerbt. Sie ist verschlossen, vergräbt sich in Büchern, sucht Sicherheit im wissenschaftlich Verlässlichen. Auch äußerlich ähnelt sie der Mutter – klein und dunkel, mit großer Nase und vorstehendem Kinn. Jüdischer Einschlag, keine gute Empfehlung. Intellektuell ist sie ihren Geschwistern überlegen. Aber man ließ sie nichts lernen und schickte sie als Anhängsel Tillys in die Welt. «Ein bisschen Glück hätt' ich auch verdient», sagt sie nach deren Hochzeit.

Sie findet es in Person des serbischen Medizinstudenten Petrovic, eines Zimmerherrn, der Großvater Engländers Räume bewohnt. Er hat gute Manieren, macht einen strebsamen und ehrlichen Eindruck. Familie Newes nimmt ihn mit offenen Armen auf – vielleicht lässt sich Paula ja unter die Haube bringen. Paula und Petrovic kommen sich näher, die Verlobung wird gefeiert. Als Petrovic Geld braucht, um in Belgrad eine Praxis zu eröffnen, streckt Familie Newes es ihm vor. Petrovic reist nach Serbien. Paula soll folgen, wenn alles bereit ist.

Seine Briefe kommen immer seltener. Paula schweigt, die Familie schweigt. Man will Paula nicht belasten. Paula fleht Bertl an, nach Belgrad zu fahren und Petrovic zur Rede zu stellen. Er tut es, heimlich, und wird mit Ausflüchten abgespeist. Paula spricht immer weniger und fährt dabei fort, ihre Aussteuer zu vervollständigen, mit immer sonderbareren Gegenständen wie Schrauben, Draht und Zwirnrollen. Am 7. Januar 1907 sind die Wetterverhältnisse trostlos, Montag ist es außerdem. Paula beschließt zu sterben.

Am 9. Januar erfährt Wedekind, was vorgefallen ist. Er lässt sich im Theater vertreten, informiert Tilly, aber verschweigt die Ursache – Tillys Sprung in die Spree liegt kein Jahr zurück. Wie erklärt er den Tod einer gesunden Vierundzwanzigjährigen?

Die Wahrheit hört Tilly von Ida Orloff: Selbstmord, auf besonders grausige Art, es stehe in allen Zeitungen. Wedekind kommt hinzu, brüllt Ida an, nennt sie dumm, herz- und taktlos, stürmt aus dem Zimmer und schlägt die Tür zu. Ida verlässt schockiert die Wohnung. Tilly bleibt allein mit Anna Pamela, dreieinhalb Wochen alt.

5

Eheleben (I)

1907/08

21. März 1907, abends. *Von heute ab werde ich ein Tagebuch führen. Ich habe bis jetzt nicht das geringste Bedürfnis dazu gehabt. Ich habe wohl viel erlebt für meine Jahre, aber immer nur getan, was ich wollte. Das wird nun anders werden. Ich habe mich am 1. Mai 1906 verheiratet, hatte aber damals noch meinen Beruf. Nun da ich eingewilligt habe, diesen Beruf aufzugeben, bin ich meinem Mann wohl mit Haut und Haaren verfallen. Eigentlich ist ja auch dies mein «Wille», denn schließlich könnte ich mich ja scheiden lassen; da ich aber sehr wohl weiß, wieviel vorteilhafter es für mich ist, mit Frank Wedekind verheiratet, statt als Frl. Tilly Newes an einem minderwertigen Theater eine mittelmäßige Schauspielerin zu sein, so wäre ich ja eine dumme Gans, wenn ich es täte. Ich bin mir also vollkommen klar, was ich tue. Ich hatte einen Schmuck im Wert von 1000 Mark, man hat mir 2000 Mark dafür geboten und ich habe ihn hergegeben. Am liebsten hätte ich die 2000 Mark und den Schmuck behalten, aber es gab nur ein Entweder-oder. Das Geschäft ist immerhin gut, aber ich muss sehen, dass mir kein Pfennig verloren geht. Wie ich das anfange, weiß ich noch nicht genau. Vor allem denke ich, muss ich mit peinlicher Genauigkeit meine Rechte wahren. Er wahrt ja auch seine! Er hat ja das RECHT, seine Frau für sich allein zu verlangen, er hat das RECHT, ihren Vertrag, der ihm nicht passt, zu lösen, er hat das RECHT zu wissen, was sie macht und wo sie hingeht. Man ist also eine Gefangene, allerdings eine freiwillig Gefangene. Dafür muss man sich doch schadlos halten?! «Gleichberechtigt» sind wir ja wohl nicht. Die Ehe ist ein ebenso ungleicher Vertrag wie Theater-*

73

verträge. *Aber immerhin habe ich auf vieles Anspruch, und davon soll kein Atom verloren gehen. Wenn ich nun nicht im Klaren bin, will ich meine Gedanken niederschreiben. Denn wem sollte ich sie mitteilen? Habe ich mich verheiratet, um allein zu sein?*

22. März. Frank ist müde und geht schlafen. Es ist ¹/₂ 5 Uhr morgens. Ich habe nicht die geringste Lust zu schlafen!

23. März. Wie viele Gedanken sind mir noch gestern Abend und heute Morgen durch den Kopf gegangen! Ob Anna Pamela sich wohl mal dafür interessieren wird? Oft ist mir bange. Ich denke, wie wird es sein, wenn sie groß ist. Wenn sie auch noch nicht reden kann, so verstehen wir uns doch ausgezeichnet. Mein geliebtes Geschöpf! Es ist so etwas Süßes um die Liebe zu einem Kinde! Und es wird noch nicht durch hässliche Worte gestört. Ich wünschte, ich hätte auch Frank gegenüber vieles ungesagt gelassen. Zuweilen könnte ich mein Wesen verwünschen! Wenn ich die geringste Untreue wüsste, würde sich meine Liebe in den grausamsten Hass verwandeln. Wo ich ihn am empfindlichsten treffen könnte, da würde ich es mit einem jubelnden Gefühl der Rache tun. Ich glaube, da wäre ich zu allem fähig. Aber ich will nicht an derlei denken. Ich will wieder ein gutes, sanftes Geschöpf sein, ich weiß, wie wohltuend das auf ihn wirkt. Ich konnte es während meiner Schwangerschaft beobachten, was für ein nachgiebiges, sogar feiges Wesen ich in der Zeit war. Ich will ein freundliches Gesicht zeigen und ihn möglichst erheitern. Mein guter Frank, ich hab' dich doch von Herzen lieb, ich sehne mich nach deiner liebevollen Zärtlichkeit.

30. März: Es ist ¹/₂ 3 Uhr nachts, Frank ist fort, und ich fürchte, dieses Buch wird eine Anklageschrift. Dabei hab' ich ihn so lieb, dass mir oft die Tränen in die Augen treten, bei Tisch, auf der Straße, wo immer. Dann möchte ich dankbar seine Hände küssen. Hier bricht Tillys Tagebuch ab. Sie hat es, soweit bekannt, nicht fortgeführt.

Nein, Tilly ist kein sanfter Engel. Sie kennt ihren Vorteil. Aber guten Willen kann man ihr nicht absprechen, und ihre Lage ist schwierig. Frank schläft bis Mittag und geht abends aus.

Er hat ein Leben lang in Kneipen gesessen und beabsichtigt nicht, seine Gewohnheiten zu ändern. Tilly schläft unruhig in der großen Wohnung. Beim Nachhausekommen weckt sie ihr Mann, nimmt Anna Pamela aus dem Bettchen, geht singend und rauchend mit ihr auf und ab. Tilly kann dann oft nicht mehr einschlafen und ist morgens müde. Sie leidet unter Einsamkeit, ist von zu Hause reges Familienleben gewöhnt, vom Theater den Kontakt mit Kollegen. Alle um sie herum arbeiten. Tilly, der von Haus- und Kindermädchen jeder Handgriff abgenommen wird, fühlt sich nutzlos. Auch die Eifersucht ist ihr nicht fremd. Was macht Wedekind während seiner nächtlichen Streifzüge? Aus Tillys Aufzeichnungen erfährt man von getrennten Schlafzimmern seit Beginn der Ehe.

Als junge Witwe benennt sie den Kernpunkt des Problems: *Der sexuelle Verkehr zwischen Frank und mir erlitt durch die Schwangerschaft keine Unterbrechung. Das letzte Mal waren wir zusammen ungefähr vierundzwanzig Stunden, bevor Pamela zur Welt kam. Nachher beeilte ich mich, den Verkehr aufzunehmen, aus Angst. Ich wollte ihn nicht so lang sich selbst überlassen. Und dabei war ich ihm eher zu anspruchsvoll; aber das wurde mir erst später klar. Heute weiß ich auch, dass ich weit mehr gebraucht hätte. Aber wir Frauen kennen uns ja meistens nicht und denken, so wie es ist, ist's recht. Ich weiß, dass ich durch jahrelange Selbstbefriedigung dem Mann gegenüber etwas unempfindlich geworden war. Und jedes Zusammensein, dem nicht die vollständige Auslösung folgte, ließ ein Unbefriedigtsein, eine Traurigkeit zurück. Und leider war das oft der Fall. Ich täuschte ihn darüber – aus Zart- und Taktgefühl –, aber es vergrößerte den Abgrund. Wie richtige Erlösung im Geschlechtsakt befreien und beglücken kann, das habe ich eigentlich erst später erfahren. Und dabei war Frank ein sehr erotischer Mensch! Er verstand es wundervoll, immer wieder neue, reizvolle Situationen zu schaffen. Ich musste Kostüme anziehen, tanzen usw. Er verstand es so gut, die Stimmung hervorzurufen, und er wirkte sehr stark auf mich – aber die Erlösung blieb bei mir meistens aus. Wenn ich allein war, griff ich zu dem alten Mittel der Selbstbefriedigung.*

Das machte mich wieder müde, unlustig, uninteressiert. Vielleicht ist bei mir das Egozentrische, der Narzissmus so stark ausgeprägt, dass ich nur schwer die Erlösung bei jemand anderem finde.

Das soll Wedekind nicht gespürt haben? Sein ganzes Werk dreht sich um die Vermutung, dass es Frauen, *so wie es ist,* NICHT recht ist. Aber das Problem gegenüber der zweiundzwanzig Jahre jüngeren Tilly anzusprechen, erfordert eine Art von Mut, die ihm, der Fragen der Sexualität mutig wie kein Zweiter auf die Bühne stellt, offenbar abgeht. *Wir waren so höflich und förmlich zusammen, es war manchmal komisch. Aber so waren wir auch zu Hause, zuweilen sogar im Bett,* erinnert sich Tilly.

Wedekind fürchtet, Tilly zu verlieren, und leidet an ihrer Gegenwart. Alleinsein ist ihm unverzichtbar. Schon als Junge litt er, wenn er bei Ausflügen nach Zürich den ganzen Tag mit seinem Vater zusammen sein musste. Tilly hat ihm berufliches Glück gebracht, aber sein Selbstbewusstsein in Frage gestellt. Er hat es vorausgesehen und wohlweislich gezögert. Tillys Sprung in die Spree hat die Entscheidung erzwungen.

Auch künstlerisch befindet sich Wedekind im Umbruch. Max Reinhardt hat «Frühlings Erwachen» mehr als achtzigmal gespielt, das Münchner Schauspielhaus hat eine eigene Inszenierung vorgelegt. Seine Einnahmen, im Taschenkalender penibel notiert, haben sich vervielfacht. Immer weniger gleicht er dem entmachteten König Nicolo, dem verkrüppelten, verkannten Hetmann. *Wie stelle ich mich nun zum Erfolg? Ich war den Misserfolg gewöhnt,* zitiert ihn Heinrich Mann. Wo ist der dringend benötigte Gegner? Wedekind bemüht sich, dem Eindruck der Behäbigkeit entgegenzuwirken, und behängt die Wände seines Arbeitszimmers mit Peitschen. Besucher nötigt er in einen Sessel, von dem aus sie nicht umhin können, eine Aktfotografie Tillys zu betrachten. Hektische Betriebsamkeit wechselt mit Perioden von Apathie. Nervös notiert er jede Gewichtsschwankung Anna Pamelas. *Im Großen Kurfürsten gearbeitet. Weinkrampf. [...] Ich bin arbeitsunfähig.*

Ende April 1907 kommt es in Wien zu einer schweren Auseinandersetzung. Tilly freut sich auf das Theaterspielen, aber eine auf der Reise aufgeschnappte Erkältung macht ihr Auftreten zur Zitterpartie. Sie entschuldigt sich schriftlich, *Spielverderberin* gewesen zu sein – sie habe sich auch selbst den Abend verdorben –, aber *Unliebenswürdigkeit* könne er ihr nicht vorwerfen, *wo ich mich ja sowieso immer entschuldige, dass ich auf der Welt bin.* Als Wedekind seine Vorwürfe nicht einstellt, schreibt Tilly: *Falls ich je nochmals schwanger werden sollte, bleibt mir nichts übrig, als entweder mir das Kind abtreiben zu lassen oder mich von Dir zu trennen. Denn ich habe keine Lust, mir fortwährend vorhalten zu lassen, ich sei krank. Das bisschen Erkältung kann jedem passieren, Du hattest im Sommer auch öfter Erbrechen usw. Aber entschuldige, ich liebe es nicht, alte Geschichten aufzuwärmen. Ich bin überzeugt, dass ich oft hässlich und ungerecht war; ich war zuweilen eben nicht Herr meiner selbst, so wie Du es jetzt nicht bist. Sonst würdest Du einsehen, dass es ungerecht ist, mir immer die Unannehmlichkeiten vorzuwerfen, die ich Dir je gemacht habe.* Auch seinen Vorwurf der Verschwendungssucht weist sie zurück: *Ich glaube das Recht zu haben, als Frau Frank Wedekind etwas auf mein Äußeres zu halten. Und wenn man jung und hübsch ist, putzt man sich halt gern, ich halte das nicht für ein Verbrechen.*

Nur mit Mühe lässt sie sich überreden, mit nach Budapest zu kommen, wo Max Reinhardt mit «Frühlings Erwachen» gastiert. Die Fahrt mit dem Schiff donauabwärts, von Onkel Dagobert gestiftet, und die Ankunft im Abendlicht bei der Kettenbrücke genießt sie dann allerdings sehr.

Am 29. Mai 1907 wird Anna Pamela in Berlin katholisch getauft. Taufpatinnen sind die Schwestern Adele und Wilhelmine Sandrock, genannt «Dilly» und «Willy». Am Abend der Taufe konzipiert Wedekind in einem Lokal ein neues Stück: «Das Kostüm». Thema: Ein Dichter in einer partnerschaftlich bedingten Schaffenskrise an der Seite einer leichtlebigen, genusssüchtigen Frau. *Der Plan gefällt Tilly nicht,* bemerkt er wenig überraschend in seinem Kalender.

Im Juli 1907 schlägt Wedekind eine Trennung auf Zeit vor. Er will den Sommer allein verbringen, Tilly soll mit dem Kindermädchen und Anna Pamela zu den Eltern nach Österreich. Für August ist ein Gastspiel in München vereinbart, da kann sie dazukommen. Die Stimmung ist gespannt: *Wir beschließen, dass Tilly auf einige Tage nach Graz geht. Ich kaufe die Schlafwagenplätze. Tilly bekommt einen Anfall.* Man scheidet im Streit. Frank stürmt aus der Wohnung und vergisst die Hälfte seiner Sachen. Tilly telegrafiert nach Leipzig: *Geliebter Frank, ich danke Gott, dass Dir nichts geschehen ist, und bitte Dich von ganzem Herzen um Verzeihung. Erlaubst Du mir, Dir heute Nachmittag Dein Gepäck zu bringen? Ich möchte nicht so von Dir gehen. Innigst Dir ergeben, Deine Tilly.*

Um drei Uhr nachmittags sitzt sie im Zug. Frank holt sie am Bahnhof ab. Sie essen im Ratskeller und verleben einen ungewöhnlich harmonischen Abend. Frank spricht über Kunst und Literatur, hört zu, was Tilly zu sagen hat. Warum kann es nicht immer so sein? Überglücklich fährt Tilly nach Berlin zurück und bewältigt die Reise nach Graz mit zehn Gepäckstücken, Kindermädchen Agnes und Anna Pamela mit Leichtigkeit – *ich war bei alledem von einem Eifer, dass ich vor Aufregung glühte,* meldet sie. Guten Willen kann man ihr wirklich nicht absprechen.

Aus Graz grüßt eine verwandelte Ehefrau. Sie hat neues, taubeneifarbenes Briefpapier mit den eingestanzten Initialen «TW» bekommen. Darauf schreibt sie lange Briefe an Frank. Sie fühle sich *müde,* aber *gründlich geheilt,* sehe ein, dass die Trennung notwendig war, und wolle ihn *nicht mehr quälen* – es habe bisher nur die *richtige Sanftmut* gefehlt. *Ich habe viel an den letzten schönen Abend im Ratskeller gedacht. Gewiss hast Du in vielem recht. Wenn ich mich so in meine kleinlichen Sorgen vertiefe, geht mir viel vom Schönsten, Besten meines Lebens, von Dir und Deiner Tätigkeit verloren.* Hat er Lust, sie auf ein paar Tage zu besuchen? Soll sie ohne Kind zu ihm nach München kommen? Oder ihn sich selbst überlassen – *obwohl mir dies das Schwerste wäre [...] weil ich Angst habe, Du könntest mir entfremdet werden durch längere Trennung. Aber dies alles ist Egoismus, nicht*

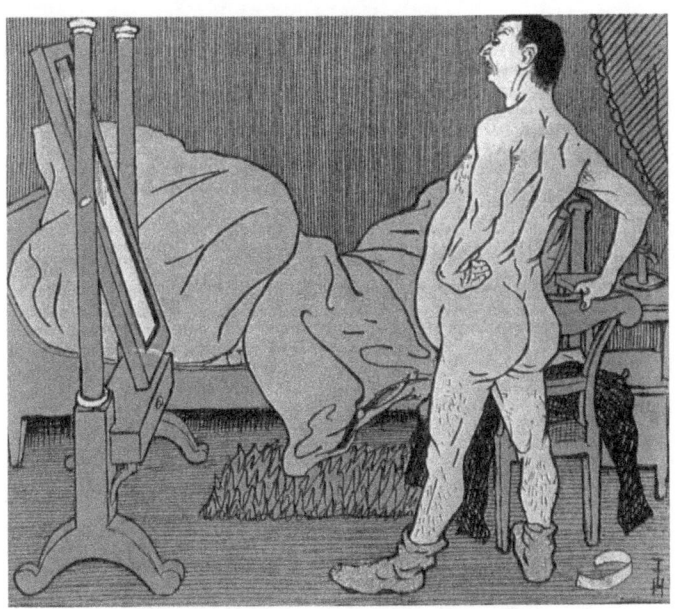

Das verfluchte Fett verdirbt mir noch meinen ganzen Satanismus
Simplicissimus 1908/09 (Zeichnung von Th.Th. Heine)

Liebe. Am Ende jeden Briefes führt sie Anna Pamela die Hand: *Lieber Papa, Du musst mir bitte auch mal schreiben.*

Wedekind halten dringende Verlagsgeschäfte in München – *sonst verliert Albert Langen jede Achtung und betrügt mich nach allen Richtungen.* Dazu kommt eine zweite, *sehr ernste* Angelegenheit: *Ich habe sehr an Gewicht zugenommen, und das bekämpfe ich jetzt durch Dampfbäder, vieles Spazierenrennen und Fasten.* Ein dicker Bauch passt schlecht zum Idealbild des elastischen Kraftmenschen.

Am 30. Juli 1907 kommt Tilly mit Anna Pamela bei Regenwetter in München an. Frank überreicht ihr eine Uhr als Willkommensgeschenk und diniert mit ihr im Hoftheaterrestaurant. Er hat die Dramen «Die junge Welt», «Liebestrank» und «Der Marquis von Keith» ein weiteres Mal umgearbeitet und verbringt viele Stunden mit Korrekturen. Nachts kneipt er mit seinen Freunden Langheinrich und Weinhöppel. Tilly darf sich bei Schneidermeister Mück zwei Kostüme anmessen lassen. *Tilly weint*, heißt es am Abend des ersten Probentages.

Bei der Premiere von «Hidalla» ist Josef Kainz im Zuschauerraum. Man darf annehmen, dass Tilly ihr Bestes gibt. Aber es fehlt ihr an Spielpraxis, und die Münchner Presse ist wieder einmal sehr ungnädig: *Dass Frau Wedekind eine ideale Vertreterin der Fanny Kettler sei, kann man trotz ihrer sehr vorteilhaften Bühnenerscheinung nicht behaupten. Ihre Konsonantenaussprache lässt viel zu wünschen übrig, und auch ihr Spiel bleibt mehr in guten Absichten stecken.* Frank indessen habe sich noch steigern können.

Ein Ereignis ihres zweiten Münchner Aufenthalts bleibt Tilly im Gedächtnis: ein Besuch bei Otto Julius Bierbaum in Pasing an einem Freitag im letzten Augustdrittel. Tilly schiebt den Kinderwagen zur Treppe, die auf den kleinen Pasinger Bahnhofsplatz führt, Frank fasst das Vorderteil des Wagens, und gemeinsam tragen sie Anna Pamela hinunter. Einen Moment lang fühlt Tilly sich als Teil einer Familie.

Wirklich schöpferisches Arbeiten sei ihm den Sommer über nicht gelungen, sagt Frank, er brauche noch ein paar Wochen Freiheit. Tilly, nicht erfreut, aber gehorsam, fährt am 11. September mit Kindermädchen, Anna Pamela und hundert Mark in Schweizer Geld nach Lenzburg. *Ich hoffe, Du kommst nun zu der ersehnten Ruhe und Stimmung,* schreibt sie nach München. *Ich kann Dir ja leider durch nichts anderes nützen, als wenn ich Dir fern bleibe. Leb wohl, denk nicht mit Grollen an mich.*

Unsinn, antwortet Frank. *Du hast überhaupt in erster Linie Dir selbst zu nutzen. Mehr kannst Du gar nicht für mich tun, als wenn Du Dir selber nutzt. Aber wenn Du mich nicht einmal 14 Tage, die ich durchaus nötig habe, allein lassen kannst, dadurch kannst Du mir allerdings sehr empfindlich schaden.*

Sein Dramenentwurf «Das Kostüm» hat einen neuen Namen: «Die Zensur, Theodizee in einem Akt». Um sich theologisch zu wappnen, besucht er den Stücke schreibenden Franziskanerpater Dr. Expeditus Schmid im St.-Anna-Kloster im Münchner Lehel zur unerhört frühen Tageszeit von neun Uhr morgens. *Religiös steht er natürlich auf demselben Standpunkt wie ich, d.h., er glaubt an nichts,* berichtet er Tilly. *Umso eingehender kann man daher über Religion sprechen.*

Die Szenen skizziert er als 1. Tilly gegen mich, 2. ich gegen den Pater, 3. ich gegen sie. «Ich» – das ist der Literat Walter Buridan, nach dem französischen Scholastiker Buridanus und seiner Anekdote vom Esel, der verhungert, weil er sich nicht zwischen zwei gleich großen Heuhaufen entscheiden kann. Tilly ist seine Geliebte Kadidja, der Pater Sekretär des Beichtvaters Seiner Majestät und gleichzeitig Zensor. (Ursprünglich war Frida Strindberg als Vorbild dieser Figur vorgesehen, Tillys Protest hat Wedekind umgestimmt.) Als wolle er die Opferrolle betonen, die er seiner Meinung nach in der Ehe mit Tilly spielt, erstellt er vor der Niederschrift ein Verzeichnis von Männern, die geheiratet HABEN, und solchen, die geheiratet WURDEN. Zu den Ersteren zählt er Richard Weinhöppel, Max Halbe, Gerhart Hauptmann, August Strindberg, Richard Wagner, Napoleon Bonaparte, zu den Letzteren sich selbst, seinen Schwager Walther Oschwald (Erika Wedekinds Mann), seinen Bruder Armin, den Maler Lovis Corinth und, man staune, den Schrecken seiner Jugend, den Familientyrannen und Lenzburger Schlossherrn Dr. Friedrich Wilhelm Wedekind, in dem er wohl doch eine Art Seelenbruder erkennt. An Tilly schreibt er: *Wenn ich die Arbeit zu Ende bringe, wird es Dir jedenfalls die liebste Rolle sein. […] Ich sehne mich sehr nach Dir! […] Ich habe hier viel mehr gearbeitet, als ich gehofft hatte. Geliebteste Tilly, süßes Geschöpf! Wir nehmen alles vielleicht zu schwer, aber wir tun es doch nur für uns.*

Am 20. September beendet Wedekind im Münchner Hofbräukeller die erste Szene, am 19. Oktober das Werk als Ganzes im Ratskeller in Frankfurt am Main, wo er den Herrenschneider Jureit aufsucht, bei dem er neuerdings arbeiten lässt. *Ich freue mich sehr auf das fertige Stück,* schreibt Tilly.

Sie bekommt es zu lesen, im Spätherbst in Berlin, und findet ihr ganzes Leben aufgerollt, ans Licht gezerrt, durchleuchtet: das Elternhaus, die Geschwister, des Vaters erotische Anfälligkeit, die Melancholie der Mutter, ihr Drang zur Bühne, *um Unterhaltung dabei zu finden,* ihr Sprung in die Spree, ihr Mangel an sexueller Erfüllung. Sogar die Liebe zu dritt mit Ida Orloff wird erwähnt: *Als der Winter begann, hast du mir wenigstens noch manchmal deine Lieder einstudiert. Das hast du wohl ganz vergessen? Du hast sie mir mit der REITPEITSCHE einstudiert.* Und ihr vom Vater ererbter und deshalb nach Wedekinds Überzeugung immanenter Hang zu Untreue: *Der Winter ist zu Ende, und das Singen deiner Lieder ist ein Erlebnis aus meiner Vergangenheit. Die Reitpeitsche gebraucht der Hausknecht, um unten im Hof die Teppiche auszuklopfen.* Das Zusammensein mit ihr habe ihn jeglicher *Spannkraft* beraubt, ein *geistiges Band* zwischen ihnen sei nötig, er flehe um *vierzehn Tage Urlaub,* um seine *Genussfähigkeit* wiederzufinden.

Das Gespräch mit dem Pater beweist auf künstlerisch-religiösem Gebiet, was die Erörterung über die Ehe gezeigt hat: die Unmöglichkeit des Zusammengehens von Kunst, Religion und Sinnlichkeit. Wer der Moral so verpflichtet ist wie Frank Wedekind und zwischen den Polen von *Sollen und Wollen* so hin- und hergerissen, muss DREIFACH scheitern: künstlerisch, sexuell und am Unverständnis der Mitmenschen. Das *Freudenhaus als moralische Erziehungsanstalt* wird es nie geben, die Zensur stopft dem Dichter das Maul.

In der letzten Szene verlässt ihn Tilly, um sich wieder auf das *wilde Meer* hinauszubegeben, von dem er sie *vor achtzehn Monaten eingefangen hat* – er könne der *nackten Wirklichkeit* ja doch nicht ins Auge sehen. *Lass mich dein ZENSOR sein!,* ruft er ihr zu. Sie klettert über das Balkongitter wie damals über die Brüstung am Schiffbauerdamm. *Soll ich Schwester Scharolta von dir grüßen?,* fragt sie, bevor sie abspringt. Gemeint ist die unglückliche Paula. Er vergräbt das Gesicht in den Händen: *O Gott, wie UNERGRÜNDLICH bist du!*

Wie beim «Totentanz» im Jahr zuvor erkennt Tilly instinktiv

Das Singen deiner Lieder ist ein Erlebnis aus meiner Vergangenheit
Tilly und Frank in «Die Zensur», Uraufführung 1909

das Prinzip von Wedekinds Lebens- und Schaffensphilosophie: Was er in der Intimität schamhaft verschweigt, stellt er auf der Bühne schamlos zur Schau, als ob er damit das Schicksal zwingen, die Götter günstig stimmen könne: ein Ausbruchsversuch auf der Flucht vor sich selbst.

Tilly wird für dieses Stück auf einer von Frank gefertigten Holztrommel laufen lernen, erst an seiner Hand, dann selbstständig, und diese Fähigkeit so lange üben, bis sie auf die Bühne rollen und dem Pater auf ein Stichwort die Hand auf die Schulter legen kann. Mehr als hundertmal wird sie als Franks Partnerin ihr eigenes Leben spielen, von der Kritik geschmäht und als geschmacklos abgetan, vom Publikum voyeuristisch bestaunt (sie zeigt mehr Bein als jede andere Frau auf einer deutschen Bühne) – in einem Stück, von dem Frank sagt, dass er es ebenso gut «Exhibitionismus» hätte nennen können, und über dem vom ersten Wort an ein Todesschauer schwebt.

Das Leben sei zu kostbar, sagt Wedekind, um es mit Stadtbahnfahren zuzubringen. Berlin sei *keine Stadt, in der man selig werden kann, ein trauriger Notbehelf, ein Konglomerat von Kalamitäten.* München hingegen sei *geradezu feenhaft schön.*

Mehr als das Stadtbahnfahren stört ihn, dass er auch nach zweijährigem Bemühen in Berlin nicht den Platz einnimmt, von dem er glaubt, dass er ihm zusteht. Die Hoffnung, dass sich Max Reinhardt nach dem Erfolg von «Frühlings Erwachen» weiterhin für ihn einsetzen, ihn vielleicht zum Hausautor machen würde, hat sich nicht erfüllt. Er hat «Musik», Wedekinds erstes nach der Hochzeit entstandenes Werk, nicht zur Aufführung angenommen und den mit ihm geschlossenen Schauspielervertrag nicht verlängert. Außerdem ist er – für den Pünktlichkeitsfanatiker Wedekind besonders kränkend – nie zu sprechen. Hauptmanns Vormachtstellung, den auch ein zuletzt ablehnender Alfred Kerr *unseren Größten* nennt, ist in Berlin nicht zu erschüttern.

Tilly liebt das Berliner Tempo. München wirkt auf sie vergleichsweise verschlafen. Sie befürchtet, dass bayerische Gemütlichkeit ihren Hang zur Apathie noch unterstützt. Außerdem sind Franks Münchner Freunde allesamt Jahrzehnte älter als sie. Ihren kleinen Berliner Bekanntenkreis müsste sie aufgeben, den Kontakt zu Freundinnen wie Ida Orloff unterbrechen.

Die hat in der Zwischenzeit geheiratet – nicht zuletzt, um die Beziehung zu Hauptmann unbehelligter pflegen zu können. Der Auserwählte heißt Karl Satter, ist Jugendfreund aus Wien und gegenwärtig Student der Rechte. Hauptmann, unentschlossen wie je, drängt zur Abwechslung auf eine Ehe zu viert, mit dem Plazet der jeweils legal Angetrauten, wobei Ida *Werk um*

Werk aus ihm herauszupressen hätte. Solche Kindereien sind nichts für Tilly. *Ich schätze mich glücklich, dass ich vernünftig genug bin, um zu begreifen, was ich an Dir habe,* schreibt sie Frank.

Tillys dritter Berliner Winter. Sie hört Caruso in der Oper und besucht mit Frank ein Konzert des sechzehnjährigen russischen Geigenwunders Mischa Elman. Die Abende verbringen Frank und Tilly vornehmlich mit Paul Cassirer und seiner Freundin Tilla Durieux. Man diniert am Kurfürstendamm oder trifft sich nach der Vorstellung bei Steinert, im Hohenzollern, im Café Royal oder bei Stallmann.

Tilla Durieux, sechs Jahre älter als Tilly und Österreicherin wie sie, ist bereits geschieden. Barnowsky hat sie aus Breslau nach Berlin gebracht, seither spielt sie bei Reinhardt Rollen, von denen Tilly nur träumen kann. Paul Cassirer hat 1901 die erste deutsche Cézanne-Ausstellung gewagt (vom Kaiser *französische Dreckskunst* genannt) und sich durch Tüchtigkeit, Schwung und Spürsinn zum erfolgreichen Kunsthändler emporgearbeitet. Frank und er schätzen sich auf ihre Weise, wie sich Tilla Durieux erinnert: *Die Diskussionen begannen meistens in freundschaftlicher, ruhiger Weise, aber je weiter der Abend vorrückte, je mehr Getränke konsumiert wurden, desto hitziger wurden die beiden. Paul Cassirer knurrte, zischte, fauchte; Wedekind brummte, fing mit der Oberlippe sein klapperndes Gebiss ein und spritzte Gift. Sein Ehrgeiz war es, schlagfertig zu sein, den Gegner sofort mit einer Bemerkung mundtot zu machen, aber dies war ihm leider nicht gegeben. In die Enge getrieben, entfernte er sich auf die Toilette und kam nach einer Weile triumphierend lächelnd mit der passenden Antwort zurück, die aber meistens dann ihre Aktualität eingebüßt hatte. [...] Seine Frau Tilly war sehr hübsch, anmutig und schüchtern. Ein reizender Schatz, den Wedekind, jedoch nur für Stunden, gern zum Vamp gemacht hätte. Er belehrte sie oft vor anderen Leuten, indem er sich plötzlich, sein Gespräch unterbrechend, an sie wandte und zum Beispiel sagte: «Goethe, weißt du, Goethe war ein Dichter, der in Weimar lebte und den ‹Faust› schrieb» – und, schnapp, wurde dabei das Gebiss gefangen. Tilly, die keinewegs ungebildet war, quittierte dann mit einem schüchternen: «Ja, Frank.» Wagte Paul Cassirer, Tilly in den Mantel zu helfen, markierte Wedekind Eifersucht, stürzte hinzu, riss ihm den Mantel aus der Hand und sagte: «Nun, das ist doch, denke ich, meine Sache, Herr Cassirer.» Schnapp, das Gebiss.*

Auch Weihnachten verbringt man gemeinsam. Der Abend endet mit einem Missklang, weil die Brüder Karl und Robert Walser, beides baumlange Burschen, Frank als schweizerischen Landsmann zum «Hosenlupf» fordern, jenem traditionell eidgenössischen Kräftemessen, bei dem man sich gegenseitig am Gürtel packt und aus der Balance zu reißen sucht. Frank erschaudert und flieht mit Tilly ins Café Austria. Die Durieux und Cassirer folgen, bald auch die Brüder Walser. Frank trommelt mit den Fingern auf die Tischplatte und drängt erneut zum Aufbruch. Um hinauszugelangen, muss er jedoch am Tisch der Walsers vorbei, von denen einer ihm das Wort «Schafskopf» ins Gesicht sagt. Das erregt ihn so, dass er in der Drehtür den Ausgang verpasst und mit Tilly ins Lokal zurücksegelt, wo ihn die Schweizer das unrühmliche Attribut ein zweites Mal kosten lassen. Jahre später, als Frank tot ist und seine eigene Krankheit kurz bevorsteht, wird sich Robert Walser dieses Abends erinnern und Franks Wesen auf zwei Prosaseiten mit beispielloser Schärfe analysieren.

Eine Woche nach Beendigung der «Zensur» hat Wedekind ein neues Stück begonnen: «Oaha – die Satire der Satire», in dem er sein Leiden als «Simplicissimus»-Mitarbeiter und seinen Zwist mit Albert Langen thematisiert. Ein Verlegenheitsstück, trotz witziger Dialoge. Sein momentanes Lebensproblem hat sich Wedekind mit der «Zensur» von der Seele geschrieben, jetzt müssen frühere Verletzungen herhalten, aus Konstellationen, die nicht mehr bestehen, durch Personen, die seinem Gesichtskreis entrückt sind, und einen Verleger, von dem eigentlich nur noch zu sagen ist, dass er korrekt und pünktlich Tantiemen zahlt. Aber der Groll in Wedekinds Herzen brennt stark genug, um sich monatelang mit dem weit zurückliegenden Stoff zu beschäftigen. Als einziges seiner Stücke widmet er «Oaha» *meiner Muse Tilly.*

Der «Simplicissimus» reagiert auf das Erscheinen von «Oaha» mit einer Satire Ludwig Thomas, betitelt «Der Satanist», in der ein um Gnade flehender *Franz Wedelgrind* zum Beweis seines Elends *zweiunddreißig falsche Zähne* auf den Verhandlungstisch legt und das Gericht ersucht, ihm darin auch nur eine *einzige Fleischfaser* nachzuweisen.

Im Morgengrauen des 4. Juni 1908 erschießt sich Donald Wedekind, siebenunddreißig Jahre alt, im Wiener Prater. Er hat immer wieder mit Selbstmord gedroht, einmal sogar eine Notiz verschickt: *Halb betrübt, halb erfreut mache ich Ihnen die Mitteilung, dass ICH voraussichtlich ...,* mit dem Zusatz: *Kondolenzschreiben werden bis zum erstangeführten Datum gerne entgegengenommen, später nicht wegen mangelnder Postverbindung.* Frank sagte damals: «Wer so etwas tut, erschießt sich nicht.» Jetzt hat er es doch getan, mit einem Revolverschuss in die Schläfe.

Das «Züricher Fremdenblatt», wo er als Redakteur arbeitete, hat ihm im Januar gekündigt – vielleicht war seine Abhängigkeit vom Morphium bekannt geworden. Seitdem ging es abwärts. *Meine eifrigsten Bemühungen, einen Ersatz zu schaffen, waren bis heute erfolglos,* schrieb er Frank, der ihn vielfach finanziell unterstützte, und bat um monatlich einhundertzwanzig Mark – *wenn nicht die Zeit, wie sie Dir jetzt hold ist, trübe Erinnerungen der Vergangenheit gänzlich verwischt hat.*

Am 14. Mai richtet er einen letzten Brief an den Bruder: *Vom nächsten Montag an ist meines Bleibens nicht mehr in Zürich, denn ich habe nicht im Sinn, dieser Stadt, die mich seit zwei Jahren als anständiger Mensch gesehen hat, das Schauspiel eines Subsistenzlosen zu geben. Es bleiben mir dann zwei Eventualitäten, entweder den besagten letzten Schritt zu tun, was ich auch bei der äußersten Notwendigkeit gern hinausschieben würde, um unserer alten Mutter eine bittere Erinnerung auf dem*

Totenbett zu ersparen, oder ich muss wie die marokkanischen Gesandten eine Rundreise an den europäischen Höfen [...] antreten, um so durch persönliche Einwirkung doch noch das zu erreichen, was Ihr mir auf die Entfernung versagen zu dürfen glaubt. Frank habe Verpflichtungen ihm gegenüber; er wisse oder ahne doch wohl, dass er krank sei?

Anfang Juni folgt ein Telegramm: *in extremis – bitte telegrammsendung wien hotel palace.* In seinem Testament sagt Donald, er trete *reinen Herzens* vor Gott.

Erich Mühsam beschreibt Donald Wedekind als glänzenden Gesellschafter, gewandten Gitarrenspieler und Interpreten der Lieder seines Bruders. Frank hat ihn oft den *Begabtesten von uns allen* genannt. Donald Wedekind hinterlässt einen im Schweizer Milieu beheimateten Roman «Ultra Montes», eine Abhandlung «Schloss Lenzburg in Geschichte und Sage», ein Romanfragment «Berlin» und ein paar Dutzend federleicht hingeworfene, humorvoll-traurige Erzählungen. *Irgendeine Grundlage zur Existenz bildet natürlich auch diese dichterische Leistung nicht,* kommentiert Franks Biograf Artur Kutscher den Ertrag von Donalds Leben.

Frank, der Briefe und Telegramm nicht erhalten hat, eilt nach Wien. *Fahre auf den Friedhof und sehe Donald im Sarg liegen.* Mutter Wedekind und Armin kommen aus der Schweiz, Erika Wedekind und Ehemann Walther aus Dresden. Mati, die jüngste Schwester, bleibt geschockt zu Hause. Tilly, auf Besuch bei den Eltern in Graz, weiß nicht, ob ihre Teilnahme an der Beisetzung erwünscht ist – *bitte, Frank, ich würde auch begreifen, wenn Du allein bleiben willst, sage das unumwunden.*

Frank holt sie am Südbahnhof ab. Im Hotel kniet sie neben Mutter Wedekinds Stuhl, merkt aber, dass die Geste unangebracht ist – Donalds Verwandte sind außerordentlich gefasst, sogar heiter. Was für eine herzlose Familie, denkt Tilly.

Den Sommer 1908 verbringen Tilly und Frank in Berlin. Martha Newes, Tillys hübsche vierzehnjährige Schwester, kommt zu Besuch – teils um Tilly Gesellschaft zu leisten, teils um die Anstellung einer zweiten Haushaltshilfe zu erübrigen. *Tilly mit ih-*

rem Hofstaat in Wannsee, bemerkt Frank im Kalender. Er hat einen «ewigen Küchenzettel» verfasst, der in regelmäßiger Folge seine Lieblingsgerichte enthält, und ein «Reinhardt-Tagebuch», in dem er Kränkungen und Zurücksetzungen auflistet, die er von der Hand des *unergründlichen Zauberers Klingsor* erleiden musste. Er vervielfältigt es und schickt es an Bekannte und Kollegen.

Am 21. September 1908 verlassen Frank und Tilly Wedekind mit Anna Pamela Berlin. Über Dresden geht es nach München, wo Frank in der Prinzregentenstraße 50 eine Wohnung gemietet hat. Den Umzug erledigt ein Spediteur. Frank hat ihm die Adresse gegeben und die Schlüssel der neuen Wohnung in die Hand gedrückt.

6

München

Die Prinzregentenstraße, die München in östlicher Richtung erschließen soll, führt vom Prinz-Carl-Palais in gerader Linie am Englischen Garten vorbei stadtauswärts. Sie ist ungepflastert, von jungen Alleebäumen gesäumt. Fußhohe Eisengitter begrenzen den Fahrweg. Eine Antiquitätenhandlung hat eröffnet, in vierstöckigen Bürgerhäusern wohnen Landtagsabgeordnete, Offiziere, Hofbeamte, gut gestellte Juden. Prinzregent Luitpold hat auf ihr das Bayerische Nationalmuseum errichtet, Kaiser Wilhelm II. hat sie durch eine Preußische Gesandtschaft und ein Kunstmuseum, die so genannte Schack-Galerie geehrt. Vom Isarhochufer jenseits des Flusses schaut der Friedensengel von seiner hohen Säule nach Westen über die Stadt. Zu seinen Füßen residieren Seine Königliche Hoheit Prinz Alfons von Bayern und Akademieprofessor Kunstmaler Ritter Franz von Stuck. Die im Hochwasser von 1899 fortgerissene Isarbrücke ist wieder aufgebaut und verbindet die beiden Ufer. Bildhauer Adolf von Hildebrand bewohnt seine Villa an der Maria-Theresia-Straße, und am Prinzregentenplatz, schon fast am Stadtrand, stehen ein paar Miethäuser um das 1901 fertig gestellte Prinzregententheater. Dahinter erstrecken sich Gärten, Wiesen, Äcker und kleine Waldstücke bis zur Pferderennbahn Daglfing.

Das Haus Prinzregentenstraße 50, neobarock im Stil und ocker getüncht, liegt in Flussnähe gegenüber der Preußischen Gesandtschaft. Die Wohnung der Wedekinds im dritten Stock hat acht Zimmer und einen etwa zwölf Meter langen Flur. Früher war sie Sitz des argentinischen Konsulats. Vier Zimmer schauen nach Norden auf die Straße, Schlafzimmer, Küche und

Wirtschaftsräume nach Süden in den Hof des St.-Anna-Klosters, wo in Schulpausen Mädchen unter Aufsicht von Nonnen spielen und singen. Beim ersten Anblick der Wohnung erschrickt Tilly: In die Vorderzimmer dringt kein Strahl Sonnenlicht. Auch die Prinzregentenstraße ist in ihrer kühlen Pracht alles andere als anheimelnd. Aber Tilly hat sich vorgenommen, nicht zu klagen. In den Gassen des Lehel entdeckt sie Geschäfte und Handwerksbetriebe, die Uferpromenade lädt zu Spaziergängen ein, der Englische Garten ist nah, und am Anfang der Straße, just an dem Ort, wo später ein gewisser «Führer» ein Haus der Deutschen Kunst errichten wird, liegt unter alten Bäumen ein Spielplatz. Die rückwärtigen, zum Klosterhof gelegenen Zimmer der Wohnung sind hell und freundlich. Das Frühmessläuten weckt.

Als ob er spürt, dass dies sein letzter Umzug ist, achtet Wedekind bei der Einrichtung auf jedes Detail und legt selbst Hand an. Viel Zeit verwendet er auf die Gestaltung seines Arbeitszimmers, *schon fast ein Saal*, wie sich Tilly erinnert. Er lässt rote Tapeten und rote Vorhänge anbringen und arrangiert rot lackierte, mit Gelb abgesetzte Möbel nach Zirkusmanier kreisförmig auf ein Podium zu, auf dem Tilly eine Art Thron hat. Sein eigener nüchterner Büroschreibtisch unterstreicht die zweifellos gewollte Wirkung. Die Wände schmücken Rollenbilder und Familienfotos, Gerahmtes aus «La Vie Parisienne» und anderen Illustrierten und seine Musikinstrumente – Laute, Gitarre, Mandoline, verschiedene Flöten, Chinellen und eine für lautloses Üben konzipierte «stumme Geige». Das Zentrum bildet das Lulu-Porträt Tillys, das Emil Holitzer 1905 für die Wiener «Pandora»-Aufführung gemalt hat. Alles deutet auf Bleiben und gefestigte Partnerschaft. Lage und Größe der Wohnung signalisieren Erfolg. Als im September 1909 Kaiser Wilhelm II. zur Einweihung der Schack-Galerie nach München kommt, lädt Wedekind fünfunddreißig Personen ein, die von seinen Fenstern aus die Ankunft des einst von ihm Beleidigten beobachten.

In München beginnt ein neues, geregeltes Leben. Tilly engagiert eine «fränkische Perle». Mit ihr bespricht sie morgens den

Haushalt. Dann macht sie Besorgungen oder geht mit Anna Pamela spazieren. Ziel und Zweck ihrer Ausgänge schreibt sie auf Zettel, die sie, zusammen mit der für Wedekind gekommenen Post, auf ein Tischchen im Flur deponiert, wo er sie beim Aufstehen findet. Auch Quittungen legt sie dazu. Wedekind gibt ihr Haushaltsgeld, meist hundert Mark am Freitag. Tilly, nicht weniger ordentlich als ihr Mann, rechnet mit ihm ab. Eigenes Einkommen hat sie nicht mehr, ein eigenes Konto auch nicht.

Wedekind macht nach dem Aufstehen Turnübungen und wiegt sich. Ist seine Frau in der Nähe, wird auch sie gewogen, gelegentlich auch die bald dreijährige Anna Pamela. Mit dem Glockenschlag halb zwei gibt es Mittagessen. Danach geht Wedekind spazieren oder studiert mit Tilly neue Rollen ein. «Die Zensur» ist im Juli 1909 am Münchner Schauspielhaus uraufgeführt worden – *es muss auf die Dauer verdrießen, einen anerkannten Dichter immer wieder den eigenen Chorus mimen zu sehen,* klagten die «Münchner Neuesten Nachrichten». Jetzt hat er ein neues Stück geschrieben, «Der Stein der Weisen», in dem er die Unvereinbarkeit von Kopf und Geschlecht an vier Gestalten festmacht, die sich alle gegen ihn richten. Da sie Aspekte des einen Problems sind, soll Tilly alle vier Rollen spielen. In einer Szene soll sie auf einem Globus laufen und dabei mit Orangen jonglieren.

Laufkugel und Lauftrommel, selbst gefertigt und bemalt, haben ihren festen Platz in Wedekinds Arbeitszimmer. Tilly trainiert jeden Tag unter seiner Aufsicht. Außerdem nimmt sie Tanz- und Gesangsunterricht und lernt Franks Lieder. Aus dem Mund einer Frau klingen sie besonders reizvoll. Tilly hätte Lust, sie auch öffentlich vorzutragen. Sie übt Spagat, Frank misst und notiert die Weite. Noch Monate nach der Uraufführung von «Zensur» feilt er mit ihr an den gemeinsamen Szenen.

Zwischen zehn und halb elf Uhr abends verlässt Wedekind, tadellos gekleidet in Anzug und Umhang, steifem Kragen und Krawatte, mit Hut, Stock und blank gewichsten Stiefeln die Wohnung. Im Hofbräuhaus, Ratskeller oder Pschorrbräu, allein an einem Tisch möglichst hinten im Lokal, schreibt er oder lernt

Rollen. Frank Wedekind ist ein fleißiger Mann. Der Eintrag *nichts gearbeitet* ist selten im Kalender und zeugt von schlechtem Gewissen. Wer sich ihm nähert, wird angefaucht, wer sich gar an seinen Tisch setzt, mit eisigen Bemerkungen weitergeschickt: «Mein Herr, Sie würden sich am Nebentisch besser ausmachen.»

Später geht er in sein Stammlokal, die Torggelstube am Platzl, wo sich in einem niedrigen, schwarz getäfelten Nebenraum versammelt, was in München Rang und Namen hat: Rechtsanwälte, Ärzte, Journalisten, unter ihnen der Universitätsdozent Artur Kutscher, die Schauspieler Albert Steinrück, Friedrich Basil und Gustav Waldau, die Literaten Franz Blei, Erich Mühsam, Waldemar Bonsels, Alexander Roda-Roda, Heinrich Mann, Thomas Mann, Lion Feuchtwanger. Sind sie in München, kommen auch Max Reinhardt, die Durieux, Paul Cassirer, Adele Sandrock, Walther Rathenau. *Alkohol, Tabak, Theaterluft, Diskussionen über Ereignisse im öffentlichen und künstlerischen Leben, über Bücher, Bilder, Dramen, Schauspieler und Bühnendiven, über Probleme der Politik, Literatur, Erotik und Philosophie; dazu Klatsch, Aperçus, Witz und durch graziöse Libertinage verfeinerter Flirt,* beschreibt Erich Mühsam die Atmosphäre. *Der Kreis hielt sehr auf Exklusivität, genauer genommen ein Kegelklub,* urteilt Franz Jung, als er 1911 nach München kommt.

Am Kopfende des langen Tisches sitzt Wedekind unter einer bebänderten Laute. Kein anderer nimmt sie jemals vom Haken, auch er nur bei besonders guter Laune. Seine viel zitierten Bosheiten kündigen sich durch ein Zucken von Nase und Oberlippe an, und alles wartet gespannt, was er nun wieder von sich geben wird. Als Oskar Kokoschka, von Erich Mühsam eingeführt, ein paar naive Äußerungen macht, sagt Wedekind: «Sie reisen in Kindlichkeit, Herr Kokoschka – lohnt sich das wieder?» Ein Jüngling, der behauptet, Geld liege auf der Straße, bekommt zu hören: «Ich habe mich schon oft nach Geld auf der Straße gebückt. Dabei ist mir noch jedes Mal das Portemonnaie aus der Tasche gefallen.» Den Dichterkollegen Max Halbe, mit dem er sich seit bald zwanzig Jahren streitet, brüskiert er mit der Bemerkung: «Ich höre, mein lieber Max, dass während meiner Reise dein neues Stück aufgeführt wurde – nun, es wird schon noch einmal gespielt werden!» *Schonungslos den Kern einer Sache erfassen und ihr Wesen vollkommen erschöpfen,* charakterisiert Erich Mühsam Wedekinds Äußerungen.

Tilly ist in der Torggelstube jederzeit willkommen. Nie würde Wedekind ihr den Wunsch abschlagen, ihn zu begleiten. *Ich ging auch viel mit,* erinnert sie sich, *o ja, es war auch oft ganz hübsch, mehr oder weniger. Aber ich fühlte mich nie ganz sicher und behaglich. Mir war immer, als säße ich auf einem Pulverfass. Jeden Augenblick konnte es in die Luft fliegen. Und es gab Explosionen genug, wegen nichts und wieder nichts. Ich wagte noch kaum jemanden anzusehen.* Hält Wedekind die Grenze des Schicklichen für überschritten, lässt er eine Droschke rufen und bittet Tilly, vorzeitig aufzubrechen. Einmal fragt er: «Tilly, ist dir etwas heruntergefallen?», und kriecht fast unter den Tisch, um sicher zu sein, dass ihr Fuß nicht etwa den eines Mannes berührt.

Dass Tilly die Sanftmut mitunter gründlich misslingt, beweist ein Kalendereintrag Wedekinds vom Dezember 1908 nach einem Abend in der Torggelstube – in hebräischen Buchstaben notiert, wie immer, wenn es etwas zu kaschieren gilt: *Tilly springt aus dem Wagen.* Man rollt gerade über die Isar, aber Tilly widersteht der Versuchung: Die Münchner Brücken sind höher als die Kaibrüstung am Schiffbauerdamm, und die Wasser der Isar seichter als die der Spree.

Alle paar Wochen geht das Ehepaar Wedekind auf Gastspielreise – allein im Jahr 1909 sechsmal, den Münchner Sommerzyklus mit sieben Stücken und dreißig Vorstellungen nicht gerechnet. *Nur das eine brauchst Du nicht zu fürchten, dass Du an meiner Seite nichts zu tun haben wirst,* schrieb Wedekind seiner jungen Frau zu Beginn ihrer Ehe.

Gastspiele sind Wedekinds wichtigste Einnahmequelle. Er führt alle Verhandlungen selbst und verlangt für sich und Tilly nicht mehr als für sich allein. Auf Tillys Frage erklärt er, das Geld fließe in ein und dieselbe Kasse, und er wolle Theaterdirektoren gar nicht erst auf die Idee bringen, ihm Lokalberühmtheiten als Partnerinnen anzubieten. Tilly hingegen bezweifelt, dass er allein viele Engagements bekäme – erst seit sie dabei ist, läuft das Gastspielgeschäft.

Zwei Tage vor der Abreise beginnt das Packen. Frank hat einen Schlüsselbund mit weißen Zelluloidplättchen bestückt, auf denen farblich geordnet und nummeriert festgehalten ist, was für jedes Stück an Unterzeug, Kostümen, Schuhen, Gürteln, Kappen, Hüten, Perücken, Musikinstrumenten und sonstigen Requisiten mitzunehmen ist. Das alles wird in Schrankkoffer, Körbe, Taschen und Schachteln verstaut, die ein Bursche vom dritten Stock auf die Straße schafft und in Droschken verlädt. Frank gibt das Gepäck persönlich am Bahnhof auf. Tilly entsinnt sich einer *fast militärischen Disziplin. Alles ging wie am Schnürchen. Er sagte nicht viel, aber was er sagte, war so energisch und bestimmt, dass alles parierte.* Sitzt man endlich im Zug, besteht Wedekind auf Unterhaltung – Zeitung lesen oder aus dem Fenster schauen sollen andere. Bei längeren Reisen sind Anna Pamela und das Kindermädchen dabei.

Am Zielort geht es meist direkt ins Theater, und häufig wird am Abend bereits gespielt. Nicht selten gibt es Ärger, weil Wedekind mit örtlichen Arrangements nicht einverstanden ist. Den umstrittenen, oft verbotenen Dichter mit seiner jungen Frau auf der Bühne zu sehen, lockt die Menschen an, aber manchmal ist der Besuch auch schwach, oder es wird gezischt und gebuht. Tilly verbeugt sich dann tapfer, Frank mustert das aufgebrachte Publikum mit ironischem Grinsen und einem leicht ängstlichen Gesichtsausdruck, als würde ihm gleich ein Gegenstand an den Kopf fliegen.

Für Tilly sind Gastspiele Lebenselixier, nicht nur des Theaterspielens wegen: Sie spenden den für ihr Wohlbefinden entscheidenden sexuellen Stimulus, die *Beziehung mit anderen Männern, die ich eben auch brauchte. Und wenn mir ein Schauspieler angenehm und sympathisch war, wurden die Szenen leicht intensiver, als sie sonst auf der Bühne zu sein pflegen. Und ich fühlte, was ich seit meinem 16. Lebensjahr wusste, dass ich die*

Männer sehr leicht anziehen konnte. Wohl verstanden: dies alles nur im Sinne des Stückes, vor versammeltem Publikum (was übrigens den Reiz der Sache ausmachte). Hinter den Kulissen war das vorbei. Ich sprach mit niemandem ein überflüssiges Wort.

Manche Gastspiele verlaufen harmonisch, andere sind von Anfang an belastet wie die Wienreise im Dezember 1909, während der sich Tillys Mutter in einem Anfall von Schwermut mit Leuchtgas zu vergiften versucht. Tilly kann nicht zu ihr wegen Proben, Franks Zustand ist im Kalender nachzulesen: 9. Dezember: *Wir essen zu Hause zu Abend. Ich leide zwei Stunden an Gesichtszuckungen.* 10. Dezember: *Probe 1.–4. Akt. Ich werde grob.* 14. Dezember: *Ich sitze in tiefster Niedergeschlagenheit bei Perschill.* Nach der Premiere will der Direktor das Honorar drücken. Vor der Abreise gibt es Streit, weil es Tilly gelingt, Schlafcoupés nach München zu bekommen, um die sich Wedekind vergeblich bemüht hat. *Den Nachmittag bleibe ich allein in sehr schlechter Stimmung. Wir treffen uns abends im Wartesaal. [...] Abfahrt von Wien.*

Unterwegs erkältet sich Anna Pamela. Weihnachten wird krankheitshalber verschoben. Am 25. Dezember erleidet Frank einen Weinkrampf, an Silvester schmückt er mit Tilly den Baum und erwartet mit Anna Pamela die Bescherung. Anschließend fahren er und Tilly auf den Nockherberg, bleiben bis zwei Uhr und feiern in der Torggelstube bis halb sechs mit Steinrücks, Messthalers und Roda-Roda.

Wedekinds *unausrottbares Misstrauen*, urteilt Artur Kutscher, ist der Hauptgrund für seine Auseinandersetzung mit Bruno Cassirer, seinem Berliner Verleger. Wedekind will sich von ihm trennen, Cassirer den lukrativ gewordenen Autor nicht freigeben. Wochenlang grübelt Wedekind über die richtige Strategie, bespricht sich mit Anwälten, schreibt aufgebrachte Briefe. Als Cassirer nicht antwortet, beschließt er im Januar 1910, die Sache in Berlin selbst zu regeln. Nach einer schlaflosen Nacht im Zug badet und frühstückt er im Hotel und macht sich auf den Weg ins Büro des Verlegers. *Als ich ihn zur Rede stellte,* berichtet er Tilly, *warum er die Fragen in meinem Briefen nicht beantwortete, drohte er sofort, mich durch seine Leute hinauswerfen zu lassen, und hatte auch schon auf den elektrischen Knopf gedrückt, wenn ich recht gesehen habe. Darauf riss mir die Geduld. Ich versetzte ihm ein paar Ohrfeigen. Er zog sich zur Tür zurück, und zwei seiner Leute traten ein. Er hetzte sie wie Hunde auf mich, aber es hat mich niemand angerührt. Ich zog ruhig meinen Rock an, nahm Hut und Stock und ging meiner Wege.*

Cassirer reicht Klage ein, Harden und Max Liebermann vermitteln – Wedekind solle doch nur ein *Tausendstel des Humors* aufbringen, den er sonst für das Weltgeschehen habe. Im Mai 1910 kauft der Münchner Verleger Georg Müller die Rechte von Bruno Cassirer für fünfunddreißigtausend Mark.

Mein einziger, geliebter Frank, ich setze mich an den Schreibtisch, um zu rechnen oder Briefe zu beantworten – immer wieder schreibe ich statt dessen Dir! [...] Wenn ich keine Nachricht von Dir habe und mir Gedanken darüber mache, bin ich für den ganzen Tag verstimmt und traurig! Ein Wort von Dir, geliebter Frank, macht mich glücklich. Ich freue mich, dass ich Anna Pamela habe, ich freue mich über mein Heim, ich freue mich, dass die Sonne scheint – ich bin zufrieden mit Gott und der Welt und mit mir. Was wäre mein Leben ohne Dich?

So schreibt Tilly im März 1910 – und denkt nicht an das Wort aus «Stein der Weisen», das sie kürzlich auswendig gelernt hat: *In der Stunde, da der Mensch sich sicher fühlt, hat er schon so gut wie ausgespielt.*

Wedekind ist zu einem Diner beim hessischen Großherzog Ernst Ludwig nach Darmstadt geladen. Stets auf das Vordringen in die gehobene Gesellschaft bedacht, glaubt er die Gelegenheit wahrnehmen zu müssen, obwohl er weiß, dass er bei dem Fest Paul Eger treffen wird, Tillys Exgeliebten, der es inzwischen zum Intendanten des großherzoglichen Hoftheaters gebracht hat. Tilly freut sich, aus seinem Brief keine Trübung herauszulesen: Er habe selten einen *interessanteren Abend* verbracht.

Prinz Heinrich, der Bruder des Kaisers, sei da gewesen, der Großherzog sei ein *theaterbegeisterter Mann. Geliebteste Tilly, ich hoffe nur, dass wir recht bald zusammen einen ähnlichen Abend erleben werden. Du hättest Dich ausgezeichnet in der Gesellschaft ausgenommen. Wenn ich mich dabei weniger unbefangen gefühlt hätte, so ist das ein Missstand, der sich eben ändern muss.* Kein Wort über Paul Eger. Von Darmstadt reist Wedekind nach Berlin.

Mein lieber Frank, ich freue mich so sehr, dass der Abend für Dich so interessant war und Du anscheinend so guter Stimmung bist, antwortet Tilly und wagt, weil man sich gerade so gut versteht, einen Zusatz: *Ob wir jemals unbefangen gemeinschaftlich so einen Abend verleben werden, kommt mir vor der Hand nicht sehr wahrscheinlich vor.* Es habe ununterbrochen geschneit, sie schicke ihm zur Vorsicht seinen Wintermantel. Sie weiß nicht, dass ihr Frank in Darmstadt ein falsches Hotel genannt und in Berlin das Paket mit dem Mantel nicht geöffnet hat, also seit mehreren Tagen ohne Nachricht von ihr ist.

Am nächsten Morgen zeigt sich Wedekinds Unberechenbarkeit in einer von Tilly bisher nicht erlebten Krassheit. Ein Bote weckt sie mit einem Telegramm: *du hast mir ein großes stück arbeit erspart – wir sind fertig – herzlichen glückwunsch frank*

Außer sich eilt Tilly zum Bahnhof. Im Zug entwirft sie eine Antwort und gibt sie in Nürnberg auf: *innigst geliebter frank sofort nach erhalt deines telegramms abgereist habe dir montag mittwoch donnerstag nachricht und mantel geschickt ich habe nicht das geringste unrecht getan bin in furchtbarer aufregung bin heute um 6.42 nachmittag berlin anhalter bahnhof konnte nicht eher telegraphieren erreichte noch gerade den zug in unveränderter treuer liebe deine tilly.*

In der Rückschau erkennt sie, dass sie falsch handelt. Hätte sie Frank einen Gruß auf dem Küchentisch gelassen und wäre mit Anna Pamela nach Graz oder sonstwohin gereist, er hätte ihre Vergebung erfleht. Aber im Moment des Geschehens überwältigen sie Angst und Ungewissheit – sie weiß nicht einmal, was seinen Zorn heraufbeschwor. Wedekinds zweites Telegramm:

endlich lebenszeichen – bedaure meinen brief trifft nach ihrer Abreise ein.

Am Bahnsteig empfängt er sie mit beschwichtigenden Gesten, im Hotel bestellt er Sekt und Essen aufs Zimmer. Aber Tilly kann nur weinen und lässt sich nicht überreden, die Nacht mit ihm zu verbringen. Um elf Uhr fährt sie zurück. Wedekind arbeitet bis eins im Habsburger Hof.

In München wartet ein Brief, den ungeöffnet zu vernichten er sie bat. Sie hält sich nicht daran und liest: *Ich bestätige meinen Brief vom 29. abends, den ich in Darmstadt selber zur Post brachte. Mich auf Reisen ohne Nachricht zu lassen, das ist ebenso unanständig von Dir, wie wenn ich Dich ohne Geld lassen oder, wenn Du nach Hause kommst, Dir die Tür vor der Nase zuschlagen wollte. Ich habe Deine Unanständigkeiten gründlich satt. Mit welchem Recht gehst Du in meinem Haus noch aus und ein? Frank Wedekind.*

Tilly faltet den Brief und versteckt ihn in ihrem Wäscheschrank. Sie telegrafiert, gut angekommen zu sein, und lässt einen freundlichen Brief folgen. *Ich habe das Gefühl, dass seit gestern Abend etwas anders geworden ist, ob besser oder schlechter, weiß ich nicht. Hoffentlich besser!* Anna Pamela sei sehr verwundert gewesen, sie plötzlich wieder auftauchen zu sehen. Später wird Tilly diesen Tag als den Anfang vom Ende ihrer Liebe zu Frank Wedekind benennen.

Aber als am nächsten Tag nichts von ihm in der Post ist, packt sie die Angst. *Frank, hast Du was gegen mich? […] Habe ich Dir was getan? Mein ganzes Denken und Fühlen gehört Dir! Durch Dich bin ich ein anderer Mensch geworden. Um wie viel näher sind wir uns während dieser 5 Jahre gekommen! Sollte das alles umsonst gewesen sein?*

Mittags schickt sie ein Telegramm: *geliebter frank habe mich heute sehr auf ein liebes wort von dir gefreut uns geht es gut senden dir innigste küsse tilly und anna pamela.* Abends schreibt sie einen weiteren Brief: *Ein qualvoller Tag ist zu Ende. Warum telegraphierst Du mir nicht? […] War mein Telegramm und mein Brief von gestern nicht herzlich genug? […] Ich finde keinen*

Menschen mehr wie Dich auf der Welt, aber glaubst Du, dass es ganz leicht ist, eine Frau zu finden, die Dir so von ganzem Herzen ergeben ist wie ich Dir? Innigen Kuss, Deine Tilly.

Nach vier Tagen kommt die ersehnte Antwort: *Herzlichen Dank für Deine drei Briefe, die mir alle eine Freude waren. Aber beruhige Dich doch nun. Dass Dir der Schreck in die Glieder gefahren ist, das verstehe ich natürlich. Aber es muss sich doch Sicherheit daraus ergeben. Sonst war ja alles umsonst. [...] Küsse Anna Pamela. Dank ihr für ihre lieben Grüße. Innigst Küsst Dich Dein Frank.*

Den Rest des Jahres 1910 verbringen Tilly und Frank bis auf wenige Tage gemeinsam. Im Juli gibt es wieder einen ausgedehnten Wedekind-Zyklus am Münchner Schauspielhaus. Ein Blick in die Presse zeigt, dass Tilly Sicherheit gewinnt: Ihre Lulu sei *farbiger* als im vergangenen Jahr, *mit reicherem Detail* und – für Tilly besonders erfreulich – *prinzipiell von dem getrennt, was die Eysoldt bot.* Den *Qualen,* welche die Rolle der Klara Hühnerwadel in «Musik» Darstellern und Zuschauern auferlegt, habe sie sich mit *Ausdauer und Diskretion* unterzogen, so dass die *Grenze des Erträglichen* gewahrt blieb. Auch Frank habe einen guten Tag gehabt. Durch einen *Vollbart verhüllt,* sei er von einem Berufsschauspieler kaum zu unterscheiden gewesen.

Den August verbringt das Ehepaar mit Anna Pamela in Lenzburg – Frank droht einmal mit Abreise, sonst verläuft der Monat ruhig. Im Oktober spielen sie «Die Zensur» in Berlin, im November liest Frank im Münchner Hotel Vier Jahreszeiten dreieinhalb Stunden lang sein neues Stück «Schloss Wetterstein» vor. Kernsatz: *Die Ehe ist außer unserer Geburt und unserem Tod das Unerbittlichste, dem wir Menschenkinder verfallen sind.* In Frankfurt am Main singt Tilly zum ersten Mal vor großem Publikum, im Dezember gastieren beide in Kassel, und unter dem Weihnachtsbaum sagt Tilly ihrem Mann, dass sie wieder schwanger ist.

7

Eheleben (II)

Frühjahr 1911. Tilly ist fünfundzwanzig Jahre alt. Im Januar und Februar absolviert sie mit Frank eine lange Reise nach Regensburg, Nürnberg, Wien, Heidelberg, Düsseldorf, Köln und Brüssel, mit sechs Stücken und einem Vortragsabend im Programm, und bewältigt bei der Wiener Uraufführung von «Stein der Weisen» ihr Debüt im Kugellaufen. Frank steigt mit ihr aufs Heidelberger Schloss, pilgert durch die Düsseldorfer Kunsthalle und fährt mit ihr im Automobil durch Brüssel. Fast jeder Abend endet mit ausgedehnten Kneipenbesuchen. Bei einem gemeinsamen Spaziergang in Nürnberg entsteht sein «Donnerwetterlied» – der selbstironische Tribut eines älteren Mannes an seine junge Frau:

> *In der Jugend frühster Pracht*
> *Tritt sie einher – Donnerwetter,*
> *Nur von Eitelkeit erfüllt,*
> *Das Herz noch leer – Donnerwetter,*
> *Ganz mit frühlingsfrischen Reizen*
> *Angetan – Donnerwetter,*
> *Und erblickt in allen Männern*
> *Nur den Mann – Donnerwetter!*

Im März erlebt «Der Stein der Weisen» seine Münchner Erstaufführung. Da der amerikanische Einakter durchfällt, mit dem man das Stück gekoppelt hat, engagiert das Schauspielhaus Yvette Guilbert, die Pariser Chansonkönigin, um mit den Wedekinds aufzutreten. Das Publikum jubelt ihr zu, und Frank schreibt in seinen Kalender: *Depression. [...] Stein der Weisen ausgezischt.* Tilly, im vierten Monat schwanger, befürchtet jeden Abend, in dem Turmfensterchen stecken zu bleiben, durch das sie als Diener Leonhard auf die Bühne zu springen hat. Jetzt will sie bis nach der Geburt pausieren.

Ein zweites Kind zu bekommen ist Tillys bewusster Entschluss. Anna Pamela soll nicht allein bleiben. Sie ist viereinhalb Jahre alt, ernst und verständig, formuliert einwandfreie Sätze und bemüht sich nach elterlichem Vorbild um deutliche Aussprache. Im Februar durfte sie zum ersten Mal maskiert zum Kinderfasching. Ihren Vater liebt sie über alles. Wenn ihr bei seiner Abreise die Tränen kommen, behauptet sie tapfer, es sei nur wegen ihres Hustens. Tilly gegenüber reagiert sie mitunter auf kleinste Anlässe maßlos und heftig. Einmal hat ihr Vater sie geschlagen, als sie Tilly bei einem Spaziergang so zusetzte, dass diese weinend nach Hause kam.

Tilly nutzt die spielfreie Zeit, um ihr Liedrepertoire zu erweitern. Frank wandert mit ihr und Anna Pamela durchs Isartal, sie besuchen Ambach am Starnberger See. Bei einer Aufführung von «Anatol» sitzt Tilly neben Arthur Schnitzler in dessen Loge. *Tilly sagt mir nach dem Abendessen, dass sie jetzt überhaupt erst anfange zu leben,* schreibt Frank in seinen Kalender.

Er selbst sieht den Zuwachs mit gemischten Gefühlen – zwei von ihm abhängige Kinder machen seinen Status als Familienvater wohl endgültig. Ein Jahr lang hat er nur Kleinigkeiten geschrieben, «Schloss Wetterstein», sein letztes Drama, liegt, von der Zensur verboten, in der Schublade. Die deutsche Kritik, glaubt Wedekind, hält ihn für *künstlerisch tot und völlig steril.*

Am 8. Mai 1911 fasst er auf einem Spaziergang den Plan zu einem weiblichen Faust – die Keimzelle des Dramas «Franziska»: Eine liebesdurstige junge Frau, deren Erregung gelegentlich so überhand nimmt, dass sie sich *Nadeln in die Arme bohrt,* darf zwei Jahre lang die Welt als Mann erleben, mit aller *Genussfähigkeit* und *Bewegungsfreiheit,* darf also, als Ausdruck höchster Lust, den Geschlechtsakt von der anderen Seite erfahren. Franziska trägt Züge von Wedekinds Tilly-Bild: *Wollust, Herrsch-*

sucht, Leichtlebigkeit, Spielwut, Vergnügungssucht und *maßlose Eitelkeit* sind einige ihrer Eigenschaften. Er selbst ist Veit Kunz, *Sternenlenker, Sklavenhalter, Gesangsmagister, Kuppler, Diplomat, Hanswurst, Schriftsteller, Schauspiel-Akrobat, Bräutigam noch (in meinem Alter!)*.

Als Mann erlebt Franziska eine Ehe, die *so unglücklich ist, wie sie in Wirklichkeit gar nicht vorkommt*, eine *Investition von Aufopferungen, durch die auch unter den ungünstigsten Umständen zwei Menschen noch aneinander gefesselt werden*. Nach ihrer Rückverwandlung begnügt sich Franziska mit Mutterfreuden. Rezensenten nennen den Schluss banal – vielleicht ist er bittere Satire.

Ende Mai wird Anna Pamela krank. Blinddarmreizung. Der Arzt rät zur Operation, aber verschiebt sie wegen Gefahr von Lungenentzündung. Drei Wochen lang hält Anna Pamela ihre Umwelt auf Trab. Tilly regt sich furchtbar auf und hebt sie viel zu oft aus ihrem Bettchen. Zwei Monate vor der Niederkunft hat Tilly einen Abgang von Fruchtwasser, aber die Gebärmutter schließt sich wieder.

Am 5. August hört Tilly Wagners «Siegfried» im Prinzregententheater. In der offenen Droschke fährt sie am Friedensengel vorbei nach Hause und berichtet Frank ihre Erlebnisse. Um sechs Uhr setzen die Wehen ein, die Geburt geht leicht vonstatten. Am Sonntag, dem 6. August 1911, um elf Uhr, kommt in der Prinzregentenstraße 50 bei schönstem Wetter unter dem Läuten zahlreicher Kirchenglocken Epiphania Kadidja Mathilde Franziska Wedekind zur Welt. Ihr Vater schläft fest in seinem Zimmer. *Ich erwache, nachdem sie eben da ist,* notiert er. *Nichts gearbeitet.*

Tilly verlebt ein angenehmes Wochenbett. Der Sommer ist heiß und schön, die Fenster stehen offen. Das Stillen klappt vorzüglich, und wenn die Kleine sich satt getrunken hat, schlafen Mutter und Tochter zufrieden ein. Tillys Eltern, auf Urlaub in Starnberg, kommen zu Besuch und fahren das Baby aus. Vom Fenster beobachtet Tilly, wie Mathilde Newes den Kinderwagen über die Prinzregentenstraße schiebt und Anna Pamela an der

Anna Pamela soll nicht allein bleiben:
Tilly und Töchter in der Prinzregentenstraße, Herbst 1911

Hand des immer noch stattlichen Eduard Newes in Richtung
Englischer Garten geht. Sie kann sich nicht erinnern, jemals
glücklicher gewesen zu sein.

Dann stürzt sie in ein tiefes Tal. Wellen von Traurigkeit über-
kommen sie, sprühende Lebensfreude wird zu bodenloser
Niedergeschlagenheit. Weiß Tilly, dass sie krank ist, von demselben Leiden befallen wie ihre Mutter und wahrscheinlich auch
Paula, ihre Schwester? Sie weiß nur eines: Sie ist solchen Stim-
mungstiefs gegenüber machtlos, kann den Selbsthass und die
Gefühle der Wertlosigkeit, die sie begleiten, nicht ändern. *Vielleicht verdiente ich es, dass Du mir den Rücken kehrtest,* schreibt
sie ihrem Mann, *vielleicht verdiente ich es, dass ich an meinen
Kindern gestraft würde. Ich werde in einem Strom von Empfindungen herumgeworfen und finde keinen Ausweg. Manchmal
möchte ich laut schreien: Hilf mir! Wer öffnet mir die Augen
über mich?! Bin ich normal, dass ich empfinde, wie ich empfinde?
Ich kann nicht mit mir allein fertig werden und suche immer
wieder Hilfe bei Dir. Das ist Egoismus. Kannst Du denn aber
noch Geduld mit mir haben?*

Wedekind kämpft mit eigenen Schwierigkeiten. Er hat sieben Kilogramm abgenommen, ohne erkennbaren Grund. Im Mai war er wegen einer Hautflechte beim Arzt, jetzt plagen ihn Hämorrhoiden. Frisst eine verborgene Krankheit an ihm? Naht das Alter? Wedekind wehrt sich mit charakteristischen Gewaltmaßnahmen: 10. August: *Stechschrittmarsch von Höllriegelskreuth nach Prinzregentenstraße*; 12. August: *Marsch von Höllriegelskreuth nach Thalkirchen*; 15. August: *Marsch zum Aumeister und zurück*; 16. August: *Marsch Höllriegelskreuth–Harlaching. Gehe bei Großhesselohe durch die Isar.* Am 9. September notiert er: *Tilly ist weltschmerzlich, wir nehmen unseren Verkehr wieder auf.*

Ende 1911 erlaubt die Zensur eine einmalige geschlossene Vorstellung von «Oaha» im Münchner Lustspielhaus. Die Beschränkung verbittert Wedekind – «Oaha» ist gänzlich unpolitisch und frei von erotischen Szenen. Die Zensur, scheint es, hat sich auf ihn eingeschossen und verbietet automatisch, was von ihm kommt. Umso erpichter ist er, in die Öffentlichkeit zu treten. Die Tatsache, dass «Simplicissimus»-Verleger Albert Langen, das Hauptziel seines Angriffs, vor mehr als zwei Jahren gestorben ist, hindert ihn nicht, seine «Satire der Satire» möglichst grell auf die Bühne zu bringen. Eine rote Perücke auf dem Kopf und eine Maske mit den Zügen des Verstorbenen vor dem Gesicht, spielt er die Hauptrolle. Ein anderer Schauspieler verkörpert derweilen hinter einer Wedekind-Maske ihn selbst, den geschundenen Schriftsteller Bouterweck. Tilly spielt Langens Ehefrau Dagny, im richtigen Leben die Tochter Björnstjerne Björnsons und deshalb mit norwegischem Akzent sprechend.

Eine der schlechtesten Arbeiten Wedekinds, urteilt die Presse. Wie kann der Dichter von «Frühlings Erwachen» eine so *platte Sache* von sich geben? Die Satire sei *plump,* die Karikatur *roh* und das *schöne Wort Pietät in seinem Lexikon anscheinend gestrichen.*

Basel, Koblenz, Frankfurt, Prag, Wien, Bonn, Bern, St. Gallen, Innsbruck, Ulm, Stuttgart, Nürnberg – in der ersten Hälfte des

Jahres 1912 sehen Anna Pamela und Fanny Kadidja ihre Eltern kaum. Um Gastspiele lukrativer zu machen, streut Wedekind Vorträge ein, in denen er Szenen liest und Tilly beim Singen seiner Lieder auf der Gitarre begleitet. Die Wiener «Neue Freie Presse» spricht von einem *eigenartigen Abend*.

Das herausragende Ereignis des Jahres 1912 ist der mehrfach verschobene erste Berliner Wedekind-Zyklus, zu dem Max Reinhardt nach langem Hin und Her im schlechtesten Theatermonat Juni sein Deutsches Theater hergibt, zusammen mit der zweiten und dritten Garnitur seiner Schauspieler, während er selbst mit der ersten Garnitur auf Auslandstournee geht.

Am 29. Mai kommen Wedekind und Tilly mit dem Nachtzug direkt von einem Nürnberger Gastspiel in Berlin an, am 1. Juni hat «So ist das Leben» Premiere. Es folgen «Hidalla», «Musik», «Erdgeist», «Oaha» und «Der Marquis von Keith».

Die Presse ist verheerend. Wedekind wolle glauben machen, dass sich seine Werke zu einem Kreis zusammenschließen, aber bereits «So ist das Leben» habe das Gegenteil bewiesen. Das Stück sei *bunt, aber ohne Bildkraft*, und bestehe aus *Redespielen und Wortpointen, die nach Tinte schmecken.* So sei das Leben NICHT! *Wedekind spricht seine Gedanken, Gedänkchen und Wendungen – soweit sein Gedächtnis ihm treu bleibt – wie ein überzeugter Erklärer, aber die Monotonie seiner Sprache und die Gleichmäßigkeit seiner Bewegungen verraten immerzu den Dilettanten. Seine sympathische Gattin macht in der Unbeholfenheit, mit der sie die weibliche Hauptrolle spielt, einen geradezu rührenden Eindruck.*

Einzig Alfred Kerr erhebt eine Lobeshymne – und ist der Kränkendste von allen: *Hier habt ihr einen Besitz, der in der ganzen Welt von solchem Schlag nicht wiederzutreffen ist. Verfolgt ihn länger nicht. Versperrt ihm nicht sein Atmen und sein Essen. [...] Wenn man zurückdenkt an diese Vorstellung: Eines Tag's werden sich Menschen erinnern: dass der Dichter dort oben stand: wie Molière auf seiner Szene; Menschen werden sich melden, die Äußerungen tun wie: «Wir haben ihn damals spielen sehen, es war im Juni 1912, seine Witwe Tilly war noch dabei, sie wirkte nicht bestürzend als Schauspielerin, doch mit allem, was an feinerer und triebhafterer Menschenhingebung, mit einem starken Empfinden, schließlich dazu nötig war.*

Wedekind ist fassungslos: seine WITWE Tilly? Ist sein Tod schon beschlossen? Kerrs gewichtige Stimme hat für ihn allen Wert verloren. Auch Tilly kann über seine Beurteilung nicht glücklich sein.

Aber die Vorstellungen sind ausverkauft. Auch im schwächsten Theatermonat beweist das Ehepaar Wedekind Zugkraft. Edmund Reinhardt, der geschäftliche Direktor, stellt erfreut für den nächsten Sommer eine Wiederholung in Aussicht. Zum Abschluss des Gastspiels gibt es ein Bankett zu Ehren Wedekinds im Hotel Esplanade.

Tilly fährt nach Lenzburg, voller Ungeduld. Anna Pamela und Fanny Kadidja sind dort in der Obhut der Großmutter. *Ich beschäftige mich offenbar viel mit Dir in Gedanken, da ich oft von Dir träume,* schreibt sie ihrem Mann. *Vorgestern träumte ich so lebhaft, dass Du mich aus dem Nebenzimmer wie in Berlin vor der Probe «Tilly» rufst, dass ich mich im Bett aufsetzte und «ja» rief, ganz laut. Ich saß noch lang, und mir war, als hörte ich den Ton Deiner Stimme. Dann schlug es 4 Uhr.*

Wedekind genießt die Stille der Münchner Wohnung. Sein Schlafzimmer ist neu tapeziert, die Hausmeisterin hat das Bett gerichtet. Fritz Kortner, Schauspieleleve in München, entsinnt sich einer Begegnung im Ungererbad: *Im Nichtschwimmerabteil des Bassins beobachtete ich einen Herrn – als solcher war er auch kleiderlos agnoszierbar –, der, das Wasser nur bis zu den Hüften, unbeweglich stand und dachte. Er faszinierte mich, ehe ich wusste, dass es Frank Wedekind war. [...] Jetzt erst, nun ich ihn in der Erinnerung im Schwimmbad wiedersehe, fällt mir ein, dass ich als Fünfzehnjähriger bei einer «Frühlings Erwachen»-Aufführung vor Erregung ohnmächtig weggetragen werden musste. Der kalte Schauer von damals [...] kroch wieder über meinen nackten Rücken, als ich dem Dichter eingeschüchtert und wortlos gegenüberstand. [...] Wir gingen dann noch mit Frank Wedekind durch die Stadt. Ich hatte noch immer kein*

Wort gesprochen. Wedekind blieb unvermutet bei einer Litfass-säule stehen und betrachtete ein Ausstellungsplakat: «Die Frau in Haus und Beruf». Plötzlich sagte er unvermutet scharf zu uns: «Das muss man mitgemacht haben.» Dann ging er kurz grüßend weg.

Im Herbst 1912 will Dr. Eugen Robert «Franziska» im Münchner Lustspielhaus uraufführen. Tilly hat die Titelrolle in Lenzburg gelernt. Aber Dr. Robert favorisiert die Schauspielerin Ida Roland und lässt durch Artur Kutscher vorfühlen, ob Wedekind für diesen Vorschlag zu gewinnen sei. Für Tilly ist das ein Schock: Könnte Wedekind eine andere, vielleicht gewandtere Schauspielerin vorziehen? Hat sie, nur weil sie seine Frau ist, Anspruch auf alle Rollen? Wie wird Wedekind entscheiden?

Wedekind entscheidet eindeutig, ob aus Loyalität zu seiner Frau oder aus geschäftlicher Überlegung sei dahingestellt: Kaum hat Kutscher das Haus verlassen, zieht er «Franziska» in einer Notiz an die «Münchner Neuesten Nachrichten» zurück und bringt sie persönlich in die Redaktion. Als Grund gibt er an, dass Dr. Robert der Zensurbehörde ohne sein Wissen eine verstümmelte Fassung vorgelegt habe. Dr. Robert, völlig verdutzt, rechtfertigt sich zwei Tage später in einem offenen Brief: Es habe nicht die leiseste Differenz zwischen ihm und dem Autor gegeben, Wedekind habe alle Striche gebilligt. Wenn er sein Werk so nicht aufgeführt sehen wolle, ließe sich darüber reden, nicht in diesem Ton, aber immerhin – *man hat vor dem Dichter Wedekind auch dann noch Respekt, wo der Mensch Wedekind einen – wie soll man das nur höflich ausdrücken? – durch eine Gedächtnisschwäche überrascht.*

Tilly ist überwältigt – Wedekind hat ihren Wert erkannt! Nie soll er Anlass haben, an ihrer Beständigkeit zu zweifeln: *Mein innigst Geliebter! Tausend-, tausendmal danke ich Dir! Ich bin so glücklich, dass Du zu mir stehst; das gibt mir Mut und Kraft und Selbstvertrauen. Ich weiß, dass unter hundert Männern kaum einer so gehandelt hätte. Aber ich glaube auch, dass unter hundert Frauen kaum eine das alles durchführen könnte, was ich bis jetzt getan habe. Und ich habe den festen Vorsatz, heiterer zu sein und nicht alles so schwer zu nehmen, mich alles dessen, was ich habe, mehr zu freuen! Und mit diesem Vorsatz reiche ich Dir in innigster Liebe beide Hände als Dein treuer Kamerad Tilly.*

«Franziska» wird aufgeführt, im November 1912, an Dr. Roberts Lustspielhaus in der Augustenstraße, das inzwischen Münchner Kammerspiele heißt, mit Tilly in der Hauptrolle. Die Polizei verbietet die Szene, in der das Mädchen Gislind von Glonnthal nackt unter einem durchsichtigen Schleier aus einem Brunnen steigt, was Wedekind so aufregt, dass er auf offener Bühne in Anwesenheit der Zensoren einen Nervenkollaps erleidet (oder vortäuscht). Das Mädchen wird bekleidet, die Szene erlaubt.

Publikum und Presse nehmen «Franziska» wohlwollend auf. Tilly habe eine *neue Phase* ihrer Darstellung erreicht. Ihre *Mischung aus Kühle und selbstbewusstem Insichgekehrtsein* habe einen Eindruck erzeugt, der *stark genug war, die fünf Akte mit Inhalt zu füllen.*

Die Eltern haben jeden Abend Vorstellung, die «fränkische Perle» nimmt Weihnachtsurlaub. Anna Pamela muss mit Fanny Kadidja ins Kinderheim nach Ebenhausen. Aus Protest bekommt sie Keuchhusten und steckt ihr Schwesterchen an, so dass beide über die Feiertage bleiben müssen. Tilly fährt zu ihnen, so oft sie kann. Frank kommt am Heiligen Abend und schmückt mit Anna Pamela den Baum. Sein Kalender zeigt gedrückte Stimmung – auch Erfolge können anscheinend sein Grundbedürfnis nach Freiheit und Ungebundenheit nicht ersetzen: *Um vier Uhr kommt Tilly. Ich gehe allein ins Café, sehr deprimiert, komme am Fenster von K. J. vorbei. Die Erinnerung richtet mich durch ihre Traurigkeit auf.* K. J. ist seine ehemalige Geliebte Käthe Juncker. Sie hat ihn vor zwanzig Jahren gemalt, mit Vollbart, Kneifer und einer langen Virginia zwischen den Fingern.

Als Tilly vom Theater nach Hause telefoniert, um sich nach dem Befinden der Kinder zu erkundigen, wird er wütend. Victor Barnowsky und Carl Sternheim sind in der Garderobe, wenigstens hier soll man ihn mit Familienangelegenheiten verschonen.

Es tut mir furchtbar Leid, dass ich Dich wieder in Aufregung versetzt habe, schreibt Tilly, *aber ich denke, zu diesem Zweck haben wir ein Telephon. Es ist mir unmöglich, gleichzeitig die Sorge um die Kinder zu tragen und die Sorge, Du könntest darunter leiden.*

Silvester notiert Wedekind: *Tilly sehr niedergeschlagen. Sie liest mir «Casanova» vor bis 12 Uhr.* Solch abendliches Vorlesen wird immer mehr zum Rettungsanker, denn immer mehr Themen darf man in Wedekinds Gegenwart nicht erwähnen, weil sie ihn verstimmen oder ungeduldig werden lassen. Bevor Tilly jedes Wort auf die Goldwaage legt, sagt sie lieber gar nichts, obwohl sie weiß, dass Wedekind unter ihrer Schweigsamkeit leidet. Das Vorlesen ist für beide ein erträglicher Ausweg.

Um Mitternacht geht Frank allein in die Torggelstube.

Im August 1913 kommt es in München zu einem Eklat. Frank und Tilly soupieren mit Franks Trauzeugem, Kammersänger Emil Gerhäuser, und seiner Frau in der Regina-Bar. Gerhäuser, Tilly so unsympathisch wie je, hofft noch immer auf Rückgewinnung seiner Stimme und lebt nach wie vor vom Verdienst seiner Frau. Als Tilly ihn bei einer erotischen Prahlerei zu ertappen meint, weist sie ihn in ungewöhnlich scharfem Ton zurecht. Frank stellt sich auf ihre Seite, aber wirft ihr bei der Heimfahrt vor, sich Gerhäuser zum Feind gemacht zu haben, was sich unweigerlich auch gegen ihn selbst richten werde, da sie ihn gezwungen habe, für sie Partei zu ergreifen. Sie könne die Lage eines behinderten, berufsunfähigen Menschen nicht einschätzen. Tilly bereut ihren Ausrutscher, auch wenn sie noch nicht weiß, welch schwer wiegende Folgen er haben wird.

Im September 1913 fahren Frank und Tilly zum diesjährigen Wedekind-Gastspiel nach Berlin. Reinhardt hat es vor den Beginn der eigentlichen Saison platziert und statt des Großen Hauses nur die Kammerspiele zugebilligt. Trotzdem hofft Wedekind, sich mit «Franziska», diesem gewichtigen, vielschichtigen Werk, dem einzigen auf dem Programm, als künstlerische Potenz in der Hauptstadt zurückzumelden.

Die Kritik vernichtet es. Der einflussreiche Siegfried Jacobsohn nennt «Franziska» *zusammenhanglosen Unsinn [...] eine Privatangelegenheit des Autors [...] eine Auseinandersetzung mit dem Gott im Himmel und dem Gott in seiner Brust, die er aufreißt, damit sein Herzblut verströme, und die offen daliegt, ohne dass es strömt und ohne dass klar wird, was den armen Mann in diesem besonderen Falle zu so wilder Selbstzerfleischung getrieben hat.* Einzig die Furcht des Publikums, ebenso falsch zu urteilen wie 1901 beim «Marquis von Keith», habe einen Premierenskandal verhindert.

Für Tilly hält der Kritiker Paul Schlenther, ehemals Direktor des Wiener Burgtheaters, eine besonders böse Pille bereit: *Die Franziska in ihren zahllosen Metamorphosen und Verkleidungen gibt Frau Wedekind. Infolgedessen muss der Dichter sie für tauglich halten.*

Gott sei Dank stimmt wenigstens die Kasse. Frank und Tilly spielen «Franziska» fünfundzwanzigmal hintereinander vor vollem Haus. Selbst Jacobsohn muss zugeben: *Die Kammerspiele werden täglich gestürmt [...] und Frank Wedekind lacht uns alle aus.*

Während des Gastspiels meldet sich plötzlich Fritz Uhl, alias Friedrich Strindberg, der frühere «Fritzi», Wedekinds erstgeborener Sohn, mittlerweile sechzehn Jahre alt und Gymnasiast in Salzburg. Frank hat ihn nur einmal als Säugling gesehen, aber auch Frida Strindberg, seine Mutter, hat sich kaum um ihn gekümmert. Seit er weiß, wer sein Vater ist, hat er dessen Stücke verschlungen und brennt darauf, ihn kennen zu lernen – ein linkischer, dicklicher Junge, voll Verlangen nach Liebe und Zugehörigkeit und unterdrückter Wut über sein unordentliches, elternloses Leben. Er schreibt Gedichte und hat auch schon ein Drama verfasst. Frank besorgt ihm Karten für «Franziska» und macht ihn, nicht ohne Verlegenheit, mit Tilly bekannt. Fritz nennt ihn «Herr Wedekind» und Tilly «gnädige Frau» und bittet, Weihnachten mit der Familie in München verbringen zu dürfen.

Den ganzen Herbst über steht Wedekind der Besuch seines Sohnes bevor. Was soll er mit ihm anfangen? Muss er zum Frühstück aufstehen? Wo soll Fritz wohnen? Tilly schlägt vor, die «fränkische Perle» auszuquartieren und deren Zimmer für Fritz einzurichten. Möbel werden hin und her geschoben, endlich ist alles bereit. Wedekind notiert: *Bin so erregt, dass ich meine Rolle nicht memorieren kann.* Tilly schreibt ihren Eltern: *Zu Weihnachten kommt Franks ältester Sohn zu uns, Fritz Strindberg. Ich habe mit Frank viel über alles gesprochen und habe erst jetzt seine ganze große Liebe und Güte begriffen. Ich muss alles aufbieten, um ihm dieses Fest schön und angenehm zu machen.*

Am 23. Dezember steigt Fritz in Kadettenuniform aus dem Zug. Frank kauft ihm einen Anzug bei Isidor Bach in der Sendlinger Straße und spaziert mit ihm durch die Isaranlagen. Erst gegen Abend kommen Vater und Sohn in der Prinzregentenstraße an. Frank ist erschöpft und verlässt gleich nach dem Essen das Haus.

Fritz fügt sich gut ins Familienleben. Mit Anna Pamela, seit kurzem sieben Jahre alt und Schulkind, versteht er sich blendend. Frank fordert ihn auf, im Familienkreis aus seinem Erstlingswerk vorzulesen, bummelt mit ihm durch die Stadt und stellt ihn im Café Luitpold Erich Mühsam und Joachim Friedenthal vor, dem Korrespondenten des «Berliner Tageblatt».

Eines Morgens will Fritz eine Gemäldegalerie besuchen, aber meint, nicht ohne Krawatte gehen zu können. Tilly leiht ihm eine, die sie als Hermann Casimir im «Marquis von Keith» trägt. Als Wedekind erwacht, erzählt sie ihm die Geschehnisse des Vormittags und erwähnt auch die geliehene Krawatte. Sein Gesicht verfinstert sich.

Eine halbe Stunde später betritt er in Hut und Mantel das Zimmer. «Ich reise ab», sagt er. «Wenn du Fritz Kleidungsstücke von dir schenkst, sind alle Grenzen gefallen. ‹Schaff mir ein Halstuch von ihrer Brust›, heißt es schon im Faust!»

Tilly ist wie vom Donner gerührt. Streit, Tränen und böse Worte folgen, in Sekundenschnelle bricht ein massives Zerwürfnis herein. Fritz gegenüber lässt sich Wedekind nichts anmerken und nimmt ihn Silvester mit in die Torggelstube.

8

Krise

1914

Simson ist ein GOTTGEWEIHTER, dazu bestimmt, Israel vor den Philistern zu retten. Wenn der GEIST DES HERRN über ihn kommt, zerreißt er Löwen wie Böcklein, sprengt Fesseln wie Fäden und erschlägt bei Ramat Lehi tausend Feinde mit einem Eselskinnbacken. Er liebt Delila, eine FEINDESTOCHTER. Sie will ihm das Geheimnis seiner Stärke entlocken. Simson führt sie dreimal in die Irre. Aber als sie weiter in ihn dringt, wird seine Seele STERBENSMATT, und er tut ihr SEIN GANZES HERZ AUF. Philister scheren seine Locken, während er schläft. Geblendet muss er in Gaza die Mühle drehen. Die Philister loben Gott Dagon und holen Simson in den Tempel, auf dass er vor ihnen Späße treibe. Simson aber ruft den HERRN zu Hilfe und reißt die Säulen um, auf denen das Tempeldach ruht. Es fällt auf Fürsten und Volk. Simsons Brüder heben ihn aus den Trümmern und begraben ihn neben Manoah, seinem Vater. Er richtete über Israel zwanzig Jahre.

Wedekinds dramatisches Gedicht «Simson oder Scham und Eifersucht» schildert den Sieg des Weiblichen über das Männliche. Delilas Sittenlosigkeit empört und verwirrt die Philister – aber wer außer ihr kann es mit Simson aufnehmen? Die Philister SCHÄMEN SICH, weil ein Weib sie vor Simson retten musste, und sind EIFERSÜCHTIG auf das Weib, das sie jetzt beherrscht. Während Simson Delila begattet, lässt sie den Philisterkönig Og von Basan zuschauen; während sie den König liebt, lauscht ihr geblendeter Ehemann. Simson SCHÄMT SICH wegen seiner EIFERSUCHT: *Mich selbst zu töten wäre der einzige Ausweg. Leider lebt dann der andere das schönste Leben.* Delilas

Schamlosigkeit BESCHÄMT auch Og von Basan. Seinen Vorgänger betrachtet er mit EIFERSUCHT. Einzig Delila schämt sich NICHT.

Frank Wedekind schämt sich. Er schämt sich seines Alters und seiner nachlassenden Körperkräfte. Er schämt sich, Tilly nicht zu genügen. Wie Simson schämt er sich seiner Eifersucht, die er nicht kontrollieren kann – sein Vater beaufsichtigte seine Frau sogar beim Blumengießen am Fenster, um zu verhindern, dass sie Männern auf der Straße Zeichen macht. Frank schämt sich, das Schauspiel wiederholen zu müssen, schämt sich des Würdeverlusts, der mit der Eifersucht einhergeht, und seiner Furcht, in Lächerlichkeit zu enden wie fast alle seine Bühnenhelden, wobei er weiß, dass für viele ein alternder Mann an der Seite einer jungen Frau der Inbegriff der Lächerlichkeit ist. Sein Axiom aus «Musik», wonach das *Unglück gerade im unglücklichsten Augenblick anfängt, lächerlich zu werden,* kann als Überschrift seines Lebens gelten. Es bleibt der Rückzug ins Geistige, das Ringen um Größe. Wedekind, der Kämpfer, ringt bis zum Schluss – auch wenn er dabei lächerlich wirkt.

Victor Barnowsky, nach Otto Brahms Tod Leiter des Berliner Lessingtheaters, will «Simson oder Scham und Eifersucht» im Januar 1914 uraufführen, mit Tilla Durieux als Delila und dem berühmten Friedrich Kayßler als Simson. Frank soll Regie führen. Die Durieux, die es sich nach eigener Aussage immer gewünscht hat, unter Wedekinds Regie zu spielen, gibt sich schwierig und lehnt seine Vorschläge ab. *Ich habe sie dafür vollständig links liegen lassen,* schreibt Wedekind nach München, *Tatsache ist, dass sie unter den Hauptdarstellern bis jetzt am schlechtesten ist.*

Jahrzehnte später, beim Abfassen ihrer Memoiren, beurteilt Tilla Durieux die Zusammenarbeit anders – und zeigt, welche Hochachtung Wedekind den Zeitgenossen abzunötigen im Stande ist: *Wedekind sprach auf den Proben den Simson, der Kayßler zugedacht war und den er auch bei der Premiere verkörperte. Hier zeigte sich wieder die dämonische Intensität, die*

*diesen seltsamen Wedekind mit allen seinen Mängeln über die
Leistungen der Schauspieler stellte. Wedekind der Dilettant, Wedekind der Unwendige, Wedekind der Verlachte war der Stärks-
te unter uns. Wohl standen uns mehr Mittel zu Gebote, das aus-
zudrücken, was er andeutete; aber diese Andeutungen waren so
stark, dass sie keiner von uns erreichte. Aus dem ungefügen Körper drang die Stimme mit einer Schärfe und einer Glut, die nur
Propheten eigen ist.*

Die Proben enden unerfreulich. Wedekind verlässt Berlin
vorzeitig, die Uraufführung findet ohne ihn statt. *Das beste,
rundeste Drama Wedekinds seit «Erdgeist» und dem «Marquis
von Keith»*, urteilt die Kritik. *Dazwischen das Konzert einiger artiger Knaben, die sich nicht einmal Mühe gaben, zu ahnen, dass es sich hier zwischen all den wilden Arabesken Wedekind'scher Laune um ernste Dichtung handelte, und die deshalb
auf Hausschlüsseln pfiffen.*

Was Victor Barnowsky bewegt, in die erfolgreiche Aufführung einzugreifen und für die letzten Vorstellungen Frank als
Philisterkönig und Tilly als Delila zu verpflichten, ist nicht bekannt. Tilly, die sich in der Hauptstadt an der hoch gelobten, vir-
tuosen und vielfach geübteren Tilla Durieux messen lassen
muss, tut er damit keinen Gefallen. Aber Wedekind, der kein
Angebot ablehnt, lässt ihr keine Wahl. Tilly, durch den Krawat-
ten-Zwischenfall verunsichert, lernt ihre Rolle in vier Tagen,
schickt ihre Maße an eine Berliner Kostümschneiderei, übt mit
Frank in München und spielt nach zwei Probentagen am 26. und
30. März 1914 die Delila in Berlin.

Die «Berliner Börsen Zeitung» berichtet: *Frank und Tilly Wedekind haben es nun doch nicht länger ausgehalten und sind uns
wieder einmal schauspielerisch gekommen.* Während der Rezensent die *gehörige Portion Selbstvertrauen* bestaunt, mit der
Frank gegen Friedrich Kayßlers *monumentale schauspielerische
Leistung* anspielt, empfindet er für Tillys *liebliche Lustspielbe-
gabung* echtes Mitleid: *Man merkt ihr an, wie sie sich gewaltsam
auf den Kothurn hinaufschraubt, und es ist nicht immer kurz-
weilig, Zeuge dieser krampfhaften Bemühung zu sein. Dass Tilly*

Wedekind das nicht erreicht, kann sie uns freilich als Frau und Mensch nur um so sympathischer machen.

Alfred Kerr fasst seine Kritik in einem Vers zusammen:

> *Frau Wedekind ist sanft und gütig;*
> *Voll Anmut – jeder schaut sie gern;*
> *Nur: Was entmenscht und nattermütig,*
> *Liegt ihrem Wesen ziemlich fern.*

Ist auch Wedekind dieser Auffassung?

Friedrich Strindberg hat München in dem Hochgefühl verlassen, endlich kein Heimatloser mehr zu sein. *Glücklich und zufrieden* sei er in Salzburg angekommen, und *sentimental* sei er geworden, *leider sehr. Ich erinnere mich noch sehr lieb an die schönen Tage, und ich bitte Herrn Wedekind, auch der gnädigen Frau meinen nochmaligen herzlichen Dank auszurichten.* Er übt die Rolle Buridans aus «Die Zensur», natürlich mit dem von Wedekind praktizierten Zungen-R – *dieses macht rüstige Fortschritte, aber lesen kann ich, ohne mich des öfteren zu versprechen, noch nicht damit.*

Als er eine Weile nichts aus München hört, schreibt er eine Karte an Tilly: *Sehr geehrte gnädige Frau! Bitte zu entschuldigen, wenn ich mit dieser Karte unvermutet störe, aber es ließ mir keine Ruhe. Bitte, könnten mir gnädige Frau nicht mitteilen, ob Herr Wedekind sehr krank sei; oder ob ich etwa durch etwas nicht Korrektes den Unwillen erregt habe. Eine Woche tröstete ich mich, dass ein Brief verloren gegangen sei, die andere Woche log ich mir vor, Herr Wedekind wäre krank oder verhindert, mir zu schreiben. Seitdem bin ich sehr geängstigt. Bitte, verzeihen gnädige Frau nochmals, wenn ich mich damit an gnädige Frau wende, aber ich denke, gnädige Frau werden es mir ob meiner Furcht nicht übel nehmen.*

Und lässt, um die *ungeheure Entwicklung* zu demonstrieren, die er seit Weihnachten an sich spürt, sein neues Stück «Menschenrecht» folgen – die Geschichte eines alternden Mannes, dem ein Sohn aus erster Ehe die junge Frau entreißt. Lida, die weibliche Hauptfigur, ist offensichtlich Tilly nachgezeichnet. Das Werk sei eine *undeutliche Photographie*, die *Herr Wedekind* leicht erkennen werde, und *von vollem Herzen Herrn Wedekind gewidmet*. Er hoffe, Ostern in München daraus vorzulesen.

Frank ist außer sich, Tilly nicht weniger. Alle Wunden des Streits sind wieder aufgerissen. Frank überschüttet Tilly mit Vorwürfen – ganz ohne Anlass, meint er, habe der Junge das Thema nicht gewählt. Tilly durchforscht ihre Erinnerung, aber findet keine Schuld – was kann sie für die überhitzte Phantasie eines Gymnasiasten? Aber anstatt seinen Sohn zur Ordnung zu rufen oder das Werk als die grenzenlose Naivität abzutun, die es zweifellos ist, lobt Wedekind in einem Brief Friedrichs Fleiß und legt zwanzig Mark bei.

Der wagt, im Überschwang seiner Freude, zum ersten Mal seinen Vater zu duzen: *Dein Lob hat mich in den siebten Himmel gehoben. Wie gerne möchte ich droben bleiben, wenn es für mich nicht gesundheitsschädlich wäre, von mir selbst «Großes» oder, sagen wir besser, «zu Gutes» zu denken. Ich bin recht froh und glücklich über alles, ja sogar über mich. Und das ist viel!* Sein Stück wolle er Max Reinhardt, Maximilian Harden und Kurt Wolff schicken, im Fall einer Ablehnung auch Georg Müller, Samuel Fischer oder Rütten + Loening – *eines muss gehen!* Außerdem hat er, in Verteidigung Wedekinds, für Erich Mühsams Zeitschrift «Kain» einen Artikel gegen die Zensurbehörde verfasst, unter Pseudonym, versteht sich, *weil es sonderbar aussehen würde, wüsste man mein Alter. Zwar ist der Aufsatz sehr scharf, bissig im höchsten Grad, aber nur über die, die Dir in Deinem so langen, erfolgreichen Ringen entgegenstanden. Nicht wahr, Du entschuldigst es, dass ich aus Liebe und Dankschuldigkeit dazu griff?*

Nein, diesmal entschuldigt Wedekind nicht. *Erhalte Brief von F. Strindberg, den ich sofort beantworte*, notiert er. Der Wortlaut seiner Replik findet sich auf zwei Zetteln, die er mit Büroklammern an Friedrichs Schreiben heftet: *Das unmögliche Drama «Menschenrecht» muss ich mir auf das Allerentschiedenste ver-*

bitten. Wenn Du die Gründe nicht einsiehst, dann werde erst alt genug, um zu wissen, was Du schreibst. Dafür, dass Du mich in Mühsams «Kain» gegen die Zensurbehörde verteidigen willst, kann ich Dir schlechterdings auch nicht danken. Wenn Du mich gegen irgend jemanden verteidigen willst, dann verteidige mich gegen Dich selbst. Mit bestem Gruß, Dein Frank.

Der Blitz trifft Friedrich aus heiterem Himmel. *Ich will und kann unmöglich mir gegenüber entschuldigen, was ich nicht etwa als beleidigende Tendenz, sondern als Drama, als künstlerisches Phantasiegebilde nahm. Als ich den letzten so lieben Brief erhielt, dachte ich, «Menschenrecht» werde ein Unterpfand unserer Liebe. Wenn es einem Menschen übel vom Schicksal zuging, so ist es mir. Es ist alles so widerwärtig, und der Zufall ist so GEMEIN.*

Er bittet Frank, das Verhältnis nicht aufzukündigen. Er werde sein Stück vernichten und Mühsam bitten, seinen Artikel nicht zu bringen – *wegen irgend eines Hindernisses, ich finde schon was.*

Es ist wie verhext. Kaum hat Friedrichs Brief die Gemüter einigermaßen beruhigt, passieren neue Pannen: Man diniert in Stuttgart mit Emil Gerhäuser, zum ersten Mal seit dem Zwischenfall in der Münchner Regina-Bar. Tilly bemüht sich um freundlichen Umgang, aber plötzlich und ohne Anlass, dafür bestimmt nicht ohne Absicht, bringt Gerhäuser das Gespräch auf Paul Eger. Tilly verlässt das Lokal, besinnt sich eines Besseren, kehrt zurück, aber die Stimmung ist auf Tage belastet.

Kurz darauf fährt Frank nach Wien, um eine Aufführung von «Simson» vorzubereiten. Tilly entdeckt zu ihrem Schrecken, dass der Schauspieler Albert Steinrück, der die Titelrolle spielt, wahrscheinlich denselben Nachtzug nehmen wird, mit dem sie zu fahren vorhat. Albert Steinrück ist Wedekinds Lieblingsschauspieler. «Er ist der Einzige», sagt er, «der meine Rollen so spielt, wie ich sie geschrieben habe: sachlich.» Er bewundert Steinrücks Kraft, seine Leidenschaft, seine schauspielerische Intelligenz, seine Beherrschung auch der leisen Töne. Gleichzeitig ist er maßlos eifersüchtig auf ihn, besonders weil er weiß, dass zwischen Tilly und dem rothaarigen Hünen Steinrück erotische

Spannung knistert, seit er sie im Sommer 1906 miteinander bekannt machte. Tilly schaudert bei dem Gedanken an seine Reaktion, wenn er sie mit Steinrück aus dem Schlafwagen steigen sieht. Kann sie in der von Eifersucht aufgeheizten Atmosphäre ein Zusammentreffen riskieren? Welchen Grund kann sie Wedekind nennen, wenn sie einen anderen Zug nimmt?

Sie entscheidet sich für die Wahrheit: *Frank, es ist mir etwas eingefallen, ich hoffe, Du fasst es auf, wie ich es meine, und deutest es um Gottes willen nicht anders. Steinrück spielt, soviel ich weiß, am Samstag hier und wird dann wohl mit dem Nachtzug nach Wien fahren müssen. Ich möchte aber doch solchen Zufälligkeiten aus dem Wege gehen und daher lieber am Tag fahren.*

Ihres Mannes nächster Brief lässt nicht erkennen, ob er die Nachricht erhalten hat, aber er unterschreibt: *mit schönsten Grüßen, Dein Frank.* Für Tilly ein Alarmzeichen – so ähnlich hat er unterschrieben, als er sie wegen des nicht erhaltenen Wintermantels hinauswerfen wollte. Tillys Nerven drohen zu versagen. Sie hat tagelang quer durch München nach einem passenden Delila-Kopfschmuck gefahndet, soll jetzt packen und sich zudem auf ihre Rolle konzentrieren. *Ich frage mich, ob es Dir nicht lieber wäre, wenn ich nicht käme. Wenn die Proben in Wien nicht stimmen, wäre das nicht ein Grund, die Sache nicht zu machen? Ich gäbe was drum, wenn es nicht stattfände. Ich bin so aufgeregt, dass ich kaum mehr weiß, was ich schreibe. [...] Wenn das so weitergeht, wird es in kurzer Zeit eine schwere Nervenkrankheit bei mir zur Folge haben, und ich fürchte sehr, auch bei Dir.*

Vorstellungen abzusagen ist Wedekinds Sache nicht. Er telegrafiert Tilly, den Zug am Freitagabend zu nehmen. Bei der Ankunft erkennt sie, dass ihr Brief Wedekinds Eifersucht auf Steinrück in erschreckendem Maß neu entflammt hat. Doch auch jetzt zeigt sich, was ihr von Anfang an Garant ihrer Beziehung zu Wedekind war: Kaum stehen sie gemeinsam auf der Bühne, sind Spannungen wie weggeweht. Tilly und Frank arbeiten zusammen als perfekt eingespieltes Paar. Hofschauspieler Steinrück, der an Lampenfieber leidet und gern schon vor der Vorstellung eine halbe Flasche Rotwein trinkt, ist dieses Mal besonders textunsicher. Frank souffliert ihm und hat seinen Spaß dabei. Aber als sich Steinrück in Anbetracht seiner Fehlleistung zu verbeugen zögert und Tilly ihn anstubst und: «Nun gehen Sie schon, Steinrück!» sagt, zischt Frank sie an: «Das überlasse mir!»

In seiner Kritik nennt der hellsichtige Alfred Polgar «Simson» einen *Schmerzensschrei nicht der gequälten Kreatur, sondern des gequälten Kreators.* Tilly sei ein Talent, *dessen überhitzte Schmächtigkeit jeden Augenblick zu explodieren* drohe.

Ein Lichtblick im schlimmen Jahr 1914 ist für Tilly das Sommergastspiel in Berlin, Wedekinds bevorstehenden fünfzigstem Geburtstags wegen groß angekündigt (und von Max Reinhardt wieder nur notdürftigst vorbereitet). *In den Kammerspielen hat der Hexenmeister Wedekind seine Zelte aufgeschlagen,* schreibt das «Berliner Tageblatt». *Zwischen einem Gerümpel alter Kulissen der Reinhardt-Bühnen hält er allabendlich Sprechstunde für seine Kunden. Der Zulauf der gebildeten Jugend aus Berlin W. ist groß. Junge Leute sitzen im Theater und klatschen. Sie lachen sehr krampfhaft und fühlen sich offenbar sehr wohl. Die Suggestion Wedekind'scher Diktion ist unfehlbar. Jugend ist heute ein begehrter Artikel. Für diese Jugend ist Wedekind der Mann, der es weiß. Er sagt jene Wahrheiten, die in den Bars der Goldsucherstadt wie Trompetenstöße klingen.*

Endlich wird auch Tilly gewürdigt. Die Franziska habe sie mit einem *Reiz gespielt, der sich immer blühender entfaltet,* und die Lulu müsse keineswegs immer *dämonisch* gegeben werden. *Gerade diese kühle Geschmeidigkeit, aus der plötzlich weiße Flammen brechen, mit der Tilly Wedekind sie versinnlicht, diese wissenden und doch immer neugierig fragenden Augen, diese bis zum Automatischen beherrschte Fühllosigkeit: Sie geben mehr als alles Wichtigtun, alles berechnete und affektierte Geschlängel.*

Die Zeitschrift «Die Woche» fotografiert Frank und Tilly in ihrem Hotelzimmer. Tilly besucht Adele Sandrock und Else

Heims, Max Reinhardts Ehefrau und Mutter der Söhne Wolfgang und Gottfried. Während einer «Stein der Weisen»-Vorstellung prasselt Regen auf das flache Dach der Kammerspiele. Im Theater des Westens gibt die Tänzerin Anna Pawlowa ein Gastspiel.

Die Tage in Berlin gehören zu den schönsten in meinem Leben, schreibt Tilly ihren Eltern. *Vor allem weil ich mit Frank in wirklicher Harmonie lebte. Dann, weil ich mich in allen Rollen sehr wohl fühlte und es mich fast gar nicht angestrengt hat. Und dann, weil mir viel Anerkennendes von maßgebender Seite gesagt wurde, so von Max Reinhardt und Gertrud Eysoldt. Es ist doch langsam eine Änderung da. Jetzt rüstet sich alles zu Franks 50. Geburtstag – wenn das nur ohne Störungen verläuft.*

Arme Tilly! Wedekinds fünfzigster Geburtstag bringt ein Zerwürfnis, das alles Bisherige in den Schatten stellt. Dabei könnte es so schön sein. Ein Komitee von Freunden bereitet seit Wochen den Festakt vor. Joachim Friedenthals «Wedekind-Buch» mit Würdigungen so geschätzter Zeitgenossen wie Hermann Bahr, Lovis Corinth, Richard Dehmel, Alfred Kerr, Max Liebermann, Erich Mühsam, Heinrich und Thomas Mann, Carl Sternheim und Stefan Zweig ist rechtzeitig erschienen. Aus vielen Teilen des Landes haben sich Gäste angesagt. Wedekind, zehn Jahre zuvor eine literarische Randerscheinung, steht im Zentrum des Interesses – dass er immer noch umstritten ist, kann er nur als Kompliment werten. Finanziell geht es ihm so gut, dass er die 6433 Mark *Ehrengabe,* zu deren Sammlung Maximilian Harden in seiner Zeitschrift «Zukunft» aufgerufen hat, um *diesem Dichter, der als einer unserer bedeutendsten Dramatiker um die Freiheit seines Schaffens bis auf den heutigen Tag schwer kämpfen und leiden musste,* ein *schwaches Entgelt* zu bieten, in ihrer Gesamtheit an schlechter gestellte Kollegen weitergeben kann, unter ihnen Peter Altenberg und Arno Holz. Er hätte allen Grund, sich seines Erfolgs zu freuen.

Aber Wedekind kann sich nicht freuen. Er wird fünfzig Jahre alt, Tilly ist gerade achtundzwanzig. Außerdem hat Ottilie Gerhäuser, die am Festabend bei einer szenischen Aufführung von

«Schloss Wetterstein» mitwirken sollte, im letzten Moment abgesagt. Auch ihr Mann wird nicht erscheinen. Wedekind hält das für ein böses Omen. Auf dem Weg ins Hotel Bayerischer Hof, am Abend des 24. Juni 1914 – einen Monat vor dem eigentlichen Geburtstag, der mitten in die Ferienzeit fällt –, ist er in so bedrohlicher Stimmung, dass Tilly auf alles gefasst ist.

Eine lange Tafel ist gedeckt. Friedrich Kayßler und Gertrud Eysoldt sind aus Berlin gekommen. Münchens Generalintendant von Falkenhayn ist da, ebenso Schauspielhausdirektor Georg Stollberg und der neue Kammerspielintendant Erich Ziegel. Führende Journalisten haben sich eingefunden, der Torggelstubenkreis ist fast vollständig versammelt. Nur Heinrich Mann fehlt – der Bruderzwist hat begonnen, und wo Thomas hingeht, bleibt Heinrich fern.

Reden werden gehalten. Max Halbe spricht für den Schriftstellerschutzverband, Dr. Sonntag, Feuilletonchef der «Münchner Neuesten Nachrichten», für den Journalisten- und Schriftstellerverein. Vertreter der Münchner Theater melden sich zu Wort. Thomas Mann ruft in die Runde: «Möge Held Simson die solenne Lockenschneiderei dieser Tage in alter Kraft überstehen!» Joachim Friedenthal stellt das «Wedekind-Buch» vor. Glückwünsche werden verlesen, vom Wiener Journalisten- und Schriftstellerverein, von der Genossenschaft Deutscher Bühnenangehöriger, von Theaterleitern und Schauspielkollegen. Gerhart Hauptmann, seit zwei Jahren Nobelpreisträger, gratuliert telegrafisch. Artur Kutscher bringt ein Lob auf Tilly aus. Wedekind spricht über die Rolle des Schriftstellers in der Gesellschaft und trinkt darauf, dass eine Zeit kommen möge, in der eines Menschen innerer Wert ebenso viel gilt wie sein äußerer. Als er endet, erinnert sich Tilly, herrscht *einen Moment ergriffenes Schweigen*.

In einem Nebenraum wird der so genannte «unterhaltsame Teil» vorbereitet. Statt Szenen aus «Schloss Wetterstein» singt ein junger Schauspieler Wedekind-Lieder zur Laute und wagt ein paar harmlose Parodien. Wedekind schätzt so etwas nicht, aber macht gute Miene. Plötzlich intoniert die Kapelle «Ich bin

Vor dem Eklat: Wedekind (4. von links) zwischen Tilly und
Gertrud Eysoldt, gegenüber Albert Steinrück

Menelaus der Gute», Offenbachs Spottvers auf einen alten König und seine junge Frau aus der Operette «Die schöne Helena».
Einige Gäste schauen betreten, andere lachen. Frank erstarrt
und verlässt mit Tilly den Saal.

Noch in der Nacht beschließt er, auf unbestimmte Zeit zu
verreisen. Willkürlich wählt er Florenz als Ziel. Diesmal bezweifelt Tilly nicht, dass er seine Drohung wahr machen wird.
Der Tag vor der Abreise ist einer der qualvollsten ihres Lebens.
Wedekind ist überzeugt, dass Emil Gerhäuser die Kapelle angestiftet hat, aus Rache für Tillys Angriff in der Regina-Bar. Wäre
er sonst dem Fest fern geblieben? Hätte seine Frau sonst abgesagt? Sein Geburtstag ist verdorben, alle Welt lacht über ihn, und
Tilly trägt die Schuld – er sollte sich von ihr trennen, hier und
jetzt, niemand könne ihm zumuten, sein Leben in Lächerlichkeit zu beschließen. «Ich will auch wieder jemandem triumphie-

rend in die Augen sehen», sagt er. Am 26. Juni bringt Tilly ihn zur Bahn.

Sie glaubt ihn verloren. Ein Leben als geschiedene Frau steht ihr bevor. Wie soll sie allein zurechtkommen? Was wird aus den Kindern? Was hat sie falsch gemacht? Tilly nimmt alle Schuld auf sich und offenbart sich ihrem Mann rückhaltlos: *Mein innigst geliebter, teuerster Frank, Du glaubst gar nicht, wie ich mich nach Dir sehne. [...] Wenn Du fort bist, um mich fühlen zu lassen, was Du für mich bist, dann hast Du das erreicht. In meinem ganzen Leben habe ich mich nicht so elend gefühlt. Alles, was ich bin und habe, ist nur von Dir. Allein bin ich gar nichts. Wenn sich Menschen für mich interessieren, so geschieht es doch nur, weil ich Deine Frau bin. Ich weiß, was Du unter meiner Apathie gelitten, empfand es oft ebenso quälend wie Du und konnte nichts dagegen tun. «Willst du nicht endlich etwas sagen, Tilly?» Wie oft habe ich das gehört! Ich sage es jedem, der es hören will, wie schrecklich für Dich meine Schwerfälligkeit ist. Die Onanie hat mein Leben zerstört. Sie hat meinen Geist und Charakter getrübt. Warum bin ich nicht als Kind gestorben?*

Wedekind antwortet: *Herzlichsten Dank für Deinen Brief vom 28. Er ist mir eine große Freude, nicht etwa, weil Du schreibst, dass Du ohne mich nichts bist. Erstens ist das nicht wahr, wie Du sehr wohl weißt, gottlob! Und zweitens hätte ich Dich nicht geheiratet, wenn es so wäre. Der Brief ist mir eine Freude, weil ich aus jedem Wort sehe, dass etwas in Dir vorgeht, dass Du über etwas nachdenkst, dass Du nicht stillstehst und einschläfst, auf einmal wieder nicht weißt, wo Du Dich befindest, und ich genötigt bin, den Schulmeister zu spielen, den ekelhaften Kerl, der in den Augen der Umgebung lächerlich wird. Ich verlange nicht mehr von Dir, als jeder anständige Mensch in meiner Stellung von Dir verlangt und was ich von jeder anderen Frau verlangen müsste. Dazu bin ich leider angestellt, damit Du das bei mir lernst, was Du brauchst, wenn Du Deine Stellung nicht verlieren willst, wenn ich nicht mehr da bin. Was meine PERSÖNLICHEN Ansprüche sind, was eine andere Frau mir nicht geben kann, [...] das ist Dein TANZ, Dein THEATERSPIELEN und vieles andere mehr. Wenn Du jetzt also wirklich an mich denkst und weißt nicht, was Du tun sollst, dann übe Deinen Czardas oder lass Dir Bolero oder Tarantella einstudieren. [...] Und nun leb wohl, geliebte Tilly, lass es Dir an nichts fehlen, ich freue mich, wenn Du unter Menschen gehst. Mit innigstem Gruß, Dein Frank.*

Wedekind findet Florenz *zehnmal langweiliger* als München und fährt nach Paris weiter. Am Abend seiner Ankunft notiert er: *Gehe mit einer Hure.* Anna Pamela schreibt er: *Es freut mich, dass es Euch allen gut geht. Grüße und küsse Fanny Kadidja von mir. Ich wollte, mir ginge es auch gut.*

Kann die Kapelle nicht ZUFÄLLIG *das Lied gespielt haben,* fragt Tilly. *Ich denke nach und denke nach. In Berlin fragte ein Zuschauer den anderen, Deine wie vielte Frau ich sei – müsste ich darüber nicht auch außer mir sein? Kann nur mein Tod Dir beweisen, dass Du mir alles bist?*

Ich bin mir immer noch sehr unklar, antwortet Wedekind. *Am Fest zu meinem 50. Geburtstag die ärgste Beleidigung, die einem Mann gesagt werden kann. Aber ich werde nicht mehr schimpfen. Ich habe in München viel zu viel geschimpft. Ich sehe keinerlei Verpflichtung, ein so ekelhafter Mensch zu werden, wie man es nach solchen Erlebnissen werden muss. [...] Sonst weiß ich Dir nichts zu schreiben.*

Jetzt ist Tilly fassungslos: *Ich habe Dir alle meine Empfindungen enthüllt, Dir gezeigt, was Du mir bist, ich habe in äußerster Verzweiflung alles hingeschrieben, was mich quälte, und Du schreibst «Sonst weiß ich Dir nichts zu schreiben.» Wodurch habe ich Dich wieder gereizt? [...] Sollte Gerhäusers Wut genügen, uns auseinanderzubringen, nachdem wir mehr als 8 Jahre so viel füreinander aufgeboten haben? [...] Und so viel hätte ich Dir noch zu sagen! So vieles, was Dir meine Liebe beweisen soll! Aber wie kann ich wissen, wie Du es auffasst. Jedes Mal frage ich mich, soll ich den Brief nicht lieber zerreißen?! [...] Wenn mir etwas Leid tut, dann ist es das, dass ich, als ich in die Spree sprang, nicht ertrunken bin!*

Wedekind hat Zeitungsberichte von seiner Geburtstagsfeier

erhalten und den «König Menelaus» nirgendwo erwähnt gefunden. *Das beruhigt mich einigermaßen, denn ich habe wirklich keine Lust, mich jetzt mit irgend jemandem zu schießen,* schreibt er.

Ich bin sehr froh, dass Du durch die Zeitungsausschnitte beruhigt bist, antwortet Tilly erleichtert, *es war eben doch wohl ein Zufall. Ich begreife nur nicht, weswegen Du Dich deswegen mit jemandem schießen müsstest.*

Weswegen?, fragt Frank wütend. *Weil ich als betrogener Ehemann verspottet werde oder, wie in Stuttgart, mit Deinen früheren Liebesgeschichten aufgezogen werde. Wenn Du das nicht begreifst, liebe Tilly, dann hat es keinen Zweck für mich, nach München zurückzukommen. [...] Ich verwende den Ertrag meines Lebens nicht darauf, lächerlich zu werden. Leider hast Du dafür nicht das geringste Gefühl oder Verständnis. Ich habe aber auch keine Lust mehr, Dir dieses Verständnis beizubringen. Mit bestem Gruß F. W. BITTE KEIN TELEGRAMM!*

Tilly weiß nicht weiter: *Ich rannte heute wie eine Wahnsinnige in meinem Zimmer umher und schrieb einen 6 Seiten langen Brief, den ich aber nicht abzuschicken wage aus Angst vor Missverständnissen. [...] Ich will nichts mehr hinzufügen, denn wer weiß, ob Du nicht alles für Phrasen hältst. Ich werde Dir getreulich jeden Tag über die Kinder berichten, solange es mir möglich. Die Wohnung verlasse ich vorläufig nicht. Wer weiß, ob ich noch lange das Bett verlassen kann. Ich fürchte, ich werde bald ganz zusammenbrechen unter diesen Erlebnissen. Von Tanzen kann vorläufig keine Rede sein.*

Dann glätten sich die Wogen. Beide, so scheint es, haben gesagt, was zu sagen ist. Wedekind erwähnt ein Gastspiel in Düsseldorf im Herbst und schlägt vor, eine gemeinsame Parisreise dranzuhängen. Am 14. Juli ist er zurück in München. In den sechzehn Tagen seiner Abwesenheit haben er und Tilly einander zweiundzwanzig Briefe, sechs Karten und sechs Telegramme geschrieben. Zwei Tage nach seiner Rückkehr stehen sie im «Liebestrank» wieder gemeinsam auf der Bühne des Schauspielhauses.

Während Frank und Tilly sich ineinander verbeißen, fallen die

Schüsse von Sarajewo. Kaiser Wilhelm II. will zeigen, dass er trotz eines verkrüppelten Arms nicht hinter der englischen Verwandtschaft zurückstehen muss. Die Großmächte ergreifen die Gelegenheit, den Bündnisfall auszurufen und die europäischen Karten neu zu mischen. Am 1. August ist «Hidalla» an den Münchner Kammerspielen angesetzt. Erich Ziegel kommt Frank und Tilly auf der Straße entgegen: «Wir können nicht spielen, es ist Krieg.» *Wir schaffen unsere Sachen nach Haus*, notiert Frank.

Die «Münchner Neuesten Nachrichten» drucken einen Schlachtruf Ludwig Thomas. Man spricht vom *aufgezwungenen Krieg*. Die Könige von Württemberg und Sachsen geloben dem Kaiser die Treue. Königin Marie Therese von Bayern ruft zum Dienst beim Roten Kreuz, das Korps Franconia zum Dienst an der Front. Reichskanzler Bethmann-Hollweg stellt fest, dass *alle deutschen Männer bereit sind, ihr Blut zu verspritzen für den Ruhm und die Größe Deutschlands.* Mitte September füllen die Verlustlisten der Königlich Bayerischen Armee bereits mehrere Zeitungsspalten. Tillys Bruder Bertl wird vor Lublin verwundet und kriecht mit durchschossenem Knie dreihundert Meter weit in ein Wäldchen.

Am 18. September findet in den Münchner Kammerspielen ein «Patriotischer Abend» statt. Wedekind liest seinen Aufsatz «Deutschland bringt die Freiheit» und gibt Russland, England und Frankreich die Schuld am Krieg. Hinterher findet ihn Kurt Martens allein in der Torggelstube. «Man muss mit den Wölfen heulen», sagt Wedekind. Er plant ein historisches Drama über Bismarck. Tilly liest ihm Bismarcks Briefe vor.

Ende September fährt Frank für zwei Tage nach Salzburg. Friedrich Strindberg hat eine Zusammenkunft erfleht – er habe sich in der kurzen Zeit der Bekanntschaft *vollkommen in ihn hineingelebt* und sei in allem und jedem so von ihm beeinflusst, dass er ihn *unbewusst nachgeahmt* habe. Über sein Stück «Menschenrecht» könne er *nur noch lachen.* Wedekind sträubt sich zuerst – er könne *nicht gut jemanden treffen, der ihn in bösartigster Weise verleumdet* habe –, lässt sich aber schließlich erweichen und akzeptiert sogar eine Art Versöhnung. Ein oberflächlicher Briefwechsel zwischen Vater und Sohn geht noch einige Monate weiter.

Im Oktober verbringt Frank Zeit in Lenzburg und Zürich. Er liest seiner Schwester Mati «Simson» und «Franziska» vor und redet mit ihr bis zum Morgengrauen. *Eine zeitweise Trennung ist bei Eheleuten dringend notwendig,* schreibt Tilly nach Graz. *Ich fühle mich in jeder Hinsicht erfrischt, und Frank scheint es ebenso zu gehen.*

Ida Orloff besucht Tilly. Sie ist seit 1911 am Wiener Burgtheater engagiert, aber hat sich mit der Direktion zerstritten und will freiberuflich arbeiten. Bertl kommt nach München. Er geht am Stock und zeigt Frank seine Wunde. Artur Kutscher schickt sein Kriegstagebuch. Richard Dehmel, ein Jahr älter als Frank und freiwillig im Einsatz, beschreibt die Kriegsstrapazen als *nicht annähernd so anstrengend wie eine Hochgebirgstour*; das einzig Schwere sei der *fürchterliche Stumpfsinn dieser Grabenhockerei.* Bernhard von Jacobi, der bei der Uraufführung von «Frühlings Erwachen» den Melchior Gabor spielte, ist an der Westfront gefallen. Ein lang andauerndes Hoch über Europa bringt herrliches Wetter.

Frank bleibt die Abende zu Hause, Tilly liest ihm vor. Bis in die Morgenstunden arbeitet er an seinem Drama «Bismarck». Am 1. Dezember isst Fanny Kadidja zum ersten Mal mit am Tisch. Anna Pamela geht zum ersten Mal allein auf der Lauftrommel.

Kurz darauf wird Wedekind krank. Die seit Jahren ignorierten Störungen in seinem Körper haben ihn eingeholt. Die Symptome lassen auf eine verschleppte Divertikulitis schließen. Die genaue Natur seiner Krankheit ist nie geklärt worden.

3. Dezember: *Leide stark an Blähungen. Versuche mir den Leib zu massieren.*

4. Dezember: *Bauchmuskulatur entzündet.*

5. Dezember: *Bleibe zu Bett. Hofrat von Skanzoni kommt am Abend.*

Über die Seiten vom 6. bis 11. Dezember schreibt er: *KRANK.*

Der Gabentisch zu Anna Pamelas achtem Geburtstag wird unter der Tür zum Wohnzimmer aufgestellt, so dass er ihn vom Bett aus sehen kann.

13. bis 23. Dezember: *KRANK*

24. Dezember: *Die Kinder zünden den Tannenbaum in meinem Wohnzimmer an.*

29. Dezember: *Werde mit dem Sanitätswagen in die Klinik gebracht und operiert.*

9

Krankheit

1915/16

Während Frank Wedekind in München nach seiner Operation auf neues Leben hofft, beschließt Mathilde Newes in Graz, das ihre zu beenden. Dabei ist es zuletzt ruhig und angenehm verlaufen. Eduard hat das immer schlechter gehende Geschäft an die Steirische Weingenossenschaft verkauft, das Eckhaus an der Zinzendorf- und Brandhofgasse an einen Milch- und Gemüsehändler und wohnt jetzt mit Mathilde in dem Haus Villefortgasse 20, das die verkrüppelte Tante Anna hinterlassen hat. Seinen Humor hat er wiedergefunden. Der rötliche Schnurrbart ist kaum ergraut, Liebschaften sind keine mehr bekannt. Mathilde Newes hat ihren Mann für sich. Die Sommer verbringen sie in Berchtesgaden, von wo aus München leicht zu erreichen ist. Tilly sah sie dort im September, beide schienen wohlauf.

Aber die Melancholie, Mathildes lebenslange Begleiterin, hat endgültig von ihr Besitz ergriffen. In Europa herrscht Krieg. Bertl muss wieder einrücken, Rudolf vielleicht auch, und Karl, dreiundzwanzigjährig, mit gerade bestandener Ingenieursprüfung, will sich freiwillig melden, obwohl er wegen eines Sehfehlers zurückgestellt ist. Der Schrecken von Paulas Tod will nicht weichen. Wieder ist es Januar, die Gassen sind trüb, um vier Uhr geht die Sonne unter. Die Tat ihrer Tochter zu wiederholen, vermag Mathilde Newes nicht. In ihrer Verzweiflung schluckt sie Nähnadeln. Die brauchen eine Weile, bis sie lebenswichtige Organe erreichen. Zufällig geschieht das am 7. Januar 1915, acht Jahre auf den Tag nach Paulas Selbstmord. Als Todesursache wird Herzlähmung genannt. Mathilde Newes ist achtundfünfzig Jahre alt.

Wie furchtbar mich die Nachricht vom Tode unserer lieben,
guten Mutter getroffen hat, das weißt Du wohl, schreibt Tilly
ihrem Vater. *Und so allein und verlassen bin ich in meinem*
Schmerz! Frank sagte ich die Tatsache, nachdem ich ihn vorbe-
reitet. Doch spreche ich sonst nicht mit ihm darüber, da er selbst
DRINGENDST DER GRÖSSTEN SCHONUNG bedarf. Ges-
tern durfte er aus dem Bett und eine halbe Stunde aufs Fauteuil
sitzen. Dabei hoben ihn der Diener und die Schwester mit ver-
einten Kräften heraus und hinein. Ich bin von früh bis Abend in
der Klinik, lese ihm stundenlang vor. Ich schreibe Euch dies alles
nur, damit Ihr seht, dass ich unmöglich fort kann, um unserer lie-
ben, guten Mutter die letzte Ehre zu erweisen. Wie bitter das für
mich ist, könnt Ihr Euch denken, und wenn mich der Schmerz
übermannt, muss ich ihn still in einem Winkel für mich auswei-
nen. Helfen kann mir niemand, man kann sich überhaupt so
wenig im Leben helfen. Schreibt mir, wie die letzten Tage unse-
rer Mutter waren. Und Du, lieber Papa, tröste Dich mit dem Ge-
danken, dass sie diesen Jammer überstanden hat und ihr nun
wohler ist als uns. Tilly ahnt, dass ihre Mutter Selbstmord begangen hat. Die Wahrheit wird auch innerhalb der Familie nicht
genannt.

Am 9. Januar bringt ein Sanitätswagen Frank Wedekind in die
Prinzregentenstraße, mit nicht verheilter Operationswunde. Jedes Bett wird für Kriegsverletzte gebraucht. Pfleger tragen ihn
in die Wohnung. Ein zwei Wochen alter Bart bedeckt sein Gesicht. Am 12. Januar steht er auf, rasiert sich, schreibt einige
Briefe. In der Nacht zum 14. Januar vernichtet er die Hefte 1 und
2 seiner Tagebücher, nachdem er sie *unter dem versöhnenden*
Gefühl der Vernichtung vorher noch mit unglaublichem Genuss
durchgelesen hat. Zwei Wochen lang lässt er Nacht für Nacht
sein Leben an sich vorübergleiten und vernichtet ein Tagebuch
nach dem anderen. Nur von den Heften 5, 6 und 7 kann er sich
nicht trennen. Sie behandeln die Jugend in Lenzburg, die ersten
Berlin- und München-Aufenthalte, die Pariser Jahre und gehören zum Lebendigsten, was er geschrieben hat. Am 27. Januar
geht er in Tillys Schlafzimmer bei geöffnetem Fenster auf und ab

und vernichtet in der Nacht das letzte Tagebuch. Am 28. Januar macht er einen ersten Spaziergang mit Tilly über die Isarbrücke zur Villa Stuck.

Was in der Klinik ein Diener, eine Schwester, ein Zimmermädchen und eine Nachtschwester besorgten, lastet nun auf Tilly.

Hofrat von Skanzoni, Wedekinds Operateur, kommt jeden zweiten Tag zum Verbinden. Tilly lernt die Handgriffe und kann sich bald mit dem Arzt abwechseln. *Tilly war mir während meiner Krankheit eine liebe, unermüdliche Pflegerin,* schreibt Frank seiner Mutter. *Sie entwickelte eine Geschicklichkeit, die auch vom Arzt bewundert wurde. Ich lernte Tilly während meiner Krankheit von einer ganz neuen Seite kennen und lieben.*

Wedekind prüft seine Widerstandskraft durch tägliche Spaziergänge, will jeden Eindruck von Krankheit oder Gebrechlichkeit vermeiden. Nach einem Vortrag von Maximilian Harden sitzt er bis halb vier Uhr früh mit ihm zusammen. Diszipliniert arbeitet er an seinem Bismarck-Drama. Nach einer Aufführung des «Marquis von Keith» besucht er Albert Steinrück in seiner Garderobe und findet ihn erschöpft und verschwitzt im Sessel sitzend. «Da sieht man, welche Anstrengung diese Rolle fordert, sogar für einen Berufsschauspieler», sagt er zu Tilly. Ende Februar nässt die Wunde wieder, die Ärzte sind ratlos. Dr. von Skanzoni führt eine Sonde ein, Eiter läuft heraus. Wedekind kann vor Schmerzen kaum laufen und wiegt nur noch neunundsechzig Kilogramm.

Anfang April bekommt Fanny Kadidja Fieber. Wedekind nutzt die Gelegenheit, dem behandelnden Arzt seine Wunde zu zeigen. Der rät dringend zu einer Nachoperation und empfiehlt Professor Schmidt vom Josephinum, der Wedekind noch am selben Nachmittag durchleuchten lässt. Am 15. April wird er im Josephinum zum zweiten Mal operiert. Der Eingriff dauert drei Stunden und muss mehrmals unterbrochen werden, weil Wedekinds Herz zu versagen droht. Die Ärzte finden einen *Dachsbau von Verwachsungen* sowie Reste des Blinddarms. Der Schnitt verläuft quer über die Bauchdecke und kann nicht vernäht werden. Erich Mühsam sieht Wedekind *sehr bleich und mit völlig vergeistigtem Gesicht* im Bett liegen. Der Krebsverdacht sei wohl ausgeräumt, aber sein Aussehen das eines *hohen Sechzigers.* «Wenn es jetzt mit mir aufhörte – was läge schon daran?», sagt ihm der Kranke.

Nach sieben Wochen Krankenhaus wird Wedekind am 9. Juni entlassen, mit nicht verheilter Wunde. Er hatte *keine gute Heilhaut,* erinnert sich Tilly – selbst Schnitte beim Rasieren sind wochenlang sichtbar. *Nachmittags gekramt. Wenig geschlafen,* notiert Wedekind. *Fahrt mit Tilly durch den Englischen Garten. [...] Lasse mich in der Sonne braten.* Danach ist der Kalender leer, vierundsiebzig Tage lang.

Laut Tilly ist Wedekind ein *geduldiger Patient,* der sich für Hilfeleistungen ausdrücklich bedankt. Was er angesichts seiner jungen, gesunden Frau empfindet, die seine Wunde wäscht, ihm Essen bringt und Besorgungen macht, während er darniederliegt und sich fragt, ob er je wieder Theater spielen und reisen kann oder als Krüppel sein Leben beschließen wird, lässt sich erahnen. Tilly ist rücksichtsvoll, informiert ihn wie früher auf Zetteln über die Verrichtungen des Vormittags und fragt nach seinen Essenswünschen. *Ich wollte, ich könnte alles, was Du durchmachst, auf mich nehmen,* schreibt sie ihm.

Aber sie spürt: Er vertraut ihr nicht, hält ihre Fürsorge für Mitleid, ihre Liebe für Heuchelei. Sein Misstrauen lähmt und schwächt sie, entwertet alles, was sie für ihn tut. Die Aussichtslosigkeit, jemals echten Zugang zu ihm zu finden, stürzt sie immer wieder in Verzweiflung über sich selbst. Ist sie mitschuldig an seiner Krankheit? Warum kann sie ihn nicht aufheitern? Wie lange kann sie durchhalten, wenn er dauernd pflegebedürftig bleibt? Seine Schwäche, scheint es, macht ihr mehr zu schaffen als sein Drill. Tillys Zerrissenheit verdeutlicht ein Brief, den sie Wedekind ins Krankenhaus schrieb: *Mein lieber, guter, teurer, einzig geliebter Frank, könnte ich Dir doch mit den zärtlichsten Namen alles sagen, was ich für Dich empfinde! Als ich eben am Heimweg alles überdachte, was Du gesagt hast, da wurde mir sehr schwer und bang ums Herz! Wie kannst Du nur so hoff-*

nungslos sein, als ob es mit Dir schlimm stünde. Das würdest Du zuerst mir anmerken, denn ich könnte es nicht vor Dir verbergen. Es ist freilich eine schreckliche Zumutung an Deine Geduld, nun noch eine Zeit warten zu müssen, bis Du ganz gesund wirst. Aber Du wirst gesund Frank, Liebster, Geliebter, Einziger! [...] Es tut mir so furchtbar weh, Dich leiden zu sehen. Auf den Knien, Frank, bitte ich Dir ab, womit ich Dich in meiner Dummheit und Gedankenlosigkeit gekränkt haben sollte. Wenn ich wirklich mit Schuld trage an dem, was Du auszustehen hast, dann verdiente ich, dass man mir einen Stein um den Hals bindet und mich im Meer versenkt, wo es am tiefsten ist. Dann verdiente ich, dass mir meine beiden lieben Kinder genommen würden, dass ich an der Straßenecke stehen und betteln müsste.

Dein Bild steht vor mir. Du stehst aufrecht hinter dem Tisch, und Du siehst mich vorwurfsvoll an. Immer wenn ich es ansehe, sehe ich den Vorwurf in Deinen Augen. [...] Geliebter Frank, ich bin so schrecklich unglücklich, dass ich so dumm und faul und unfähig bin, kein Mensch kann mehr unter mir leiden, als ich unter mir leide. Je klarer ich aber über mich werde, desto weniger kann ich mich aufraffen. Menschen wie mich sollte man erschlagen. Und alles, was ich sage, könnte vielleicht wie eine Anklage gegen Dich aussehen und soll doch nur Selbstanklage sein. Ich wünsche Dir eine andere Frau und den Kindern eine andere Mutter. Aber Lieber, Liebster, versprich mir, dass Du noch ein klein wenig Geduld haben willst; dann wirst Du endlich gesund und kommst wieder zu Kräften. Und wenn es nur wäre, um mir den Fußtritt zu geben. Ich küsse Dir Mund und Hände! Deine Dir ewig dankbare Tilly.

Anna Pamela und Fanny Kadidja, die wenig von den Spannungen zwischen den Eltern merken, beglückt die dauernde Gegenwart des Vaters. Anna Pamela wird ihn später ein *pädagogisches Genie* nennen, dem man nie anders als mit *freudigem Erschrecken* gegenübertrat, *fasziniert von dem Wunder, dass es ihn gab und dass er für uns da war. Er behandelte uns Kinder wie Erwachsene, war stets äußerst höflich und nahm unsere Antworten ernst, so dass wir uns große Mühe gaben, die Ansprüche,*

die er an unsere Aufmerksamkeit und unser Verständnis stellte,
nicht zu enttäuschen. Vor allem versuchte er, uns zu eigener An
schauung zu erziehen und nichts einfach hinzunehmen. «Ich höre,
meine liebe Anna Pamela, dass du jetzt zur Schule kommst», soll
er kurz vor dem großen Ereignis gesagt haben. «Hoffentlich bist
du nicht so töricht, alles für wahr zu halten, was man dir dort
erzählen wird.» Um Fanny Kadidja zu erfreuen, schneidet er
ein selbst entworfenes, drei geschwungene Mädchenbeine darstellendes Wappen aus buntem Glanzpapier aus – Tilly erinnert
ihn als *unglaublich verspielt* – und klebt es auf die vier Seiten eines Kartons. Wenn die Kleine ihn besucht und den Karton hoch
auf dem Regal sieht, hat er jedes Mal eine andere Farbe – trotz
seiner Behinderung besteigt ihr Vater bevor sie kommt einen
Stuhl, um ihn umzudrehen.

Die Stunde nach dem Mittagessen gehört den Kindern. In seinem Arbeitszimmer musiziert Wedekind mit ihnen, bringt ihnen
Tänze und Lieder bei, zeigt ihnen seine Sammlung von Postkarten Pariser Music-Hall-Sängerinnen oder platziert sie auf Tillys
erhöhtem Thronsessel und wirft ihnen Ringe zu, die sie mit den
Beinen auffangen – ist Tilly da, übt auch sie diese Fertigkeit. Auf
Spaziergängen erzählt er seinen Töchtern von Lola Montez und
König Ludwig I. und erklärt ihnen die verschiedenen Stilarten
der Straßen und Plätze. Die Widderköpfe am Fuß des Obelisks
am Karolinenplatz nennt er die *Schafsköpfe der bayerischen Re*
gierung. Begegnete man ihm auf der Straße, in den Isaranlagen
oder im Englischen Garten, erinnert sich Anna Pamela, *so genügte*
es, von ihm begrüßt zu werden, um sich beschenkt und ausge
zeichnet zu fühlen. Fanny Kadidja liebt seine knarzenden Stiefel,
seine kurz geschnittenen Fingernägel, die vom Rauchen verfärbten Finger, die schwarze Seife, mit der er sich die Hände wäscht,
und das wunderbare Gefühl der Sicherheit, wenn man ihn nachts
nach Hause kommen und geräuschvoll in sein Zimmer gehen hört
und weiß: Der Vater ist da.

Ende August 1915 kann Wedekind eine Erholungsreise nach
Lenzburg wagen – für Anna Pamela und Fanny Kadidja ein Höhepunkt ihres bisherigen Daseins: Zum ersten Mal fahren bei

Die Familie in Wedekinds Arbeitszimmer:
Tilly thront im Mittelpunkt, Sommer 1915

de Eltern mit ihnen gemeinsam in die Ferien. Sie verleben herrliche Wochen. Ihr Vater scheint gesund, bewegt sich normal und
steigt sogar mit ihnen die dreihundertfünfundsechzig Stufen zum
Schloss hinauf. Auf dem Schlosshof zeigt er ihnen die Linde, die
er als Junge erkletterte, und das Fenstersims, auf dem er saß und
Gitarre spielte. Andächtig lauschen sie, wenn er mit Menschen
auf der Straße Schweizerdeutsch spricht. Großmutters Garten
bietet endlose Möglichkeiten für Spiele. Sie dürfen Spalierobst
essen, so viel sie wollen, und die Eltern nach Zürich begleiten.

Wedekind fährt mit Tilly jeden zweiten Tag in das eine halbe Zugstunde entfernte Bad Schinznach. Das Schwefelwasser tut seiner Wunde gut, die Wunde in der Bauchdecke beginnt sich zu schließen. Sein Bruder Armin gibt ärztliche Ratschläge, ein Professor untersucht ihn. Er lässt sich einen Leibgürtel anmessen. Tilly liest ihm Gottfried Kellers Novellen vor. Vom Elsass hört man Kanonendonner.

Sein Lenzburg-Aufenthalt sei ihm ein *ungetrübter Genuss* gewesen, schreibt Wedekind seiner Mutter nach der Rückkehr – die Kinder sprächen zuweilen noch Schweizerdeutsch miteinander. Das Wetter sei *andauernd prachtvoll*, er gehe mit Tilly möglichst viel spazieren. *Meine Wunden werden immer kleiner, sind aber noch nicht ganz zugeheilt.* An guten Tagen läuft er bis Oberföhring.

Am 23. November fällt er während eines Spaziergangs hin, am 5. Dezember registriert er eine *stärkere Eiterung der mittleren Fistel,* am 8. Dezember eine *starke Eiterung.* Ein neuer Arzt wird hinzugezogen. Am 11. Dezember kehrt er auf dem Weg in die Torggelstube wegen Schmerzen um, am 12. Dezember liegt er mit Fieber zu Bett. Es ist Anna Pamelas neunter Geburtstag. Wedekind schenkt ihr einen Band griechischer Sagen, den er in der Vorwoche für sie gekauft hat.

Für den Januar 1916 steht ein Gastspiel in Budapest bevor, das unter keinen Umständen ausfallen darf. Wedekind zwingt sich zum Aufstehen, lässt auf dem österreichischen Generalkonsulat seine Reisedokumente prüfen, bestellt Fahrkarten und übt mit Tilly den «Kammersänger» und «Stein der Weisen» – seit August 1914 stand keiner von ihnen auf der Bühne. Tilly packt. Beim Baumanzünden weint Anna Pamela. Sie will nicht, dass die Eltern wegfahren, will nicht wieder mit Fanny Kadidja ins Heim. Sie hat Angst um ihren Vater, der eben noch krank war und sie jetzt allein lässt.

Das Budapester Gastspiel ist ein Erfolg. Frank und Tilly spielen siebzehn Abende «Kammersänger» oder «Stein der Weisen» im Kristallpalast, einem Varieté, wo außer ihnen Jongleure, Artisten und leicht bekleidete Mädchen auftreten. Die Ungarn nehmen Wedekinds Stücke interessiert auf, trotz lückenhafter Sprachkenntnisse. Es gibt Köstlichkeiten zu essen, die im kriegsmüden Deutschland längst nicht mehr zu haben sind. Wedekind beginnt ein neues Stück, «Oben-Unten», das spätere «Überfürchtenichts», ein «Bilderrätsel» um Dominanz und Unterwürfigkeit, sexuelle Phantasie, Brutalität und das Begleichen alter Rechnungen.

Über Wien fahren Frank und Tilly nach Mannheim und spielen neunmal «König Nicolo» und «Erdgeist». Am 2. Februar beginnen in München Proben für den «Marquis von Keith», «Hidalla» und «Erdgeist», gefolgt von täglichen Vorstellungen bis zum 11. März. Wedekind will, so scheint es, das krankheitshalber verlorene Jahr mit aller Macht aufholen. Auch die Erotik kehrt zurück. Nach langer Zeit findet sich im Kalender erstmals wieder der Eintrag: *Tilly tanzt*.

Am 21. Februar 1916 jährt sich der Geburtstag von Franks Vater Friedrich Wilhelm Wedekind zum einhundertsten Mal. Beim Niederlegen eines Kranzes erkältet sich Emilie Wedekind und stirbt am 25. März, sechsundsiebzigjährig, nach sechsunddreißig Jahren Witwentums. Wedekind fährt für drei Tage in die Schweiz. Die Leiche der Mutter wird in Aarau eingeäschert und während des Abendläutens auf dem Lenzburger Friedhof beigesetzt.

Anna Pamela ist untröstlich. Sie hat die Schweizer Großmutter zärtlich geliebt. Lenzburg ist für sie der Inbegriff von Sicherheit und Tradition, das «Steinbrüchli», das jetzt vielleicht verkauft wird, ein Ort goldener Ferientage. Um sie abzulenken, gibt ihr Vater ihr Gitarrestunden, nach dem Mittagessen in seinem Arbeitszimmer. Er zeigt ihr die Akkorde, die er sich selbst als Junge beigebracht hat: D-Dur (Dreieck nach außen), D-Dur Septime (Dreieck nach innen), G-Dur (Daumen und Mittelfinger auf den 3. Bund), C-Dur, G-Dur Septime, A-Dur, E-Dur, das schwere F-Dur, dazu die Mollakkorde a, e und d. Mehr kann er selbst nicht, und damit, sagt er, kann man alle Lieder begleiten.

Anna Pamela begreift schnell. Sie hat Wedekinds musikalisches Ohr geerbt und singt sicher und sauber. Bald kann sie eine

Reihe der berühmten Bänkellieder ihres Vaters auswendig – «Brigitte B.», «Der blinde Knabe», «Der Zoologe von Berlin», «Die sieben Heller» und das seinerzeit von Tilly beim Wiener Presseball vorgetragene «Ilse». Wedekind ist entzückt. Aus dem Kindermund klingen Poesie und Zweideutigkeit seiner Lieder schöner als in jeder anderen Interpretation.

Sein eigenes Lieblingsinstrument ist seit einiger Zeit die Mandoline. Anna Pamela begleitet ihn auf der Gitarre, und Tilly tanzt dazu in dem Kostüm der Lamia, das ihr für «Stein der Weisen» neu geschneidert wurde. Ihr dreißigster Geburtstag naht. Frank feiert mit ihr im Café Luitpold und in der Torggelstube und unternimmt mit ihr und den Kindern eine Rundfahrt auf dem Starnberger See.

Berlin. Fast zwei Jahre ist Wedekind nicht dort gewesen. Wenn im Sommer etwas geschehen soll, muss er es schleunigst vorbereiten. Gleich nach der Ankunft geht er zum Dreimaskenverlag, der die Bühnenrechte von Georg Müller übernommen hat, und führt eine Unterredung mit Zensor Glasenapp, seinem Hochzeitsgast, der «Die Büchse der Pandora», «Totentanz» und «Schloss Wetterstein» immer noch nicht freigeben will. Vier Tage wartet er vergeblich auf einen Termin bei Max Reinhardt, dann spricht er bei der Konkurrenz vor: Victor Barnowsky vom Lessingtheater und dem Direktorengespann Carl Meinhard und Rudolf Bernauer vom Theater an der Königgrätzer Straße. Niemand will sich binden, der Krieg beschäftigt die Gemüter, Wedekind kommt als Bittsteller.

Tilly berichtet von Anna Pamelas glänzendem, durch ein «Fleißbillett» gekröntem Schulzeugnis und von der «Kleinen«, die des Vaters Abwesenheit ganz vergessen habe und in sein Zimmer gelaufen sei, um ihn zum Essen zu rufen. Sie will auch wissen, wie man die Gitarre stimmt. *Da sind wir in Verlegenheit. Man kann ja eine Saite nach der anderen stimmen, aber das tiefe e, woran hält man sich da? Das Klavier stimmt nicht, das auf der Stimmpfeife ist so hoch. Bitte sage es mir.*

Außerdem nutzt sie Franks Abwesenheit für einen lang geplanten Abendtee. Wedekinds oft geäußerte Versicherung, dass es ihn freue, wenn sie ins Theater geht oder Bekannte trifft, kann sie nicht ermutigen – zu oft hat sie das Gegenteil erlebt. Bei aller Sehnsucht nach Unabhängigkeit sieht sie der Aufgabe, ohne ihn die Gastgeberin zu spielen, ängstlich entgegen. Umso glücklicher ist sie über den guten Verlauf. *Frank, ich bin wirklich gar nicht so dumm und ungeschickt, wie ich mir selbst schon erschien. Du glaubst gar nicht und brauchst nicht zu wissen, wie oft ich deprimiert war, seit Du fort bist, auch und gerade wenn ich Menschen gesehen hatte. Der gestrige Abend war eine Wohltat für mich. Ich empfing die Gäste in Deinem Zimmer, dann gingen wir zum Tee ins Speisezimmer. Die Türen zu meinem Zimmer waren offen, überall war es hell, und der Tisch war sehr hübsch gedeckt. Die Tischordnung war so:* Hier zeichnet Tilly ein Diagramm, das zeigt, dass der einzig anwesende Herr weitestmöglich von ihr entfernt saß. *Hoffentlich freust Du Dich auch, dass ich einen Schritt vorwärts gemacht habe, und gibst die Hoffnung nicht auf. Die Tiroler werden, glaub' ich, erst mit 40 gescheit. Das alles soll für mich Schule und Übung sein, so dass ich lerne, es auch Dir behaglich zu machen. Bei allem habe ich ja nur immer das im Auge.*

Eine Künstlerin will Tilly zeichnen – hat Frank etwas dagegen? Er werde sich *sehr freuen*, schreibt er zurück, *Ballett- oder Lamiakostüm, so ungeniert wie möglich!* Dann meint er, zu viel erlaubt zu haben – ist nicht auch Lulu ihrem Gatten untreu geworden, während man sie malte? *Wenn die L. W. Dich zeichnen soll, wirst Du am besten allein sitzen*, betont er im nächsten Brief. *Besuch wird dabei nicht günstig wirken.*

Wedekind hat es geschafft: Das Berliner Gastspiel findet statt, sechsundzwanzig Vorstellungen in achtundzwanzig Tagen. *Berlin scheint groß genug zu sein, auch im Kriege*, schreibt das «Tageblatt», *um wenigstens eine Schicht seines Publikums vor die schweren Faltenwürfe des tragischen Vorhangs zu entsenden. Einige mögen kommen, um den Wedekind sich anzusehen, wie man ein wildes Tier im Käfig beschaut. Viele kommen gewiss, um sich mit dem Dichter in der schwefelgelben Weste näher zu befassen. Immer sind junge Leute darunter, Studenten, die ihn diskutieren, junge Mädchen, die die Nachrede nicht scheuen, weil sie einem Künstler zuhören, der Unerlaubtes sagt.*

Wedekind spielt diesmal den Simson selbst, *nicht sehr simsonhaft in seinen wattierten Trikots*, wie eine Zeitung findet, *aber wenn er als geblendeter Simson mit weißem Haar und tastenden Schritten hereinwankt, dann hat er sekundenlang Größe. Er hat sie nie, wenn er den STARKEN Simson zeigt, den er auch körperlich nicht darstellen kann. Er hat sie, wenn er den leidenden Simson verkündet.*

Freilich: Mit Friedrich Kayßlers *monumentaler Leistung* könne sein Auftritt nicht in einem Atemzug genannt werden – und auch Tillys *Delilachen* sei mit der von Tilla Durieux nicht zu vergleichen. Das alte Lied.

Das Gastspiel endet unharmonisch. Wedekind verübelt einen Rosenstrauß, den ein Kollege Tilly nach der letzten «Erdgeist»-Vorstellung schenkt, und lässt sich auch durch ihren Hinweis auf dessen augenscheinliche Homosexualität nicht beruhigen. In München nimmt er das Bild von der Wand, das Tilly im Herrenpyjama im zweiten Akt «Erdgeist» zeigt, und überreicht es ihr. Er könne den Anblick nicht länger ertragen.

Kurz darauf sind Paul Cassirer und Tilla Durieux in München. Um Wedekind zu ärgern, schwärmt die Durieux von einem Besuch in Darmstadt und dem dort wirkenden, reizenden Intendanten Paul Eger. Wedekind verlässt abrupt das Lokal und zwingt Tilly, die am anderen Ende der Tafel von dem Gespräch nichts mitbekommen hat, ebenfalls aufzubrechen. Tilly ist empört. Weiß die Durieux nicht, was sie mit solchen Spielchen anrichtet? Angeblich ist sie doch ihre Freundin. *Ich hatte die Absicht*, schreibt sie an Frank, *Frau Durieux vor Cassirer an die Beziehungen zu erinnern, die sie zu Dir hatte, habe es aber unterlassen, aus Angst, Du könntest dadurch Unannehmlichkeiten haben. Jeder hat das Recht, sich zu wehren. Es kann mir niemand verbieten, eine Gemeinheit mit der gleichen Gemeinheit zu beantworten.*

Aber Tilly kann sich nicht wehren. Gemeinheiten liegen ihr

nicht, und ruhige Erörterung ist mit Wedekind schon lange nicht mehr möglich. Tilly muss Trost bei sich selbst suchen und findet dort oft nur Traurigkeit und Leere. Am Tag nach dem Zwischenfall nimmt sie laut Wedekinds Kalender *Morphiumpulver* und liegt kaum ansprechbar im Bett – wo sie es herhat, ist ungewiss; weder von ihr noch von Wedekind ist Drogenmissbrauch bekannt. Wedekind unternimmt einen späten Versuch, seine Frau zu verstehen. Ihre Notiz in der Tasche, konsultiert er den Graphologen und Wahrsager Ludwig Aub, einen kleinen Juden mit einem schwarzen Käppi auf dem Kopf, der in Schwabing in einem abgedunkelten Sprechzimmer sitzt. «Kocht gut», sagt Aub beim ersten Anblick von Tillys Handschrift. Frank lacht schallend – während der ganzen Ehe ist Tilly kein einziges Mal am Herd gestanden. Dann sagt Aub: «Ausgeprägtes Pflichtgefühl, starke Opferbereitschaft, großer Hang zur Melancholie, obwohl von Natur aus heiter, humorvoll und leichtsinnig.» Wedekind schickt einen Dankbrief, den Aub in seiner Werbebroschüre abdruckt. An Tilly schreibt er: *Ich möchte Dir gerne alles Liebe und Gute sagen, was ich für Dich auf dem Herzen habe. Gib mir Gelegenheit dazu, indem Du mein Vertrauen stärkst. [...] Dass man Dich und Deine entzückenden Kostüme hübsch findet, ist mir die größte Freude, wenn wir beide vergnügt miteinander sind. Wenn ich aber mit Recht ODER MIT UNRECHT daran zweifle, ob Du zu mir hältst, dann ist Dein Hinweis auf das Gefallen, das andere Männer an Dir finden, ein SCHLECHTES STICHWORT, und Du kannst Dich nicht darüber wundern, dass es mir nicht aus dem Kopf geht. Ich mache mich lächerlich genug damit, dass ich Dir das schreibe.*

Ein paar Tage später findet Tilly ein Billett auf dem Frühstückstisch: *Geliebteste Tilly! Ich wollte Dir nur guten Morgen sagen. In innigster Liebe, Dein Frank.*

Die Schlacht von Verdun fordert auf deutscher und französischer Seite jeweils mehr als einhundertfünfzigtausend Opfer. Wedekind schreibt seine «Diplomatenballade»:

Heut verschonen
Die Kanonen
Die Leichen in der Gruft nicht mehr.
Jawohl, die Zeit ist schwer!
Sag an, wie nennen sich
Die Herrn, die uns das taten?
Diplomaten!
Schwaches Herz und kühne Stirn,
Großes Maul und kleines Hirn,
Wie ein Nadelöhr so eng
Der Gesichtskreis – schnedderengdeng!

Aber als Erich Mühsam ihn für eine Friedenspetition gewinnen will, winkt er ab: «Man wirft uns in den Schützengraben oder ins Zuchthaus. Dafür danke ich. Ich fühle keinen Beruf zum Märtyrer. Unser aller Leben ist Martyrium genug.»

November 1916. In Berlin wird «Erdgeist» gespielt, mit Maria Orska als Lulu, einer dreiundzwanzigjährigen russisch-ukrainischen Jüdin aus Nikolajew am Schwarzen Meer, für die ganz Berlin schwärmt. Ludwig Sternaux von der «Täglichen Rundschau» glaubt ihren Erfolg schon vor der Premiere gesichert: *Die Iltiskragen kuscheln sich aneinander, die goldenen Taschen blinken, die Brillanten flirren, die Seidenkleider rascheln: «Gott, wird sie entzückend sein, Gott, wird sie himmlisch sein, denk nur: Lulu!» Berlin W. fährt, sich Wedekinds schönstes Tier anzusehen. [...] Als Wedekind um Pfingsten herum mit seiner Frau in den Kammerspielen den «Erdgeist» gab, saß Maria Orska, das Mäntelchen von starrer Seide und in den schwarzen Haaren glitzerndes Gestein, in einer der ersten Reihen. Sie verwandte kein Auge von der Lulu der Tilly Wedekind. «Das müsste mal die Orska spielen!», sagte einer neben mir. Sie hat der Tilly Wedekind, die eine gute Lulu war, viel abgeguckt, ohne Zweifel, nun hat's die Orska übertroffen, natürlich übertroffen, denn sie ist eine ungleich gewandtere Schauspielerin als Frau Wedekind, und wir werden in Zukunft sie als Lulu denken müssen.*

Im Zuschauerraum sitzen, extra aus München angereist, der Dichter des vor einem Vierteljahrhundert entstandenen Meisterwerks und seine soeben zu ihrem Nachteil mit der Orska verglichene Gattin. Das Publikum rast vor Begeisterung, nicht über das Stück, das alle schon kennen, sondern über die hinreißende junge Frau auf der Bühne. *Ich werde nicht gerufen,* schreibt Wedekind in seinen Kalender. Man braucht kein Hellseher zu sein, um zu wissen, dass es Tilly ebenso geht.

Frank und Tilly spielen stattdessen in München die Neufassung von Wedekinds missglücktem Drama «Oaha», das jetzt «Till Eulenspiegel» heißt. Monate hat Wedekind auf die Umarbeitung verwandt, aber die Reparaturen blieben kosmetisch, die Grundtendenz unverändert. Dafür ist der Stoff in noch fernere Vergangenheit gerückt, und von den Angegriffenen sind weitere verstorben. Nur einer ist noch da: der Schriftsteller Wedekind, so gefangen in sich wie je. Nach vier Abenden wird «Till Eulenspiegel» abgesetzt.

Rund fünfundachtzig Vorstellungen hat Wedekind mit bandagiertem Bauch im Lauf des Jahres 1916 gespielt und ist kreuz und quer durchs Land gereist. Seine Wunden sind immer noch nicht verheilt, und ein Bruch hat sich gebildet. Am 28. Dezember bekommt er einen neuen Gürtel, am 6. Januar 1917, um fünf Uhr nachmittags, nach einem langen Spaziergang im Englischen Garten, begibt er sich in die Klinik Josephinum zu einer erneuten Operation.

10

Herakles

1917

Im «Herakles», seinem letzten Drama, zieht Wedekind Bilanz und entblößt sich schonungsloser als je zuvor. In schnell fließender, karger Sprache verherrlicht er Manneskraft und Kampf und beklagt sein Schicksal, als wolle er es reizen, zur Umkehr, zum Einlenken bewegen, den Niedergang aufhalten und durch Härte gegen sich selbst eine Änderung erzwingen, im eigenen Herzen und im eigenen Körper, der wieder operiert werden muss, weil ein Bruch sich gebildet hat, der gefährlich ist, quälend, peinlich und unbeschreibbar hässlich. Herakles zerstört und wird zerstört. Er will das Gute, aber schafft Leid und Verzweiflung. Er vergeht vor Eifersucht, aber wird nicht müde, Untreue zu provozieren. Er kann seine Kraft nicht bändigen, aber leidet am eigenen Ungestüm. Vor allem sehnt er sich nach Liebe: *Ungezählte Geliebte hielt ich in feurigen Armen. Unter allen war keine, deren Herz ich gewann.*

Dejaneira ist Herakles' Frau. Bei der Hochzeit ermuntert sie einen Knaben zu einer harmlosen Dreistigkeit. Herakles fühlt sich angegriffen und versetzt dem Knaben einen leichten Schlag. Der Knabe begeht Selbstmord aus Scham über den öffentlichen Tadel seines Idols Herakles (Friedrich Strindberg lässt grüßen). Dejaneira fürchtet um Herakles Treue, sie will ihn ewig an sich binden und taucht ein für ihn gewebtes Festgewand in den Zaubertrank des Flussgottes Nessos, ohne zu wissen, dass der Trank vergiftet ist. Herakles' Haut verbrennt bei der Berührung mit dem Geschenk seiner Gattin. Dejaneira springt von einem Turm in den Tod. *O Dejaneira*, klagt Herakles, *wann war je ein Fest […] ein heitres, das nicht in tiefsten Gram du mir verwandelt?*

[...] Wann sah je ich stolz von Dank erfüllt zum Himmel, dass nicht stracks du mich in düsterste Zerknirschung stürztest?

Artur Kutscher nennt «Herakles» eine *Enträtselung von Wedekinds Persönlichkeit;* an keinem Text habe er *mehr gefeilt.*

Die Idee zu dem Drama kam ihm in den dunklen Tagen im Sommer 1914 in Paris, seit Oktober 1916 arbeitet er daran. Auch die Nacht nach der Operation verbringt er schreibend.

Am 31. Januar 1917 holt Tilly ihren Mann vom Krankenhaus ab, am 4. Februar darf er zum ersten Mal ausgehen. Die Stimmung ist düster. Das abendliche Vorlesen, seit Jahren Ausflucht in unbelastetes Zusammensein, findet nicht mehr statt. Frank und Tilly spielen Schach, was keiner von ihnen beherrscht oder gerne tut. Wedekind hat die Hoffnung aufgegeben. Die Krankheit bessert sich nicht, ein Dasein als Krüppel starrt ihn an. Tilly wird ihm entgleiten oder, schlimmer noch, ihn betrügen. Der Gedanke zermartert sein Gehirn. *Haushalt, Kinder, die Alltäglichkeiten des Lebens wurden nicht besprochen,* erinnert sich Tilly. *Das war zu kleinlich und machte Frank nervös. So «plaudern» über nichts, wie das viele Frauen so gut können, war mir nicht gegeben. Wir sprachen also über «Probleme», und die unsern wurden dadurch riesengroß!* Wedekind zerschlägt bei Tisch einen Glasteller. Im Englischen Garten sehen seine Kinder ihn auf sich zukommen und wollen ihm entgegenlaufen. Er geht vorbei und bemerkt sie nicht. Zum ersten Mal spricht er von Scheidung.

Lebensmittel und Brennstoff werden immer knapper. Tilly heizt nur noch Franks Arbeitszimmer und läuft auch in der Wohnung im Wintermantel herum. Die Krankheit hat den robusten Wedekind kälteempfindlich gemacht. Artur Kutscher berichtet, ihn in Decken gehüllt im Sessel angetroffen zu haben, die Füße gegen die Ofenkacheln gestemmt.

Ende Februar ist ein neuer Tiefpunkt erreicht. Wedekind reist ab, wie im Juni 1914 nach seinem Geburtagsfest. Damals waren Florenz und Paris sein Ziel, jetzt reicht es nur noch für Mühldorf und Burghausen, zwei Städtchen östlich von München, die ihm in besseren Zeiten bestimmt keines Besuchs wert gewesen wären. Die häusliche Atmosphäre ist unerträglich geworden. *Geliebter, Frank, Lieber, Geliebter, was hab' ich Dir denn getan, dass es gar nicht mehr geht,* fragt Tilly. *Man geht herum, und es scheint, als sei alles wie sonst, und dabei weicht der Druck keinen Augenblick von mir. Ich bin rat- und hilflos. Und doch habe ich, kaum dass Du fort bist, Sehnsucht nach Dir. Kann ich dafür, dass ich so bin, wie ich bin? Wie gern würde ich mich ändern. Ich wünsche Dir von ganzem Herzen, dass Du Ruhe und Erholung findest. Ich werde Dir immer für alles dankbar sein, Geliebter, auch wenn Du mich nicht mehr willst. Ewig Deine Tilly.* Sie bespricht sich mit Joachim Friedenthal, den auch Wedekind als Vertrauten schätzt. *Das hat mir sehr gut getan, gerade so wie Dir. Obwohl er mich nicht geschont hat und mir offen seine Meinung sagte. Er sagte, ich sei eine Marionette, und das müsse anders werden. Er sagte auch, ich sollte weniger eitel sein und mehr Stolz haben. Und viele andere sehr richtige Dinge. [...] Wir müssen noch etwas Geduld haben, vielleicht wird noch alles anders, so dass jeder zu seinem Recht kommt.* Tilly will keine Scheidung.

In Burghausen schneit es ohne Unterlass. Auf den Stock gestützt, geht Wedekind über die Salzachbrücke ans österreichische Ufer. *Auf die Höhe bei eisigem Wind.* Am Abend des 3. März beendet er in der Gaststube des Hotel Post den «Herakles».

In München entschließt sich Tilly zu einer heroischen Tat: Sie schreibt an Maria Orska, die sie als schärfste Bühnenkonkurrenz empfinden muss, und schlägt ihr vor, sich bei den Direktoren Meinhard und Bernauer um eine Einladung Wedekinds nach Berlin zu bemühen, um an ihrer Seite die Rolle des Dr. Schön im «Erdgeist» zu übernehmen. *Für Frank wäre es eine Freude, für die Directoren eine Reclame und für Sie, glaube ich, zu mindestem interessant, mit Wedekind zu spielen.* Das Anliegen sei *auf den ersten Blick vielleicht merkwürdig* und koste sie ein *nicht geringes Opfer,* aber vielleicht verstünde sie, *dass man für einen Menschen, den man liebt, manches auf sich nimmt, auch wenn es nicht leicht ist.* Die Orska solle nicht sagen, dass der Vorschlag von ihr kommt, *sonst würden die Bedingungen schlecht*. Sie bittet die Konkurrentin um ein Bild von sich als Lulu.

Maria Orska war Anfang Februar mit ihrem Verehrer Baron Bleichröder Gast in der Prinzregentenstraße. Als Tilly sah, wie verzweifelt Wedekind sich um Haltung bemühte, kam ihr der Gedanke, ihm durch ein Gastspiel Mut zu machen.

Bei Wedekinds Rückkehr aus Burghausen liegt das Berliner Angebot auf dem Tisch. Tilly bestärkt ihn, es anzunehmen, und hätte ihre Tat wohl verschwiegen. Aber als er sie wieder mit Vorwürfen überschüttet und sich trotz guter Vorsätze nichts geändert zu haben scheint, zeigt sie ihm ihren Brief. Nach kurzer Verblüffung sagt er: «Da brauche ich doch dich nicht, wenn ich mit anderen Frauen Theater spielen will.»

Tilly gibt dennoch nicht auf. Eine Scheidung käme dem Eingeständnis gleich, Wedekind nicht genügt, ihn nicht zu bändigen vermocht zu haben, und würde all denen Recht geben, die ihre Ehe als Farce und sie selbst als Anhängsel des berühmten Mannes abtun. Den Mut, sich ihrerseits von Wedekind zu trennen, bringt sie nicht auf, zumal sie auch hinterher wirtschaftlich von ihm abhängig wäre. Emil Gerhäuser, der bei ihrer Hochzeit sagte «zehn Jahre wird's wohl halten», ist während Wedekinds letztem Krankenhausaufenthalt verstorben. Tilly hat ihm seinen Tod verschwiegen, als er von ihm erfuhr, nahm er ihn wortlos zur Kenntnis. Die Möglichkeit, dass er dem Freund bald folgen könnte, steht im Raum – und wird in schwachen Momenten von Tilly vielleicht sogar ersehnt. Aber vorläufig muss sie alles tun, seine Stimmung zu heben. Liebevolle, anhängliche Briefe gehen nach Berlin. *Liebster, geliebter Frank, so viel denke ich an Dich! Wenn Du Dich nur nicht zu sehr anstrengst und das Gastspiel die gute Wirkung auf Dich hat, die ich für Dich wünsche. […] Hoffentlich fühlst Du Dich wohl und denkst nur mit halb so herzlichen Gedanken an mich wie ich an Dich. […] Wir gehören doch wohl zusammen. […] Liebster, Einziger, hoffentlich kommt jetzt die Zeit, wo wir uns gemeinsam des Lebens freuen können, ich möchte es so gerne!*

Alleinsein und Berlin tun Wedekind gut. Die Zuschauerzahl,

Was hab' ich denn getan, dass es gar nicht mehr geht?
Tilly und Frank, Frühjahr 1917

berichtet er Tilly, hebe sich durch seine Mitwirkung so deutlich, dass die Direktion *auf ihre Kosten* komme. Er diktiert den «Herakles» und sieht am Vorabdruck im «Berliner Tageblatt», dass man ihn nicht vergessen hat. Er trifft sich mit Hermann Bahr, Alfred Kerr und Richard Strauss und ist *sehr animiert* mit Carl Hauptmann zusammen. Maria Orska macht ihm Elogen zur gemeinsamen Arbeit, die er getreulich im Tagebuch festhält – es werde *jedes Mal schöner,* sie sei *ganz begeistert* und würde, wenn sie Kraft hätte, *auch am Vormittag «Erdgeist» spielen.* Beim Verbeugen küsst er der Orska die Hand. Tilly erfährt es aus der Zeitung. Ihr ist solche Ehre nie zuteil geworden.

Die Verpflegung allerdings, schreibt Wedekind, wolle *erst studiert* sein. *Leicht ist es nicht, satt zu werden. Es kommt darauf an, die Lokale ausfindig zu machen, in denen es noch etwas gibt.* Die Berliner nähmen es mit den Lebensmittelkarten *verzweifelt genau. Das Wertvollste, was Du mir schicken könntest, wäre ein Ende Wurst. Aber das habt Ihr ja wohl selber nicht.* Tilly schickt Brot- und Fleischmarken, Butter, Zwieback, ein Gläschen Honig. *Gestern schickten wir noch drei Tafeln*

Schokolade als Muster ohne Wert, eingeschrieben. Heute schicke ich Dir noch zwei ungefähr 15 cm lange Endchen Wurst und ein Stück gebratene Lende. Wenn nur alles hinkommt! [...] Sardinen könntest Du Dir auch besorgen, für vormittags oder abends. Nüsse gibts leider keine mehr. Gibt's in Berlin noch welche? Dann kauf Dir, ja? [...] Und soll ich Dir nicht auch Eier senden? Vielleicht könntest Du Dir dann immer eins zum Frühstück weich kochen lassen? Tilly schickt so viel, dass Wedekind abwinkt. *Die Eier habe ich schon alle gegessen, möchte Dich aber bitten, mir doch lieber keine Eier mehr zu schicken, da sie beim Kochen meistens zerbrechen. [...] Butter habe ich im Überfluss.*

Nach einem Schwächeanfall legt Wedekind seinen Bauchgürtel ab, fühlt sich erleichtert, spielt zwei Vorstellungen ohne und legt ihn *wegen starker Beschwerden* wieder an. Im Kalender erwähnt er eine Unterredung über seine Ehe mit einem Justizrat Lupinsky, wahrscheinlich einem Scheidungsanwalt.

Am Ostersonntag, dem 8. April 1917, verlässt Frank Wedekind Berlin mit dem Nachtzug vom Anhalter Bahnhof, wie ungezählte Male vorher, nach einem Abend im Habsburger Hof, wo er oft mit Tilly die Abfahrt des Zuges erwartete, aber diesmal für immer.

Ein gemeinsames Gastspiel haben Frank und Tilly noch zu absolvieren: Zürich, im Sommer 1917. Olga Wohlgemuths Künstlertheater hat sie engagiert. An der Grenze – Wedekind hat noch immer keinen deutschen Pass – durchsuchen Zollbeamte das Gepäck, schrauben sogar die Lauftrommel auf und lassen es schließlich als «Artistengepäck» passieren. Tillys Profil notieren sie als «griechisch», Franks als «römisch». Tilly muss lachen, trotz der gedrückten Stimmung. Bleierne Schwere lastet auf ihr, das Kofferpacken kostete sie fast übermenschliche Anstrengung. Sie kann sich nicht erinnern, sich jemals schlechter gefühlt zu haben. Selbstvorwürfe und abgrundtiefe Traurigkeit drohen sie zu überwältigen. Die eleganten Menschen auf Zürichs Straßen, die vollen Schaufenster sieht sie wie durch einen Schleier. Im

City Hotel stürzt sie sich auf die Speisekarte und kann besonders bei den Desserts nicht aufhören zu essen.

Nur beim Theaterspielen lebt sie auf. Bei der ersten «Erdgeist»-Vorstellung ist ihr, als ob sie fliege, so frei und sicher fühlt sie sich und auf merkwürdige Weise unabhängig von Wedekind. Für den ist die Arbeit mit Tilly die Rückkehr zum Gewohnten. Er ist schlecht in Form, verspricht sich häufig. Die Glut, das unbedingte Wollen, die bedingungslose Härte des gesprochenen Gedankens, die den Regisseur Leopold Jessner zu der Bemerkung veranlassten: *Der Tag, an dem Wedekind der Schauspieler anfing, durch die Lande zu ziehen, ist der Beginn einer neuen Ära,* sind kaum vorhanden. Die Presse reagiert entsprechend: Tilly erhält Lob, Wedekinds Leistung wird in einer Rezension sogar als *rührend* bezeichnet. «Ich gratuliere dir zu deinem Erfolg», sagt er zu Tilly, «jetzt hat es keinen Sinn mehr, dass wir zusammen auftreten. Ich kann doch keinen Konkurrenten mitnehmen.» Olga Wohlgemuth bietet Tilly eine Hauptrolle in einer Komödie an. Tilly lehnt sofort ab und bittet die Direktorin, das Thema nicht weiter zu erörtern.

Nach drei Wochen kommen die Kinder. Das Mädchen hat sie in Lindau auf die Fähre gesetzt, die Eltern holen sie in Romanshorn ab. Blass und schmal steigen sie an Land, in blauen Regenmänteln und dazu passenden Hüten, und tauen auch in der Konditorei Sprüngli nur zögernd auf.

Frank und Tilly haben Erfolg. Das Gastspiel wird ins Stadttheater verlegt und schließlich ins Pfauentheater, das heutige Schauspielhaus, Abstecher führen nach Basel, Davos, Baden, Bern und Luzern. Im Künstlertheater liest Wedekind den «Herakles». Das Wetter ist hochsommerlich warm. Zu Ehren Max Reinhardts, der mit dem «Sommernachtstraum» in Zürich gastiert, gibt es eine nächtliche Dampferfahrt mit Lampions, Musik und Feuerwerk. Gertrud Eysoldt ist da und hat ihren Sohn Peter dabei. Fanny Kadidja, sechs Jahre alt, schließt Freundschaft mit den Reinhardt-Söhnen Wolfgang und Gottfried. Wedekind unterhält die Gäste mit Liedern zur Laute. Auf einem Postamt in Begleitung Anna Pamelas trifft er Karl Kraus, den eigentlichen Stifter seiner Ehe. Er versucht, eine weitere Begegnung herbeizuführen, aber Kraus lässt sich nicht blicken.

Wegen der hohen Hotelkosten suchen Wedekinds eine möblierte Wohnung. Froh über die Abwechslung, schneidet Tilly Annoncen aus und geht auf Besichtigungstour. In der Schönbühlstraße 17, in sonniger Lage am Zürichberg, findet sie etwas Passendes. Zu seiner Überraschung stellt Wedekind fest, dass er hier vor dreißig Jahren als Zimmerherr gewohnt und im jetzigen Esszimmer sein erstes Stück, den «Schnellmaler», geschrieben und Gerhart Hauptmann vorgelesen hat. «Der Kreis hat sich geschlossen», sagt er, «ich werde noch in diesem Jahr sterben» – und spricht doch weiterhin von Scheidung.

Tilly hat sich Schnürstiefel aus weichem, hellem Leder machen lassen. Das Bild dieser Stiefel an Tillys Beinen hat sich in Wedekinds Kopf festgesetzt und martert ihn. *Tillys hohe Stiefel lassen mich nicht schlafen,* notiert er in den Kalender. Sieht er sie damit in der Prinzregentenstraße die Treppe hinaufsteigen, nach Theater oder Gesellschaft, als junge Witwe, einen Mann im Schlepptau, mit dem sie in der Wohnung verschwindet?

Ein neuer Dramenstoff beschäftigt ihn: «In Extremis», Wortlaut des letzten Telegramms seines Bruders Donald. Der Unterschied *Lebensbejaher – Lebensverneiner* soll herausgearbeitet werden. Seit Tillys Sprung in die Spree haben sich in der Familie drei Selbstmorde ereignet – Paula, Donald, Mutter Newes. Auch für sich selbst schließt er die Möglichkeit anscheinend nicht mehr aus. In einer Szene tut sich Tilly mit einem französischen Flieger zusammen. *Wirtschafterin kann Schlafzimmertür nicht öffnen. Andere Schlafzimmertür ebenfalls verschlossen. Durchs Schlüsselloch sieht man, dass es dunkel im Schlafzimmer ist. Tür wird erbrochen. Ich erhängt [...] wollte nicht tiefer sinken.* Die *notwendige Folge* von Tillys Glück sei sein *Wegwerfen des Lebens,* für Tilly gelte umgekehrt das Gleiche. *Sämtliche Personen sind Menschen, die nie über etwas nachgedacht haben.*

Auch durch Tillys Vorstellung geistert der Selbstmord. Das Zusammensein mit Wedekind übersteigt ihre Kräfte. Unablässig redet er von Krankheit und Sterben und dem genussreichen Leben, das sie nach seinem Tod führen wird, als Erbin seines Ruhms und Geldes. «So geht es aufwärts mit dir», sagt er und fährt mit dem Arm in die Luft. Wüsste sie nicht, dass er ebenso leidet wie sie, würde sie ihn hassen.

Um ihm stundenweise zu entkommen, belegt Tilly einen Kochkurs. Im Essensträger bringt sie das Mittagsmahl den Zürichberg hinauf, in der Handtasche den Revolver, den sie im «Erdgeist» benutzt, geladen mit scharfen Patronen. Nur im Wasser des Zürichsees findet sie Erleichterung. Das Wetter ist andauernd heiß und trocken.

Wedekinds bleiben fast vier Monate in der Schweiz. Kurz vor der Abreise lädt Pfauentheater-Direktor Alfred Reucker sie ein, im November wiederzukommen, um «Schloss Wetterstein» uraufzuführen. Das seit seinem Erscheinen 1910 in Deutschland verbotene Werk ist Tilly unheimlich, weil Frank ihr damals sagte: *Ich schreibe jetzt ein Stück, in dem ich schon tot bin und Anna Pamela erwachsen ist.* Für mehrfache, immer an der Zensur gescheiterte Aufführungsversuche hat sie die Rolle der Effie gelernt, und nach ihren Züricher Erfolgen möchte Direktor Reucker sie ihr geben. Wedekind ist anderer Meinung. Nervös und schweigsam geht er im Büro des Direktors auf und ab, bis Tilly fragt: «Was ist? Willst du nicht, dass ich die Effie spiele?» «Nein», antwortet Wedekind, «es wäre mir lieber, du spieltest die Leonore.» «Gut», sagt Tilly, «das ist auch eine schöne Rolle.» Die Leonore ist die Mutter der Effie und Tilly altersmäßig angemessener. Der Gedanke an jüngere Kolleginnen in den Hauptrollen ist ihr nicht mehr fremd, und auch in Nebenrollen will sie ihr Bestes geben.

11

Tilly, gib mir noch einen Kuss

November 1917 bis März 1918

Geliebter, bitte, bitte, sei nicht ungerecht gegen mich. Gestern trank ich Dir zu und sagte «Geliebter» zu Dir; erwähnte, um Dir eine Freundlichkeit zu sagen, dass Du unter meiner Schweigsamkeit zu leiden hättest, kurz, tat alles, was Du wünschen konntest. Bitte überlege das. Aber lass uns nicht so weiterleben. Es wird für mich und natürlich auch für die Kinder der größte Verlust sein, wenn Du nicht bei uns bleiben willst. In Liebe, Deine Tilly.

Tillys schlimmste Befürchtung ist wahr geworden: Wedekind will das Züricher Gastspiel allein bestreiten und Tillys Rolle mit einer fremden Schauspielerin besetzen. Der Pakt, der sie zusammenhielt, seit sie ihre Karriere aufgab und an seiner Seite für sein Werk eintrat, ist gebrochen, die künstlerische Partnerschaft aufgekündigt. Als Grund gibt er Tillys «Kopfhängerei» an, obwohl er weiß, dass sie diese oft nicht ändern kann. Ihre Bitte um Verständnis lässt er unbeachtet und fährt am 5. November nach Zürich.

«Schloss Wetterstein» wird am 15. November 1917 uraufgeführt. *Es wurde gezischt, aber viel stärker applaudiert,* schreibt Frank nach München. Die Länge des Stücks habe ihn enttäuscht, seine Rolle sei ihm nicht leicht gefallen, und die Schauspielerin der Effie sei ein *kapriziöses Luder,* das immer mit Absagen drohe. Die so Beschriebene ist eine junge, aus Galizien stammende Österreicherin, im zweiten Bühnenjahr in Zürich: Elisabeth Bergner. Die Begegnung mit Wedekind ist ihr durchaus erinnerlich: *Vor der ersten Probe war ich so aufgeregt, dass ich viel zu früh im Theater war. Und weil das Kunsthaus gleich gegen-*

*über war, lief ich schnell noch für ein paar Minuten hinüber. Im
ersten Zimmer, vor einem liegenden weiblichen Akt von Renoir,
standen ein Mann und eine Frau. Der Mann starrte verzückt auf
das Bild. Mit weit aufgerissenem Mund und sichtbar wackelnder
Zunge sagte er zu der Frau: «Das ist Fleisch! Das ist Fleisch!»*
Kurz darauf wird ihr ebendieser Mann als Frank Wedekind vorgestellt. Als Bühnenpartner findet sie ihn *furchtbar: Er sah die
Mitspieler kaum an, ging vor den Souffleurkasten und sprach
alle Texte ins Publikum.*

Am 27. November liest Wedekind in Davos den «Herakles»,
von Brechdurchfall geplagt, aber auf der Höhe seiner Kunst.
*Nur ein hoher steifer Stuhl stand auf dem Podium. Bevor Wede-
kind Platz nahm [...] trug er stehend und frei den Prolog seiner
dramatischen Dichtung vor, mit jener Schärfe und Eindringlich-
keit, die man vom «Erdgeist» her kennt. [...] Er las schnell, fast
ohne Pausen, in vorzüglicher Sprachtechnik, jedes Wort scharf
herausarbeitend. [...] Kaum ein Atemschöpfen trennte Bild von
Bild, dann und wann überschlugen die Finger eine Szene, während rasche Worte die Verbindung herstellten, dann prasselte wieder ungestüm die Wechselrede des meisterhaft geprägten Dialogs.*
Anderthalb Stunden habe das Publikum gebannt gelauscht, ohne
dass sich jemand zu *vorzeitigem Aufbruch genötigt* gesehen habe.

Tilly hat eine neue Köchin eingestellt, die ihr Hauswirtschaft
beibringt. Ihre Briefe an Wedekind sind unverändert herzlich.
Sie nennt ihn wie immer *Geliebter* und behält für sich, was in ihrem Inneren vorgeht. *Gestern machte ich meinen ersten Kuchen,
einen Honigkuchen; er ist recht gut ausgefallen, und ich muss sagen, es ist gar nicht so schwer, wie ich immer dachte.* Sie bedauert, «Schloss Wetterstein» nicht gesehen zu haben. *Es freut mich
sehr, dass Du solche Erfolge hast und dass es Dir gut geht. Auch
hoffe ich von Herzen, dass es so bleibt, wenn wir zusammen sind
und keiner den anderen bedrückt oder beengt.* Anna Pamela
wünsche sich zum Geburtstag eine Uhr. *Ich fand eine sehr hübsche, billige an einem grünen Lederriemchen für 18 Mark. Für
das Werk wird ein Jahr garantiert. Alle rieten auf 30 Mark, als*

ich die Uhr zeigte. [...] Es wäre sehr schön, wenn Du zu Pamelas Geburtstag zu Hause wärst, doch ist sie schon darauf vorbereitet, dass Du eventuell später kommst. [...] Wie geht es Dir in dem schönen Zürich? Du lebst wohl ordentlich auf? Grüß mir die geliebte Bahnhofstraße und den See. Könne er Tee und Kochschokolade mitbringen?

Wedekind kündigt seine Rückkehr für den 8. oder 9. Dezember an. Er freue sich auf das Wiedersehen und erwähnt einen harmonischen Abend mit seinem Bruder. *Ich hoffe, dass auch Du Dich zerstreust, soviel Du Gelegenheit findest. Bedenke, dass die Zeiten wieder besser zu werden versprechen, da wird auch das Leben wieder leichter werden. Sei nicht undankbar dafür, dass Du und die Kinder gesund sind. Schreib mir ausführlich, wie es Dir geht. [...] Grüße und küsse die Kinder und sei innigst geküsst.*

Als Frank diese Karte schreibt, liegt Tilly ohnmächtig in einem Münchner Hotel. Dass sie nicht tot ist, verdankt sie ihrem Schutzengel und ihrer enormen Vitalität. Am Freitag, dem 30. November, verlässt sie abends die Wohnung, angeblich auf dem Weg zu Martha, ihrer Schwester, in der Handtasche ein Röhrchen Sublimat-Tabletten, die sie zum Auswaschen von Franks Wundverbänden benutzt und von deren Giftigkeit sie sich in einer Apotheke überzeugte: Ihre Katze habe versehentlich eine verschluckt. «Mit so einer Tablette», sagte die Apothekerin, «können Sie drei Menschen umbringen.» Anna Pamela und Fanny Kadidja haben ihr Nachtmahl gegessen, das Mädchen wird sie zu Bett bringen.

Am Odeonsplatz nimmt sie einen Wagen, lässt sich zum Hauptbahnhof fahren, bittet im Hotel Deutscher Kaiser um ein Zimmer und trägt sich unter dem Mädchennamen ihrer Mutter ein: Mathilde Engländer. Die Nacht über liegt sie wach. Aber als gegen fünf Uhr die ersten Trambahnen über die Gleise rasseln, schluckt sie die Tabletten und ein halbes Dutzend Morphiumpillen hinterher.

Vierzig Jahre später besteht sie darauf, dass es keine Affekthandlung war, sondern *kalte, ruhige Überlegung:* Einer ist zu viel, wenn er nicht stirbt, will sie es. Zur Tatzeit müssen andere Faktoren mitgespielt haben – hätte sie sonst ihre Kinder zurückgelassen? Fanny Kadidja besucht gerade die erste Schulklasse.

Am Sonntagmittag erwacht Tilly mit rasenden Kopf- und Gliederschmerzen. Sie muss sich mehrmals übergeben, klingelt, will Martha benachrichtigen lassen, aber das Zimmermädchen sagt, es sei Feiertag, sie könne niemanden schicken. Tilly schreibt Marthas Adresse auf einen Zettel, gibt ein Trinkgeld, wartet. Nach Einbruch der Dunkelheit kommen Martha und der Schauspieler Hans Carl Müller, mit dem sie seit Juli verheiratet ist. Zwei Tage und Nächte haben sie nach Tilly gesucht. Ein Arzt wird gerufen, sieht die Tablettenschachtel und veranlasst Tillys Überführung in eine Nervenheilanstalt, wo die Fenster vergittert sind und man ihr alles abnimmt, sogar ihren Ehering. Tilly will immer noch sterben, aber ihre Natur verhindert es, wie damals beim Sprung in die Spree.

Man behandelt Tilly wie eine Gefangene. Die Schwestern sind unfreundlich und grob. Eines Nachts verirrt sich eine schreiende Verrückte in ihr Zimmer. Martha erreicht ihre Verlegung in die Kurklinik Neu-Wittelsbach in München-Neuhausen, wo man mehr auf sie eingeht und die Versorgung besser ist. Die Verzweiflung über ihre Tat hat sie gepackt. Immer wieder schildert sie den Ärzten den Hergang.

Wedekind erhält Nachricht über das Vorgefallene am 5. Dezember. *Tilly nimmt Gift*, schreibt er in seinen Kalender. Einen Vortrag in Aarau am 6. Dezember sagt er nicht ab und hält auch am 7. alle Verabredungen ein. Erst am 8. kehrt er nach München zurück. Am 9. besucht er seine Frau in der Klinik. Tilly ist sehr schwach und kann kaum sprechen. Die Tabletten haben Mund und Speiseröhre verätzt. Auch Wedekind weiß wenig zu sagen. Am 11. Dezember schreibt er einen Brief, in dem er ihr künstlerische und persönliche Freiheit verspricht. *Wenn Du gesund bist, sollst Du es so gut haben, dass Du Dich über nichts mehr beklagen kannst. [...] Tu jetzt nur alles, damit Du rasch gesund wirst. Dann kann wirklich ein neues und frohes Leben zwischen uns beginnen, weil Dir dann von dem, was das Leben schön und*

Krank und allein: Frank Wedekind, 1917/18

wertvoll macht, nichts mehr fehlen soll. Auf baldiges Wiedersehen, geliebte Tilly. Die Kinder lassen Dich herzlich grüßen. Mit innigem Kuss, Dein Frank.

Aber Tilly glaubt an kein neues, frohes Leben. Jetzt will sie die Scheidung. Durch Martha lässt sie Wedekind bitten, sie vorläufig nicht zu besuchen. Die Korrespondenz bricht ab.

Vom 12. Dezember 1917, Anna Pamelas elftem Geburtstag, bis zum 9. Februar 1918 ist Wedekinds Kalender leer. Es gibt kein Zeugnis der einzigen Periode, die seine Töchter mit ihm ohne Tilly verbringen. Wissen sie, was vorgefallen ist? Kennen sie die Scheidungspläne der Eltern? Ist ihnen bewusst, dass sie aller Voraussicht nach bei der Mutter leben und den Vater nur gelegentlich sehen werden? Fürchten sie, für immer ins Kinderheim zu müssen? Die Töchter haben auch nachher nie über diese Zeit gesprochen.

Am 10. Januar 1918 bestreitet Wedekind seinen letzten öffentlichen Auftritt, eine Lesung des «Herakles» in der Münchner Bonbonniere im Rahmen der so genannten «Intimen Nachmittage». Heinrich Mann erinnert sich: *Eine Dame verzog das Gesicht. Er sah es mehrmals, musste immer wieder hinsehen. Sie saß ganz vorn und machte sich lustig! Es war wie je, man lachte; der Fluch blieb. Er war nicht gewillt, ihn hinzunehmen. Bewusst des Errungenen, seines hohen Ansehens, weiten Wirkens, tastete er, immer sprechend, in die Brusttasche, befestigte auf der Nasenspitze den Klemmer, und über ihn fort, ganz rächende Würde, starrte er auf die Dame, bis sie untertauchte. Sie tauchte hinter die Rücken, kein Auge erhob sie mehr. Wie konnte sie. Nicht zu lächeln war ihr versagt. Sie litt an einem Tick.*

Wedekind hat Tillys Scheidungswunsch akzeptiert. Am 16. Januar 1918, nach mehr als einmonatiger Pause, schreibt er ihr in die Klinik. *Meine liebe Tilly! Wie gern würde ich «Geliebte» schreiben, aber es passt nicht zum Inhalt dieser Zeilen. Gestern Abend fragte ich Prof. Kutscher, wie er sich seinerzeit geeinigt habe. Er sagte, er sei mit seiner Frau zu Rosenthal gegangen, die Erledigung habe drei Monate in Anspruch genommen. [...] So ging ich heute zu Siegfried Adler, Brienner Straße 55 (Göschenbachhaus), der meine Angelegenheiten mit Georg Müller geordnet, und setzte ihm unsere Lage, so gut ich es vermochte, auseinander. Adler hielt es für das Richtige, dass wir so bald als möglich zusammen zu ihm kämen, oder, was besser wäre, dass Du zuerst allein zu ihm kämst. Er hoffe, die Sache innerhalb von ZEHN TAGEN vollständig zu Ende führen zu können. Da ich nun meiner Gesundheit wegen allerdings möglichst bald in die Schweiz zurückkehren würde, wäre mir eine solche Beschleunigung allerdings wertvoll. Ich gebe Dir das Versprechen, liebe Tilly, nun, bis Du selber Dich der Sache annehmen kannst, weder mit Adler*

noch mit sonst jemandem weiter über unsere Angelegenheiten zu
sprechen. Mit den herzlichsten Wünschen für Deine baldige Er-
holung und herzlichen Grüßen, Dein Frank.

Wedekind ist kränker, als er zugibt. Hilfsangebote weist er
zurück, aber ohne Stock fühlt er sich unsicher. Artur Kutscher
erinnert sich, dass er auf dem Heimweg von der Torggelstube
immer wieder nach seiner Hand gegriffen habe. In den Kalender
notiert er: *Weinkrampf wegen meines Bruchs.* Erich Mühsam
findet ihn *weicher, menschlich zugänglicher [...]. Er sprach über*
seine Häuslichkeit, erzählte Niedliches von seinen Kindern, er-
kundigte sich mit weniger zur Schau gestellter Förmlichkeit und
mit mehr wahrer Beteiligung nach des anderen privatem Erge-
hen. Heinrich Mann beschreibt seine letzte Begegnung mit ihm:
Leeres Theater, ich saß schon, drüben erschien Wedekind. Da ich
mit meiner Frau war, hatte er die Güte, um den ganzen Balkon
zu uns zu kommen. [...] In einer Tür hinten zeigten sich zwei
magere junge Talente, bleich von Unterernährung und Ehrgeiz.
Sie sahen unsere Aufmerksamkeit erregt, sofort spannte sich ihre
Haltung. Darauf Wedekind: «Wenn wir sie noch länger ansehen,
werden sie sagen: Es geht vorwärts.» Ohne Schärfe, nur gut ge-
sprochen und heiter.

Tilly schmiedet Zukunftspläne. Auf Klinikbriefpapier schreibt
sie an den Theateragenten Eugen Frankfurter: *Sehr geehrter Herr*
Geheimrat! Da Ihnen mein Mann in etwas übereilter Weise, wenn
auch mit der besten Absicht, Mitteilung von unseren Entschlüs-
sen gemacht hat, muss ich mich nun selbst an Sie wenden: Kein
festes Engagement schwebe ihr vor, aber Gastverträge in Wede-
kind-Stücken und klassischen Rollen; Max Reinhardt habe *mehr-*
mals den Wunsch geäußert, sie als Viola zu sehen. Auch filmen
wolle sie, spätestens im Herbst 1918. *Was das Honorar anbe-*
langt, so rechne ich vorläufig mit der Hälfte von dem, was Frank
und ich zusammen hatten. Ich habe die gleichen Reise- und Toi-
lettenkosten, außerdem ist durch den Krieg alles verteuert. Na-
türlich richtet sich das Honorar auch danach, ob ich einmal oder
mehrere Male an einem Ort spiele. Wie Sie wohl wissen, habe ich
in den letzten Jahren starke künstlerische Erfolge gehabt.

Das Gift hat in Tillys Körper eine toxische Dermatitis verursacht. Wenn sie sich abbürstet, rieseln Hautteile wie Schneeflocken durchs Zimmer. Eines Tages kann sie die Haut ihrer Hand wie einen Handschuh abziehen. Die Handlinien sind darauf zu sehen, darunter ist feine, gesunde Haut. Der Arzt hat zu den Mahlzeiten Bier erlaubt, es schmeckt ihr großartig. Sie hat ein unstillbares Verlangen nach Obst. Martha bringt ihr, wer weiß woher, eine Orange. Tilly zerteilt sie sorgfältig und glaubt, nie etwas Köstlicheres gegessen zu haben.

Je mehr sich Tilly erholt, desto unmöglicher erscheint die Trennung von Wedekind – sie wird niemals von ihm loskommen, er wird sie nie freigeben. *Lässt man sich scheiden, wenn die Menschen ineinander hineingewachsen und der halbe Mensch mitgeht?*, fragt Dr. Schön im «Erdgeist». Tilly will es noch einmal versuchen. Am 17. Februar 1918 schreibt sie Wedekind ihren letzten Brief: *Geliebter Frank, Lieber, es ist so lieb von Dir, dass Du mir eine Freude machen willst und es anerkennst, wenn ich mich zusammennehme. Ich hoffe, dass es mir gelingt, recht oft mit Dir fröhlich und vergnügt zu sein, und so auch Dir Freude zu machen. Dann wird's hoffentlich anders und besser mit uns werden, gelt, Lieber? Morgen telephoniere ich Dir noch, wann ich von hier fortkann. Inzwischen umarmt und küsst Dich innig, Deine Tilly. P.S. Du glaubst gar nicht, wie mich Deine Anerkennung heute fröhlich gestimmt hat.*

Am 19. Februar wird Tilly aus der Klinik entlassen, elfeinhalb Wochen nach ihrer Tat. Zur Eingewöhnung wohnt sie zunächst bei Martha und Hans Carl, aber bereits am ersten Abend besucht sie Wedekind in der Prinzregentenstraße und übernachtet in seinem Arbeitszimmer. Sein Kalender meldet zwei letzte sexuelle Kontakte, abends auf dem Diwan und morgens im Bett.

Am 24. Februar besuchen Frank und Tilly eine Aufführung des «Wintermärchen» in den Kammerspielen, bei der Martha und Hans Carl mitwirken. «Die da oben haben's gut», sagt Frank, als die beiden sich verbeugen. «Wenn wir auf der Bühne stehen, beneidet man uns auch», antwortet Tilly. Plötzlich sagt Wedekind, er wolle gehen, könne Theateratmosphäre und Menschen nicht ertragen. In der Pause lässt er sich Hut und Mantel geben. Traurig kehrt Tilly zu ihrem Platz zurück. Aber als die Lichter verlöschen, spürt Tilly, wie er sich neben sie setzt und ihre Hand nimmt. *Wir scheiden in Frieden,* notiert er in den Kalender.

In der Nacht schreibt er das Gedicht:

An Tilly

Und so reißt des Geschickes Wut
Grausam uns auseinander
Wenn auch jeder sein Liebstes tut
Wir ersticken selbander.
Tilly gib mir noch einen Kuss
Es kommt ja doch, wie es kommen muss.

Ich bin alt. Des Gebrechens Last
Zwingt mich zum Eigenbrödeln
Nimmer wollt mit dem siechen Gast
Ich meine Zeit vertrödeln.
Tilly gib mir noch einen Kuss
Es kommt ja doch, wie es kommen muss.

Du bist jung. Und dein Herzblut wallt
Mächtig dem Glück entgegen
Keinem grämlichen Aufenthalt
Widme dich meinetwegen.
Tilly gib mir noch einen Kuss
Es kommt ja doch, wie es kommen muss.

Er korrigiert ein bisschen daran herum und überreicht es Tilly am nächsten Tag.

Am 26. Februar schläft Tilly zum ersten Mal wieder in ihrem Bett. Sie will sich morgens eben anziehen, als Frank ausgehbereit ins Zimmer tritt, auf dem Weg in die Chirurgische Heilanstalt des Königlichen Hofrats Dr. Albert Krecke in der Hubertusstraße 80 unweit des Nymphenburger Schlosses. Professor Schmidt vom Josephinum hat eine erneute Operation als zu riskant abgelehnt. Aber wenn Tilly mit ihm zusammenbleiben will, MUSS er gesund werden, MUSS seine Bauchwunde heilen. Er hat eine Reise Professor Schmidts benutzt und sich heimlich beraten lassen. Hofrat Krecke bezeichnet den Eingriff als Kleinigkeit.

Tilly, völlig überrascht, will ihn begleiten, er lehnt ab. Sie bringt ihn zur Wohnungstür, er geht die Treppe hinunter, in der einen Hand einen kleinen Koffer, den Stock in der anderen. Auf dem Treppenabsatz dreht er sich um und sagt: «Vielleicht werde ich ja doch noch gesund.»

Im Krankenhaus kritzelt er seine letzten Gedichtzeilen ins Notizbuch:

> *Heut schlitzt zum vierten Mal den Bauch mir auf*
> *Im Laufe von vier Jahren.*
> *Wann hat das ein Dramatiker erfahren,*
> *Und welcher Schauspieler erfuhr das auch?*
> *Mit welchem Blasbalg stoß ich mir den Hauch*
> *Zum Spund hinaus mit schmetternden Fanfaren?*

Die Operation am 2. März verläuft gut. Tilly bringt einen Azaleenstock. Am Freitag, dem 8. März, wird eine Nachoperation vorgenommen, bei der sich Wedekind erkältet. Tilly will im Krankenhaus schlafen, er schickt sie fort. *Frank Wedekind ist, wie wir zu unserem Bedauern vernehmen, schwer erkrankt, nachdem er sich neuerdings einer Darmoperation hatte unterziehen müssen,* melden die «Münchner Neuesten Nachrichten».

Samstag früh erhält Tilly einen Anruf aus dem Krankenhaus: Eine Verschlechterung sei eingetreten, sie möge sofort kommen. Vor der Klinik trifft sie einen Arzt auf dem Weg zu einem Konzilium über Wedekinds Zustand. Tilly muss warten, dann betritt mit ernster Miene der Operateur und Klinikdirektor Hofrat Krecke in Begleitung zweier Ärzte den Raum, unter ihnen der Kollege, den Tilly eben sah. Nach Umschweifen und vorbereitenden Floskeln bekennen die Mediziner, dass keine Hoffnung bestünde. Wedekind habe eine Lungenentzündung, bekomme Kampfer- und Morphiumspritzen und werde, wenn nicht ein Wunder geschehe, nur noch Stunden leben. Man drückt Tilly die Hand. Sie solle zu ihm gehen, er verlange nach ihr. Im Flur hört sie seine Stimme ihren Namen rufen. Handschriftliche Aufzeichnungen Tillys, in ihrem Nachlass gefunden, geben Auskunft über Wedekinds letzte Stunden.

«Da bist du ja endlich», sagt er, als sie eintritt.

«Du wolltest ja gestern, dass ich heimgehe», antwortet Tilly.

«Richtig, du bist ja mit Dreyfuß weggegangen.» Er meint Joachim Friedenthal. Wahrscheinlich das Morphium, denkt Tilly.

«Die Ärzte machen sich wichtig», sagt Wedekind lächelnd. Er holt schwer und stoßweise Atem, Kopf und Hände sind unruhig. Dabei summt er vor sich hin. Er bekommt eine Spritze. «Ich bin der Schwester nicht fromm genug», sagt er. «Unsinn, Herr Wedekind», antwortet der Arzt, «Sie sind fromm genug.»

Sekt wird gebracht. Frank will ihn von ihrem Mund trinken.

«Willst du das wirklich?», fragt Tilly.

«Mach schon, sei nicht so ungeschickt», antwortet Frank.

Tilly beugt sich über ihn, flößt Sekt in seine geöffneten Lippen. Als er zu schlafen scheint, ruft sie in der Prinzregentenstraße an und bittet das Mädchen, nach der Heimkehr Pamelas aus der Schule mit beiden Kindern nach Nymphenburg zu kommen. Im Krankenzimmer ist es still. *Ich sitze an seinem Bett, streiche seine Hände, flüstere: «Geliebter Frank!» Wie gern hat er es gehört und wie wenig daran geglaubt. Ab und an kommt er zu sich, schlägt die Augen auf: «Ach, du bist's, geliebte Tilly.» So hat er immer zu mir gesagt, und ich habe es immer geglaubt.*

Gegen halb drei Uhr nachmittags wird sein Atem *schnell und röchelnd.* Die Nonnen knien und beten. *Ich halte ihn fest, er öffnet weit die Augen und sieht mich an, plötzlich ist der Atem weg, der Blick starr auf mich gerichtet. Die Schwester beugt sich vor und schließt ihm die Augen. Ich sitze allein bei dem Toten. Meine Tränen fließen. Er sieht friedlich, fast heiter aus. Um den*

Mund ist ein Lächeln, ein leise spöttisches, doch auch gütiges und mitleidiges Lächeln. Arme Tilly, scheint er zu denken, was wird nun alles über dich kommen? Man bindet ihm eine Mullbinde um den Kopf.

Auf dem Flur hört man Schritte: das Mädchen mit den Kindern. Tilly geht hinaus. «Was ist mit Papa?», ruft Anna Pamela. «Er ist tot», sagt Tilly. *Pamelas Schmerz entlädt sich mit einer solchen Wucht, mit einer solchen Verzweiflung und Leidenschaft, dass alles erschüttert ist. Die Kleine weint. «Ich will zu ihm!», ruft Pamela. Ich wage es nicht, sie hineinzulassen. Sie hat ihn das letzte Mal vor vierzehn Tagen gesehen, als er in die Klinik fuhr – wird sie den Anblick des Toten ertragen? Ich lasse die Kinder nicht aus meinen Armen.*

Martha, Hans Carl und Joachim Friedenthal kommen. Anna Langheinrich, eine Geliebte Wedekinds aus der frühen Münchner Zeit, bringt Tilly und die Kinder nach Hause. Sie hält den Stock, den er zuletzt trug. Tilly lässt ihn ihr zum Andenken.

Nachts bleibt Martha bei uns. Ich schlafe mit ihr und Anna Pamela in meinem großen Bett, Kadidja schläft in ihrem Bettchen.

Dienstag, 12. März 1918, vier Uhr nachmittags: Beerdigung Frank Wedekinds. Tilly hält es nicht für geraten, die Kinder mitzunehmen. Tief in Schwarz besteigt sie eine Pferdedroschke. Schon am Sendlinger-Tor-Platz sieht sie Menschen zu beiden Seiten der Lindwurmstraße in Richtung Waldfriedhof gehen, zum großen Teil Neugierige, die von dem toten Dichter nur wissen, dass seine Werke verboten waren. Am Friedhofstor dichte Menschentrauben. Thomas Mann ist, sehr zur Missbilligung seiner Frau, mit dem Taxi gekommen und lässt es warten, weil er die Grabrede seines Bruders Heinrich nicht zu ertragen glaubt.

In der Leichenhalle unwilliges Gemurmel über eine junge Künstlerin, die den Platz vor dem Fenster absperren ließ, um den Toten zu malen. Schaulustige drängen sie zur Seite. Wedekind liegt aufgebahrt. Bertolt Brecht, eben zwanzig Jahre alt, der gestern in seinem Nachruf auf Wedekind für die «Augsburger

Neuesten Nachrichten» schrieb: *Bevor ich nicht gesehen habe,* *wie man ihn begräbt, kann ich seinen Tod nicht fassen,* notiert ins Tagebuch: *Er sah aus wie ein kleiner Junge, so um den Mund herum. Der süffisante, preziöse Zug der Lippen, das Übersättigte, Zynische ganz weg.*

Die Aussegnungshalle ist viel zu klein, der Sarg unter Blumen und Kränzen kaum zu sehen. Orgelmusik erklingt, danach eine Händel-Arie und Wedekinds «Gebet eines Kindes», eins seiner harmlosesten Gedichte, vorgetragen von einer Hofopernsängerin. Max Halbe und Kurt Martens sprechen, Felix Holländer vertritt das Deutsche Theater in Berlin, Artur Kutscher und Joachim Friedenthal ergreifen das Wort. Thomas Mann sieht seine Befürchtung bestätigt und entfernt sich während der Ansprache Heinrichs.

Nachmittagssonne scheint durch kahle Äste, als der Leichenzug sich in Bewegung setzt. Vorne Tilly mit Wedekinds Schwester Erika, dahinter Martha und Hans Carl. Der Passauer Dichter Heinrich Lautensack, sechsunddreißig Jahre alt und ähnlich erfolglos wie einst Wedekind, will einen Film über ihn drehen. Am Vortag hat er die Wohnung in der Prinzregentenstraße fotografiert, jetzt läuft er mit Leiter und Kurbelkasten neben dem Zug her und gibt Anweisungen. Plötzlich bricht Panik aus. Jeder will rechtzeitig bei der Westmauer sein. Menschen laufen durch die Anlagen, hopsen über Gräber und liegen gebliebenen Schnee, drängen einander beiseite. Heinrich Lautensack hat seine Leiter erklettert und dirigiert die Menge, *die schwarze Mähne noch* *wirrer als früher,* wie sich Otto Falckenberg erinnert, Scharfrichter-Kollege Wedekinds und neuerdings Direktor der Münchner Kammerspiele.

Am Grab Tumulte und Ordungsrufe. Redner versuchen, sich Gehör zu verschaffen, die Menge zu übertönen. Endlich wird der Sarg hinabgelassen. Die Trauergäste, als Erstes Tilly, bedecken ihn mit Erde. *Als die Erdschollen auf den Sarg fielen,* *senkten sich die Schatten des Abends auf das Grab des Dichters,* berichten die «Münchner Neuesten Nachrichten». Erich Mühsam hält den weinenden Heinrich Lautensack an der Hand. Der reißt sich plötzlich los, schleudert Rosen auf den Sarg und schreit: «Frank Wedekind, mein Lehrer, mein Vorbild, mein Meister – dein unwürdigster Schüler Lautensack!», und stürzt sich mit dem Oberkörper ins Grab. Man überwältigt ihn, er wehrt sich wie rasend. Mühsam rinnen Tränen über das bärtige Gesicht. Heinrich Lautensack stirbt zehn Monate später in einer Anstalt.

An der Garderobe hängt Wedekinds Mantel. Im Regal stehen seine Stiefel. Das Arbeitszimmer ist aufgeräumt, als ob der Bewohner auf Reisen sei. Die Schreibtischplatte ist leer bis auf das Kästchen, in dem er Briefbogen, Marken und Büroklammern verwahrte, an der Tischkante lehnt die Laute. Der rot bezogene Diwan ist glatt gestrichen.

Tilly legt sich zur Ruhe. Es war ein langer Tag. Was sie durch den eigenen Tod erzwingen wollte, ist Wirklichkeit geworden: Einer musste weichen. Frank Wedekind ist tot, sie ist noch da.

In ihrem Bett weint Anna Pamela.

II

Unterhaltend pfeift der Wind

Tilly, Pamela, Kadidja

Unterhaltend pfeift der Wind,
Saust uns um die Ohren;
Von des Lebens Freuden sind
Keine noch verloren!

FRANK WEDEKIND, *Die Wetterfahne*

Alles ist anders

1918–1923

Der Krieg ist zu Ende, der Kaiser geflohen, die Zensur gefallen. Die Revolution der so genannten Arbeiter- und Soldatenräte ist niedergeschlagen. Kurt Eisner, Gustav Landauer, Karl Liebknecht und Rosa Luxemburg sind ermordet. Erich Mühsam verbüßt eine langjährige Freiheitsstrafe. Friedrich Ebert ist Reichspräsident. Man tanzt Shimmy und Foxtrott, One-Step und Charleston, der Bubikopf kommt in Mode, Briefe werden per Luft befördert, der Rundfunk nimmt den Sendebetrieb auf, und in der Prinzregentenstraße 50 im dritten Stock wohnt laut Adressbuch Mathilde Wedekind, Schriftstellerswitwe.

Wedekinds Werk wird gespielt wie nie zuvor. Von Bremerhaven bis Pyrmont, von Rostock, Stettin, Troppau und Gleiwitz, von Aachen bis Marienwerder, Eisenach, Wismar und Mühlhausen, und an den großen Bühnen in Berlin, Wien, München und Prag will man wissen, was man von Staats wegen versäumt hat. Die Spielzeit 1919/20 bringt einhundertfünfundfünfzig Neuinszenierungen. «Die Büchse der Pandora» erlebt allein in Hamburg einhundertachtundsiebzig Aufführungen. Wie Wedekind voraussah, ergießt sich ein Geldregen über Tilly.

Fünf viertel Jahr hat sie Trauer getragen. Jetzt lässt sie sich Kleider machen, in ersten Geschäften und nach neuester Mode: ein hellgraues Frühjahrskostüm mit passendem Hut, einen Weißfuchsmantel, Abendgarderobe. Im todschicken Reitdress, Kappe auf dem Kopf, die Peitsche unter dem Arm, läuft sie durch den Englischen Garten zum Tattersall. Zuchtmeister Wedekind hat sich verabschiedet, Tilly ist frei und mit dreiunddreißig Jahren jung genug für ein neues Leben.

Aber sie ist krank, und ihre Krankheit hat einen Namen: manisch-depressive Psychose. Was früher Stimmungsschwankungen waren, aus Angst unterdrückt, beherrscht jetzt die Agenda. Wie ein Korsett, aus dem man die Stangen entfernt hat, ist Tillys Konstitution zusammengebrochen. Alle drei bis vier Wochen macht ein depressiver Anfall sie handlungsunfähig. Dann liegt sie bei zugezogenen Vorhängen im Bett, fühlt sich taub, ausgegrenzt, nutzlos, quält sich mit Selbstvorwürfen, reagiert auf Zuspruch ablehnend oder mit Tränen. Die manische Phase bringt extreme Lebenslust und unbändigen Tatendrang, der Umschwung geschieht plötzlich, manchmal im Schlaf. Tilly steht dann auf, ordnet ihr Zimmer, schreibt Briefe, ruft Freunde an, erledigt Liegengebliebenes, holt mitten in der Nacht Sekt aus der Speisekammer.

Noch gibt man ihr zu spielen. Hermine Körner, die neue Direktorin des Münchner Schauspielhauses, hat mit ihr einen Halbjahresvertrag geschlossen, der ihr Zeit zum Gastieren lässt, ganz wie sie es wünschte. Sie hat mit Wilhelm Dieterle als Partner die Lulu gespielt und die Fanny Kettler in «Hidalla» mit Alexander Granach als «Zwergriesen» Karl Hetmann in Wedekinds einstiger Paraderolle. Höhepunkt war ihre Maria Stuart, mit der Körner als Elisabeth und Adolf Wohlbrück als Mortimer, im Juni 1919, während in München die Revolution tobte und es weder Post noch Zeitungen gab. Tumulte oder Schießereien, Tilly war pünktlich im Theater – bis eine Depression den Abbruch der Vorstellungen erzwang und der Vertrag gelöst wurde.

In Berlin soll sie die Leonore in «Schloss Wetterstein» spielen, mit Maria Orska als Effie. Mitten in den Proben überkommt sie die Angst. Direktor Carl Meinhard, der solche Zustände kennt, bemüht sich um sie und zieht seinen Arzt zu Rate. Tillys Freundin Else Heims, Ehefrau Max Reinhardts, heftet ihr einen Zettel an den Garderobenspiegel mit den Worten: «Ich will, ich will am 4. Oktober». Es nützt nichts, und Tilly tut, was Wedekind nie gestattet und selbst mit offenem Narbenbruch nicht getan hätte: Sie lässt die Premiere platzen. Allzu oft kann man sich das nicht erlauben, auch nicht als Witwe Frank Wedekinds.

«König Nicolo» wird verfilmt. In Babelsberg ist der Marktplatz von Perugia aufgebaut. Tilly, in Hochstimmung, spielt die Prinzessin Alma, Hans Carl Müller, ihr Schwager, den Prinzen. Oft singt sie schon morgens im Hotelzimmer, mit wehenden Haaren jagt sie zu Pferd über das Filmset. Nach Schluss der Dreharbeiten fährt man gemeinsam nach Sylt. Tilly freut sich auf die Entspannung und lässt Pamela und Kadidja nachkommen. Aber mitten im Urlaub überfällt sie die Schwermut. Während andere sich lachend in die Wellen stürzen, läuft Tilly allein über den Strand, in eine Wolljacke gehüllt, Schal und Mütze um den Kopf. Wind und Sand sind ihr unerträglich geworden. Was als Erholung gedacht war, endet als Flucht.

Fast täglich kommen Anfragen von Theatern, sind Entscheidungen zu treffen, Verträge auszuhandeln. Wedekind hat Tilly von allem Geschäftlichen fern gehalten, jetzt steht sie hilflos vor einer übermächtigen Aufgabe. Ihr Vater Eduard Newes kommt aus Graz, versucht ihr als Kaufmann zu helfen. Als er sie sieht, muss er weinen – Tillys Depressionen sind schlimmer als die seiner Frau. Traurig fährt er zurück nach Österreich und stirbt ein paar Monate später. Die Beerdigung der Mutter versäumte Tilly wegen Wedekinds Krankheit, nun ist sie selbst zu krank für eine Reise. Ihr Bruder Bertl, mittlerweile Bankdirektor in Prag, geht geduldig mit ihr Stöße von Rechnungen und Geschäftsbriefen durch, aber Tillys Nervosität lässt sie keinen klaren Gedanken fassen. Schließlich übergibt sie ihre Angelegenheiten Dr. Siegfried Adler, dem Anwalt, den Frank mit seiner geplanten Scheidung betraute.

Der Kernpunkt der Neurose sei die Machtfrage, erläutert Tillys Psychiater, das Beherrschenwollen, Habenwollen, Geltenwollen, das Verfügen über andere, auch über den Arzt. Tilly dankt mit Rosenstrauß und Brief, aber ohne Überzeugung: *Das eine glaub ich Ihnen sagen zu müssen: Ihre Unerbittlichkeit kann in den kranken Tagen für den Patienten zur Klippe werden. Ich war das letzte Mal fast bereit, nach Großhesselohe zu fahren und von der Brücke in die Isar zu springen. Sich mit 33 Jahren vollständig umzukrempeln, dazu gehört Willenskraft, und die fehlt eben in den kranken Tagen.* Wenn sie nicht weiterweiß, flieht sie in die Kuranstalt Neu-Wittelsbach, wo man sie nach ihrem Selbstmordversuch behandelte. Dort gibt man ihr Beruhigungstabletten und versetzt sie in eine Art Dämmerzustand, manchmal für eine ganze Woche. Sie geht dann getröstet nach Hause, wirkliche Abhilfe schafft das nicht. Tillys Handschrift hat sich seit dem Ausbruch der Krankheit fast um das Doppelte vergrößert. Ihr neues Briefpapier zeigt ihre Initialen schräg gestellt, geschwungen, aus rotem Lack: Seht her, wer ich bin!

Aufschluss über ihr Befinden gibt ein Brief aus dem Allgäu an Martha, ihre Schwester: *Hier fühl ich mich etwas besser, ich bin nicht in meiner Wohnung, wo mich alles, aber auch alles irritiert. Man hat eigentlich nichts weiter zu tun, als sich an- und auszuziehen, zu essen, spazierenzugehen und zu schlafen. Und ich quäle mich nicht zu sehr, dass ich nichts tue, weil alle nichts tun. Wenn es möglich wäre, ein oder zwei Jahre so ein beschauliches Dasein zu führen, weit ab von allem Getriebe und ohne große Langeweile, würde das vielleicht meine Nerven kräftigen. Heilbar ist mein Zustand wohl nicht, diesen Glauben hab' ich ziemlich aufgegeben, und vielleicht ist es besser so. Dann rechne ich mit dem Schlechten und bin weniger enttäuscht, wenn es immer wieder kommt. Ich resigniere langsam, Marthl. Vielleicht bin ich deshalb so dankbar für das Gute, das man immer noch hat. Der Mensch muss MIT SICH zufrieden sein, sich BEI SICH leidlich wohl fühlen, daraus entspringt alles Übrige. Das habe ich bis heute nicht gelernt, vielleicht lerne ich es nie.*

Tilly sucht Trost in der Religion. Eine Hilfe ist ihr dabei Lilly Ackermann, Übersetzerin, Schauspiellehrerin und Tochter Willy Grétors, jenes dänischen Kunsthändlers und angeblichen Bilderfälschers, der Wedekind zur Figur seines Marquis von Keith inspiriert haben soll. Lilly besitzt ein Haus in Ammerland am Starnberger See, wo Tilly jederzeit willkommen ist. Tillys Glaube ist von kindlicher, einfacher Art, aber auch die langen Gespräche mit der Freundin über Schicksal, Bestimmung und den Sinn des Lebens tun ihr gut.

Dazwischen Münchner Fasching. Ein neuer Arzt, ein wenig verliebt in seine schöne Patientin, begleitet sie. Im weißen Seidenwams und den Trikots aus «König Nicolo» lässt sich Tilly auf den Schultern in den Saal tragen. Das gibt ein Hallo! Mit Else Heims, die jeden Spaß mitmacht, geht sie zwei Wochen lang jede Nacht auf ein anderes Fest. So viele Jünglinge umschwärmen sie, dass Else Heims energisch nach einem «richtigen Mann» verlangt.

Anna Pamela, die sich jetzt nur noch Pamela nennt, ist ein hoch aufgeschossenes Mädchen mit hervorspringender Nase, grünen Augen, einem scharfen Verstand und der geschliffenen Diktion ihres Vaters. Mehr als ein Jahr nach seinem Tod hat sie jeden Abend geweint, ein allein gelassener Mensch, des Zentrums seines Lebens beraubt. Ihre schulischen Leistungen sind abgesackt, sie folgt dem Unterricht lustlos, ist bockig gegenüber den Erwachsenen. Lange Stunden sitzt sie an Wedekinds Schreibtisch, singt seine Lieder, spielt auf seiner Laute – hier, wo man nichts zu ändern wagt, wo die alte Ordnung noch gilt, die um sie herum schmählich ins Wanken gerät.

Tilly will das Badezimmer umgestalten, Pamela ist dagegen. Tilly schafft neue Möbel an, Pamela weint und schließt sich in ihr Zimmer ein – alles soll bleiben, wie es war, als Wedekind lebte, nicht nur heute und morgen, sondern immer. Tillys Depressionen erträgt Pamela schweigend. Manchmal zeigt sie Mitgefühl und versucht, vernünftig mit ihrer Mutter zu reden. Tillys manische Zustände lehnt sie ab. Wo käme man hin, wenn sich alle so gehen ließen? Hat es das früher gegeben? Dieses peinliche Festefeiern, diesen krawalligen, gewollten Frohsinn? Pamela kann schneidend und zynisch sein, und wenn sie aufrecht und fordernd vor Tilly steht und sie mit ihren grünen Augen anfunkelt, dann gleicht ihr Blick dem Wedekinds auf so unheimliche Weise, dass Tilly zurückschreckt.

Argwöhnisch beobachtet Pamela, wer in der Prinzregentenstraße ein und aus geht. Tilly hat sich eine Hausdame zugelegt, Sybil Vane, mit bürgerlichem Namen Sybille Krecke und Pamela schon deshalb unsympathisch, weil sie die Tochter des Arztes ist, der Wedekinds letzte Operation vornahm. Sybil Vane ist Vortragskünstlerin, spielt leidlich Klavier, singt und rezitiert. Auch im Privatleben kleidet sie sich bühnenhaft in wallende Kleider und wehende Tücher und ist im Ganzen ein wenig vage und fahrig. «Moral breitet sich nicht aus, hast du Sybil Vane im Haus», sagte Wedekind mit leisem Spott von ihr. Während einer Depression war Tilly froh, sie um sich zu haben, daraus ist ein Dauerzustand geworden. Sybil und Tilly streiten nicht selten, aber Sybil hat ein eigenes Zimmer und versucht, von Pamela unwillig akzeptiert, in Vertretung von Tilly deren Töchter zu erziehen. Für sie ist Sybil eine der Hauptursachen für die konfuse Atmosphäre, die sich im Elternhaus breit macht.

Weit schwerer als Sybil haben es Männer, die sich Tilly zu nähern wagen, allen voran der von Wedekind als Konkurrent gefürchtete Albert Steinrück. Seine Frau ist gestorben. Witwer und Witwe finden zusammen – Pamela sieht alles voraus und ist entschlossen, es zu verhindern. «Wenn du noch einmal heiratest, schau ich dich nicht mehr an», schleudert sie Tilly entgegen. In ihrem Zimmer ist ein Dolch versteckt, mit dem sie jedem zu Leibe rücken will, der Wedekinds Frau antastet.

Pamelas Heftigkeit droht Tilly zu überwältigen und fördert ihre Depressionen. Gemeinsam mit ihrem Arzt kommt sie zu der Überzeugung, dass Pamela in ein Internat muss. Die scheint ihrerseits froh, dem Zuhause zu entrinnen. Man wählt ein Töchterpensionat in Garmisch – Pamela gibt vor, sich ausschließlich für Sport zu interessieren, und legt es darauf an, sich möglichst viele Schrammen und Hautabschürfungen zuzuziehen. Man versucht die Odenwaldschule in Oberhambach an der Bergstraße, geleitet von Paul Geheeb, einem berühmten Pädagogen, der auf Schülerselbstverwaltung und freigeistige Erziehung setzt und Rabindranath Tagore zum Freund hat – Pamela bekommt Hautausschlag und versäumt einen Großteil des Semesters. Erst ein streng geführtes, traditionsbewusstes Internat in Dresden sagt

Arme Tilly, was wird nun alles über dich kommen?
Tilly, Pamela und Kadidja, um 1920

ihr einigermaßen zu, besonders weil sie dort in der Nähe von Tante Mieze ist, alias Erika Wedekind, der ehemals berühmten Sängerin. So sehr Tilly die Schwägerin als schulmeisternde Autorität fürchtet, so sehr liebt Pamela die Tante, die alles symbolisiert, was sie gut, richtig und erstrebenswert findet: Lenzburg, die Schweiz, Großmutter Wedekind und, hoch über allem, den Vater, der sichere, rationale Helligkeit verbreitete und nicht, wie Tilly, dunkle, österreichische Schwermut.

Eine Wohltat für Tilly ist Kadidja, «die Kleine», «das Kind» oder «Muckl» genannt, ein hübsches, schwarzhaariges Mädchen mit blauen Augen, von Wedekinds Gesichtsschnitt, aber ohne die große Nase. Kadidja ist verträumt, verspielt, originell und phantasievoll. Sie zeichnet und dichtet, weiß immer Anregendes oder Witziges zu erzählen. Sie schwärmt für Karl May und den Wilden Westen. In ihrem Zimmer steht ein Indianerzelt, der Fußboden ist bedeckt mit Spielsachen, Büchern, Heften. Tillys Krankheit übergeht sie einfach. Sie setzt sich zu ihr, tut, als ob nichts wäre. Tillys Interesse an Männern findet sie ganz natürlich. Warum nicht? Tilly ist doch noch so jung.

In der Tat. Tillys Natur, von Wedekind erkannt und umso fester geknebelt, lässt sich nicht unterdrücken. Wer ihre Liebhaber sind, ob Steinrück tatsächlich dazu zählt, ist nicht bekannt, aber es sind viele. *Tilly ging los wie eine Rakete,* erinnert sich ein Bekannter aus jenen Tagen. *Nach Franks Tod habe ich Männer kennen gelernt, die mich wirklich in Ekstase versetzten. Die höchste Erfüllung äußert sich bei mir wie der größte Schmerz; ich breche in Schluchzen aus und kann mich nur mit Mühe beherrschen. Aber es ist gleichzeitig das unendlich beglückende Gefühl, befreit zu sein von sich selbst, sich ganz in einen anderen aufzulösen.*

Armer Wedekind! Wenn es um Mannesehre geht, verschwimmt jede Relation. Tillys nächste Zeilen hätten ihn vielleicht getröstet: *Aber auch bei anderen Männern erlebte ich oft Enttäuschungen. Das große Rätsel für mich ist es, dass ich mitten aus der schönsten Beziehung meine depressiven Anwandlungen bekomme und dass mich der Mann, den ich vielleicht monatelang zu lieben glaubte, plötzlich weder reizen noch befriedigen kann.*

Eine Weile ist der Flieger Ernst Udet ihr Favorit. Auch Kadidja findet ihn großartig. Er lässt sie hinten auf sein Motorrad aufsitzen und knattert mit ihr die Prinzregentenstraße auf und ab. Oder donnert im Tiefflug über Friedensengel und Schack-Galerie, während die Damen des Hauses Wedekind von Franks Arbeitszimmer mit Tüchern winken. Es ist eben alles anders.

13

Dichterkinder – hinaus ins Leben

1923/24

Eine Trambahnfahrt kostet elf Millionen Mark, ein Liter Milch zwölf Millionen, ein Brot zwanzig Millionen, ein Pfund Butter sechzig Millionen. Französische und belgische Soldaten haben wegen angeblich schleppender Reparationszahlungen das Ruhrgebiet besetzt, deutsche Nationalisten Außenminister Dr. Walther Rathenau, einen engen Freund Wedekinds, als «Erfüllungspolitiker» der Siegermächte nach wenigen Monaten im Amt auf dem Weg in sein Ministerium im Auto erschossen. Das Volk hungert.

Heinrich Manns Frau Mimi versteht es, auch in Krisenzeiten die Speisekammer ihrer Schwabinger Wohnung gefüllt zu halten. Im Sommer 1923, auf dem Höhepunkt der Geldentwertung, gibt sie einen Tee, der das Leben einiger Gäste nachhaltig verändern wird. Denn außer Tilly und Sybil Vane ist auch die Jugend geladen: Tillys Tochter Pamela und Thomas Manns Kinder Erika und Klaus.

Erika ist ein Jahr älter als Pamela, Klaus ganze vierundzwanzig Tage und soeben von der Odenwaldschule zurück, die Pamela zwei Jahre zuvor besuchte. Von der Prinzregentenstraße zum Haus Thomas Manns in der Poschingerstraße läuft man an der Isar entlang eine gute Viertelstunde. Warum begegnen sich die Dichterkinder erst heute?

Das distanzierte Verhältnis der Väter mag der Grund sein. *Nie war Frank Wedekind im Haus,* erinnert sich Golo Mann in seinem Buch «Eine Jugend in Deutschland». Thomas Mann war Mitglied jenes Zensurbeirats, der den Münchner Polizeipräsidenten in Verbot oder Freigabe literarischer Werke beriet und

Wedekind zu scharfer Polemik, offenen Briefen und Spott-gedichten herausforderte. Für Thomas Mann kann eine Figur wie Wedekind trotz gegenteiliger Beteuerung nur Irritation be-deuten, auch ohne dessen enge Verbindung zu seinem Bruder Heinrich, mit dem er in den «Betrachtungen eines Unpoliti-schen» abgerechnet hat. *Komme eben aus dem Prinzregenten-theater, wo man Wedekinds Spätdrama «Herakles» zelebrierte,* schrieb er im September 1919 in sein Tagebuch – *müdes, feierli-ches Produkt. Die Verse nicht sonderlich interessant. Die Selbst-verherrlichung des Menschheitskämpfers mir zu bombastisch. Sein Leben lang lief er auf Bocksfüßen, freilich immer pathe-tisch.* Damit gab der Dichter der «Buddenbrooks» wohl wieder, was er schon immer vom Dichter der «Lulu» gehalten hat – und von dessen Einfluss auf die Jugend: *K(atja) hat Kummer über Klaus, von dem an den Tag kommt, dass er in Abwesenheit der Eltern in meinem Arbeitszimmer geschmökert und Wedekind gelesen.*

«Der Kammersänger» hieß das Werk, das Klaus hauptsäch-lich des Verbots wegen interessierte; für die heimliche Lektüre sei er *SEHR geschimpft* worden. Mittlerweile gehört Wedekind zu den Fixsternen seines literarischen Himmels. Das Heraus-heben einzelner Wörter hat er beibehalten. Es ist Teil einer pre-ziösen, vom Vater beeinflussten Sprache und dient als Identifi-kation und Abgrenzung gegenüber dem Gewöhnlichen, Groben, Verständnislosen. Es wird seinen Schreibstil wie den seiner Schwester lebenslang prägen, ähnlich wie die gestochen scharfe, von Wedekind übernommene Diktion Pamelas Persönlichkeit. Drei Kinder berühmter Väter an der Schwelle des Erwachsen-werdens: Der Zeitpunkt ihres Kennenlernens ist entschieden richtig.

Für Pamela muss es geradezu ein Nachhausekommen bedeu-ten, denn die Mann-Kinder haben, was sie vermisst: ein intaktes Familienleben, einen präsenten Vater, eine stabile, ausgegliche-ne, belastbare Mutter, einen geregelten Tagesablauf, gemeinsame Ferien, kurz: einen bürgerlichen, soliden Haushalt voll Sicher-heit und Ordnung, wie Pamela es mag.

Andererseits betritt sie eine fremde, erregende Welt: Man munkelt von Orgien in teuren Lokalen, von Schulden, die der Vater bezahlt (Wedekind hätte da weniger Spaß verstanden), von Ladendiebstahl als sportliche Betätigung (ganze Mahlzeiten, bei denen ALLES gestohlen sein musste), von fingierten Telefonanrufen und allgemeinem Terrorisieren der Nachbarschaft durch die gefürchtete «Herzogpark-Clique». Daneben beeindrucken künstlerische Aktivitäten, die augenzwinkernd serviert werden, aber an der Ernsthaftigkeit des Gestaltungswillens keinen Zweifel lassen: sorgfältig einstudierte Theateraufführungen, rezensiert von Thomas Mann oder Generalmusikdirektor Bruno Walter, in dessen Haus man ein und aus geht. Allenfalls der «Senatus Poeticus» des Gymnasiasten Wedekind, Pamela vom Hörensagen bekannt, bot ähnlich sprudelnde Kreativität.

Noch etwas erinnert Pamela an ihren Vater: der Schreibzwang des jungen Klaus, den weißes Papier unwiderstehlich anzieht. Stapelweise Komödien, Tragödien, Romane und Erzählungen hat er verfasst, mit größter Leichtigkeit und in rasantem Tempo, von ihm selbst als Kindereien abgetan, aber ordnungsgemäß beendet. Pamela, die den Drang zum Schreiben nicht verspürt, erkennt in diesem extravagant gekleideten Klaus mit den chronisch entzündeten Augen, der sich Rouge auf die Wangen legt und nie ohne Stöckchen ausgeht, den viele für unerträglich geziert, präpotent und arrogant halten und der als Vierzehnjähriger in sein Tagebuch schrieb: *Ich muss, muss, MUSS berühmt werden!*, einen Künstler, einen Leidenden, Getriebenen, so wie es ihr Vater war. Und wie sie den Mut bewundert, mit dem Wedekind sich verlachen und verhöhnen ließ, so bewundert sie den Mut, mit dem Klaus das schier aussichtslose Unterfangen angeht, gegen seinen übermächtigen und eifersüchtigen Vater anzuschreiben. Wie Tilly weiß Pamela um den Wert von Loyalität. Die will sie Klaus geben.

Für Klaus ist Pamela das *wunderbarste Mädchen*. In «Kind dieser Zeit», seinem ersten Lebensrückblick (beim Erscheinen ist der Verfasser sechsundzwanzig Jahre alt!), und im «Wendepunkt», dem Schlussbericht kurz vor seinem Tod, beschreibt er

Pamela, das *wunderbarste Mädchen*
München, um 1924

sie ausführlich – ihre *Gesten und Worte* von einer *Gespanntheit und Straffheit*, die einem *den Atem beraubten*, ihr *kühnes und leidenschaftliches Haupt*, ihre *harte, gefährliche und geistige Lieblichkeit*. Hellsichtig nennt er sie ein *von Natur aus unnatürliches Wesen*, mit einem *rückwärts* (auf Frank Wedekind, ihren Vater) *gerichteten Pflichtbewusstsein*.

Mehr als alles begeistert ihn ihr Singen von dessen Liedern: *Sie sang mit einem erschütternden Ernst und mit einer exakten, gleichsam eisigen Anmut. Ihr Mund, der bösartig, sehnsüchtig oder traurig lächelte, formte jedes der Worte [...] zu einer von Leidenschaft vibrierenden Akkuratesse.* Erschüttert ist er auch vom Anblick ihrer Hände, breit, mit stumpfen Fingern und einem starken Daumen – *ja, dies war die Hand Frank Wedekinds, die schwere, ungeschickte, tragisch brutale Hand der Spaß-*

macher und Philosophen, der priesterlichen Clowns und bur-
lesken Prediger [...] diese rührenden, schrecklichen Hände, die
immer aussahen, als seien sie wund und klebrig von Blut, und
als täten sie weh.

Er erinnert sich des Schauders, den er beim Betreten von Wedekinds Arbeitszimmer empfand, in dem «Franziska» und «Schloss Wetterstein» geschrieben worden waren, in dem die Laute noch auf dem Flügel lag und Tillys Lulu-Porträt und Wedekinds Totenmaske an der Wand hingen, erinnert sich an Feste in der Prinzregentenstraße, bei denen Carl Zuckmayer, in eine Pferdedecke gehüllt, Selbstgedichtetes zur Klampfe sang und Kadidja unter Händeringen der *Gesellschaftsdame* Sybil Vane im Indianerkostüm Gäste zum Boxkampf forderte, und an Tillys *sanfte Zerstreutheit – bis sie plötzlich die schweren Flechten ihrer Frisur löste und das offene Haar wie einen kostbar schweren Mantel auf die Schultern fallen ließ. Dies war das Zeichen, dass der zwanglose Teil des Abends nunmehr beginnen dürfe. Pamela biss dann auch prompt in die Hand des Kavaliers, mit dem sie gerade tanzte. Sie hatte eine gewisse Neigung, Leute unvermittelt in die Hand zu beißen; es tat ziemlich weh und hinterließ kompromittierende Spuren.*

Thomas und Katja Mann sind nicht gerade froh über die neue Freundschaft. Besonders der «Zauberer» empfindet die *weiblichreduzierte Form Wedekinds* als womöglich noch irritierender als das Original – besonders wenn sie dicht vor ihm auftaucht, auf der Treppe oder im Wohnzimmer des eigenen Hauses. *Pamelas grelle Manieriertheiten waren nicht nach seinem Geschmack,* erinnert sich Klaus. Auch Tilly ist besorgt über Pamelas Verbindung zu den *mit allen Wassern gewaschenen* Mann-Geschwistern.

Gleichwohl: Die drei sind unzertrennlich. *Erst Pamelas pittoreske Miene machte unsere kleine Gruppe komplett,* meint Klaus in «Kind dieser Zeit». Pamela lernt die Freunde der Mann-Kinder kennen, Wilhelm Emanuel Süskind, etwas älter und bereits gewandter Literat, den Schauspieler Bert Fischl und natürlich Ricki Hallgarten, einen hübschen, begabten, schwermütigen und manchmal aufreizend lustigen Jungen, der gern malt und Pamela besonders gefällt. Man speist teuer mit geborgtem Geld, ist sich einig in der Beurteilung von Theateraufführungen und literarischen Neuerscheinungen und fährt gemeinsam nach Ammerland, wo man bei Lilly Ackermann logieren und die Grafenfamilie Pocci in ihrem schönen, zweitürmigen Schloss besuchen kann – den Grafen Franz, der noch Page am bayerischen Königshof war und das Schloss von seinem Großvater, dem legendären Kasperle-Grafen, geerbt hat, die Gräfin Wanda, seine jüdische Frau, und die beiden schwarzhaarigen Söhne Hans Friedrich und Konrad.

Was wird aus uns? Die Frage nach der Zukunft hängt über allem, was Klaus, Erika und Pamela an Amüsantem, Gewagtem oder Tiefsinnigem unternehmen. Ein Studium absolvieren? Arzt oder Anwalt werden? Sich in Wissenschaft oder Unternehmertum profilieren? Das alles scheint für die Dichterkinder Erika, Pamela und Klaus außerhalb des Machbaren, Wünschenswerten oder auch nur Erwägbaren vor der Kulisse des geistigen Anspruchs und der schöpferischen Kraft, in die sie hineingeboren sind. Eine Tradition ist fortzusetzen, wenn auch mit umgekehrten Vorzeichen: Nicht AUSBRUCH aus bürgerlich Vorgelebtem treibt sie, wie seinerzeit Heinrich und Thomas Mann oder den jungen Wedekind, sondern EINBRUCH in die Welt der Väter, Anschließen, Fortführen, Gleichtun und, wer weiß, vielleicht sogar Übertreffen.

Pamela hat als Fünfzehnjährige verkündet, Schauspielerin werden zu wollen, mit der Begründung, dass ihr *ja doch nichts anderes übrig bliebe.* Ihr feuriges Temperament und ihr scharfer Verstand, ihr gutes Gedächtnis, ihre metallische Stimme, ihre saubere Diktion und ihre sichere Musikalität sind eine gute Grundlage. Die Schule hat sie ohne Abschluss hingeworfen, weder Sybil Vane noch Tilly (die selbst mit fünfzehn die Schule verließ) konnten sie zum Bleiben bewegen. Jetzt nimmt sie Unterricht bei Arnold Marlé von den Münchner Kammerspielen.

Auch Erika will Schauspielerin werden. Sie sieht apart aus, hat parodistisches Talent, kann Dialekte imitieren (sie beherrscht, heißt es, als Einziges der Mann-Kinder die bayerische Mundart), aber ihre Stimme ist kehlig und wenig tragend, und auch sonst scheint sie nicht unbedingt für den Schauspielerberuf prädestiniert. Aber was bleibt IHR anderes übrig?

Klaus' Leichtigkeit im Schreiben ist unübersehbar. Aber noch wagt er nicht, sich dazu zu bekennen. Zu sehr sitzt ihm die Angst vor dem Vater in den Knochen, der seine schriftstellerischen Bemühungen gern als Taktlosigkeiten abtut. (Die Mutter, mit mehr Humor, will ihm sein frühreifes Zeug immer gleich wegnehmen, weil er so etwas noch gar nicht lesen dürfe.) Also wählt auch Klaus die Schauspielerlaufbahn, aber nicht erst seine Mutter muss ihm sagen, dass ihm hierfür die Begabung fehlt. Jetzt schwebt ihm, trotz eines viel zu hohen Einstiegsalters, eine Karriere als Tänzer vor. Ein zweiter Nijinski will er sein, und wenn das nicht klappt, Ausdruckstänzer wie Harald Kreutzberg, der auch von sich reden macht. Klaus *muss, muss, MUSS* berühmt werden, aber weiß nicht, wie.

Privatstunden, die ihn auf das Abitur vorbereiten sollen, fruchten nichts. Im Frühjahr 1924 schicken ihn die Eltern zu Baron Alexander von Bernus, einen verarmten Adeligen und Freund Thomas Manns, der in der Nähe von Heidelberg ein ehemaliges Benediktinerkloster besitzt. In ländlicher Abgeschiedenheit soll sich Klaus über seine Zukunft klar werden. Er verbringt seine Tage schreibend, von Parfüm- und Rauchschwaden umweht, in einem abgedunkelten Zimmer. Er habe *schrecklich wehe Augen,* klagt er Pamela, und trage einen *schwarzen Schirm.* Und noch etwas: Er fände es *hübsch,* sich mit ihr zu verloben. *Im Ernst. Was hältst Du davon? Denn ich liebe Dich, und bin Dein Freund Klaus.*

Ein überraschender Vorschlag. Klaus' Homosexualität ist nicht nur bekannt, sondern geradezu Lebensprogramm und durch das Auftragen von Schminke und auffällige Kleidung, durch Freundschaft mit Ricki Hallgarten und schwärmerische Verehrung Hermann Bangs mutig und deutlich zur Schau getragen. Pamela bewundert die schöpferische Energie ihres Freundes und schätzt die Sicherheit und den Halt, den er ihr gibt. Aber liebt sie ihn? Kann sie sich vorstellen, Kinder mit ihm zu haben? Wie *ernst* kann ihr eine Verlobung sein?

Aber schließlich ist man erst siebzehn. Es wird sich alles finden. Ein starkes Gefühl der Zusammengehörigkeit lässt sich nicht leugnen. Wie oft hat man sich ewige Freundschaft geschworen und es ernst gemeint – warum also nicht Heirat? Originell ist der Plan in jedem Fall. Man wird tuscheln: Dichterkinder verloben sich, fast eine Fürstenhochzeit. Wenn sie darüber nachdenkt, findet es auch Pamela *hübsch*.

Verlobung einverstanden, schreibt sie auf eine Postkarte – und löst den ersten kleinen Skandal ihres jungen Lebens aus. Das heimlich erhoffte Aufsehen übertrifft alle Erwartungen, die Presse stürzt sich auf die Meldung. Die «Deutsche Allgemeine Zeitung» fasst ironisch zusammen: *Wir lasen in den Berliner Blättern, zuerst in denen, die um die dörrende Mittagszeit herauskommen: «Pamela Wedekind, die Tochter Frank und Tilly Wedekinds, hat sich mit Klaus Mann, dem Sohne Thomas Manns, VERLOBT und ein Engagement am Deutschen Theater angenommen.» Am nächsten Tag: «Intendant Jessner hat Pamela Wedekind, die sich mit Klaus Mann VERHEIRATET hat, an das Staatstheater verpflichtet.» Eigentlich hätte nun gestern die Meldung erscheinen müssen: «Klaus und Pamela Mann sind mit ihren Kindern zur Erholung gereist». [...] Es ist ein eigen Ding um den Ruhm ...*

Tilly, die von der Verlobung wie der Rest der Republik durch die Zeitung erfährt, ist alles andere als erfreut. Sie weiß, was frühe Bindung bedeutet, und will Pamela schützen, wenngleich sie wenig Hoffnung hat, ihre Tochter beeinflussen zu können. Sie reist nach Berlin, wo Pamela und Klaus gerade weilen, und dementiert öffentlich: *Die Nachrichten über Verlobung oder gar Vermählung meiner Tochter Pamela entsprechen nicht den Tatsachen, ebensowenig die Engagements an das Staatstheater oder das Deutsche Theater. Meine Tochter hat ihre Studien noch nicht abgeschlossen.*

Ein eigen Ding um den Ruhm: Klaus Mann und Pamela,
Zeichnung von Dorothea Sternheim, 1927

Auch Erika, der Dritten im Bund, gefällt Klaus' Vorschlag
gar nicht. Denn Erika ist Pamela verfallen, in bedingungslo-
ser, eifersüchtiger, erotischer Leidenschaft. Das dunkelhäutige
Mädchen mit den glutvollen Augen und den dichten schwarzen Haaren, das *wie zwei Buben* turnen und raufen kann, frech,
aufmüpfig, schlagfertig und witzig ist und doch schmerzlich

um die eigene Identität ringt, hat in Pamela ihre große Liebe gefunden.

Eine unglückliche Liebe. Denn Pamelas Disposition ist nur bedingt homoerotisch. Sie liebt Erika als Mensch, als Seelenschwester, als Verbündete, aber Tilly hat ihr einen guten Schuss Lust am Mann vererbt. Wie viel von ihrer Sexualität Pamela der Freundin zubilligt, ist schwer zu sagen – keiner ihrer frühen Briefe an Erika ist erhalten. Erikas Briefe an Pamela, von Letzterer sorgfältig bewahrt, zeigen Erika eindeutig in der Rolle der Werbenden. Gleichzeitig bindet Erika eine tiefe, quasi erotische Beziehung an ihren Bruder Klaus. Sollte dessen Verlobung mit Pamela Ernst werden, wäre sie doppelt ausgebootet.

Ende Juli 1924 reisen Thomas und Katja Mann nach Hiddensee, wo Gerhart Hauptmann seine Sommerresidenz hat. Hauptmanns letzter großer Erfolg, «Die Ratten», liegt mehr als zehn Jahre zurück, trotzdem gilt er als Deutschlands größter Dichter und war sogar als Reichspräsident im Gespräch. Auf der Ostseeinsel wird er wie ein König verehrt, was Thomas Mann, der ungern zweite Geige spielt, verdrießen muss.

Erika hingegen findet Hauptmann *üsis* (im Sprachgebrauch der Mann-Kinder nett, akzeptabel, sympathisch). Sie fährt ihm durchs *schön weiße Häärle* und mag ihn *recht sehr.* Zum vollkommenen Glück fehlt ihr nur eins: Pamela. Es wäre *so tausendschön,* wenn sie auch käme.

Pamela kommt. Es wird ein Sommer der Liebe, eine Zeit vollkommener Übereinstimmung, ein Geschenk, ungeplant und ungewollt, unwiederholbar und unvergesslich. Klaus gesellt sich dazu. Man badet, liegt im Sand, schaut über flimmerndes Wasser und freut sich auf eine Zukunft, die hell und offen ist und nur darauf wartet, von Pamela, Erika und Klaus erobert zu werden, der *glücklichsten und hoffnungsvollsten Konstellation unseres Lebens,* wie Klaus es formuliert. Abends liest Thomas Mann vor, was er tagsüber verfasst hat.

Im September ist der Liebesflug vorbei. Klaus und Erika gehen nach Berlin – sie als Schauspielschülerin ans Max Reinhardt Seminar, er als *dritter Theaterkritiker* ans «12-Uhr-Blatt». Pamela hat einen Vertrag als Schauspielelevin in Köln beim bedeutenden Regisseur und Theatermann Gustav Hartung. Tilly ist froh, sie aus der Einflusssphäre der Geschwister entfernt zu wissen – und ahnt nicht, dass sich in Köln für ihre Tochter eine neue, ernstere Verwicklung anbahnen wird.

14

Anja und Esther

1925–1927

Im Spätherbst 1924, nach kurzer Kritikertätigkeit in Berlin, zieht sich Klaus Mann, gerade achtzehn Jahre alt, nach München zurück, um ein Stück zu schreiben – *immer war es meine unruhige, fatale Art, wegzumüssen, wenn gerade alles am besten schien.* In seiner Junggesellenbude im zweiten Stock des Elternhauses, über des «Zauberers» Arbeitszimmer und Frau Mieleins Schlafgemach, spartanisch eingerichtet mit einem schmalen Bett, aber Puderdosen und Parfümflakons auf dem Seitentisch und Beardsley-Bildern an den Wänden, entsteht in zwei Wochen *wie unter Diktat* «Anja und Esther», ein *romantisches Stück in sieben Bildern,* den zwei Frauen nachgezeichnet, um die sein momentanes Leben kreist: die Schwester Erika und die Freundin Pamela.

Schauplatz ist ein *Erholungsheim für gefallene Kinder,* geleitet von einem weißbärtigen *Alten,* für Eingeweihte unschwer als Odenwaldschuldirektor Paul Geheeb erkennbar. In einer erotisch flirrenden, dabei gefängnisartigen Atmosphäre drillt man Zöglinge in Gesang und Tanz.

Anja und Esther sind Erzieherinnen, Esther-Pamela mit Reitgerte, *scharf zählend,* Anja-Erika hingebungsvoll-träumerisch, fast eine Heilige. Kaspar, ein junger Dichter, ist Klaus selbst. Außerdem ist Jakob da, ein verwirrter Junge, in unglücklicher Liebe zu Anja entflammt. Die Verlorenheit ihrer Generation beklagen sie gemeinsam: *Wer wird UNSER Lied singen, wer wird UNSER Bild malen, wie werden die Werke sein, die von UNS kommen?*

Plötzlich taucht Erik auf, wie der *vermummte Herr* in «Frühlings Erwachen». Er kommt von *draußen,* wo die *Lichtreklamen flammen und aus den Lokalen Musik schreit und die Dirnen rote Stiefel anhaben.* Esther findet den Weg in Eriks Bett und verlässt gemeinsam mit ihm das Stift. Mit Esther geht das Einzige, dem Anja *wahrhaft tief und menschlich verbunden ist.*

Klaus liest sein Werk im Familienkreis vor. Thomas Mann nennt es ein *unbeschreiblich gebrechliches und korruptes Stückchen* und greift Klaus in der Novelle «Unordnung und frühes Leid» scharf an: *Unruhe, Neid und Beschämung* empfinde er beim Anblick seines Sohnes, der nichts wisse und nichts könne, außer den *Hanswursten* spielen, *obgleich er gewiss nicht einmal dazu Talent hat!* Klaus rächt sich mutig mit einer «Kindernovelle», in der sein Vater nur noch als Totenmaske existiert (wie Wedekind in der Prinzregentenstraße) und die Mutter ein Kind von einem anderen bekommt, das die elterlichen Erwartungen hoffentlich besser erfüllt.

Indessen bahnt sich im wirklichen Leben an, was Klaus in «Anja und Esther» erspürt und vorgezeichnet hat: Pamelas Abkehr von Erika und ihm selbst, folgenreich und schicksalhaft, schmerzlich für alle drei bis zum Lebensende, aber anscheinend unabwendbar.

Um Weihnachten 1924 kommt der Dichter Carl Sternheim nach Köln. Er will seine Tochter Dorothea besuchen, «Moiby» oder «Mopsa» genannt, die am Theater, wo Pamela spielt, eine Ausbildung als Bühnenbildnerin macht. Auch seine Frau ist dabei, Theresia Sternheim, geborene Bauer, genannt Thea oder «Stoisy», rheinländische Millionenerbin. Die Ehe der Sternheims ist zerrüttet. Thea beklagt Sternheims Egomanie, seine Rechthaberei, seinen *alles niedertrampelnden Geltungstrieb* und zieht sich mehr und mehr in die Welt des Katholizismus zurück. Sternheim fühlt sich von ihr gegängelt, beobachtet, beurteilt, in die Rolle des braven Ehemanns gedrängt. Offener Krieg bricht aus, als Thea beim Stöbern in Sternheims Schreibtisch ein Leporello mit mehr als hundert Namen findet, komplett mit Datum, Uhrzeit und Kurzkommentaren (einen Eintrag mit dem Zusatz *zwölf*

Alles niedertrampelnder Geltungstrieb
Carl Sternheim, Zeichnung von Conrad Felixmüller

Mal), und erkennt, dass es kaum eine Bekannte oder Freundin gibt, von Dienstmädchen und Hausangestellten nicht zu sprechen, mit denen ihr Mann sie nicht betrügt.

Umso empörender, weil Thea nicht unerheblichen Anteil an der Produktion von Sternheims Komödien hat, die ihn zwischen 1910 und 1920 zum erfolgreichsten deutschen Dramatiker machten. Außerdem lebt er, trotz guter Einnahmen, zum Teil von ihrem Geld. Zieht man bei Sternheims um, was bei dem unruhigen Dichter oft vorkommt, sucht man nicht nach Haus oder Wohnung zu Miete oder Kauf, sondern nach einem Grundstück, auf dem Thea bauen lässt, was Carl wünscht. So entstanden «Bellemaison», eine Sechzehn-Zimmer-Villa in Höllriegelskreuth bei München, und «Clairecolline» im belgischen La Hulpe, so wurde das Schlösschen «Waldhof» bei Dresden hergerichtet und, zuletzt, ein Haus in Uttwil am Schweizer Ufer des Bodensees erbaut.

Carl Sternheims große Zeit ist vorbei. Die Republik hat ihm seine Helden genommen. Die geduckten, bösartigen, erfolgreichen Kleinbürger und Emporkömmlinge der Gründerzeit, die Maskes, Beeskows oder Hickethiers sind mit der Zensur untergegangen. Obwohl er rastlos schreibt, kann er sich auf keinen neuen Typ einschießen. Außerdem ist er krank, leidet an Nervenschwäche, Geruchshalluzinationen und plötzlichen Ohnmachtsanfällen, so genannten Absencen, Folgen der Lues, der «französischen Krankheit».

Auch Tilly ist in Köln, um als Leonore in «Schloss Wetterstein» aufzutreten, mit Pamela in der Rolle der weiland von Elisabeth Bergner gespielten Effie. Tillys Erfahrungen mit diesem Stück sind durchweg unangenehmer Art, von der Züricher Uraufführung, die den Untergang ihrer Ehe besiegelte, bis zu der Berliner Premiere, die sie wegen einer Depression absagte. Jetzt muss sie feststellen, dass ihre Tochter sie glatt an die Wand spielt. *Stählern* nennt eine Zeitung Pamela und bescheinigt ihr *kühle Erregtheit* und *Blut, das in dunklen Unterströmen wallt,* nennt sie einen Typus, wie ihn das *sinnenumrauschte Theater der neuen Zeit* nötig habe. Auf *irritierende Weise* gleiche sie dem Vater, geprägt von *zerebraler Wucht* und *lachend-lockender Sünde.* An Tilly lobt man *mädchenhaftes Aussehen* und *Persönlichkeit.* Ein wenig Wehmut kann da schon aufkommen. Wie mag Tilly sich fühlen?

Auch ein gemeinsames Mittagessen mit Familie Sternheim gibt Anlass zu Besorgnis. Tilly kennt den Dichter der «Hose» aus München, war mit Frank mehrmals Gast in Höllriegelskreuth, einmal auch in Begleitung der damals vierjährigen Anna Pamela, kennt seinen ätzenden Witz und seine unbarmherzigen Analysen. Aber warum erzählt er manche Geschichten zweimal, anscheinend ohne es zu bemerken? Ist er nicht ganz richtig im Kopf? Und warum starrt er unentwegt Pamela an? Auf dem Heimweg sieht sie ihn neben Pamela herlaufen und pausenlos auf sie einreden, hört seine (jederzeit widerlegbare) Behauptung, der beste Freund Wedekinds gewesen zu sein. An einen *Amokläufer* habe er sie erinnert, sagt Pamela später. Thea schreibt in ihr Tagebuch: *Zum ersten Mal bemerke ich Pamelas Eindruck auf Stern-heim.* Pamela ist achtzehn, Sternheim sechsundvierzig Jahre alt.

Anfang 1925 erhält Pamela einen Brief von Sternheim: *Liebe Pamela, ich habe Sie der Direktion des Deutschen Theaters als Darstellerin des Hugh Dundee in meinem Oscar Wilde vorge-schlagen, und der Vorschlag ist angenommen. Auch Intendant Hartung hat mir schon persönlich seine Zustimmung zu Ihrem Urlaub gegeben. Sind Sie bereit? Eine bessere Einführung gäbe es für Sie in Berlin nicht. Wir fangen am 28. Februar zu probie-ren an. Aufführung am 25. März. Borgen Sie sich von Mopsa das Buch, und schreiben Sie mir bitte gleich nach Uttwil, Thurgau, Schweiz, wohin ich morgen gehe, Ihre Zustimmung. Die Direk-tion wird sich wegen Vertrag direkt an Sie wenden. Ich grüße Sie und Ihre Mutter vielmals, Ihr Carl Sternheim.*

«Oscar Wilde» ist Sternheims neues Stück, Rudolf Forster soll die Titelrolle spielen, der Autor führt Regie. Sternheim hat Recht: Pamela wäre auf hohem Niveau in der Hauptstadt einge-führt. Zudem könnte sie mit ihrer Freundin Erika Mann auf der Bühne stehen, der man auch eine kleine Rolle zugedacht hat. Aber Pamela lehnt ab, nicht zuletzt auf Drängen Tillys, die eine Annäherung Sternheims an Pamela durchaus verhindern will: *Lieber und verehrter Herr Sternheim, wie schade, dass Ihr Brief erst heute kam – die ganze letzte Woche war ich in Berlin und hätte Sie dort sehen und über all diese Dinge mit Ihnen sprechen können. Ihr Stück las ich schon vor 14 Tagen, es ist so unerhört gut, dass man wirklich kaum etwas darüber sagen kann. WIE ich seine Sprache liebe, diese wundervoll gebauten Sätze, in ihrer Knappheit federnd, diesen vollendet persönlichen Stil! Und ich möchte natürlich nichts lieber als den Hugh Dundee spielen! Aber ich kann noch gar nichts, bin gerade ein halbes Jahr beim Theater. Und da ich nun einmal das (vielleicht übergroße) Ver-antwortungsgefühl meinem Namen gegenüber habe, möchte ich nicht in Berlin spielen, bevor ich mich selbst künstlerisch reif da-für fühle. Bitte empfehlen Sie mich Ihrer Frau aufs Beste. Ich danke Ihnen und grüße Sie vielmals, Ihre Pamela Wedekind.*

Erika ist untröstlich. *Allerliebste Pamela! Warum nur spielst*

Du nicht den LIEBEN kleinen Zwitter? Es ist ein großer Jammer. [...] Und bedenke, wo ich doch die peinliche kleine Prinzessin spielen soll. Wir hätten täglich zusammen Probe gehabt, wie wäre es schön gewesen! Sternheim frage ständig nach ihr, seinem *Schäfchen* – *die Alte* sei schuld an ihrer Absage (gemeint ist Tilly). Als Regisseur wisse Sternheim nicht, was er wolle, und sei *SEHR verhasst.*

Überhaupt ist Erika von Max Reinhardts Musentempel wenig begeistert – *lauter Kerle und Nutten oder Prominente.* Aber auch hier sei es *drollig* zu beobachten, wie viel netter, komischer und kultivierter die *erkälteten* Ensemblemitglieder seien als die entsprechenden *unerkälteten.* (Mit *Unerkälteten* sind jene Langweiler gemeint, die am anderen Geschlecht Gefallen finden.)

Erika schickt einen Chansontext aus ihrer Feder:

> *Jetzt weiß ich's ganz genau:*
> *Man soll nicht eifersüchtig sein,*
> *Stets sagen: Mein Frau*
> *Gehört mir – etsch! – allein!*
> *Sie hat nur mich zu lieben,*
> *(Ich lieb sie noch und noch!),*
> *Denn kaum allein geblieben,*
> *Betrügt sie mich ja doch.*
>
> *Die Weiber sind janz scheene,*
> *Janz scheene, janz scheene!*
> *Doch für Gesundheit und so weiter wär es gut,*
> *Wenn Männer Männer liebten,*
> *Sich halt darinnen übten,*
> *Und Weiber Weiber – husch! Nur Mut! Nur Mut!*

Zu *Suggestionszwecken übers Bett zu hängen* fügt sie eine Beschwörung bei: *Pamela Wedekind reist zur «Wilde»-Premiere nach Berlin. Pamela reist nach Berlin. Sie reist.*

Ob Pamela reist, ist nicht bekannt. Sternheims «Oscar Wilde» fällt durch.

Im Sommer 1925 schließt Erika einen Vertrag mit dem Stadt-theater Bremen, für zweihundertfünfzig Mark Monatsgage (halb so viel, wie Tilly zwanzig Jahre früher bei Barnowsky bekam). Sie ist unglücklich, nicht nur wegen der *Eselsstadt*, in der sie jetzt leben muss. Die Schauspielerei als solches liegt ihr im Magen: *Ich glaube im Grunde nicht, dass ich reste und simpel UNBEGABT bin wie alle schlechten Schmierenschauspieler Bremens. SO UN-BEGABT bin ich doch sicher nicht. Aber ich EIGNE mich ein-fach nicht zum Theaterspielen, ich PASSE einfach nicht so recht dazu – es ist unendlich schlimm –, denn WAS in aller Welt soll ich denn sonst tun?* Sehnsüchtig erinnert sie sich des vergangenen Sommers: *Ach, goldene Herzenspamela! Eben ist es mir wieder eingefallen, WIE schön es an der See war, es WAR auch wunder-lich schön. [...] Pamelagöttin, Du KANNST es leider nicht wis-sen, wie gerne ich jetzt gerade möchte, dass Du hier wärest, ganz und gar nicht ahnen kannst Du es leider.*

Von Klaus, dem offiziell Verlobten, sind solche Töne nicht zu hören. Er hat mit Willy Süskind London besichtigt, sich in Pa-ris in den Schriftsteller René Crevel verliebt und in Marseille an *SCHWARZEN Negern und wilden Bordells* erfreut. Von Nord-afrika will er über Italien zurückkehren.

Der Herbst 1925 bringt Gelegenheit, kleine und große Bega-bungen zu prüfen: «Anja und Esther» soll aufgeführt werden. Max Reinhardt, Klaus Manns Wunschregisseur, erweist sich als ein paar Nummern zu groß, auch Elisabeth Bergner wird keine der Frauenrollen verkörpern, aber immerhin will sich Otto Falckenberg in den Münchner Kammerspielen des Werks an-nehmen. Erich Ziegel, Direktor der Hamburger Kammerspiele, zeigt ebenfalls Interesse und beauftragt einen tüchtigen jungen Mann in seinen Diensten mit der Regie: Gustaf Gründgens. Der beweist sogleich Instinkt und schlägt vor, die in dem Stück so of-fensichtlich Porträtierten sich selbst spielen zu lassen.

Gustaf Gründgens, Rheinländer, sechsundzwanzig Jahre alt, aus verarmtem bürgerlichem Haus, hat sich als Schauspieler von ganz unten hinaufgearbeitet. Er gilt als begabt, wandlungsfähig und geschickt, wenn es sein muss, rücksichtslos. *Er schlüpft über Leichen,* wird man von ihm sagen. Die Homoerotik auszuleben wie der neunzehnjährige Klaus Mann, wagt er nicht. Sein Hintergrund ist zu schwach. Aber er empfindet sie nicht weniger ausschließlich. Vor Jahresfrist hat er das «v» seines Vornamens in ein «f» verwandelt. Auch Gustaf Gründgens muss, muss, MUSS berühmt werden – ein Theaterprojekt unter seiner Leitung mit den Sprösslingen Thomas Manns und Wedekinds ist keine schlechte Gelegenheit.

Im Abstand zweier Tage hat «Anja und Esther» in München und Hamburg Premiere – bemerkenswerte Ehre für den Debütanten Klaus Mann. Falckenbergs Inszenierung, mit lokalen Schauspielern besetzt, wird als zu gedämpft empfunden. Es gibt höflichen Beifall und ein paar Buhs. In Hamburg, wo die Dichterkinder mit Gründgens in der Rolle des unglücklichen Jakob auf der Bühne stehen, prasselt der Applaus. *Das Publikum war nett,* schreibt Klaus seinem Vater. Die Presse ist es weniger.

Es war gestern ein groß Gegacker um ein erstes Dichterei, berichtet das «Hamburger 8 Uhr Abendblatt». *Das Gegacker steht jedoch in winzigem Verhältnis zu dem Produkt. [...] Was wir hörten, war aufgeweichter Hasenclever, abgerahmter Kaltenecker, dann und wann funkte Bert Brecht revolverknackend dazwischen.*

Der dem berühmten Vater literarisch nacheifernde Sohn macht es den Spöttern leicht. Der Rezensent des «Hamburger Fremdenblatts» hat einen besonders lustigen Einfall und würzt seinen Artikel mit einem Motto: *Ein MÄNNLEIN steht im Walde auf einem Bein.* Die «Frankfurter Zeitung» bemerkt: *Wenn nach der reizenden Definition von Thomas Mann der Schriftsteller ein Mensch ist, dem das Schreiben schwerer fällt als anderen Menschen, so ist Klaus Mann, kann man wohl sagen, ein schlagender Gegenbeweis.*

Pamelas Zugriff allerdings lässt die Kritiker durch die Zähne pfeifen: *Sie schwingt die Reitpeitsche, als hätte sie das von ihrem Vater gelernt: ein raffinierter Racker. [...] Sie hat den messerscharfen Wortschnitt ihres Vaters. Sie sticht und schneidet. Sie spielt unmittelbar mit der Weibespsyche. [...] Ein kluger Intellekt diszipliniert das jähe Temperament. Eine würdige Tochter, halb «Ilse», halb «vergnügt und heiter über frische Gräber» hopsend.* Fritz Engel vom «Berliner Tagblatt», der schon Frank und Tilly rezensierte, sagt, Pamela habe *sehr viel Schmiss* und ihre Rolle *nur so hingelegt.*

Das Aufsehen ist gewaltig. Über Nacht sind die Dichterkinder kleine Berühmtheiten. Klaus, was immer in ihm vorgehen mag, quittiert die Verrisse mit höflichem Lächeln. Sein Name ist in aller Munde. Der «Simplicissimus» bringt eine Zeichnung Thomas Theodor Heines von Vater und Sohn Mann mit der Unterschrift: *Du weißt doch, Papa, Genies haben niemals geniale Söhne, also bist du kein Genie.* Der «Zauberer», was immer in ihm vorgehen mag, nennt ihn «Herr Kollege». Erika und Pamela fahren im Windschatten mit – selbstbewusste junge Frauen in der vermeintlichen Avantgarde des deutschen Theaterbetriebs. Sie kleiden sich gleich, stimmen ihre Frisuren ab und erlauben sich Manieriertheiten, die man jetzt, da sie berühmt sind, wohl hinnehmen wird. Aus Langeweile kaufen Erika, Klaus und Pamela auf der Reeperbahn Kokain und konsumieren es in ihrer Pension in der Alten Rabenstraße. Die Wirkung bleibt aus – der Stoff ist wohl Puderzucker –, aber Erika, die gehört hat, dass Kokainabhängige lügen, fängt an, zum Spaß haarsträubende Unwahrheiten zu erzählen. «Wer Drogen für seine Kreativität braucht, kann sich gleich begraben lassen», meint Klaus. Die «Berliner Illustrierte», eines der meistgelesenen Blätter der Republik, bringt auf der Titelseite ein Foto der Dichterkinder. Gustaf Gründgens hat man als wenig interessanten Vierten kurzerhand weggeschnitten.

Im Frühjahr 1926 erfährt eine überraschte Öffentlichkeit, dass Erika Mann und Gustaf Gründgens heiraten wollen. Was zwei so ausgeprägt homoerotische Menschen zusammenbringt, fragt man sich bis heute – Vernunftgründe gibt es genug: Erikas Schauspielerinnendasein tritt auf der Stelle. Als Frau Gründgens kann sie an Gustafs Talent teilhaben, ihn beraten, Intelligenz, Urteils-

Sie kleiden sich gleich, stimmen ihre Frisuren ab:
Erika und Pamela, 1925

vermögen und stilistisches Empfinden einbringen. Und gibt es Besseres für einen ehrgeizigen jungen Menschen aus kleinen Verhältnissen, als in eine der erlauchtesten Familien Deutschlands einzuheiraten, Thomas Manns Schwiegersohn zu werden, mit Heinrich Mann, den Pringsheims und Dohms verwandt zu sein? Bleibt nur zu hoffen, dass die neue Umgebung ihn ernst nimmt.

Erika tut es nicht, zumindest nicht in Briefen an Pamela, ihre *liebe, einzige, wunderbare Braut.* Für *Gustave,* den Niedergeborenen, bleibt leiser Spott: *Er ist unendlich deprimiert, klagt und seufzt so richtig Tag und Nacht, so dass ich anfangen muss, mich vor dem heiligen Ehestand ein bisschen zu fürchten. UND die Hysterie!!*

Spaß macht es nur mit Pamela. Erika drängt auf gemeinsame Ferien, solange noch Zeit ist. *Ich bin den Juni über noch zu AL-LEM bereit. Könnten wir nicht irgendwo in der ländlichen Provinz unser Wesen treiben? Vielleicht in Bozen?*

Man einigt sich auf Friedrichshafen am Bodensee und schaut bei der Gelegenheit bei Sternheims in Uttwil vorbei, zumal auch die gemeinsame Freundin Mopsa dort ist. Ein folgenreicher Besuch.

Sternheim hat nur Augen für Pamela. Erika fühlt sich bedroht. Ein spontanes Gefühl der Rivalität kommt auf. Wie kann Sternheim Pamela so in Beschlag nehmen? Warum wehrt sie sich nicht? Gefällt er ihr am Ende?

Thea Sternheim findet beide Mädchen widerwärtig: *Burschikos, emanzipiert, ein Produkt von freier Schulgemeinde und bürgerlich saturierter Bohèmeatmosphäre. Auf ihren Spaziergängen fuchtelt Pamela mit einer Reitgerte herum. Ich stelle sowohl der Mädchen als auch meinen totalen Mangel an gegenseitiger Neugier fest.*

Am 24. Juli 1926 heiraten Erika Mann und Gustaf Gründgens. Wie wird dabei Pamelas Gegenwart wirken? *Gustave weiß, wen Erika wirklich liebt, und der Rest der Gesellschaft auch. Ich persönlich und für mich allein möchte es freilich rasend gern,* schreibt Erika. *Es ist doch, bei allem, AUCH ein rechter Schock für mich, und wenn Du bei mir bist, kann nichts mir etwas anhaben. [...] Halt es, wie Du willst, Prinz Wunderhold, und bete in jedem Fall ein bisschen für mich.*

Pamela entscheidet sich gegen die Teilnahme, die Hochzeit findet ohne sie statt. Der «Zauberer» hält seine berühmte Rede, in der er Gustaf ein *unbeschriebenes Blatt* nennt und Pamelas *Astralleib* neben Klaus sitzen sieht.

Plötzlich will auch Klaus heiraten. *Ich halte den Zeitpunkt jetzt für gekommen,* schreibt er Pamela aus Nizza. *Schreibe mir bitte nach Paris, ob Du auch willst. Ein wenig davon abgekommen war ich, als Du mich in Wien so hasstest. Das muss möglichst selten vorkommen, zu viel werden wir ja auch gar nicht miteinander sein. Aber am Ende gehören wir doch zusammen.*

Im Frühjahr waren Klaus und Pamela allein unterwegs, er mit Lesungen aus eigenen Schriften, sie mit Liedern ihres Vaters. Wien, Prag, Breslau, Hamburg, Frankfurt und Zürich hatten die viel diskutierten Verlobten eingeladen. Wieder gab es fast durchgängig Lob für Pamela und Häme für Klaus. Während man Pamelas *unbeschreibliche Selbstverständlichkeit* bewunderte, fragte man laut, wie ein so *unjugendlicher* Mensch wie Klaus Mann sich zum Sprecher einer neuen Jugend stilisieren könne, nannte ihn *Wunderkind ohne Zukunft* und *Homunculus als Literat – eine scheinbar gereifte, fertige, unjunge Sprachkunst kontrastiert auffällig mit einer noch sehr unreifen, unfertigen Gedankenarbeit. Es lebe das Kraut, und es leben die Rüben!* Auch privat lief nicht immer alles harmonisch zwischen den jungen Künstlern.

Wollt ihr wirklich heiraten?, fragt Erika ihre Freundin. *Ich sähe es inkonsequenterweise halt immer noch ungern. […] Niemand auf der ganzen Welt werde ich je so lieben wie Dich, bei allem, was ich tue, denke ich an Dich, und Du musst immer wissen, dass es so ist.*

Aber Klaus ist noch nicht volljährig. Der Justizminister müsste eine Sondergenehmigung erteilen. Auf einem Münchner Standesamt erlebt er eine *grausige Szene,* weil er mit den Händen in den Hosentaschen ankommt, die Liste der benötigten Dokumente ist lang. *Schreib mir nun umgehend, ob ich es erzwingen soll, was natürlich ehrenvoller wäre – oder ob wir bis zum nächsten Herbst warten wollen, denn im November 1927 werde ich ja, Gott sei's geklagt, 21 Jahre.*

Bis es so weit ist, schreibt Klaus im üblichen Eiltempo ein zweites Stück: «Revue zu Vieren». Pamela und Erika sind jetzt Renate und Ursula Pia, Gustaf ist der Theaterunternehmer Allan, Klaus der Dichter und Philosoph Michael. Zusammen planen sie eine gigantische Luftnummer, eine Revue, die sämtliche geistigen Strömungen Europas zusammenfasst – und scheitern wie Wedekinds Karl Hetmann oder der Marquis von Keith. «Revue zu Vieren» ist umfangreicher und dramatischer als «Anja und Esther», mit viel Selbstparodie, mancher Antwort an die Kritiker und einigem wohl ernst Gemeinten, was ihm zum

Verhängnis wird. Atmosphärisch beweist Klaus wieder einmal feines Gespür: Renate und Ursula Pia verfeinden sich, jeder ist auf jeden eifersüchtig.

Die Wintermonate 1927 vergehen mit Vorbereitungen. Erika organisiert Pressematerial, koordiniert Termine, Mopsa Sternheim malt Bühnenbilder, Katja Manns Zwillingsbruder Klaus Pringsheim komponiert Szenenmusik, «Artistengepäck» sammelt sich wie einst bei Tilly und Frank. Ende April soll in Leipzig Premiere sein. Berlin, Dresden, Breslau, Hamburg, München, Wien, Prag, Budapest und Kopenhagen sollen folgen. Bei den Proben geht es hoch her. Gustaf und Pamela finden das Stück schlecht, der Zeitdruck ist enorm. *Mir ist so unheimlich zumute, wenn ich an die Tournee denke,* schreibt Erika. *Wenn der liebe Gott uns nicht hilft?!*

Er hilft nicht. «Revue zu Vieren» wird ein schlimmer Reinfall, kübelweise ergießt sich Jauche über Autor und Ensemble. Journalisten überbieten sich in gelungenen Formulierungen: *Familienfest bei Manns* oder *Dichterkinder AG*. Ein Kritiker meint, die Handlung sei unklar geblieben, *zu viele Worte* hätten *störend eingegriffen*. Julius Hart spottet im Berliner «Tag», man könne darüber streiten, ob *Klaus Mann der Poet oder der Schauspieler das größere Genie* besäße. *Erika Mann – na ja! Pamela Wedekind spielte immerhin hübsch Laute und sang recht hell dazu. Wie unjung, diese jungen Menschen! Eine Dilettanten-Aufführung eines Dilettanten-Stückes, die nur einen Beweis erbrachte: dass Talent nicht erblich sei,* meint die «Berliner Börsen Zeitung».

Am meisten entrüstet der *Vater-Bonus,* das *Sesam öffne dich,* das *standesamtliche Erbteil.* Es sei Klaus Manns gutes Recht, schlechte Stücke zu schreiben, aber nicht, sie in der Gewissheit aufzuführen, dass nur der berühmte Name den Saal fülle – besonders wenn er bei jeder Gelegenheit verkünde, wie schwer es sei, mit diesem zu leben. *Wahrheit und Recht: Das ist nicht gut, das heißt geistige Schulden machen, die der alte Herr bezahlen muss,* schimpft das «Berliner Tageblatt». Werner Krauss, der sich den Weg zum Ruhm schwer erkämpfte, malt mit Kreide ans schwarze Brett der Berliner Kammerspiele: *HIER KÖNNEN FAMILIEN STÜCKE SPIELEN!* Gustaf Gründgens (*der mit «f»*, wie eine Zeitung hämisch vermerkt) bekommt gesagt, er sei ein *grober, undifferenzierter Schauspieler,* ausgerechnet von einem Großmeister der Kritikerzunft, Herbert Ihering, der des Weiteren von *Limonadenjugend* und *kindlichen Greisen* spricht. Gründgens verlässt daraufhin das Ensemble.

Am fundiertesten schreibt Erich Mühsam, nach mehrjähriger Haft in bayerischen Gefängnissen auf Bewährung entlassen und in Berlin ansässig: *Heiliger Himmel, diese Zwanzigjährigen stehen nirgends; sie sitzen in Vaters Polstersessel und quälen sich Vaters Prosa ab und Großonkels Verse. Das ist nicht bewegt von einer Idee, die nach dichterischem Ausdruck drängt, das hat sich einfach entschlossen, Dramen zu schreiben, wie ein anderer sich entschließt, eine neue Stiefelschmiere herzustellen. [...] Allerlei Banalitäten über Jugend und Liebe und Romantik und Genuss werden ausgewalzt, und in den Mittelpunkt wird ein Weltstürmer gestellt, der auch nicht mit einem einzigen Gedanken erfasst, WARUM eigentlich die Welt zu stürmen sei und wie er seine Aufgabe anzupacken habe. [...] Thomas Mann wurzelt in Vorstellungen, die mir falsch scheinen, die er aber wohl durchdacht hat [...] Sein junger Sohn wurzelt gar nicht; er schwimmt im lauwarmen Wasser einer Familientradition. Es geht nicht um den individuellen Fall Klaus Mann, es geht um den typischen Fall einer Sorte von Zwanzigjährigen, die nicht die Jugend repräsentieren, sondern das stagnierende Greisentum, das als klebriges Rudiment erledigter kultureller Ansätze mit unnützer Indolenz in die gärende, flutende, grundstürzende Gegenwart hineinschnarcht.*

Während es mit Erika Manns Theaterkarriere auch nach der Eheschließung nicht recht weitergeht (unter anderem, weil Gründgens sich künstlerisch nicht dreinreden lässt und nur engagiert, wen er für begabt und geeignet hält), eilt Pamela von Erfolg zu Erfolg. In München spielt sie die Prinzessin Alma in «König Nicolo» mit Gustav Waldau. Man bescheinigt ihr, eine *ernsthafte*

Sie spielt ihre Mutter glatt an die Wand:
Pamela und Tilly in «Schloss Wetterstein», München 1926

Künstlerin, keine Sensationsnummer zu sein, mit der besonderen Gabe, *gescheite Pointen zu setzen, ohne sich aufzudrängen.*
Ihre deutliche Sprache wird allerorts gelobt. Ihre Interpretation
der Lieder Wedekinds entzückt, verblüfft und berührt das Publikum. Anders als die Mann-Kinder trägt sie ihren berühmten
Namen mit scheinbarer Leichtigkeit.

Jetzt spielt sie in Berlin in Sternheims neuem Stück «Die
Schule von Uznach», in dem der kranke Dichter versucht, ange-
stachelt durch das Vorbild von «Anja und Esther», der moder-

nen Jugend Antwort zu geben. Nicht zuletzt dank Pamelas Mitwirkung hat Sternheim nach langer Zeit wieder einmal Erfolg. Zur fünfzigsten Vorstellung kommt er nach Berlin.

Dunkle Ahnungen erfüllen Erika. Sie weiß, dass Sternheim weder auf ihren Vater noch auf den Rest ihrer Familie gut zu sprechen ist. Kann es sein, dass Pamela unter seinem Einfluss von ihr abrückt und, noch schlimmer, ihn als Mann ernst nimmt, seine Liebe gar erwidert? *Liebe Göttin*, schreibt sie der Freundin, *WIE sehr ich mir wünsche, dass Du hier wärst! […] Ich denke so oft, wir werden immer verschiedener, und eigentlich KANN ich doch gar nicht mehr viel für Dich sein. […] Ach, WUNDERBARE Dame, ach, GELIEBTE Königin, ach EINZIGE Hexe! Ich denke sehr an Dich. Gute Nacht, fremdes Kind.*

An Bord des «Prinzregent Luitpold», des roten Schaufelraddampfers auf dem Starnberger See, dichtet sie eine «Schiffselegie» mit dem Titel «Last Cry», voller Zärtlichkeit, Sorge und Trennungsschmerz:

> *Du kannst machen, was du magst,*
> *Darfst bei Eiseskälte baden,*
> *Und, wenn du mich vorher fragst,*
> *Mohrenvolk zu Gaste laden.*
> *Kinderchen darfst du verführen,*
> *Mägdlein oder Knaben,*
> *Füttre sie mit Liebesschwüren,*
> *ALLES sollst du haben!*
>
> *ABER: LASS dich doch nicht immer so*
> *Umeinanderschmeißen!*
> *Diese Kerls sind so roh,*
> *Könnten dich zerreißen,*
> *Könnten eines Tages dir*
> *Alle Rippen brechen*
> *Und es wäre dann mit mir*
> *Gar nicht mehr zu sprechen.*

Sage ihnen, dass ich das
Strengstens untersagt!
Denn das ist nun mal kein Spaß
Welcher mir behagt.
Sage ihnen außerdem
Einen schönen Gruß
Und es sei nicht angenehm,
Wenn man scheiden muss.

Regen plantscht aufs Außendeck
So, wie dunnemals,
Manche Damen lieben Schreck,
Andre tragen Schals.
Manche Herren singen gern,
Andre treiben Sport,
Und ich bliebe gern bei dir,
Aber ICH MUSS FORT.

Liebe, liebe Braut [...] ich könnte Dir LEICHT jetzt einen LAN-GEN Brief schreiben, des ALLERliebevollsten Inhalts. Aber ich will und will es nicht tun. Bin nur die Deine, E.

Was nicht geht, soll man nicht erzwingen. Klaus und Erika fassen den Plan einer Reise nach Amerika. Der New Yorker Verleger Berni & Liveright hält eine *kleine Tournee* für möglich. *KOMISCH ist es JEDENFALLS*, schreibt Erika an Pamela, *reklamemäßig für Deutschland ausbeuten lässt sich's JEDENFALLS, und das Schlimmste, was uns passieren kann, ist, dass wir sehr bald wiederkommen. [...] ACH, PAMELA, wenn Du mitfahren könntest! Natürlich IST'S nur eine halbe Sache ohne Dich. Ob Du uns an Bord begleiten wirst?*

Pamela entzieht sich ihrem Werben, und Erikas nächster Brief beginnt nicht mit *Geliebte Hurenbraut* oder *Bezaubernde Hexe*, sondern, schlicht und ganz im Tonfall frisch Getrennter, mit *Liebe Pamela: Wir sehen uns, wenn ich wiederkomme (hoffentlich ist das nicht ZU BALD!), augenblicklich KANN ich nicht, und Dir wird es auch lieber sein, Du siehst mich nicht. Kläuschen, den ich noch nicht sprach, wird Dich ja vielleicht anrufen. [...] WIE sehr ich an Dir hänge, sehe ich immer dann, wenn ich es am wenigsten wissen möchte.*

Am 7. Oktober 1927 verlassen Klaus und Erika Deutschland an Bord der «Hamburg». Gustaf Gründgens, dessen Ehe mit Erika nur noch auf dem Papier besteht, findet die gemeinsame Wohnung leer. Aber dass es mit Pamela für immer vorbei sein soll, kann Erika nicht glauben: *Liebe Pamela! Wahrscheinlich möchtest Du gar keinen Brief von mir haben, vielleicht schicke ich ihn nicht ab. Wir sind jetzt schon acht Tage lang auf dem Wasser, da hat man schrecklich viel Zeit zum Denken. Was ich IMMER denke, ist aber nur das: Du wirst doch, bei allem, nicht vergessen, DASS ES MICH GIBT?! [...] BITTE, BITTE vergiss es nicht! [...] Alles LIEBE! HOFFENTLICH geht es Dir sehr gut!*

Ende Dezember 1927 erhält sie in New York einen Ausschnitt des «Berliner 8 Uhr Abendblatts» mit einem Bild von Pamela und Sternheim und der Ankündigung ihrer Verlobung. *Interessante Verbindung von «Schule von Uznach» und «Frühlings Erwachen»,* heißt es da. *Sternheim ist beinahe fünfzig Jahre alt, Pamela kaum über zwanzig [...] Dorothea (Mopsa) Sternheim wird nun also zu ihrer Freundin Pamela «Mama» sagen müssen.*

15

Unvereinbares vereinen –
Pamela und Sternheim

1928/29

Tilly ist verzweifelt. Muss sich jetzt auch Pamela einem Jahrzehnte älteren Dichter hingeben und eine hoffnungsvolle Karriere aufs Spiel setzen? Hat sie nicht gesehen, wohin das führt?
Muss sie ihren Vaterkomplex ins Uferlose treiben? Muss sich
alles wiederholen? Gewiss ist Sternheim ein glänzender Gesellschafter, aber doch viel oberflächlicher als Wedekind, ganz ohne
dessen Geistigkeit und Ringen um tiefste Fragen. Stört sie Sternheims kolossale Ichbezogenheit nicht? Erträgt sie seine manischen Monologe? Halten nicht viele Sternheim schlichtweg für
größenwahnsinnig? Es hilft wenig, dass Sternheim das Ver-
lobungsgerücht dementieren lässt und auch Pamela versichert,
dass an Heirat nicht gedacht sei – die Tatsachen sprechen für
sich: Pamela, bei Max Reinhardt unter Vertrag, hat im Dezember 1927 in Victor Barnowskys Theater an der Königgrätzer
Straße als Partnerin von Fritz Kortner die Rolle der Effie in
«Schloss Wetterstein» von Maria Orska übernommen, die, von
Affären zermürbt und vom Rauschgift gezeichnet, aufgeben
musste. Pamelas Erfolg war bemerkenswert. Monty Jacobs sah
ihre manchmal bemängelte *frühe Routine* gänzlich gewichen,
Fritz Engel nannte sie *große Rasse* und meinte, Wedekind, der
selbst *nie Schauspieler* gewesen sei, hätte sich hier *gegipfelt* gesehen: *das, was er ausdrücken wollte, nun auch wirklich ausgedrückt.* Der viel gelesene Max Osborn schrieb in der «Berliner
Morgenpost»: *Werden die glänzenden Versprechen dieses Abends
gehalten, so bedeutet er den Aufgang eines neuen Sterns.* Reinhardt, der es nicht gerne sieht, wenn seine Schauspieler an-

derswo Erfolg haben, zog seine Freistellung zurück. Pamela gab sich beleidigt, brach trotz Tillys flehentlicher Bitten ihren Kontrakt mit ihm und reiste an den Bodensee zu Sternheim. Wer soll das verstehen?

Uttwil. Ein stilles Dorf mit Bootsmole und Fischerhäusern, von Obstwiesen umgeben, mit sauberen Wegen und gestutzten Linden, zwei oder drei Wirtshäusern. Am Dorfende das Anwesen der Sternheims. René Schickele hat es ihnen vermittelt. Erst be-

Sternheims Haus in Uttwil

wohnten sie die so genannte «Hütte», ein gemütliches Häuschen mit zwei Zimmern und einem bemalten Thurgauer Kachelofen, dann ließen sie hangabwärts das jetzige Haus bauen, zweistöckig, mit vielen Fenstern zum See. Die Einrichtung ist ökonomisch und nach Sternheims Gebot ohne jeglichen Zierrat, mit Ausnahme von Kunst, natürlich. Im Speisezimmer hängt Gauguins «Blumenstück mit jungen Hunden», andere Gemälde von van Gogh, Matisse und Picasso sind im Haus verteilt. Ein heller Raum beherbergt Sternheims Bibliothek. Ein Sondervertrag mit der Gemeinde Uttwil untersagt es Nachbarn, Hühner zu halten oder Kühen Glocken umzuhängen, damit der lärmempfindliche Dichter, der gern bei offenem Fenster arbeitet, nicht gestört wird.

Pamela betritt das Haus mit gemischten Gefühlen. Ja, sie ist mit Sternheim eine Beziehung eingegangen. Sie bewundert seine intellektuelle Brillanz, seine radikalen, aber logischen Ansichten. Das Zusammensein mit ihm hilft die Lücke schließen, die der Tod ihres Vaters hinterlassen hat. Dafür liebt sie ihn, auch wenn andere das merkwürdig finden. Eine Trennung von Sternheim, wie Erika sie verlangte, lehnte sie ab – was nicht bedeuten soll, dass sie ihn heiraten will, im Gegenteil: Sein allseits zur Schau getragener Stolz über die «Eroberung» der Dichtertochter ist ihr peinlich, die Nennung ihres Namens bei seiner im Dezember 1927 vollzogenen Scheidung von Thea war ihr unangenehm. Sie fühlt sich Erika und Klaus verbunden wie je und leidet unter dem Zerbrechen der Freundschaft, die ein Leben lang dauern sollte. Sternheim hat sie nach Uttwil gebeten, um ihm die Einsamkeit zu vertreiben – Pamela ist der Einladung gefolgt, in das von Thea eingerichtete und bis vor kurzem mit Sternheim bewohnte Haus, in dem der Bruch mit Erika seinen Anfang nahm. Sie hat nicht vor, lange zu bleiben.

Das Mittagessen serviert die von Thea aus Dresden mitgebrachte Haushälterin Frieda König, die Presseberichte über den «Chef» und das «junge Ding» natürlich gelesen hat. Pamela spürt eisige Ablehnung. Nach dem Essen öffnet sie eher gedankenlos die Tür zu einem Nebenraum und erkennt, völlig unverändert, Theas Arbeitszimmer, in dem die damalige Frau Sternheim sie und Erika im Sommer 1926 empfing. Pamela zieht die Tür schnell wieder zu und hört Sternheim hinter sich sagen: «Ich wäre dir dankbar, wenn du dieses Zimmer nicht wieder betreten würdest. Hier hat Thea immer gesessen, über meine Verfehlungen Buch geführt und auf meinen Zusammenbruch gewartet.» Pamela lacht verlegen und antwortet: «Ah bon, da bin ich also ohne Umwege beim Ritter Blaubart gelandet.» Sie fühlt Tadel in seiner Stimme. Monate später wird sie Sternheims Bemerkung in neuem Licht sehen.

Ende Januar kommt ein Brief Theas, der Sternheim die rücksichtslose Durchsetzung ihrer aus der Scheidung abgeleiteten Forderungen ankündigt – nicht wegen seiner *Arabeske mit Pamela Wedekind,* sondern weil er *wie ein Wucherer* eine *Armee von Lügen* auf sie loslasse. *Du kennst mich offenbar immer noch nicht,* warnt sie, *ich rate Dir, den Bogen, der bereits bis zum letzten gespannt ist, nicht weiterzuspannen: denn mir [...] ist es jetzt auch völlig egal geworden, einen Monsterprozess über diese Schmutzgrube, die Du aus unserer Ehe veranstaltest, zu machen.* Sternheim bekommt einen Nervenanfall. Seiner Meinung nach schuldet er Thea nichts: Sein Kunstverstand habe ihn französische Impressionisten kaufen lassen, als diese unbekannt und preiswert waren, was Theas Vermögen mehr als alles andere über die Inflation gerettet habe. Pamela dürfe jetzt auf keinen Fall abreisen.

Im April taucht, aus Dresden kommend, der Maler Conrad Felixmüller auf, dreißig Jahre alt und bereits international gehandelt. Er war Thea beim Kauf des «Waldhofs» behilflich und oft zum Malen in Uttwil. Die neue Frau an Sternheims Seite akzeptiert er kommentarlos. Er zeichnet Pamela und malt ein großes Ölporträt des Dichters, auf einem Sessel sitzend, ein Manuskript auf den Knien. In Pausen geht man zwischen Obstwiesen spazieren. Sternheim, die Hände in den Manteltaschen und pausenlos redend, läuft wie immer voran. Mitten im Satz kippt er um und fällt ohnmächtig in den Straßengraben. Pamela und Felixmüller mühen sich vergeblich, den schweren Mann auf die Beine zu bringen. Ein Bauer schafft Sternheim auf seinem Fuhrwerk nach Hause. Pamela führt den Anfall auf Belastungen durch den Scheidungsprozess zurück. Dass Sternheim an Syphilis leiden könnte, kommt ihr nicht in den Sinn – für sie ist «französische Krankheit» eine Todesursache früherer Jahrhunderte. Dass sie Sternheim in diesem Zustand nicht allein lassen kann, versteht sich von selbst.

Das große Haus ist Pamela unheimlich. Aus jedem Winkel springt sie Theas Gegenwart an. Wann immer möglich, zieht sie sich in die relative Neutralität der «Hütte» zurück. Dort singt sie, arbeitet an Rollen, trainiert ihre Stimme. Sternheim hat ihr Manuskripte zum Abschreiben gegeben. Jede Tätigkeit, die ihrem Aufenthalt einen Sinn gibt, ist ihr willkommen.

Irgendwann erscheint ein Spediteur, lädt Theas Möbel in ein Lastauto und bringt sie in ihrem Auftrag nach Berlin. Sternheim lässt einen Schreibtisch in ihr leeres Arbeitszimmer stellen und bittet Pamela, es nunmehr als ihres zu betrachten. *Es erschien mir als ein böses Omen,* erinnert sich Pamela, *dass ich nun einen Platz einnehmen sollte, den ich so ganz und gar nicht angestrebt hatte. Wenn ich jedoch an die Schönheit unseres Zusammenseins dachte, an Sternheims augenscheinlich höchsten Glücksbefund, den ich weitgehend teilte, war ich wieder zu jedem Opfer bereit.*

Klaus und Erika, als «Literary Mann Twins» durch Amerika eilend, haben in Hollywood mit Emil Jannings Weihnachten gefeiert, Greta Garbo, Ernst Lubitsch und Upton Sinclair kennen gelernt und mit Pola Negri Sekt getrunken. In New York, wo sich Ricki Hallgarten, der Jugendfreund aus der «Herzogpark-Clique», als Tellerwäscher und Hausdiener durchschlägt, erreicht sie das Dementi von Pamelas Verlobung. *Ich habe niemals geglaubt, dass Du Sternheim heiraten würdest,* schreibt Klaus, *aber ich war verängstigt dadurch, dass es überhaupt zum Gerücht kommen konnte. Mein Gefühl in dieser ganzen Sache ist das Gefühl der ANGST. Ich kann mir mit aller Phantasie nicht vorstellen, wie das zu Ende gehen soll, was Du hier so entschlossen angefangen hast (da ich mir etwas sehr Unangenehmes nicht vorstellen WILL). Aber gerade aus diesem Angstgefühl merke ich, wie viel mir an Dir gelegen ist.* Auch Erika bekennt Angst um Pamela. Trotzdem würde sie ihr – wenn Pamela es möchte – *auch jetzt bis ans Ende der Welt folgen.*

Von Warschau, der letzten Station ihrer Heimreise über Hawaii, Japan, China und Russland, schicken die Geschwister ein Telegramm an Pamela: *beinahe zu hause – mitte der woche münchen – wann werden wir uns sehen – erika und klaus.* Es ist Juli 1928, Pamela ist immer noch in Uttwil.

Ich weiß jetzt, dass alles noch gut werden wird zwischen uns, schreibt Erika hoffnungsvoll. *Ich stehe zu Dir, Pamela, genau noch so wie seit Jahr und Tag. Wenn ich nun nicht zu Dir komme, nur das Kläuschen schicke mit allen meinen Grüßen, so muss ich das tun, weil ich mich vor Uttwil und vor Sternheims Haus am See fürchte. Dort ist kein Boden, auf dem ich gehen und stehen kann, und eine erste Begegnung mit DIR, gerade dort, wäre mir NICHT MÖGLICH.*

Pamela ärgert sich. Warum verkennt Erika, die ihr näher ist als jeder andere Mensch, die Art ihrer Beziehung zu Sternheim? Ist nicht einmal Mitgefühl erlaubt? Pamela lässt Erikas Brief unbeantwortet und sagt Klaus mehrere Besuchstermine ab.

Jetzt sind auch die Geschwister verärgert. *Die Fiktion, dass WIR uns untreu und unfreundschaftlich gegen DICH verhielten,* schreibt ihr ehemaliger Verlobter, *wirst Du bei aller Mühe vor Dir selber nicht aufrechterhalten können, wenn Du einmal ganz genau, sachlich und bis ins Detail, DEIN Benehmen gegen UNS in allen seinen Phasen, von Oktober 1927 bis heute, vorhältst. Mein Interesse für Dich ist unauslöschlich; es ist ein Interesse, so tief, dass man es beinahe Liebe nennen könnte. [...] Wenn ich Dir heute «Vorwürfe» zu machen scheine, tue ich das sicher nicht, um Dich zu kränken oder mich zu ergötzen. Aber ich bin der Überzeugung, dass Du Dich, was Deine Beziehung zu uns angeht, unaufhörlich belügst. Der Tonfall, den Du gegen uns gewählt hast – «Seid ruhig, meine Lieben, nichts Unrichtiges wird geschehen!» –, ist auf die Dauer unmöglich. Es SIND Unrichtigkeiten geschehen, und zwar beinah unverbesserliche. [...] Ich sage Dir diese Dinge nach allerausführlichster Überlegung so ausdrücklich und offen; denn es geht nicht, dass bedingunsloses Ja-Sagen zu allem, was Carl Sternheim unternimmt, die Grundlage und Voraussetzung unserer Beziehungen sein soll. Dass ich vor Deinen Erlebnissen mit Respekt und sogar mit Ehrfurcht stehe, dürftest Du voraussetzen können; vor allem, wenn sie so großer Natur sind wie Deine Beziehung zu Carl Sternheim.*

Erika findet es *TROTZ ALLEM ein bisschen phantastisch – seit zwei Monaten bin ich wieder im Lande, und wir sehen uns*

*nicht. Du hast, finde ich, so VIEL ZEIT bekommen, während
dieses letzten Jahres. Wollen wir auf den Zufall warten?*

Eine der *Unrichtigkeiten,* auf die Klaus anspielt, ist zweifellos Sternheims Stück «Die Väter oder Knock out», nach der «Schule von Uznach» ein weiterer Versuch, das Problem der modernen Jugend auf den Punkt zu bringen, diesmal am Beispiel zweier literarischer Familien, die mühelos als die Sternheims und Manns zu erkennen sind. Seit Jahren laboriert er daran herum, auf den Punkt bringt es nur sein eigenes Problem: die Verzweiflung eines alternden, ehemals erfolgreichen Schriftstellers, dessen Botschaften niemand mehr hören will und der deshalb immer härter zuschlägt, sich selbst immer weiter ins Abseits treibt und in der felsenfesten Überzeugung der eigenen Unfehlbarkeit den Bezug zur Realität immer mehr verliert. Seit Pamelas Ankunft in Uttwil hat Sternheim eine neue Version des tot geborenen Werks erstellt, eine wüste Groteske, hasstriefend gegen jene, die das Ohr des Publikums haben, allen voran gegen Thomas Mann und dessen Kinder. Die Eifersucht auf Klaus und Erika spielt ebenso eine Rolle wie der Schmerz über das Versagen der eigenen Sprösslinge – Mopsa ist arbeitslos, ihr jüngerer Bruder Klaus weiß nichts mit sich anzufangen, Carlhans, sein Sohn aus erster Ehe, ist notorischer Schuldenmacher und war schon mehrmals in Polizeigewahrsam. Ungeniert belässt Sternheim Vornamen wie Carl, Thomas oder Tilly und überzeichnet die Charaktere fratzenhaft. Zum Schluss begegnen sich er selbst und Thomas Mann als Insassen eines Irrenhauses, wo sie an jeweils einer der Brüste «Fantasias» saugen, einer Pamela allegorisch nachempfundenen Figur.

Pamela hat die Entstehung der «Väter oder Knock out» aus der Nähe verfolgt, hat vielleicht sogar daran mitgearbeitet und nicht protestiert, als Sternheim sein Produkt selbst vervielfältigt – kein Verleger wollte etwas davon wissen – an Theater schickte. Jetzt muss sie es sich gefallen lassen, dass Klaus Mann im Zusammenhang mit Sternheim von *Zügen des Pathologischen* spricht. Aber zumindest bis der Streit mit Thea ausgestanden ist, muss sie bei ihm bleiben. Das hat sie versprochen, das will sie halten. Was andere darüber denken, darf sie nicht kümmern.

Ende Oktober 1928 kommt es zu einem Treffen zwischen Pamela, Sternheim und Klaus in Baden-Baden, wo Sternheim zur Kur weilt. Im «Wendepunkt» beschreibt Klaus es ausführlich. Danach macht Sternheim auf ihn den Eindruck eines *TOTAL ÜBERGESCHNAPPTEN*, der ohne Unterlass mit *krähender Stimme* und *tückisch-lüsternem Blick* die eigene Person im Vergleich zu einer degenerierten, versumpften Jugend von *lahmen Enten* preist, sich einen *Adler* nennt und den zufällig am Nebentisch speisenden Generaloberst von Seeckt, ehemals Chef der Reichswehr, durchaus zu dessen Degout in diese Klassifizierung einbezieht. Pamela sei mit starrem, glitzerndem Blick dabeigesessen und habe nur immer wieder gesagt: *Iss deine Suppe, Lieber, du vergisst die Suppe, Schatz.*

Trotzdem ist Klaus froh, Pamela wiedergesehen zu haben. *Ich hatte, nach dem ersten Abend, das Gefühl einer Todesangst: Alles wäre umsonst gewesen und zwischen uns jede Verbindung unmöglich. So weit hatte es Sternheim mit seiner unbarmherzig examinierenden Art gebracht. Dass ich das Examen, dem er mich unterzog, schlecht bestand, lag vielleicht weniger an meiner Unfähigkeit als an einem ganz primitiven Gefühl der Auflehnung. Bei der Abreise, den Tag später, stand alles schon ganz anders. [...] Über das, was werden soll, wage ich heute noch nichts zu sagen. Ihr wollt Tatsachen, keine Gefühle. Das verschüchtert mich etwas. Ich will mich also nicht äußern, ehe ich mir die Situation bis ins Haargenaue klar gemacht habe. Du siehst: Die Sternheimsche Pädagogik fängt an zu wirken.*

Pamela solle bitte nicht behaupten, keine große Rolle in seinem Leben gespielt zu haben. *War unsere Verlobung nicht Dokument genug? Und Anja und Esther? Und die Widmung des «Frommen Tanzes»?*

Erika ist *der festen Überzeugung*, dass sich zwischen Pamela und Klaus *Neues und Fruchtbares* anbahnen kann. *Denn von ihm zu Sternheim führt ein Weg. Von mir führt keiner zu Sternheim, deshalb bin ich nicht sicher, was uns beide angeht. Liebe,*

*auch ich glaube Dir ALLES, die Erinnerung an die Jahre mit Dir
wird nie vergehen oder verblassen, die ewige Einzel- und Aus-
nahmestellung, die Du in meinem Leben eingenommen hast und
einnimmst, wirst Du behalten. Nur das glaube ich nicht, dass Du
UNVEREINBARES VEREINEN kannst. Mut zur Güte? Was
sagt Sternheim dazu?*

Sternheim wird immer sonderbarer. Er geht kaum noch aus,
meidet Nachbarn und trinkt – ganz und gar ungewöhnlich für
ihn – flaschenweise Wein. Gegen Abend steigt seine Nervosität
und lässt sich auch durch Zuspruch Pamelas nicht lindern. Die
Haushälterin Frieda König verfolgt grimmigen Blicks die Entwicklung – sie hat es kommen sehen und weiß, wo die Schuld zu
suchen ist. Der Winter hat früh eingesetzt, die Ufer sind ver-
schneit.

Mitte November hebt sich Sternheims Stimmung. Er wird
mild und versöhnlich, allerdings gesteigert aktiv. Er spricht von
einer Premiere der «Hose» in Paris. Pamela weiß nicht, ob sie
stattfindet, aber schreibt Grüße auf die Einladungen, die er an
Freunde und Bekannte schickt, unter anderen an Tilly.

Sie will Sternheim die Laune nicht verderben, und es gilt,
Normalität zu wahren – vor allem vor denen, die ihrer Verbindung mit Sternheim schon immer ein übles Ende voraussagten.

In Sternheims Euphorie platzt ein Brief von Theas Anwalt
mit einer Forderung über vierhunderttausend Mark. Sternheim
rast vor Wut. Thea habe die Rechnung ohne ihn gemacht: Statt
sich Haus und Kunstsammlung wegnehmen zu lassen, würde er
beides verschenken. Pamela, ohne Überblick über die eigentlichen Verhältnisse, stellt sich auf seine Seite und sieht zu, wie er
den Kunstverein Winterthur als Begünstigten kontaktiert und
aus Romanshorn Möbelpacker bestellt, die tatsächlich mit Spe-
ditionswagen und Kisten anrücken. Mitten in das Chaos kündigt Erika Mann ihren Besuch an – ihre Angst sei nicht geringer
geworden, aber sie wolle alles tun, um Pamela zu sehen.

Dann überschlagen sich die Ereignisse.

In der Nacht des 11. Dezember 1928, ein Tag vor Pamelas

zweiundzwanzigstem Geburtstag, telefoniert Sternheim wie besessen in alle Richtungen und verkündet überall dieselbe Botschaft: Eine *hohe Ehre* sei ihm zuteil geworden, in Uttwil finde ein großes Fest statt, alle seien eingeladen. Um vier Uhr früh sperrt das Telegrafenamt die Leitung. Sternheim, einen Revolver in der Hand und Pamela im Schlepptau, stürmt zu seinem Nachbarn, dem Kunstmaler Ernst Schlatter, mit der Frage, ob man eine solche Verwaltung nicht erschießen sollte. Schlatter nimmt ihm die Waffe ab und alarmiert die Polizei. Pamela weiß nicht, ob sie wacht oder träumt – ist Sternheim tatsächlich verrückt geworden?

Die nächsten Stunden sind grauenhaft. Sternheim verschanzt sich mit Pamela in seinem Haus, redet wirr, tobt. Frieda König läuft heulend davon. Der Uttwiler Bürgermeister erscheint mit zwei Zivilpolizisten. Autos fahren vor, wie bei einer Verbrecherjagd fordern Rufe Sternheim zum Herauskommen auf. Sternheim schreit und droht, schlägt gegen Tür und Fensterrahmen. «Herr Sternheim», ruft der Bürgermeister, «hören Sie mich? Der Kaiser wartet in Konstanz. Er möchte mit Ihnen die Weltlage besprechen. Bitte kommen Sie, wir bringen Sie hin.» Sternheims Gesichtszüge erhellen sich, er tritt aufrecht ins Freie und besteigt mit Pamela das Auto, als ginge es zum Staatsempfang. Die Fahrt endet im Sanatorium Binswanger in Kreuzlingen, wo schon Nietzsche und der Tänzer Nijinski Patienten waren.

Pamela wartet im Foyer. Sie will nicht glauben, dass Sternheim ernstlich krank ist. Dr. Haab, sein Hausarzt, ist bei ihm. Er hat ihm kürzlich beste Gesundheit bescheinigt – nur aufregen dürfe er sich nicht. Jetzt kommt der Arzt die Treppe herunter, Pamela eilt ihm entgegen. «Positiver Wassermann», sagt er ohne Umschweife.

«Wie bitte?», fragt Pamela. «Was ist das?»

Der Doktor poltert los: «Syphilis, tertiäres Stadium, wahrscheinlich aussichtslos, da es bereits zur Zerstörung von Zellen gekommen ist. Gehirnparalyse. Die Heilung ist fraglich und vielleicht nicht einmal wünschenswert, die Behandlung nach Wagner-Jauregg eine Rosskur und keineswegs folgenlos. Herr

Sternheim wird nie wieder normal werden. Man wird einen Vormund bestellen müssen. WARUM HAT MAN SO LANGE GEWARTET!?»

Pamela gerät in Panik. Sternheims Ansehen steht auf dem Spiel, ihr eigenes kaum weniger, und im Rechtsstreit gegen Thea hätte ein geistig Kranker schlechteste Chancen. Pamela beschließt die Flucht nach vorn und verfasst ein Pressetelegramm: *Carl Sternheim wurde infolge Nervenzusammenbruchs auf Verlangen des Arztes in das Sanatorium Kreuzlingen überführt. Zu ernsten Besorgnissen liegt kein Anlass vor. Ich habe dem Menschen, den ich nach meinem Vater am meisten liebte und verehrte, seit einem Jahr mit bedingungslosem Einsatz meiner Person nach besten Kräften beigestanden, wie er es verlangte und wie es meine Pflicht war. Pamela Wedekind, Uttwil.*

Am nächsten Tag berichten Berliner Zeitungen in Balkenüberschriften vom «WAHNSINNSANFALL DES DRAMATIKERS STERNHEIM», mit dem Wortlaut des Telegramms und pikanten Einzelheiten des Scheidungsprozesses. Pamelas Initiative hat das Interesse erst losgetreten.

In dem dunklen Uttwiler Haus versucht Pamela den Schicksalsschlag zu verarbeiten. Warum HAT man so lange gewartet? Thea muss von der Krankheit gewusst haben – warum hat sie nicht früher auf einer Behandlung bestanden? Ein furchtbarer Verdacht drängt sich auf. «Hier hat Thea immer gesessen und auf meinen ZUSAMMENBRUCH gewartet», sagte Sternheim am Tag ihrer Ankunft. Kann es sein, dass Thea bewusst nichts unternommen hat, aus weiblicher Enttäuschung oder um möglichst bald als Nachlassverwalterin fungieren zu können? *Wurde so eines der intaktesten Gehirne seines Zeitalters bewusst der Zerstörung preisgegeben? O Jammer und Entsetzen!*

Als Einziger der Familie kommt Carlhans nach Uttwil, Sternheims unglücklicher Sohn aus erster Ehe, fünf Jahre älter als Pamela, mit schütterem blonden Haar und randloser Brille. Gemeinsam besuchen sie den Kranken. Sternheim starrt reglos mit fiebrig glänzenden Augen zur Decke, erkennt niemanden. Wenn die Diagnose stimmt, meint Carlhans, sei man juristisch machtlos. Theas Forderung würde erfüllt und der Prozess für die Gegenseite entschieden, was einer Enteignung seines Vaters gleichkäme. Pamela bittet den Sternheim'schen Familienanwalt Dr. Caesar Kinkelin, einen Aufschub des Prozesses zu erwirken. Der gibt sich undurchdringlich und verspricht nur, sie informiert zu halten. Gerüchtweise verlautet, dass eine «Waisenamtssitzung» bereits einen Vormund für Sternheim bestellt hat.

Das verlassene Haus am See ist Pamela unerträglich. Um in der Nähe zu bleiben, bezieht sie ein Zimmer in einer Konstanzer Privatklinik, aber wird zu Sternheim nicht vorgelassen. Sie vermutet Thea hinter dieser Strategie und ringt sich zu einem Telegramm durch: *es ist nicht im sinn des menschen, dessen erhaltung für die welt wichtig ist, der zu den wesentlichsten tatsachen unseres lebens gehört, eine feindschaft, die weder von ihm noch von mir ausging, fortzusetzen. Es wäre das menschlichste, gemeinsam für den schutz seiner person und seines namens einzutreten.*

Thea antwortet: *feindschaft fühlte nie gegen sie oder sternheim, ablehne aber als außenstehende strikt jede einmischung. sie, fräulein wedekind, sind vor der welt und moralisch seine frau und sein schutz. ich erlaube mir nur einen rat, den von ihnen in öffentlichkeit gerückten fall zukünftig im interesse sternheims diskreter zu behandeln.*

Pamela gibt auf. Die Frau, die vierhunderttausend Mark von Sternheim will, macht sie *vor der Welt und moralisch* für ihn verantwortlich, und sie darf ihn nicht einmal besuchen. Pamela reist ab.

Aber wohin? Erst jetzt fällt ihr ein, dass die Wohnung in der Prinzregentenstraße aufgelöst ist: Tilly ist im Oktober nach Berlin gezogen. Des Vaters rotes Arbeitszimmer mit Podest, Laufkugel und Lauftrommel, seine Bibliothek, sein Schlafgemach, die Räume, in denen sie kein Detail verändert haben wollte, gibt es nicht mehr. Vor lauter Aufregung um Sternheim hat sie es kaum bemerkt.

Pamela flieht nach Ammerland am Starnberger See, Stätte glücklicher Jugenderinnerung, der einzige Ort, der noch ein bisschen Heimat ist. Nach einem vertanen Jahr hat sie das Gefühl, sich in Berlin nicht blicken lassen zu können. Lilly Ackermann stellt ihr Haus zu Verfügung. Es ist der kälteste Winter seit langem. Von Lillys schwarzer Dogge begleitet, läuft Pamela durch die Wälder.

Erika Mann liegt nach einem Skiunfall im Elternhaus in der Poschingerstraße. *Ich würde mich schrecklich über einen Besuch freuen, Kläuschen und Vater Thomas sind verreist, die Mutter ließe sich gern verscheuchen.* Will Pamela nicht kommen?

Pamela will nicht. Jahre später erläutert sie ihre damaligen Gründe: *Ich war so außerstande, einen Kontakt aufzunehmen, der nach Ersatz aussehen könnte oder einer Weigerung gleichkäme, diese schreckliche Wirklichkeit, wie sie sich mir aufzwang, auch mit allen Konsequenzen zu akzeptieren, dass ich mich erst in die Bitte, mir Zeit zu lassen, und später, als Eri dringlicher wurde, in brutale Abwehr rettete und mit verletzender Entschiedenheit die dargebotene Hand zurückwies. So habe ich mein kostbarstes Gut beleidigt und mein größtes Glück von mir gestoßen.*

Frieda König schreibt an Thea: *Das wäre alles nicht so weit gekommen, wenn Frl. W. ihn ein bisschen zurückgehalten hätte. Wie kann diese dumme Pute den Mann am Morgen um 4 Uhr telefonieren lassen. [...] Ich glaube viel eher, dass der Chef an diesem Tage zur Einsicht kam und Frl. W. gerne abgeschüttelt hätte, was ihm aber sehr schwer fallen wird. Die hängt sich wie eine Klette an ihn. [...] Nur eines bin ich froh, das freche Gesicht von Frl. W. ein paar Tage nicht zu sehen, eine grässliche Komödiantin, einmal kann sie furchtbar weinen und sich wie wahnsinnig gebärden; nach 10 Minuten kommt sie und sagt, ach, wir haben eigentlich gar keinen Grund, traurig zu sein ...*

Sternheim bleibt bis Ende Mai in Binswangers Anstalt. *Größenwahn,* so die Ärzte, bestimme sein Krankheitsbild: Er hielte sich für den *Reichsverweser auf Urlaub* und beziffere den Erlös seiner Werke auf eine Million sechshunderttausend Mark. Er spiele gern Billard, aber mogle dabei. Eine Fieberkur sei Mitte Februar abgebrochen worden, weil sein Kreislauf zweimal zu kollabieren gedroht habe. Wesentliche Besserung sei nicht zu erwarten.

Bei einem Kurzbesuch Theas im März weint Sternheim. Ob sie mit ihm nach London führe und wie früher im Claridges wohne? Es ginge ihm besser, aber die Nächte seien *fürchterlich*. Gott spräche mit ihm, *einhundertfünfundsechzig Morde* würden ihm zur Last gelegt. «Du musst beten», sagt Thea. Er verspricht es.

Das Uttwiler Haus macht auf Thea einen *unsäglichen Eindruck*. Bilder sind umgehängt und Widmungen auf ihren Namen mit «Carl» überschrieben. Im Schlafgemach prangt ein lebensgroßes Nacktporträt von Felixmüllers Frau Londa. Zahllose Fotografien *der Wedekind* stehen herum. Rechtsanwalt Kinkelin schlägt vor, das Haus zu verkaufen.

Im April verschlechtert sich Sternheims Zustand. Er wird gewalttätig, schlägt mit dem Deckel seines Nachtstuhls auf Pfleger ein, schmeißt sein Essenstablett an die Wand. Das Zimmer wird ausgeräumt, der Patient muss auf einer Matratze liegen. Rechnungen für zerschlagenes Geschirr und zerrissenes Bettzeug häufen sich. Das Thema Reinlichkeit lässt laut Auskunft des Personals *stark zu wünschen übrig*.

Gemeinsam mit Sternheims Bruder Felix beschließt Thea, den Kranken nach Berlin zu holen. Sie hat eine Parterrewohnung in der Düsseldorfer Straße gemietet und ist, trotzdem sie *keine Bindung außer der religiösen* mehr eingehen will, offenbar entschlossen, ihren Exmann zu pflegen. Felix Sternheim überwacht den Transport. Die Sehnsucht des Patienten nach dem Uttwiler Haus, warnt er, sei so übermächtig, dass *aggressive Ausfälle* zu befürchten und für die Reise *mindestens zwei Wärter* nötig seien.

Am 1. Juni kommen Sternheim, Felix und Bewachung in Berlin an. Man trinkt Kaffee in Theas Wohnung, dann geht es per Auto in Dr. Schlomers Kuranstalt für Gemüts- und Nervenkranke im Westend. In der Nacht erleidet Sternheim einen Tobsuchtsanfall und kommt in die geschlossene Abteilung.

Pamela erholt sich. In Seeheim, südlich von Ammerland, hat sie bei der Fischerfamilie Hirn eine freundliche Dreizimmerwohnung gemietet und mit Restmöbeln aus der Prinzregentenstraße eingerichtet. Tilly und Kadidja sind da, man verbringt Zeit mit Lilly Ackermann und sitzt beim Grafen Pocci unter Linden am See. Fast ist Pamela bereit, das Kapitel Sternheim zu schließen, da beendet ein Brief Felix Sternheims ihr mühsam erlangtes Gleichgewicht: Sternheim, todunglücklich in eine Berliner Anstalt gesperrt, verlange nach ihr, erwarte ihren Besuch. Pamela bekommt Gewissensbisse. Hat sie ihn nicht sitzen lassen, in hilflosem Zustand? Hätte sie mehr tun müssen? Was wird aus Sternheim in Theas Obhut? Pamela reist nach Berlin.

Dort hält Thea die Zügel fest in der Hand. Von Nichteinmischung keine Spur. Thea konferiert mit Ärzten, bringt Sternheim Obst und Nachthemden, versorgt ihn mit geistiger Nahrung. Auf seinem Nachttisch liegen die Schriften des heiligen Augustinus. In ihr Tagebuch notiert Thea: *Was ich jetzt an Carl tue, tue ich nicht mehr für mich, doch für seinen Frieden.*

Der Kampf um Einfluss beginnt. Kommt Thea am Vormittag, richtet Pamela ihren Besuch für den Nachmittag ein; verbreitet Thea Sternheims Aussage, dass er Pamela *nicht mehr liebe,* ihr aber die *Ehe versprochen* habe, macht Pamela ihrer Empörung Luft, einen Menschen *in Sternheims Zustand mit Gott zu quälen,* und zitiert seine angeblich vor Klinikpersonal gemachte Aussage, dass seine Krankheit nichts anderes sei als das Ergebnis von *Theas über vierundzwanzig Jahre fortgesetzten Vergewaltigungsmethoden.* Thea erhält Kenntnis von einem Brief Carls an Felix Sternheim, von Pamela unterzeichnet, in dem er ihn um Schutz vor ihr bittet, und spricht im Tagebuch von *Infamie* und einem *dem Mädchen willenlos ausgelieferten Sternheim.* Pamela erleidet einen Rückschlag, als Sternheim über den Anstaltszaun klettert, ein Auto anhält und ohne Hut und mit achtunddreißig Grad Fieber vor Theas Tür steht.

Pamela zeigt als Erste Nerven. In Tillys neuer Wohnung weint sie sich aus. Hinter dem Rücken ihrer Tochter fragt Tilly Sternheims Ärzte, ob sich eine Abreise Pamelas für den Patienten negativ auswirke. Die Ärzte verneinen. (Thea hat sich die AUS-GESPROCHENE SCHÄDLICHKEIT von Pamelas Gegenwart ärztlich bescheinigen lassen.) Ende Juni fährt Pamela nach Seeheim zurück, erleichtert, wie Tilly glaubt.

Thea setzt derweilen ihre Bemühung um Sternheims innere Umkehr fort. Er scheint auf gutem Weg. Verschiedene seiner Werke bezeichnet er als *frech, gewissenlos und roh*, in seinem Elternhaus sei *nie von Gott geredet* worden. Thea faltet ihm die Hände, lehrt ihn das Paternoster und Ave Maria, geht Satz für Satz Kapitel des heiligen Augustinus mit ihm durch. Als er im Oktober die Klinik probeweise verlassen darf, mietet sie für ihn die Nachbarwohnung in der Düsseldorfer Straße.

Ein Pfleger ist ihm zugeteilt, Oskar Heise, ein robuster Berliner, für Thea der Inbegriff des *preußischen Dragonerwachtmeisters*. Er begleitet Sternheim bei Ausgängen, wobei es bei Patient und Pfleger nicht selten zu blau geschlagenen Augen oder aufgeplatzten Lippen kommt. Frieda König, die Haushälterin, ist wieder da, aber weiß nicht, ob sie bleiben kann – ihre Nerven seien *durch das Jahr mit Sternheim und Pamela Wedekind durcheinandergeraten*. Sternheim hält gewaltsam Stuhl und Urin zurück, um nicht *ganz Berlin mit Syphilis zu infizieren*. Die versehentliche Abnahme seines Schnurrbarts durch einen Friseur stürzt ihn in tiefe Verzweiflung. Heise bittet um Urlaub: Sternheims Schwermut habe ihn *bekrochen,* das sei ihm noch mit keinem Patienten passiert. Thea will Sternheim in das *Meer der Liebe Jesu* tauchen. Sternheim springt vom Balkon und bricht sich eine Rippe.

Im November erhält Pamela eine Rolle in Wilhelm Herzogs und Hans Rehfischs «Die Affäre Dreyfus» im Theater am Bülowplatz in Berlin – die erste in zwei Jahren. Sternheim hat ihr auf einer Karte geschrieben, er sehe sie *je eher, je lieber.* Vom Pfleger Heise kommt ein Brief: *Über Ihre Bilder hat er sich ganz unglaublich gefreut. Das kleine steht auf dem Schreibtisch, für das große hat sich Herr Sternheim noch zu keinem Platz entscheiden können. Es ist ihm keiner gut genug. [...] Geehrtes, gnädiges Fräulein, hatte mit Frau Sternheim eine ernstliche Aus-*

sprache, und sie hat nichts mehr dagegen, dass, wenn Sie wieder in Berlin sind, Sie Herrn Sternheim so oft besuchen, wie es Ihnen beliebt.

Neuer Dramenakt, geänderte Kulisse: zwei nebeneinander liegende Wohnungen. War Pamela bei Sternheim, steht er eine halbe Stunde später mit rot verweinten Augen vor Theas Tür. Trifft Thea die beiden im Treppenhaus, meint sie, die *verkörperte Intrige* zu sehen. Annette Kolb, auf dem Weg zu Thea, schellt an der falschen Tür und berichtet ihrer Gastgeberin, es habe ihr *ziemlich schroff* ein *Kammerkätzchen* geöffnet.

«Das war die Wedekind», sagt Thea.

«Um Gottes willen!», ruft die Kolb.

«Ja, meine Liebe, das ist die neue Sachlichkeit», sagt Thea.

Ihr Kummer fließt ins Tagebuch: *Wenn die Wedekind bei ihm war, schwelt in ihm ungebrochener Geltungsdrang, das alles umwerfende Ich, dem man soeben Hekatomben der Hingabe entgegensetzte. Alles ist dann wieder von vorn anzufangen.*

Jetzt sind Theas Nerven am Ende. Als Sternheim ihr mit Pamelas Besuchen *wie mit Repressalien* droht, gibt sie ihm eine Ohrfeige. Heise muss ihr zur Beruhigung ein Opiat spritzen. Tochter Mopsa ist, angestiftet von Carl Rudolf von Ripper, ihrem Ehemann (der auch die Geschwister Mann mit Drogen in Kontakt brachte, bei ihr hätte es so etwas nicht gegeben, sagt Pamela), dem Rauschgift verfallen und macht eine Entziehungskur.

Bei all dem Durcheinander gedeiht nur einer: Sternheim. Es geht ihm von Woche zu Woche besser. Er spricht zusammenhängend, erinnert sich an Vorgefallenes, kann allein auf die Straße. Er freut sich über Erich Engels Inszenierung seines «Kandidaten» in den Kammerspielen – im Vorjahr war nichts von ihm gespielt worden. Er nimmt an den Proben teil und erscheint zu Einladungen. Pfleger Heise quittiert den Dienst.

Im Zuge der Genesung wird Sternheim klar, dass Thea während seiner Krankheit mit Hilfe des Schweizer Anwalts Cäsar Kinkelin das Uttwiler Haus verkauft und seine Bibliothek versteigert hat. Anscheinend hat man fest mit seinem Tod gerechnet. Was seine Behandlung nicht aufzehrte, ist in Legaten für die Kinder angelegt. Sternheim steht mittellos da, auf die Gnade seiner Familie angewiesen. Er fleht Pamela an, ihn zu heiraten. Nur als Ehefrau habe sie die nötige Autorität, sein Schicksal zu seinen Gunsten zu beeinflussen.

Pamela steht vor einer schweren Entscheidung. Davonlaufen oder Farbe bekennen? Sie entscheidet sich für Letzteres. Im Licht des Geschehenen, im Dienst an einem geliebten Menschen, vor dem eigenen Gewissen und ihrem Anspruch an sich selbst und nicht zuletzt wegen des unbestätigten, jedoch nicht ausgeräumten Verdachts gegen Thea MUSS sie es tun. Aber sie fühlt sich wie auf dem Schafott.

In aller Form hält Sternheim bei Tilly um Pamelas Hand an. Die glaubt, nicht recht zu hören und bittet ihre Tochter ins Nebenzimmer. «Ist das euer Ernst?», fragt sie. «Ja», sagt Pamela. Tilly verliert die Fassung. «Der Mann ist krank, erwiesenermaßen verrückt, ohne Geld und bald dreißig Jahre älter als du. Wie stellst du dir das vor? Wie willst du Kinder mit ihm haben? Hat er dir nicht schon genug Unglück gebracht? Warum willst du dein Leben ruinieren?» Tilly droht, sich aus dem Fenster zu stürzen, aber Pamela lässt sich nicht umstimmen.

Dr. Gottfried Benn, ein langjähriger Freund der Sternheims und kurz davor, in Tillys Leben eine bedeutsame Rolle zu spielen, nimmt Kontakt mit Thea auf: *Ich möchte Ihnen nur mitteilen, dass ich mein Amt als Sternheims behandelnder Arzt niederlege. Er sowohl als auch Pamela besuchten mich heute. Er lehnte die Salvarsankur weiterzumachen kategorisch ab. Sie ist eine Gans, die ihm jedes Wort nachplappert, ihm hörig und wohl auch nicht ganz zurechnungsfähig. Man kann nichts anderes tun, als die beiden ihrem Schicksal zu überlassen.*

16

Die Kaiserin von Kalumina

1928/29 und davor

Als *ich heute Morgen aufwachte, sangen die Kinder aus der Klosterschule ein geistliches Lied. Die Sonnenstrahlen kamen nur gedämpft ins Zimmer, und ein unendlich wohliges Gefühl durchdrang mich. Dann dachte ich, ich müsste jetzt wohl aufstehen, aber als ich mich aufrichtete, schoss es mir durch den Kopf: Heute ist Sonntag! Unbeschreiblich glücklich sank ich in die Kissen zurück. Später wurde es mir sehr schlecht. Es ist mir überhaupt schon die ganzen letzten Tage nicht gut gegangen. «Des Lebens ungeteilte Freude ward keinem Irdischen zuteil!», sagt Schiller so schön. Ich glaube sogar, dass jeder Mensch jeden glücklichen Augenblick mit einem unglücklichen bezahlen muss.*

Während Pamela mit den Geschwistern Mann Schlagzeilen macht und durch ungewöhnliche Partnerwahl für Aufsehen sorgt, geht Kadidja in München zur Schule, ungern und gelangweilt – man kann doch nicht den ganzen Tag schuften, meint sie. Wo bleibt Zeit für das Leben?

Dabei ist Kadidja keineswegs uninteressiert. Dunkel erinnert sie sich ihres Vaters, der Spannendes über Napoleon, Alexander den Großen und andere außerordentliche Menschen erzählte. Die Begeisterung für Wissen und Verstehen, für das Heldenhafte, Schwungvolle und Kämpferische ist ihr geblieben. Für die tiefsten Fragen des Lebens ist ihr Interesse geradezu unbezähmbar. Woher kommen wir? Was ist unser Ziel? Welchen Sinn hat unser Dasein? Was ihr durch den Kopf geht, schreibt sie in ordentlich geführte schwarze Wachstuchhefte, in großzügiger, deutlicher Schrift und knappem Stil, den sie während des Schreibens verbessert, obwohl sie doch sonst beklagenswert unordentlich ist, was die Hausdame Sybil Vane, die Kadidja während Tillys häufiger Abwesenheit betreut, immer wieder anmerken muss.

Kadidja kennt ihre Schwächen und versucht, sie abzustellen. Sie will ehrlich und bescheiden sein, ihre Mitmenschen erfreuen und diejenigen beschützen, denen es schlechter geht als ihr selbst. Kadidja will ganz einfach ein guter Mensch sein. Das Interesse an der Religion hat sie von ihrem Vater geerbt, aber anders als er geht sie regelmäßig zur Kirche, am liebsten ins Hochamt, mit Gold, Weihrauch und Orgelspiel. *Man braucht doch einen Gott,* findet sie, *und mir persönlich ist der mit dem wallenden Bart am sympathischsten.*

Leider ist sie in vielen Hauptfächern so schlecht, dass sie leicht durchfallen könnte. *Bin ich faul?,* fragt sie. *Oder bin ich vielleicht dumm? Oder kann ich mich nicht konzentrieren? Gestern war ich wieder ganz verzweifelt. Aber es ist unerklärlich: Über Nacht kommen Stärkung und Trost, und dann erscheint alles leicht und sonnenklar.*

Trotzdem fällt sie durch, mit Pauken und Trompeten, und muss die plagende Schule nun wohl ein Jahr länger besuchen. Aber jedes Übel, glaubt sie zu erkennen, verliert seinen Schrecken, wenn es erst einmal da ist. *Das ganze Jahr lebte ich in Angst vor der Katastrophe, und als sie hereinbrach, konnte ich nur lachen, vor allem, weil alle Lehrer so furchtbar erstaunt waren, viel erstaunter als ich selbst. Mama war auch gar nicht so böse, wie ich gefürchtet hatte, auch Sybil nicht.*

Tatsächlich fügt sich alles zum Besten: Tilly entdeckt die Annonce eines Instituts, das Gescheiterten durch schnelles Eintrichtern des Lehrstoffs die Wiederholung erspart und zudem gemischte Klassen hat. Kadidja erschrickt über das Ausmaß ihres Glücks. *Alle meine Wünsche werden erfüllt, noch ehe ich sie ausgesprochen habe, und selbst meine Lügen verwandeln sich in Wahrheit. Manchmal ist es mir, als hätte ich einen Vertrag mit dem lieben Gott gemacht, und manchmal überkommt mich eine furchtbare Angst, dass man so viel Glück nicht haben darf und später vielleicht furchtbar dafür leiden wird. Deshalb will ich*

Woher kommen wir? Was ist unser Ziel?
Kadidja, 14jährig in München, 1925

mich bemühen, gut zu werden, damit ich mir mein Glück ein
klein wenig verdiene!

Kadidja spürt, dass man sie mag, das frische, lustige Mädchen
mit den schwarzen Haaren und vergissmeinnichtblauen Augen,
das sich herrlich unkonventionell im weißen Matrosenanzug
oder mit Indianerkopfschmuck unter die Leute mischt. Als Tochter Frank Wedekinds in jener leicht mysteriösen Wohnung in
der Prinzregentenstraße zu Hause zu sein schadet auch nicht.
Sie merkt, wie Lehrer sie bevorzugen und Freundinnen sie bewundern, und weiß, dass sie, wenn sie will, fast jeden um den
Finger wickeln kann. Manchmal tut sie es, weil der Hafer sie
sticht, aus Berechnung oder weil es Unheil abzuwenden gilt.

In brenzligen Situationen kann sie blitzschnell reagieren. Bei
einer Geometrieprobe – Kadidja war wirklich ZU abgespannt,
um zu lernen – läutet es, als sie gerade zur Hälfte fertig ist. Eine

lange, schwierige Rechnung fehlt. Sie reißt ein Blatt aus ihrem Heft und zwingt einen neben ihr sitzenden Knaben, ihr die Aufgabe zu diktieren. «Hier ist mein Aufgesetztes, darf ich das noch abgeben?», ruft sie nach vorn. «Natürlich», sagt die Lehrerin (obwohl es verboten ist). Kadidja reicht ihr das Blatt und macht sich davon, *trunken vor Freude* und mit einem Anflug von schlechtem Gewissen. *Ich will wieder ein besserer Mensch werden*, gelobt sie und fügt hinzu: *Heiliger Strohsack, wie oft habe ich diesen Entschluss schon gefasst!*

Die *Energielosigkeit* ist ihr größtes Problem. Es fällt ihr unendlich schwer, Arbeiten abzuschließen, die ihr keine Freude bereiten. Dabei will sie Großes leisten wie Napoleon, Winnetou und die Jungfrau von Orleans oder ihre «Helden» Heinrich Mann, Otto Falckenberg oder Max Reinhardt, den sie besonders verehrt und kritisch beobachtet, eben weil sie ihn so liebt – sein Gastspiel war *gut*, meint sie, aber *für Reinhardt doch nicht gut genug*, und beim Tee in der Prinzregentenstraße *spielte er ein wenig den lieben Gott. Ich weiß, ich fälle sehr schnell Urteile, aber ich studiere die Menschen wie Bücher, in denen man lesen kann. Ich will nur noch hinzufügen, dass Reinhardt recht müde und deprimiert war. Hoffentlich schläft er nicht ein!*

Erkenne dich selbst ist Kadidjas Motto, *denn wer sich nicht selbst erkennt, ist verloren und kann niemals glücklich sein.* Und Kadidja wäre so gerne glücklich – wenn es gelänge, ihre Trägheit und andere schlechte Eigenschaften zu überwinden.

> *O Götter, euren segensreichen Sonnenschein,*
> *die lieben Menschen und das frohe, bunte Leben,*
> *wie möcht' ich alles ach, so gern genießen*
> *und kann doch nicht – ich steh' mir selbst im Weg.*

Manchmal fallen ihr die erstaunlichsten Sachen ein.

Wie verhängnisvoll Energielosigkeit sein kann, sieht Kadidja an Tilly in ihren schlimmen Tagen. Gerade weil sie selbst oft traurig und niedergeschlagen ist und es ihr wehtut, ihre schöne

Mama leiden zu sehen, liebt Kadidja sie über alles, liebt sie *geradezu unaussprechlich.* Im Sommer in Feldafing hat sie jeden Abend mit Tilly getanzt und wohl bemerkt, wie Hotelgäste bewundernde Blicke tauschten angesichts von Mutter und Tochter, wie Freundinnen vereint. *Aber Mama macht mir Sorge. Sie hustet so! Wenn sie nur nicht krank wird. In solchen Augenblicken merke ich immer so recht, wie ich sie liebe.* Als Tilly am Blinddarm operiert werden muss – die Vergiftung bei ihrem Selbstmordversuch hat eine Verätzung im Verdauungstrakt verursacht, die den Eingriff heikel und gefährlich macht –, stockt Kadidja fast der Atem. *Eine undurchdringliche, schwere Wolke lastet über mir. Ach, wenn sie doch der Wind auseinandertriebe und die Sonne wieder schiene! Oh, lieber Gott, wenn sie nur wieder gesund wird!! Dabei ist sie so wunderschön in ihrem Leid und so entzückend. O süße, heilige Mama!*

Merkwürdigerweise bleibt sie bei aller Aufregung *ruhig wie ein Stein. Diese Ruhe ist mir selbst unerklärlich, denn ich ängstige mich sehr. Vielleicht habe ich doch etwas von Papas krassem Realismus geerbt.*

Pamela lernt sie erst nach und nach kennen – bei deren frühem Auszug aus dem Elternhaus war Kadidja fast noch Kind, für die «Herzogpark-Clique» war sie zu jung. Trotzdem war ihr Pamelas Temperament immer schon ein wenig rätselhaft – muss es gar so dramatisch sein? Nicht selten war es die «Kleine», die die Scherben aufkehrte, Sybil Vane beruhigte und Tilly Trost zusprach. *Ich fühlte schon immer etwas von einem Diplomaten in mir,* meint sie. *Es ist wohl kein gutes Zeichen, aber ich glaube, dass es fürs Leben doch recht nützlich ist.*

Pamelas publikumsträchtige Verlobung mit Klaus Mann nahm sie von Anfang an nicht ernst. Als nach zwei Jahren noch immer nichts erfolgte, fiel ihr ein hübsches Gedicht ein:

> *Hier ist die Braut, die spielt und singt,*
> *Pamela Wedekind,*
> *da ist der Bräutigam, der dichten kann,*
> *Klaus Mann.*

Schnell fertig ist die Jugend mit dem Wort!
Doch diese beiden dort
treiben's beinah zu weit,
denn glaubt mir wohl, so wenig es auch scheint:
Sie sind «per Tageblatt» vereint!

Das ist der Mann, der schreiben kann,
Trotzdem sein Vater schreibt,
Und dem trotz Vaters feinem Kopf
Das eigne Köpfchen bleibt.

Das ist ein Mann, und doch kein Mann,
Der wie ein Weib sich schmückt,
Oh, ihr Verleger, seht euch vor,
Er haut euch tückisch übers Ohr
Und lächelt nur entrückt.

Klaus liebe sie nicht weniger als Pamela, meint Kadidja. *Er ärgert sich nur, weil ich doch leider kein Junge bin.*

Im März 1926 kommt Pamela für einen Vortragsabend mit Wedekind-Liedern nach München. *Sie schlug natürlich gleich ein großes Theater auf mit viel Tränen und anderen Gefühlsäußerungen, obwohl eigentlich gar kein Grund dazu vorhanden war,* notiert Kadidja. Aber als sie dann *furchtbar aufgeregt* im Saal sitzt und erlebt, wie ihre Schwester im schmucklosen Mädchenkleid, Papas Laute im Arm, auf die Bühne rauscht und todernst und konzentriert jene Lieder singt, die sie selbst Zeile für Zeile auswendig kennt, ist sie tief beeindruckt. *Pamela ist eine ganz starke Persönlichkeit und ist ungeheuer begabt; ich muss bescheiden in den Hintergrund treten vor ihr. Aber ich bin zufrieden: Starke Persönlichkeiten haben sehr viel zu kämpfen, und mir reichen meine Konflikte gerade. Freilich, das «Trara» kitzelt manchmal meine Eitelkeit, aber dann siegt doch meine Liebe zum wahren Leben, denn all die Ehren der Welt sind doch nur vergoldete, morsche Pappkulissen.*

Pamela ist eine ganz starke Persönlichkeit
Liederabend in München, 1926

In manchen Situationen, so erkennt Kadidja, reagiert auch
Pamela normal und allzu menschlich: *Heute bin ich etwas aus
der Rolle gefallen – ich habe Pamela geärgert. Daraufhin hat sie
mich gekrallt, gebissen, gezwickt, an den Haaren gezogen und
was sonst noch der Weiber Waffen sind. Dann habe ich gesagt,
dass ich mit ihr boxen will. Sie wollte einlenken, aber ich begann
zu boxen. Ich lachte (selten bin ich so vergnügt gewesen) und
schlug sie mit sicherer Berechnung, um ihr wirklich wehzutun.*

Dann bot ich ihr die Hand zur Versöhnung. Aber Pamela drehte mir den Rücken.

Mit fünfzehn Jahren hat Kadidja ein Erlebnis, das sie jahrelang, vielleicht ihr Leben lang, beschäftigen wird. Hofschauspieler Albert Steinrück, ein Mann aus der Generation ihres Vaters, gastiert in München und wohnt in der Prinzregentenstraße. Kadidja kennt ihn, seit sie denken kann, auf der Liste ihrer «Helden» steht er weit oben. Jetzt, da sie älter ist, flirtet sie gar ein wenig mit ihm. Er nimmt's humorvoll und nennt sie scherzhaft seine «Braut».

Steinrück ist ausgegangen, und da er nicht rechtzeitig zurückkommt, beginnt man mit dem Mittagessen. Er erscheint, als alle fertig sind, leicht angetrunken und mit einen Strauß gelber Rosen im Arm, *für Kadidja,* wie er sagt. Tilly legt sich hin, Kadidja soll ihm während der Mahlzeit Gesellschaft leisten.

Nach dem Essen will Steinrück das Indianerzelt in Kadidjas Zimmer sehen. Dort sitzt Sybil Vane lesend am Fenster. Steinrück unterhält sich mit ihr, scheinbar ohne Kadidja zu beachten. Sybil geht hinaus, Steinrück setzt sich zu Kadidja, erzählt von seinem letzten Stück, und ehe sie weiß, was geschieht, ist seine Zunge in ihrem Mund.

Wie bitte? *ALBERT STEINRÜCK!! Warum fällt der Himmel nicht ein?! Warum scheint die Sonne, als ob nichts gewesen sei?! So also sind Küsse von Männern! Mich schüttelt es jetzt noch vor Ekel! O Gott, ich möchte mich in einen dunklen Winkel verkriechen. Ich kann keinem Menschen mehr ehrlich in die Augen sehen.*

Abends ruft er an: «Bist du mir böse?»

Böse? Was heißt da böse?! Ich will überhaupt nicht mehr daran denken, das ist das Beste. Wenn ich nur nicht immer wieder diesen grässlichen Geschmack im Munde spürte!

Die Sommerferien verbringt man in Ammerland. Kadidja macht bei allem mit, scheint fröhlich und unbeschwert wie immer. In ihr Tagebuch schreibt sie: *Manchmal überkommt mich ein solches Gefühl der Einsamkeit, dass ich schreien möchte.*

Aber gleichzeitig wird mir klar, wie gut es ist, einsam zu sein. Denn wenn man versucht, eins zu werden mit den Menschen, bringt das nur Zwiespalt und Unruhe oder eine fürchterliche Leere. So lege ich gleichsam Stein auf Stein zu einer undurchdringbar dichten Mauer zwischen mir und der Welt. Mögen sie Fangball mit mir spielen, meine Seele will ich ihnen nie ausliefern.

> *Liebe, solang du lieben kannst,*
> *Hasse, solang du hassen kannst,*
> *Denn es wird die Zeit kommen,*
> *Da du beides nicht mehr können wirst.*

In München wird «König Nicolo» aufgeführt, mit Pamela als Prinzessin und Gustav Waldau als König. Als Fünfjährige sah Kadidja ihren Vater in dieser Rolle, eine schemenhafte, weit zurückliegende Erinnerung. Jetzt steht er auf einmal vor ihr, zum Anfassen lebendig und zum ersten Mal wirklich nah. *Ich liebe König Nicolo, weil er mich zu dem Menschen führte, der mein Vater war. Nicht der Dichter, nicht das Genie, sondern MEIN VATER. Beinahe 16 Jahre hat es gedauert, bis ich das verstehen lernte. Als Papa starb, sah ich alles wie durch einen Nebel, ich verstand nichts von dem, was um mich vorging. Und mit der Liebe zu einem Toten wächst der Schmerz über seinen Tod, ein bitterer Schmerz, der aus langer, dunkler Vergangenheit hervorbricht und nach seinem Recht schreit. Neiderfüllt muss ich fremde Menschen von ihm erzählen hören, von ihm, der mein Vater war und mir als Lebender nicht einmal sein konnte, was er heute jedem Schmieranten ist.*

Friedrich Strindberg kommt zu Besuch, dreißig Jahre alt, ungefestigt, am Erbe leidend. Den Doppelnamen Strindberg-Wedekind hat er abgelegt, seit er sich Siegfried Jacobsohn damit vorstellte und zur Antwort erhielt: «Angenehm, Schiller-Goethe». Ganz Berlin lachte über den Witz, der Hieb des Kritikers machte ihn bekannter als seine literarischen und journalistischen Bemühungen zusammen. Dabei wollte er nur ein wenig Ordnung in sein Leben bringen. *Das ist also mein Bruder,* sinniert

Kadidja, *der Sohn meines Vaters. Wohl ist irgendwo ein dunkler Instinkt in mir, der Drang, ihn zu lieben und zu ihm zu halten. Aber dann stoße ich plötzlich auf ein fremdes, böses Element in diesem Menschen, das Element seiner hysterischen, unheimlichen Mutter.*

Im August 1927 fährt Tilly mit Kadidja nach Salzburg zu den Festspielen. Im Hause Reinhardt tobt der Ehekrieg: Max Reinhardt will Helene Thimig heiraten, Else Heims ihn nicht freigeben. Kadidjas Herz schlägt natürlich für Else Heims, Tillys Freundin und Mutter ihrer Spielkameraden Wolfgang und Gottfried. *Was sind das für Menschen, diese Thimigs und dieses ganze übrige Theaterpack!? Was für schamlose Intrigen, welche Gemeinheit und welche Feigheit!! Und mitten drin steht Max Reinhardt, ein armer, kleiner König, von allen guten Geistern verlassen.*

Anscheinend soll alles von ihm fern gehalten werden, was ihn an seine Frau erinnert. So zumindest deutet Tilly den Umstand, dass man ihr zur Premiere von «Kabale und Liebe» nur Karten im Rang gab und sie zum Souper in Schloss Leopoldskron nicht einlud. In der Pause von «Fidelio» will sie Reinhardt zur Rede stellen. Kadidja schwankt zwischen Verehrung für den Theaterkönig und Loyalität zur Mutter. *Jetzt galt's! Mir schlug das Herz recht heftig, muss ich gestehen. Wenn Mama nur keine Ungeschicklichkeit beging! Mama stürzte auf ihn los, fing von seinen Erfolgen an, kramte sentimentale Erinnerungen aus, aber von dem, worauf es ankam, erwähnte sie kein Wort. Reinhardt wand sich vor Verlegenheit. Unruhig glitt sein Blick an uns vorbei, über mich hinweg. Ich drehte mich unauffällig um, da stand Helene Thiemig und unterhielt sich mit Leuten, aber zuweilen wanderte ihr Blick zu uns herüber. Mama verblieb mit Reinhardt, dass man sich, solange sie da sei, noch einmal irgendwo sprechen würde. Ob er Wort halten wird? Ich bin neugierig. Jedenfalls kann die Unterredung nicht in meiner Gegenwart stattfinden, dazu bin ich entschlossen.*

Tags darauf lernt Kadidja Anton Kuh kennen. Der wortgewaltige «Sprechsteller» redet den ganzen Abend auf sie ein, ohne

Pause und, wie sie findet, reichlich verworren. Schweift ihr Blick auch nur eine Sekunde ab, ruft er: «Hier Kuh, sind Sie noch da?» Er schenkt ihr sein Monokel und behauptet, unsterblich in sie verliebt zu sein. In München wartet ein Brief von ihm. Tilly, in *unbezähmbarer Neugier,* zwingt Kadidja, ihn vor ihren Augen zu öffnen. Er enthält ein Bildnis Kuhs als Beichtvater mit der Unterschrift «Pater Antonius».

In den Folgemonaten ruft er immer wieder an und verwickelt Kadidja in stundenlange Gespräche. Er ist überhaupt nicht ihr Typ, aber als er vorsichtig auf *gewisse perverse Neigungen* anspielt und sie als *Tragödie seines Lebens* bezeichnet, denkt sie um. *Er, der Schamlose, scheute plötzlich peinlich davor zurück, von diesem Gebiet zu sprechen. Ich gestehe, dass mich dieser «Fall» interessiert. So, wie er jetzt ist, kann man wenigstens mit ihm verkehren. Manche Damen und Herren könnten froh sein, wenn sie einen so guten Charakter hätten wie dieser verachtete Bohémien.*

Sein Bild ist auf mysteriöse Weise verschwunden. Kadidja entdeckt es nach langer Suche im Zimmer Sybil Vanes, der *entgleisten Bürgerin,* wie sie Tillys Gefährtin nennt. *Nette Geschichte, das! Ich müsste lachen, wenn es nicht so traurig wäre. Sybils Moral ist zwar unsittlich, aber prüde. Sie ist von der Korruptheit meines Charakters so felsenfest überzeugt, dass ich es nicht wage, ihr das Gegenteil zu beweisen. Aber ich glaube, ich muss der Welt doch langsam erklären, dass ich ein guter Mensch bin. Seltsam, dass ich mich meiner Lasterhaftigkeit schämte, als ich mit beinahe vierzehn Jahren von einer Freundin aufgeklärt wurde. Die meisten Kinder erfahren diese Dinge mit zehn oder elf, ich ging in dem «verruchten Haus Wedekind» noch mit dreizehn Jahren blind und unschuldig herum.*

München, 1928. Eine Stadt, die sich selbst überlebt hat. Die Zeiten der «Elf Scharfrichter», der Kathi Kobus und der Reventlow in «Wahnmoching», als der «Simplicissimus» noch biss und Karl Wolfskehl und Ludwig Klages zu Stefan George pilgerten, sind nur noch fernes Wetterleuchten. Die Torggelstube ist verwaist.

Wer etwas werden will, zieht nach Berlin. Brecht ist längst dort, Feuchtwanger auch, Heinrich Mann auf dem Sprung. Sogar der traumverlorene Ringelnatz plant den Umzug. Nur Thomas Mann hält München die Treue.

Kadidja hat sich mit seiner Tochter Monika angefreundet. Die beiden wollen ins Theater, Thomas Mann holt sie in der Prinzregentenstraße ab. *Auf der Fahrt unterhielten wir uns ein wenig. Thomas, müde in die Polster zurückgelehnt, sprach einige wohlgeformte Sätzchen. Es hatte etwas unendlich Trauriges, wie er so wohlhabend und berühmt in seinem Auto einer großen Gesellschaft entgegenfuhr. Auf dem Rückweg klagte Moni mir ihr Leid, sie friste ein trauriges Dasein. Die Großen seien berühmt, die Kleinen ulkig, aber die Mittleren seien doch einfach überflüssig, zumal der Bruder und die Schwester nicht zueinander passten. Sie hat nicht ganz Unrecht, es ist traurig, aber man muss die Gabe haben, sich in Szene zu setzen, sonst wird man übergangen. Der Mensch baut sich selbst sein Schicksal!*

Die Premiere in den Kammerspielen findet sie *recht mau. Aber es war eine Premiere, und alles war anwesend. Dieses Münchner «alles» ist aber nicht gerade sehr erheblich, zumal man leider alle Leute viel zu gut kennt.*

Wedekinds Todestag jährt sich zum zehnten Mal. Rezensenten, die ihn selbst erlebten, erinnern an seine Gestalt, den Klang seiner Stimme, das *kalte Pathos* seiner *gehämmerten Worte.* Das Interesse an seinem Werk ist stark zurückgegangen. *Um Für und Wider hagelt es nicht mehr Ohrfeigen, die Hausschlüssel schweigen,* schreibt das «Hamburger Fremdenblatt», *und wenn die Quintessenz seiner doktrinären Erotik über uns niedergeht, hört man zwischen den Sätzen schon ein wenig Staub herunterrieseln. So schnell geht das mit den Revolutionären von gestern.*

München gedenkt des Dichters mit einer Feier im Schauspielhaus. Kadidja hat sich hierfür Goldschuhe gewünscht und nach einigem Hin und Her auch bekommen. Aber sie hat sich den Fuß verstaucht und fürchtet, keine gute Figur zu machen. Außerdem hat sie Angst vor zu vielen Menschen. Missmutig humpelt sie hinter der zur Eile drängenden Sybil Vane die Treppe hinunter. Im Theaterfoyer hängt ein Familienporträt, Kadidja schleicht vorbei, um nicht erkannt zu werden. In der zweiten Reihe zwischen Sybil und Thomas Mann sitzend, fühlt sie sich schon besser. Otto Falckenberg nickt ihr aus der Direktionsloge zu. Nach einem Violinsolo spricht Heinrich Mann, *unendlich gütig und sympathisch, dennoch glühend in Kampfbereitschaft,* danach liest Tilly im knöchellangen Schwarzen «Rabbi Esra». In der Pause hört Kadidja, wie jemand ihren Namen nennt: «Das ist wohl Kadidja – die ist ja süß!» Beim Souper in den Vier Jahreszeiten sitzt sie zwischen Bruno Frank und Katja Mann. Heinrich Mann hebt sein Glas und ruft: «Prosit, Kadidja!», und sagt zu Tilly: «Ein reizendes Mädchen!» Wieder einmal hat sich gezeigt, dass Anlässe, auf die man sich gar nicht freut, sehr schön werden können.

Zum Schluss gibt es allerdings Krach mit Sybil Vane. Kadidja, die sie zuletzt in der Pause sah, vergaß auszurichten, dass man auf sie warten solle. Sybil empfängt die Heimkommenden im Schlafrock und spricht von Rücksichtslosigkeit und «es war ja nicht mein Abend». Tilly wird zornig, beide Damen entfernen sich türenschlagend. *Ich entschuldigte mich sowohl bei Mama als auch bei Sybil und betonte beide Male, dass ich allein die Schuld trage, aber das half nun alles nichts mehr. Der Krieg war erklärt, und am nächsten Tag zog Sybil ins Hotel. Man versöhnte sich zwar später, aber die Trennung war endgültig.*

Conrad Felixmüller kommt nach München, direkt aus Uttwil, wo er Pamela und Sternheim gemalt und dessen Sturz in den Straßengraben miterlebt hat. Pamela hat ihm von Kadidjas Maltalent erzählt. Er will ihre Bilder sehen und hat keineswegs nur Gutes zu sagen. Kadidja wundert sich über sein wenig künstlerisches Aussehen, aber als sie erfährt, dass er das Bild «Tod eines Phantasten» gemalt hat, das sie vor Jahren in einer Ausstellung sah und nie vergessen hat, fühlt sie den Wunsch, von diesem nüchternen, fleißbetonten Mann zu lernen, auch wenn sie dafür nach Dresden ziehen muss. *Greulich ist meine Disziplinlosigkeit,* klagt sie. *Aber ich werde nicht eher ruhen, bis es mir gelungen ist, dieses Übel auszurotten!* Sie hat sich die «Willensschule» von

Uwe Jens Kruse besorgt und zwingt sich zu den darin beschriebenen Übungen.

In der Schule stehen Abschlussprüfungen bevor – wenn Kadidja ihr *guter Stern* verlässt, könnte sie leicht durchfallen. Sie arbeitet ohne Ermüdung bis in den Morgen und fühlt sich ausgesprochen wohl. *Ich komme allmählich zu der Ansicht, dass hinter allem, was ich tun soll, ein eiserner und selbstverständlicher Zwang stehen muss – dann kann ich alles.* Während der Klausuren erfasst sie erstaunliche Heiterkeit, bei der mündlichen Prüfung kokettiert sie so heftig mit der Lehrerin, dass diese den Kopf senken muss, um nicht zu zeigen, dass sie lächelt. *Als ich drankam, fragte sie mich lauter Sachen, von denen sie wusste, dass sie mir leicht fielen. Nur 600:6 gelang mir absolut nicht auszurechnen, so dass ich unter allgemeiner Heiterkeit an meinen Platz zurückkehrte.* Als sie für die Biologie- und Erdkundeprüfung büffeln will, ruft Anton Kuh an und hält sie zwei Stunden am Telefon. «Hilf mir, Anton Kuh», betet sie, «du bist schuld, dass ich nicht gelernt habe!» *Die Stunden gingen vorüber, die Prüfung war zu Ende, ich war nicht drangekommen. Mir standen Tränen in den Augen, obgleich ich lachte. Und heimlich graute es mir wieder vor meinem phantastischen Glück.*

Ammerland, Ostern 1928. Kadidja liebt das Dorf am See, in das weder Bahn noch Postauto fährt und das so schön von der Nachmittagssonne bestrahlt wird. Sie kennt fast alle, die hier wohnen, den Grafen Pocci und seine Söhne, den Maler Colombo Max und dessen Pfeifen rauchende Schwägerin, die alle «Hexenmuru» nennen, den «Hoffischer Sepp», den Bäcker Graf, den Gemischtwarenhändler Schnetz und den Doktor Weber, der ein Segelboot besitzt und auf Brautschau ist. Mit Lilly Ackermann führt sie mitunter die interessantesten Gespräche.

Dieses Mal ist Lilly verreist, Kadidja hat mit Sohn Georg das Haus für sich. Dass der erst zehn ist, stört sie nicht. Sie zeichnet viel und liegt lesend und träumend auf dem Dach des Gartenschuppens. Bei Regenwetter sitzt sie mit Georg vor dem bullernden Ofen und erzählt Geschichten.

Plötzlich hat Kadidja eine Idee, ungeplant und unerwartet, dafür umso wirklicher: Ein «Kaiserreich» ist zu gründen. Es drängt sich geradezu auf. Auch ein Name fällt ihr ein: «Kalumina». Hier sollen alle Tugenden verwirklicht werden, um die sie sich bemüht. Die Kaiserin ist sie natürlich selbst: Carola I. von Kalumina.

Im Nu sind Georgs Freunde für den Plan gewonnen, Begeisterung erfasst die sechs- bis vierzehnjährigen Knaben. Mit *heiliger Leidenschaft* sind sie bei der Sache, entwerfen Fahne und Reichsverfassung und bereiten die Krönung vor. Im Ackermann'schen Garten erhält Carola I. die Krone aus der Hand eines frisch gekürten Kardinal-Erzbischofs und ernennt sogleich Georg Ackermann zum Generalstabschef. Das Heer leistet den Fahneneid, Manöver auf dem «Fuchsberg» finden statt und Feldzüge in die Umgebung. Ganz Ammerland spricht von Kadidjas Kaiserreich, auch die Erwachsenen haben das Gefühl, Zeuge eines berührenden und außergewöhnlichen Ereignisses zu sein.

Drei Wochen dauert das Spiel, dann sind die Ferien vorbei. Die Knaben müssen zur Schule, der rote Raddampfer «Prinzregent Luitpold» trägt die Kaiserin zum Malstudium nach Dresden. Zurück bleibt das Versprechen, das Kaiserreich im nächsten Jahr weiterzuführen, und die Ahnung, dass Schönes und Besonderes einmalig bleibt.

Was Tilly mit dem Umzug nach Berlin bezweckt, ist unklar. Vielleicht glaubt sie an berufliches Fortkommen, vielleicht will sie an frühere Zeiten anknüpfen, vielleicht hofft sie einfach, dass es ihr dort besser geht. Ihre Depressionen sind schlimmer als vorher, und es drücken Geldsorgen – die Tantiemen fließen immer spärlicher. *Mamas Zustand ist allerdings fürchterlich*, schreibt Kadidja an Pamela. Aber Kritik der Schwester an Tilly lässt sie nicht gelten: *Es ist doch eine unleugbare Tatsache, dass Mama in den Zeiten ihrer Depression SCHWER KRANK ist und in keiner Weise zur Verantwortung gezogen werden kann. Du fragst, wieso Mama unter des Last der Geschäfte zusammenbricht. Weil es eine schwere Arbeit ist und Mama sie während der Re-*

volution und Inflation übernehmen musste, ohne die geringsten geschäftlichen Kenntnisse, in einer Zeit, in der sich die geriebendsten Geschäftsleute nicht mehr auskannten. Wenn Mama uns Jammerbriefe schreibt, so tut sie das bestimmt nicht, um uns damit zu quälen, sondern weil sie unter dem Zustand ihrer geistigen Unfähigkeit unsäglich leidet und sich damit quält, dass sie das, was sie als ihre Pflicht betrachtet, nicht erfüllen kann. Es ist doch klar, dass sie sich dann an uns klammert und von uns zuallererst Hilfe erwartet. Durch Mamas Krankheit war Deine Jugend sicher besonders traurig und hilflos, aber es erscheint mir immerhin fragwürdig, ob man Mama daraus einen Vorwurf machen kann – denn schließlich ist JEDE Jugend traurig und hilflos. Ich glaube nicht, dass es richtig ist, wenn Du Deiner Mutter Verweise erteilst, weil sie die Unverschämtheit hat, in der Rat- und Hilflosigkeit ihrer Krankheit bei ihrer Tochter Hilfe zu suchen. Pamela, Pamela! Ich dächte, Du solltest mehr Verständnis haben für Menschen mit differenziertem Nervensystem.

Tillys Wegzug bedauert vor allem der Anwalt und Staatsrechtler Dr. Karl Loewenstein, seit zwei Jahren Tillys ständiger Begleiter, ein musik- und theaterbegeisterter Mann, belesen, amüsant, kein Despot oder Egozentriker, allenfalls zu sehr in seine Arbeit vergraben. Tilly ist für ihn ein erotisches Ideal, ihre Krankheit nimmt er willig in Kauf. Er kümmert sich um ihre Geschäfte, tröstet sie bei Depressionen und würde sie gern heiraten. Aber Tilly behandelt ihn schlecht. Er ist nicht der Mann ihres Lebens, was kann man machen? *Ich fühle mich von Dir über Bord geworfen,* schreibt Dr. Loewenstein, *aber ich warne Dich – ich bin ein guter Schwimmer! Liebe, das ist nicht das Richtige, dass Du die beste Medizin, die es für Dich gibt, von Dir fern hältst.*

Umsonst. Tilly ist entschlossen. Die Auflösung der Wohnung in der Prinzregentenstraße mitanzusehen, bringt sie allerdings nicht übers Herz und übergibt die Schlüssel einem Spediteur, der die Möbel ausräumt und abtransportiert, wie sie ein anderer Spediteur vor zwanzig Jahren in Wedekinds Auftrag hineingestellt hat. Tillys neue Adresse lautet Ringstraße 49/II, Berlin-Steglitz.

Am 13. Februar 1929 erfährt Kadidja in Dresden vom Tod Albert Steinrücks. Kurz vor Weihnachten hat sie ihn zufällig getroffen, als sie mit Tilly auf dem Kurfürstendamm Einkäufe machte. Es war ihr schönstes Geschenk. *Natürlich hat Albert etwas in mir zerstört. Aber mir scheint, das war sehr heilsam für mich. Ich habe nie den Backfischtraum von der idealen Liebe geträumt. Ich habe diese Liebe gleich in ihrer abstoßendsten Art kennen gelernt und habe erfahren, dass nichts ihr ihre natürliche Göttlichkeit nehmen kann.* Bei ihrer letzten Begegnung hat Steinrück zu Tilly gesagt: «Grüß meine Braut!» Und auf Tillys Frage, welche er meint, «Kadidja, natürlich!» geantwortet.

Jetzt ist er beim Malen zusammengebrochen, gefällt von Alkohol und Bluthochdruck, vielleicht auch von der Trauer darüber, dass seine Kunst zum Schluss nicht mehr zeitgemäß war, verglichen mit jüngeren Schauspielern wie Kortner, Krauss oder Rudolf Forster. Dennoch herrscht Einigkeit darüber, dass ihm in manchen Rollen keiner das Wasser reichen konnte, allen voran in der des Dr. Schön im «Erdgeist» – wer seinen Sturz von der Treppe erlebte, den packt heute noch der Schauder. Die Kollegen lassen sich nicht lumpen und veranstalten eine Gedenkfeier, wie es vorher und nachher keine gegeben hat, nachts um elf, wenn Theaterleute frei haben, im Schauspielhaus am Gendarmenmarkt. Heinrich Mann gibt eine Einführung, dann hebt sich der Vorhang für den «Marquis von Keith», den Steinrück selbst ungezählte Male in schweißtreibenden Kraftakten dargestellt hat. Diesmal spielt ihn Heinrich George. Werner Krauss ist als Konsul Casimir zu sehen, Lothar Müthel als Scholz, Tilla Durieux als Gräfin Werdenfels. Auch kleinste Rollen sind mit Stars besetzt. Fritzi Massary und Käthe Dorsch spielen Dienstmädchen, Alexander Granach und Fritz Kortner Metzgerknechte, Rudolf Forster und Veit Harlan Packträger, Hans Albers, Ernst Deutsch und Curt Goetz Kellner. Als «Gäste des Marquis» flanieren Marlene Dietrich, Gertrud Eysoldt, Käthe Haak,

Leopoldine Konstantin, Lucie Mannheim, Asta Nielsen und Henny Porten über die Bretter, im Ehrenausschuss sitzen neben Berlins Oberbürgermeister und dem Reichstagspräsidenten Professor Albert Einstein, Intendant Gustav Hartung, Professor Max Reinhardt, Generaldirektor Ludwig Katzenellenbogen, Professor Max Liebermann, Werner von Siemens, Dr. Franz Ullstein und Generalmusikdirektor Professor Bruno Walter. Im Foyer sind Gemälde Steinrücks ausgestellt. Tilly spielt ein Bäckerweib. Auf dem Pressefoto sieht man sie ganz rechts neben Trude Hesterberg, ein wenig verlegen, als gehöre sie nicht ganz dazu.

Kadidja kommt aus Dresden direkt ins Theater. Hinter der Bühne herrscht kolossale Aufregung. Heinrich George memoriert Text, Elisabeth Bergner, im Kostüm des Dieners Sascha, umarmt Kadidja und sagt: «Ach, ich genier mich so!» Jemand zeigt Steinrücks Totenmaske herum, Kadidja glaubt, einen Fremden zu sehen. In der Aufführung begeistert sie vor allem die Gesellschaftsszene, in der das prominente Berlin von beiden Seiten auf die Bühne strömt. Hinterher mischt sie sich im Bühnenklub unter die Schauspieler. Albert Florath zeigt mit der Hand, wie klein sie war, als er sie kennen lernte. Werner Krauss, stark angetrunken, versucht sie zu küssen. Auf Else Heims' Einwurf: «Lasst das Kind in Ruhe!», erwidert Paul Wegener: «Ach was, man kann gar nicht früh genug anfangen!» Krauss bestellt Sekt und sagt zu Kadidja: «Komm, wir wollen auf den alten Albert anstoßen, du hast ihn doch auch geliebt.» Kadidja schießen Tränen in die Augen, aber niemand scheint es zu bemerken. Um fünf Uhr fährt George sie und Tilly nach Hause.

Ammerland, Sommer 1929, ein Jahr danach. Die «Kaiserin» ist gekommen, ihr Versprechen einzulösen. Der Kreis hat sich um Else Heims, deren Sohn Gottfried Reinhardt und den Dichter Jean Giraudoux erweitert, dessen Werke Lilly Ackermann übersetzt. Kadidja nimmt das Spiel wieder auf. Bei einer Kahnfahrt sitzt sie im weißen Matrosenanzug am Bug, flirtet mit Gottfried und singt Seemannslieder zur Ziehharmonika.

Pamela, die sich eben von Sternheim erholt, findet Kadidjas Benehmen *unmöglich*. Ihr Geltungstrieb sei *außer Rand und Band*, ihr Größenwahn *kolossal*, ihre Eitelkeit *maßlos*. *Pamela wirft mir vor, ein kleiner Charlatan zu sein, was ich unumwunden zugebe.*

Aber Kadidja hat zu genau über sich selbst nachgedacht, um den Vorwurf unbeantwortet zu lassen. *Mein «Charlatanismus» ist nicht von gewöhnlicher Art. Tatsache ist, dass die Menschen immer auf mich hereinfallen, obwohl ich ihnen nichts vormache, nicht etwa aus Phantasielosigkeit, sondern weil ich es nicht der Mühe wert finde. Ich bin immer, wie ich bin. Dass ich ohne jede Pose bin und völlig darauf verzichte, irgendwie zu imponieren, das scheint auf die Menschen ungeheuren Eindruck zu machen. Diesen Eindruck allerdings nutze ich schrankenlos und ganz bewusst aus.*

Dennoch nimmt sie Pamelas Kritik ernst. Sie kennt ihren Hang zur Selbstüberhebung – ist das «Kaiserreich von Kalumina» nicht genau das Falsche? *Ehrgeiz, Gefallsucht, Karriere sind Quatsch*, schreibt sie in ihr Tagebuch, *es gilt nur das Tatsächliche! Pamela ist der erste mir nahe stehende Mensch, der mir in vielem überlegen ist. Sie ist ein herrlicher Mensch. Ich bin unsäglich glücklich darüber! Pamela spricht zu meinem Herzen! Wie froh bin ich, dass ich nicht mehr Kaiserin sein muss!*

Dabei geht das Spiel weiter. Die Untertanen wissen nichts von der Wandlung im Inneren ihrer Herrscherin. Kadidja ernennt einen Admiral, eine Flottenparade findet statt. Während die Erwachsenen gerührt und ahnungslos Kadidjas Kreativität bestaunen, ist ihr Herz schwer und ihr Kopf voller Zweifel.

In Dresden gerät sie in eine Krise. *Es muss gesagt werden, so grauenhaft es ist: Ich habe ähnliche Depressionserscheinungen wie Mama. Krampfhaft erregte Nerven und gesteigerte Leistungsfähigkeit einerseits, Melancholie und Versagen des Willens andererseits. Ich will aber mein Schicksal überwinden, ich muss es überwinden! In rechtzeitiger Erkenntnis des Übels will ich ihm mit allen Kräften entgegenarbeiten!*

Conrad Felixmüller, ihr Lehrer, ist mit ihrem Fortschritt un-

Ein kleiner Charlatan
Kadidja und Pamela in Seeheim, Sommer 1929

zufrieden. *Er meint, ich sei begabt genug, um bei ernster Arbeit etwas zu erreichen. ICH glaube, dass ich weder begabt noch zu ernster Arbeit fähig bin. Ich weiß nur, dass ich das Leben sehr ernst nehme. So ernst, dass mir daneben meine eigene Person, Beruf, Geld und Menschen furchtbar nebensächlich erscheinen. Aber wohin führt das?*

Pamela hat Kadidja die Augen geöffnet, aber ihr den Lebensmut genommen. Was soll sie werden? Malerin? Schriftstellerin? Schauspielerin? Ist nicht jede Tätigkeit ein Streben nach Ruhm und Befriedigung der Eitelkeit? Kadidja betet: *Lieber Gott, lass mich ein anständiger, tüchtiger Mensch werden, damit mein Le-*

ben nicht denen, die mich lieben, zur Schande gereicht. Unablässig denkt sie an Steinrück – vielleicht hätte sie ihm helfen können. Im Gebetbuch trägt sie sein Bild mit sich.

Weihnachten will sie selbst sterben. *Ich bin nicht der Mensch, der ich sein möchte, der ich aus klarer Erkenntnis sein MÜSSTE, und ich habe nicht die Kraft, so zu werden, wie ich will. Und immer nur in der theoretischen Erkenntnis ohne die lebendige Verwirklichung zu leben, das kann ich nicht, und das will ich nicht. Also Schluss!* Sie will Veronal nehmen und beim Tanzen umfallen.

Dann erinnert sie sich an das Gelübde, das sie mit fünfzehn Jahren abgelegt hat, für ihr *intensives und so vollkommen glückliches* Leben späteres Leid geduldig zu ertragen. Gott müsse etwas Bestimmtes mit ihr vorgehabt haben, sonst hätte er sie nicht so gemacht, wie sie ist. Außerdem muss sie auf ihre Mitmenschen Rücksicht nehmen, zu allererst auf Tilly, die für sie gesorgt hat, als sie klein war.

Kadidja beschließt, INNERLICH zu sterben. Sie wird reden, lachen, arbeiten, nach Möglichkeit Geld verdienen, aber unbeteiligt, nur noch Maske und Fassade. Ihre Seele soll nicht mehr von dieser Welt sein, ihr Körper die ihm auferlegte Rolle zu Ende spielen. Mit dieser Einstellung fährt sie in die Feiertage nach Berlin.

Dort ist Pamela außer sich wegen Sternheim, der soeben erfahren hat, dass sein Haus und seine Bibliothek verkauft sind. Pamela bittet Kadidja, ihn zu besuchen und womöglich zu erheitern. Kadidja findet ihn aufgeräumt und geistig klar und ist verblüfft über sein intuitives Verständnis ihrer Lage. Nicht die Kunst sei wichtig, sagt er, sondern der Mensch, und im Grunde sei es gleichgültig, was man tut: Auch die alltäglichste Handlung könne in sich vollendet sein. Als Kadidjas stärkstes Talent bezeichnet er die *suggestive Kraft,* die sie auf ihre Umwelt ausübt.

Dann lenkt er das Gespräch auf erotische Dinge und versucht ziemlich unverblümt, sie zu verführen. Kadidja macht sich aus dem Staub. *Der also auch,* notiert sie, *eigentlich schade.* Pamela will wissen, wie der Besuch verlaufen ist. *Über die «Andeutungen» hielt ich den Mund. Aber schließlich kennt sie Sternheim ...*

In einem langen Nachtgespräch entlockt ihr Pamela *mit Bitten und Tränen* die Geschichte mit Steinrück. *Pamela ist ein wunderbarer Mensch,* schwärmt Kadidja. *Sie hat das Bedürfnis, Menschen zu helfen, indem sie sich ganz aufgibt. Aber im Augenblick, da sie den Eindruck hat, dass ein Mensch ihr schadet, lässt sie ihn sofort fallen. Was soll ich tun? Ich liebe und ehre sie als ein Wesen von viel höherem Niveau als ich. Aber kann ich mich ändern? Kann ich aus meiner Haut heraus? Ich werde sie, wie alle Menschen, durch meine angeborene Brutalität verletzen.*

Silvester feiern die drei Frauen zu Hause. Kadidja betrinkt sich. Plötzlich kommt ihr Wedekinds Lied «Wer zuletzt lacht, lacht am besten» in den Sinn: *Es war einmal ein armes Kind, das war auf beiden Augen blind, da kam ein alter Mann daher, der hört auf keinem Ohre mehr ...* Sie grölt es in die Neujahrsnacht, die Schwermut weicht, die Erde hat sie wieder.

Pamelas Ehe mit Sternheim zu verhindern, gelingt ihr nicht. *Pamela will ihn heiraten, damit er nicht als wehrloser Kranker in die Hände seiner Familie fällt. Ja dann – muss sie ihn wohl heiraten. Aber es ist schrecklich.*

III

Drehn wir uns auf hohem Turm

Drei Frauen

Drehn wir uns auf hohem Turm
Immer frisch und munter!
Ach, der erste Wintersturm
Schleudert dich hinunter.

FRANK WEDEKIND, *Die Wetterfahne*

17

Drei Frauen, schwere Zeit

Tilly, die nach der Ankündigung von Pamelas Verlobung ein Sanatorium aufsuchen musste, ist wieder in Berlin, gerade rechtzeitig, um ihre ältere Tochter zu verabschieden, die mit Sternheim eine Reise nach Südfrankreich plant. Ihr zukünftiger Schwiegersohn macht auf Tilly einen äußerst instabilen Eindruck, und als Pamela aus Nizza schreibt, Sternheim sei *unruhig und verwirrt,* greift sie zum Telefon und ruft Dr. Gottfried Benn an, von dem sie weiß, dass er Sternheim behandelt hat. Dr. Benn äußert sich vage, aber seine Stimme, eine *angenehme, dunkle Männerstimme,* gibt Tilly das Gefühl, *gestreichelt und hypnotisiert* zu werden. Den Hergang ihres Kennenlernens des berühmten Lyrikers wird sie drei Monate später in einem detaillierten Bericht festhalten.

Nach einem weiteren Brief Pamelas, in dem sie über den beständig wehenden Mistral, aggressiven Sonnenschein und schlaflose Nächte Sternheims klagt und mit den Worten schließt: *Ich wäre froh, wenn mir ein Ort auf der Welt einfiele, der ihm gefällt und bekommt,* ruft Tilly wieder bei Benn an, erfährt aber, dass er verreist sei.

In der Zwischenzeit hat Wedekinds «Bismarck» am Berliner Volkstheater Premiere. Tilly spielt die Fürstin. Das Stück findet bei der Kritik wenig Gnade, aber Tilly ist Kadidjas Tagebuch zufolge in ihrer *kleinen Rolle entzückend.* Bilder von ihr erscheinen in der Zeitung. Dr. Benn, von seiner Reise zurück, sieht sie, ruft seinerseits bei Tilly an, gratuliert zu ihrem Erfolg und erkundigt sich nach Sternheim und Pamela. Tilly schildert ihre Sorge über die bevorstehende Hochzeit und erwähnt ihre Depressionen. *Vielleicht war es der Arzt in ihm, zu dem ich gleich solches Vertrauen hatte*, meint sie. Auch Dr. Benn ist mitteilsam. Er sei in Kopenhagen gewesen, berichtet er, zur Konfirmation seiner Tochter Nele. Tilly erfährt, dass er allein lebt und seine Frau schon lange tot ist.

Dann sieht Tilly eine Karikatur Benns in der Zeitung, neben einer Kritik eines seiner Vorträge. Tilly ruft ihn an und bedauert, von der Veranstaltung erst jetzt zu erfahren; nach ihrer Szene in «Bismarck» hätte sie rechtzeitig dort sein können. Benn plaudert mit ihr wie mit einer guten Bekannten. Zwei Wochen lang telefonieren Tilly und Benn täglich miteinander.

Am 11. April 1930 feiert Tilly ihren vierundvierzigsten Geburtstag – Benn ist, wie sie inzwischen weiß, am 2. Mai 1886 geboren, im selben Jahr wie sie, und somit genau drei Wochen jünger. Für den 14. abends lädt sie ihn in ihre Steglitzer Wohnung ein. Der Termin ist, wie sich herausstellt, ein wenig ungünstig, denn am Morgen des 14. April kommt Pamela mit einem sehr abgespannten Sternheim überraschend aus Südfrankreich zurück. Tilly ist froh, dass Pamela ihn gleich in seine Wohnung in der Düsseldorfer Straße bringt und den Tag über bei ihm bleibt, so dass sie sich in Ruhe auf Benns Besuch vorbereiten kann. Sie wählt ein schwarzes Nachmittagskleid mit Mantel (das Modell heißt «Lustige Witwe», sie könnte schwören, es beim Kauf nicht bemerkt zu haben!) und legt eine Kette aus blauen Steinen um. Gegen Abend kommt ein junger Schauspielerkollege, der sich Jonny nennt, Wedekind-Lieder zur Gitarre singt und für Tilly gelegentlich Schreibarbeiten erledigt. Tilly bittet ihn, Benn die Haustür zu öffnen und danach zu gehen.

Pünktlich um acht Uhr klingelt es. Dr. Benn ist da, einen Strauß Veilchen in der Hand und ganz so, wie Tilly ihn sich vorgestellt hat: *mittelgroß, mit einem schweren, vollen Gesicht, einer wundervollen Stirn, einer schönen Nase, einem fast weichen Mund und traurigen Augen mit einem seltsamen Blick, weit weg und tief.* Tilly sieht sofort, dass seine Augen, wie ihre eigenen, von unterschiedlicher Färbung sind. *Er nahm kaum Notiz von mir und muss mich doch ganz genau beobachtet haben. Er sah vor sich hin, während er sprach. Aber ich musste ihn immerzu ansehen.*

Benn isst und trinkt nichts, aber raucht eine Zigarette nach der anderen. Er fragt Tilly, ob sie Lili Breda gekannt habe, und erzählt von den Umständen ihres Todes. Tilly kannte Lili Breda: Sie war das Mädchen, das bei der Münchner Uraufführung von «Franziska» nackt aus einem Brunnen steigen sollte, was ein Zensurverbot und einen Nervenanfall Wedekinds zur Folge hatte. Tilly hat sie in Berlin oft gesehen, wusste von ihrer Freundschaft mit Benn und war erschüttert, als sie erfuhr, dass sie sich durch einen Sprung aus dem Fenster das Leben nahm. Die von Benn unterzeichnete Todesanzeige sah sie in der Zeitung. Dass Benn mit ihr über seine frühere Freundin spricht, wertet sie als positives Zeichen: *Das gab mir das Gefühl, als hätte auch er Zutrauen zu mir und ein besonderes Interesse.*

Gegen elf Uhr ruft Pamela an: Sie wolle bei Tilly übernachten, aber habe keinen Schlüssel. Benn verabschiedet sich – es müsse vorläufig niemand von ihrer Bekanntschaft wissen. Tilly kann das nur recht sein: Ein paar Wochen zuvor kam Kadidja unerwartet nach Hause, sah erleuchtete Fenster in der Wohnung und ein fabelhaftes Auto vor dem Haus und staunte nicht schlecht, als Hans Albers aus Tillys Schlafzimmer trat. Der erschrockene, aber auch belustigte Ausdruck auf dem Gesicht ihrer Tochter traf Tilly tief und machte sie tagelang befangen. Sie möchte ihr Privatleben für sich behalten.

Am 17. April 1930 heiratet Pamela, für Tilly ein *seltsamer, schwerer Tag.* Bevor Pamela das Haus verlässt, macht Tilly mit dem Daumen das Kreuzzeichen auf der Stirn ihres Kindes, wie es einst ihre Mutter bei ihr tat, vor ihrem ersten Auftritt im Grazer Theater. Pamela, von aufgekratzter, entschlossener Fröhlichkeit, gibt die strahlende Braut. Bei der Zeremonie im Standesamt Moabit, wo Tilly selbst einst heiratete, sind nur die Trauzeugen Conrad Felixmüller und seine Frau Londa zugegen, beim Mittagessen im Eden-Hotel sind Tilly und Kadidja dabei. Sternheim ist glänzender Laune, witzig, bissig und schlagfertig wie in seinen besten Zeiten. Abends holt Pamela ihre Sachen aus Tillys

Ein seltsamer, schwerer Tag: Pamela und Sternheim
vor dem Standesamt Moabit, April 1930

Wohnung und zieht zu Sternheim in die Düsseldorfer Straße.
Am nächsten Tag, es ist Karfreitag, bringt ein Bote einen Nel-
kenstrauß von Benn mit einem Billett: *Frohe Ostern, sehr verehrte, gnädige Frau!* Tilly dankt telefonisch.

Am Ostersonntag hat Tilly Gäste, unter anderen ihre Schwester Martha und den Schauspieler Ernst Deutsch. Benn erscheint
auch, aber ist schweigsam und kaum gesprächsbereit. Erst als
Ernst Deutsch gegangen ist, taut er auf. Er hat die letzte Ausgabe

der «Neuen Rundschau» dabei und erklärt Tilly die Grundzüge seines darin abgedruckten Aufsatzes «Zur Problematik des Dichterischen» – wenn sie nicht alles verstehe, mache es nichts, anderen ginge es ähnlich. Am Ostermontag fährt Pamela zu einem Gastspiel nach Aachen. Sternheim will seine Habseligkeiten nach Brüssel schaffen lassen, wo er mit Pamela zu wohnen gedenkt.

Am Donnerstag, dem 24. April, besuchen Tilly und Benn die Vorstellung «Napoleon greift ein» von Walter Hasenclever im Theater an der Königgrätzer Straße mit Werner Krauss und Maria Bard in den Hauptrollen. Tilly trägt ein Abendkleid, zu Benns Missfallen, wie sich später herausstellt – so viel wolle man von Frauen gar nicht sehen, meint er, und selten seien Frauen im Abendkleid hübscher als ohne. In der Pause geht Tilly hinter die Bühne. Maria Bard, ihre Kollegin, ist nicht zu sprechen, der eben noch umjubelte Werner Krauss sieht mitgenommen aus. Seine Frau hat heute einen Selbstmordversuch unternommen, seines Verhältnisses zu Maria Bard wegen. Verunsichert kehrt Tilly zu Benn zurück.

Wohin nach dem Theater? Halb einigt man sich aufs Hotel Excelsior, da meint Benn, er sei nun öfter bei Tilly gewesen, sie solle nun auch zu ihm kommen. *Er hatte das etwas zaghaft gesagt,* erinnert sich Tilly, *ich antwortete leise und schüchtern wie ein Schulmädchen, dass es mir recht sei. Mir schlug das Herz bis in den Hals.* Benn hält für die kurze Strecke zu seiner Wohnung in der Belle-Alliance-Straße 12 ein Taxi an. *Er führte mich durch sein Ordinationszimmer und fragte, ob er seinen weißen Kittel anziehen dürfe, er fühle sich darin am wohlsten. Ich dachte mir: So, nun wird er dich schlachten. Er war mir immer ein bisschen unheimlich mit seinem abseitigen Blick.*

Tilly wartet im Wohnzimmer. Benn bringt einen Teller mit Brötchen, eine Flasche Wermut, kalifornische Pfirsiche und eine Flasche Sekt. *Anscheinend hatte er meinen Besuch gut vorbereitet. Er aß fast nichts, und ich konnte vor Aufregung auch nicht viel essen. Er fütterte mich schließlich. Nachdem wir einen Schluck Sekt getrunken hatten, rückte er näher und bewunderte das*

Armband meiner Mutter, das ich trug. Dann fragte er, ob die Haare in meinem Nacken rasiert seien, und fuhr mit der Hand darüber. Damit war meine Zurückhaltung und Beherrschung zu Ende. Er hatte auch gleich den Arm um meinen Hals und küsste mich. Ich wusste und fühlte: Das ist der Mann, den ich lange und vergeblich gesucht habe ...

Auch Benn spricht von einem *Wendepunkt*, einem *einschneidenden Ereignis*. Aber bereits sein erster Brief enthält eine Absage: *Liebste Tilly, seien Sie mir nicht böse, aber wir werden uns heute u. morgen nicht sehn [...]* er müsse *arbeiten und seinen Abnormalitäten (Einsamkeitsdrang etc.) frönen.*

Sein nächster Brief steckt die Grenzen ab: *so unendlich ich es bedaure, ich kann mein Leben nicht plötzlich u. so grundlegend ändern, wie es Ihnen vielleicht vorschwebt u. wie ich es selber im Augenblick sehr wünschte, ich bin mit zu viel schweren Dingen behangen, um sie mit einem Ruck abzutun. Leben Sie darum bitte Ihr Leben so weiter wie vorher (vielleicht mit einer bestimmten Einschränkung!) u. lösen Sie nicht brüsk, was Ihnen bis dahin angenehm oder lieb war, ich erwarte das nicht.*

Benns dritter Brief, im förmlichen «Sie» auch nach leidenschaftlicher sexueller Begegnung, enthält die Summe dessen, was Tilly in ihrer Beziehung zu ihm bevorsteht: *Liebe, gnädige Frau, heute mittag sehe ich, dass ich Sie heute abend doch nicht sehen kann. Ich sitze in Arbeiten u. kann mich nicht daraus losreißen. Wenn Sie darüber böse sind, tut es mir unendlich leid, aber ich kann es nicht ändern. Ich habe Sie von Anfang an darum gebeten, Ihr Leben nicht nach mir zu richten u. nicht damit zu rechnen, daß wir uns häufig sehen können. Ich kann aus meinem Leben nicht heraus u. will es auch gar nicht. Vielleicht wäre es wirklich gut, wenn Sie Ihren früheren Plan, im Juni Berlin für einige Zeit zu verlassen, verwirklichten. Ich werde arbeiten müssen u. wenig Zeit für private Dinge haben, sie mögen noch so verlockend sein. Wenn Sie dann zurückkehren, ist es vielleicht anders. Ich schreibe das wirklich aus Freundschaft an Sie u. sage Ihnen, dass ich Sie reizend u. charmant u. süß u. begehrenswert finde, aber um mich steht eine Mauer aus Kühle u. Abgeschlossenheit, über die nie-*

mand hinüberkann. Auch lohnt sich das gar nicht, das Hinüber-
gelangen, es ist nichts drin außer einigen Hieroglyphen. Seien Sie
lieb, gnädige Frau, liebste Tilly, versuchen Sie zu verstehen, daß
ich arbeiten muß u. Sie riesig gerne, aufrichtig gerne wiedersähe,
aber ich finde heute keine Zeit dazu. Ihnen küßt die Hand Ihr
immer treu ergebener Benn.

Tilly übersieht die Warnsignale und tut genau das, was nicht zu tun Benn sie gebeten hat – vielleicht liegt es außerhalb ihres Vorstellungsvermögens, in Benns Leben nicht den zentralen Platz einzunehmen, den sie in Wedekinds Leben hatte. Um in Benns Nähe zu sein, kündigt sie ihre Steglitzer Wohnung und zieht in ein vornehmes Haus im Hansaviertel, Altonaer Straße 1, in Sichtweite der Siegessäule, mit Portier, geschwungenen Messinggriffen und einem roten Läufer auf der Treppe. Um für Benn beweglicher zu sein, kauft sie einen kleinen schwarzen Opel mit herabklappbarem Verdeck. *Darf ich als Dein ehemaliger Rechts-anwalt, Freund a. D. und Finanzberater im Ruhestand fragen, wie Du den Opel BEZAHLEN wirst?*, erkundigt sich Dr. Loewenstein, ihr früherer Liebhaber, der in München immer noch sehnsuchtsvoll ihrer gedenkt. *Hoffentlich nicht mit einem Wechsel – das sind unerfreuliche Papierchen, die immer dann präsentiert werden, wenn man sie am wenigsten brauchen kann.* Tilly kann sich mit solchen Überlegungen nicht aufhalten. Zu verliebt ist sie, zu groß das Vergnügen, den berühmten Dr. Benn in Berlin umherzukutschieren, mit ihm im Wannsee zu baden und in Bierlokalen zu sitzen, zu schmerzhaft (und leider häufig) die Zeit, in der er sie fern hält und sogar ihre Geschenke zurückweist: *Liebste Tilly, ich danke Ihnen tausendmal für die Rosen, wenngleich ich schon oft gesagt, geäußert, gebeten habe, mir keine Blumen zu schicken, sondern zu SPAREN in diesen schlechten Zeiten. […] Bitte, liebste Tilly, erwarten Sie mich in den allernächsten Tagen nicht. Bitten Sie mich nicht zu kommen oder dass wir uns sehn. Ich bin zu abgespannt, ich muss ein paar Tage ganz ruhig vor mich hin leben. Ich werde mich schon wieder bemerkbar machen.*

Die Beziehung ist keine drei Monate alt.

Kadidja hat ihr Malstudium in Dresden beendet. Die Zeit war zu *zwei Dritteln grauenhaft, zu einem Drittel wunderbar,* meint sie, aber hätte ihr *viel genutzt.* In Berlin überlegt sie, wie es mit ihr weitergehen könnte. *Napoleon, Cäsar, Alexander der Große und Ludwig II. sind an ihrer Egomanie zugrunde gegangen, und Papa hat unsäglich darunter gelitten. Aber ich will – endlich sei es entscheidend festgestellt – kein Cäsar sein, sondern leben. Ich will meiner Egomanie, meinem Cäsarenwahn entsagen. Aber manchmal könnte man schon unsicher werden, besonders hier, wo die Devise unserer Zeit so krass in die Augen springt: «Leben heißt Geld verdienen.» Berlin, Stadt meiner Träume! Der Anfang lässt sich nicht leicht an. Mama ist schwer deprimiert, die Wohnung unfertig, alle Verantwortung liegt auf mir, ich bin ohne Beruf und so furchtbar allein.*

Albert Steinrück spukt noch immer durch ihre Gedanken – sie glaubt, *nie wieder einen Menschen so lieben* zu können. Im Hier und Jetzt kann sie sich nicht zwischen den Brüdern Wolfgang und Gottfried Reinhardt entscheiden, die sie als Sechsjährige im Sommer 1917 in Zürich kennen gelernt hat. Wolfgang ist vornehm und schön, Gottfried schwammig, launisch, verwöhnt, ehrgeizig und faul. Aber Gottfried interessiert sich für Kadidja, während Wolfgangs Gefühle undurchschaubar sind. Kadidja weiß nur eines: *Wenn ich einen Mann liebe, so wird für mich das erste Gebot sein, ihn glücklich zu machen.* Ihre erotische Unerfahrenheit würde sie mit neunzehn Jahren gern ablegen – aber mit wem? *Ich halte es nicht für richtig, wenn das «erste Erlebnis» mit einer «großen Liebe» zusammenfällt,* entscheidet sie.

Eine Gelegenheit ergibt sich im Sommer 1930. Auf dem Weg in die Ferien zu Lilly Ackermann nach Ammerland sieht Kadidja, dass der Schauspieler Max Pallenberg in München am Deutschen Theater gastiert. Sie kennt ihn gut und hat oft auf mädchenhafte Art mit ihm geflirtet. Wenn sie ihn nach der Vorstellung in der Garderobe aufsuchte, dessen ist sie sicher, würde er ihr Erscheinen richtig deuten und mit größter Wahrscheinlichkeit nicht Nein sagen.

Kadidja hat Angst. Klopfenden Herzens legt sie sich in Lilly

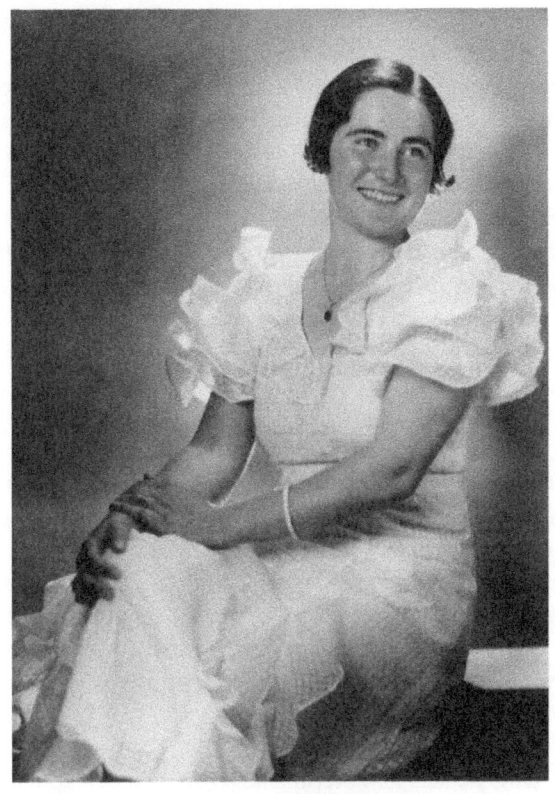

Einen Mann glücklich machen:
Kadidja, 19jährig, 1930

Ackermanns Mansarde schlafen. Wenn es regnet, entscheidet
sie, fährt sie auf keinen Fall – beim Aufwachen lacht blauer
Himmel durchs Fenster. Sie zupft Margeritenblätter ab und erfährt, dass sie es wagen soll. Tapfer packt sie einen Koffer und
lässt sich beim Warten auf das Postauto, das Ammerland neuerdings mit der Stadt verbindet, auch durch den plötzlich einsetzenden Regen nicht umstimmen. In München nimmt sie ein
Hotelzimmer und geht zum Friseur, *ziemlich nervös* und *nicht
gerade glücklich,* eher mit dem Gefühl wie *vor einer Operation.*

In meiner Not machte ich einen Besuch in der Michaelskirche, der aber nicht viel half. Ein Vermuth tat mir besser.

Gegen Abend hebt sich ihre Laune. Sie zieht sich um und geht ins Theater. Eine Freikarte hat sie telefonisch im Theaterbüro bestellt – als Tochter Frank Wedekinds kann man das. Am Bühneneingang kommt ihr höchst vergnügt Max Pallenberg entgegen. Er freut sich, sie zu sehen, und zieht sie gleich in eine Ecke für einen Kuss. Von der Rampe, so glaubt sie, schaut er ihr mehrmals in die Augen. Kadidja kann das Ende der Vorstellung kaum erwarten, eilt in die Garderobe, klopft an, öffnet die Tür – und steht vor Fritzi Massary, Pallenbergs Frau. *Verflucht! Er tut ganz harmlos und fragt mich lauter Sachen, die ich ihm schon vorher gesagt habe. Steife Konversation. Ich verabschiede mich rasch und betreten. Vielleicht hat ihm die Situation sogar Spaß gemacht. Aber irgendwie bin ich sehr erleichtert, dass ich noch mal davongekommen bin – und brauche mir nun wenigstens nicht mehr den Vorwurf der Feigheit zu machen!*

Den Rest der Ferien ist sie *faul, faul, faul. Man kann in Ammerland meisterhaft seine Zeit vertrödeln,* erkennt sie. Auf dem Dach des Hühnerstalls sitzend, versucht sie, ein Bild zu malen. *Lebensangst und Untüchtigkeit liegen vor mir. Ich werde mich nie mit dem Alltag abfinden.*

Auch Tilly, Pamela und Sternheim verbringen den Sommer am Starnberger See. Erstere, wie Kadidja, als Logierbesuch Lilly Ackermanns, Letztere in Pamelas Seeheimer Wohnung, die sie nach Sternheims Zusammenbruch einrichtete und als Refugium beibehalten hat. Sternheim versteht sich blendend mit der Fischerfamilie und führt philosophische Gespräche mit den Bauern umliegender Gehöfte. Den Großteil des Tages verbringt er liegend, mit Vorliebe unter Obstbäumen im Garten. Auch wenn Pamela ihn auf Besuche mitnimmt, bittet sie um Liegestuhl und Wolldecke und achtet darauf, dass Lärm und Umtrieb von ihm fern gehalten werden. Kadidja wirft sie vor, Sternheim durch zu vieles und lautes Reden erschreckt zu haben. Auf die Schwester wirkt Pamela bei ihrer ersten Begegnung seit der Hochzeit *gehemmt und überängstlich*. Den Eindruck ihres Schwagers fasst Kadidja im Tagebuch zusammen: *Dieser Mann durchschaut seine Epoche in all ihrer Minderwertigkeit, weil er selbst sozusagen ein «Musterprodukt» dieser Epoche ist. Und er kämpft vergeblich darum, sich von allem «Zeitgenössischen» loszulösen und sein Leben auf neuer, unabhängiger Basis aufzubauen, denn er selbst ist unser größter und typischster Zeitgenosse.*

Sternheim hat einen «Kleinen Katechismus für das Jahr 1930/31» verfasst, *für die in Verwirrung herangewachsene deutsche Jugend, aber auch für Ältere, die ihn brauchen können,* bestehend aus der Übersetzung eines Briefes Jean-Jacques Rousseaus an Voltaire und dessen Antwort aus dem Jahr 1756. *Tage und Nächte* habe er darüber nachgedacht, wie dem *tüchtigsten und unter Umständen begabtesten Volk der Welt mit einem gutmütigen, abgehärteten Feldmarschall-Greis an der Reichsspitze und unbedingt urteilslosen Nullen an allen durch sie nicht mehr maßgebenden Stellen in diesem historischen Augenblick* zu helfen sei. Benn, dem er seinen «Katechismus» ankündigt, meint lakonisch, man müsse *erst für ihn selber einen verfassen*, denn 1. bedanke man sich für *Glückwünsche zur Hochzeit* und 2. entlohne man den Arzt, *den man wiederholt Tag u. Nacht konsultiert hat*. Nur aus Rücksicht auf Pamela schweige er.

Tilly wartet auf Benn, der einen Besuch in Ammerland fest versprochen hat, und wartet noch immer, als Pamela, Sternheim und Kadidja abgereist sind, das Laub am See sich verfärbt und man abends den Kachelofen heizt. Um sich abzulenken, unternimmt sie Radtouren und näht Vorhänge für Pamelas Wohnung. Aber Benn kommt nicht. Ein Radiovortrag hält ihn ab, dann lässt ihn seine Praxis nicht los – *ausländische Privatpatienten, die nur für 1–2 Monate hier sind u. behandelt werden wollen u. mit englischen Pfunden bezahlen u. die ich nicht verlassen kann. Sehr, sehr traurig, das!*

Traurig ist vor allem Tilly. So traurig, dass sie in das Sanatorium in Eichwald bei Teplitz flieht, wo sie vor Pamelas Hochzeit war. Kadidja besucht inzwischen Benn in seiner Berliner Wohnung. Er findet sie *reizend – alles an ihr blitzt, Augen,*

Zähne u. Gehirn. Kadidja schreibt in ihr Tagebuch: *Besuch bei Benn. Er ist ekelhaft, aber interessant.*

Sternheim und Pamela sind in Belgien herzlich aufgenommen worden. Man erinnert sich seiner aus der Zeit, als er mit Thea hier wohnte. Nachrichten seiner Erkrankung sind entweder nicht angekommen oder werden ignoriert. Der Aufenthaltsbewilligung legen die Behörden eine Dauerfreikarte für staatliche Museen bei. Eine Wohung am Brüsseler Boulevard du Régent ist schnell gefunden. Dass Sternheim sie weitgehend allein einrichtet, deutet Pamela als Anzeichen seiner Genesung; wer ihn in Hut und Mantel, den Einkaufskorb am Arm, durch die Straßen gehen und mit Ladenmädchen und Kassiererinnen schäkern sieht, könnte meinen, alles sei in Ordnung.

Aber Sternheim leidet nach wie vor an krankhafter Nervosität und Ohnmachtsanfällen. Pamela, mit ihrem eigenen Hang zur Schwarzseherei, muss sich mit Gewalt zusammennehmen. Hätte Sternheim nicht zwischendurch klare Stunden, in denen er scharfsinnig gesellschaftliche und politische Entwicklungen analysiert, könnte sie verzweifeln. Außer der deutschen Haushaltshilfe sieht sie kaum Menschen. Sternheims Unzufriedenheit wirkt lähmend. Aus Empörung über die Interesselosigkeit der Verleger an seinem neuen Schauspiel «John Pierpont Morgan» hat er einen eigenen Verlag gegründet, den Seeheim-Verlag, und das Werk dort herausgebracht, was Kosten verursacht, aber keinen Pfennig einbringt. Hoffnungen auf eine Verfilmung von «Bürger Schippel» haben sich zerschlagen. Sternheims Versuch, die Vermögensauseinandersetzung mit Thea neu aufzurollen, scheitert. Die Geldnot ist akut.

Der vierundzwanzigjährigen Pamela bleibt nichts anderes übrig, als alle paar Monate in Berlin die schwierige Aufgabe anzugehen, Theaterleiter für Sternheims neue (und alte) Stücke zu gewinnen, sich selbst als Schauspielerin und Sängerin in Erinnerung zu bringen und Geld heranzuschaffen – oft mit einem der wenigen Sternheim noch verbliebenen Gemälde unter dem Arm, dessen Verkauf die nächste Monatsmiete decken soll. Bei alledem ist Sternheim selbst in Schach zu halten, der sie nicht fortlassen will, seine Einsamkeit beklagt und Intendanten und Verleger mit dem Staatsanwalt bedroht. *Ich bitte Dich,* schreibt ihm Pamela, *geh liebevoll mit Deinem Leben um, das ich mit soviel Liebe und Leid der Krankheit und dem Tod entrissen habe, und rege Dich nicht auf!*

Man müsse mit *vorhandenen Tatsachen* rechnen, versucht sie ihm beizubringen. Ihre Gesprächspartner seien allesamt *ruhelose, überlastete Schwerarbeiter,* und seit *dreißig Jahren* sei die *mentale Lage Deutschlands* für Sternheims Werk nie ungünstiger gewesen. *Diese Tatsachen habe ich während meines Hierseins so weit kennen gelernt, dass ich jetzt weiß: Nur ein ganz großer NEUER Erfolg kann Dein Werk wieder in den Mittelpunkt des Interesses stellen. [...] Deshalb hätte es keinen Zweck, mit Deinen Methoden vorzugehen, die den Verkehr mit den Menschen, die wir brauchen, noch erschweren. Wenn ich mit Vernunft und Überlegung festgestellt habe, dass es zwecklos ist, mit dem Kopf durch die Wand zu rennen, kann ich es nicht trotzdem tun – ich bitte Dich, sieh es ein und stimme mir zu! Dein Leben ist doch meines, für das ich alles aufgegeben habe und einzig auf der Welt bin.*

Als Sternheim es nicht lassen kann, von Brüssel aus in Verhandlungen einzugreifen, lernt er seine junge Frau von einer unangenehmen Seite kennen: *Mein lieber Freund, es ist halb 1 Uhr nachts, ich komme eben aus der Frühlings-Erwachen-Vorstellung im Rundfunkhaus, nachdem ich von 11 Uhr morgens bis 8 Uhr abends dort probiert habe, lese Deine heute erhaltenen Briefe und sehe zu meinem größten Schrecken, dass Du trotz meiner flehentlichen Bitte den besten Trumpf unserer hiesigen Verhandlungen einfach aus der Hand gegeben hast. Stellst Du mich vor diese Tatsache? Ich greife mich an den Kopf und frage mich, ob ich verrückt bin. Du scheinst keine Ahnung zu haben, in welcher Zeit wir leben und WIE SCHWER gerade im Augenblick Verhandlungen über Dein Werk sind. Du brauchst Dich nicht zu wundern, wenn sich niemand für Dich mehr einsetzen will, da Du allen Bemühungen einen Strich durch die Rechnung machst und den besten Willen zum Narren hältst. Wenn Du mir nicht in verständlicher Weise und LESERLICHER Schrift erklärst, warum Du trotz meines Flehens persönlich geschrieben hast, habe ich zum letzten Mal mit Deinen Angelegenheiten zu tun gehabt. Ich bitte Dich auch DRINGEND, keine Telegramme mehr in dieser Sache zu schicken (bisher erhielt ich drei!). Man verdient sein Geld heute schwerer, als Du zu wissen scheinst.*

Im nächsten Brief entschuldigt sie sich – es sei alles *SO grauenvoll*, und über den *Sorgen und vergeblichen Anstrengungen* sei ihr die Kehle *derartig zugeschnürt*, dass sie *kaum einen freien Atemzug* mehr tun könne. *Ich möchte allein sein und arbeiten, fleißig sein und etwas fertig bringen, aber es ist ja wie vermauert, ich fühle mich in einer stockfinsteren Sackgasse, aus der es keinen Ausweg gibt. Hoffentlich bist Du nicht böse über meinen Brief, aber mein Leben ist nicht mehr recht ganz, schon lang, schon lang, und ich muss sehr kämpfen, um mich aufrecht zu halten. Meine Liebe gehört Dir, aber ich bin todesmatt. Sei nicht bös und habe Geduld und Mut.*

Kadidja hat eine Empfehlung an die Akademie zu Emil Orlik. Der berühmte Zeichner hält sie für begabt und meint, sie würde viel bei ihm lernen. Sie hält es vor allem für wichtig, ihm *nicht in eine bestimmte Gegend zu kriechen*. Die Atmosphäre der Akademie ist ihr zuwider. *Es ist die alte Geschichte: Ich kann arbeiten nicht vertragen. Ich habe schon wieder dieselben Angstkomplexe wie in meiner Schulzeit. Ich habe endgültig erkannt, dass ich für den Beruf der Malerin nicht geboren bin. Ich kann es einfach nicht vertragen, immer ruhig zu sitzen oder zu stehen, zu schauen und zu zeichnen.*

Eigentlich will Kadidja zum Theater. Eine Gelegenheit bietet sich, als Gottfried Reinhardt Erich Kästners «Pünktchen und Anton» am Theater am Kurfürstendamm inszeniert, Max Reinhardts jüngster Schöpfung, die er dem Sohn dafür an Nachmittagen überlässt. Will Kadidja den Clown «Herr Zeigefinger» spielen? Sie ist stark versucht, und Tilly redet ihr zu, nicht zuletzt des dringend benötigten Geldes wegen. Aber Kadidja hat

Hemmungen. Ist ihr Wunsch nicht Nachäfferei? Muss jedes Familienmitglied auf den Brettern stehen? Wie immer, wenn sie nicht weiterweiß, wirft sie eine Münze – *Schrift oder Bild* – und erfährt, dass sie NICHT spielen soll. *Das Schicksal wird schon seine Gründe haben,* meint sie traurig.

Um wenigstens ein bisschen Theateratmosphäre zu schnuppern, beteiligt sie sich am Bühnenbild. Gottfried, jeder Zoll Regisseur, überträgt ihr großmütig nach und nach fast die gesamte Ausstattung. Kadidja entwirft und zeichnet, schneidert, bastelt, klebt und hämmert unermüdlich, manchmal bis in den Morgen. «Ich freue mich, dass Gottfried eine so reizende Mitarbeiterin hat», sagt Gertrud Eysoldt, Wedekinds Lulu von 1903, als sie Kadidja im Theaterhof trifft.

Am Premierennachmittag fühlt Kadidja sich verlassen. Alle sind auf der Bühne, nur sie nicht. Am Ende klatscht sie *wie rasend,* aber bringt es nicht fertig, sich mit Kästner, den Schauspielern und Gottfried zu verbeugen: *So, nun ist es zu Ende, nun laufe ich fort, denn einer Feier mit vielen Leuten bin ich nicht mehr gewachsen.*

Ein paar Wochen später gibt ihr das Schicksal eine neue Chance: Der Darsteller des «Herrn Zeigefinger» ist verhindert, Kadidja soll einspringen. Sie probiert im Deutschen Theater und darf sich im *Allerheiligsten* umziehen, im Arbeitszimmer Max Reinhardts. *Vor 25 Jahren war Papa hier eingeladen, und nun bin ich hier,* sinniert sie. Die Proben verlaufen nicht *so glänzend,* wie sie es gehofft hat, aber *besser, als die anderen gefürchtet haben.* Dann wird es ernst. *In dem Moment, wo ich die Bühne betrete, packt mich das Lampenfieber. Ich mache Fehler und werde immer unsicherer. Ich lauere auf den Applaus und finde ihn viel schwächer als sonst. Meine Stimmung sinkt von Auftritt zu Auftritt. In der Loge oben links sitzt Alfred Kerr. Erst kurz vor der Pause schwinge ich mich auf. Jetzt ist mir alles egal, und endlich macht es mir auch Spaß.* Es gibt Blumen von Tilly, Gottfried und Else Heims, man feiert in Max Reinhardts Barockpalais am Kupfergraben, das er allerdings wegen des Ehezwists mit Else Heims höchstens noch an Weihnachten betritt.

Nach der Aufführung hat Kadidja das Gefühl: *jetzt gleich noch mal,* dann überfällt sie der *große Kater. Was soll ich anfangen? Tagelang habe ich im strahlenden Licht gelebt, jetzt kann ich mich nicht mehr in der grauen Eintönigkeit wohl fühlen. Mein einmaliges Debüt im Deutschen Theater hat mich unglücklich gemacht, denn es ist schrecklich, in sich Kräfte zu spüren ohne die Möglichkeit, sie zu verwerten. Meine Feigheit, mein mangelndes Selbstvertrauen, meine Zerfahrenheit haben nichts Besseres verdient.*

Kurz darauf trifft sie beim Bühnenball Hans Albers. Sie kennt ihn von mancherlei Gelegenheit, nicht zuletzt von ihrem unerwarteten Zusammentreffen vor Tillys Schlafzimmertür. Albers nennt sie *meine Süße* und schenkt ihr eine Premierenkarte zu Ferenc Molnárs «Liliom – eines Galgenvogels Leben und Tod», in dem er die Titelrolle spielt. Kadidja ist von seiner Leistung nicht überzeugt und sitzt eingeschüchtert und etwas verloren nach der Premiere mit ihm, seiner Freundin Hansi Burg, Molnár und dessen Übersetzer Alfred Polgar bei Horcher. Irgendwann steht Albers auf, winkt sie an einen Nebentisch und fragt: «Nun mal ehrlich – wie war es denn?» Kadidja äußert sich vorsichtig. «Du süßes Mädel», sagt Albers, «magst du mich leiden?» Er gibt ihr seine Telefonnummer und sagt: «Ich möchte gern mal eine Nacht mit dir verbringen.» «Das wäre nett», antwortet Kadidja.

Sie ruft ein paarmal an. Ein Sekretär nimmt ab, Albers ist nie zu sprechen. Um ihren Namen nicht zu nennen, meldet sich Kadidja als *Büro von Professor Reinhardt.* Einmal sieht sie Licht in seiner Wohnung und telefoniert vom Eckcafé. Eine weibliche Stimme sagt, Herr Albers sei in einer Besprechung. Kadidja schreibt einen kurzen Brief und klingelt. Ein Hausmädchen öffnet, nimmt den Brief, obwohl sie das *gar nicht darf.* Kadidja wundert sich, dass Herr Albers seine Besprechung mit Grammophonmusik begleitet, und geht unverrichteter Dinge fort. *Ich will nicht mehr flirten,* beschließt sie. *Den Geschmack am Männerfang habe ich ja schon längst verloren. Bis jetzt hat es mir einen gewissen Spaß gemacht, als Luder zu gelten, aber wenn man als Luder gilt, muss man mindestens eins sein. Kurz ausgedrückt:*

Mit wem ich nicht schlafen will, mit dem will ich nicht flirten. Koketterie ist ein Mangel an Selbstbewusstsein. Wenn man von seiner eigenen Schönheit überzeugt wäre, würde man nicht koettieren. Frauen, die ihre Miesheit durch Koketterie zu kompensieren suchen, gibt es massenhaft.

Also doch Gottfried Reinhardt. Geahnt hat sie es schon lange, jetzt entscheidet sie einfach, dass es so sein muss, und ergreift während Tillys Abwesenheit auf einer Tournee mit Heinrich George in Wedekinds «Kammersänger» und Strindbergs «Fräulein Julie» die Gelegenheit beim Schopf. Gottfried übernachtet in der Altonaer Straße, er und Kadidja schlafen in Tillys Bett, plündern die Speisekammer für ein mittägliches Frühstück und streiten, wie sie es seit der Kindheit taten. Auch sonst ändert sich wenig. Gottfried trinkt, hält keine Verabredung und poussiert mit jedem Mädchen, das ihm gefällt. «Wenn ich unzuverlässig bin, hast du nicht das Recht, es auch zu sein», sagt er zu Kadidja – und kehrt doch immer wieder zu ihr zurück. *Ich glaube, wir würden noch auf dem Totenbett liebevoll aneinander geraten*, meint sie und besinnt sich auf den Spruch des Marquis von Keith: «Das beste Geschäft der Welt ist die Moral.» *Früher hab' ich's ihm leicht gemacht, indem ich irgendeinen Krach inszenierte. Dann konnte er den Beleidigten spielen. Jetzt benehme ich mich sehr anständig. Das ist für ihn verflucht unangenehm.*

Kadidjas größter Wunsch ist es noch immer, ein *guter Mensch* zu werden, aber an Gottfrieds Seite verfällt sie in haltlosen Schlendrian, verbummelt ganze Tage, geht abends ins Theater, von dort in die Kulisse oder den Groschenkeller und weiter in die Taverne, mit viel Alkohol und nicht selten bis sechs Uhr früh. Ein Schock rüttelt sie wach: Ihre Regel bleibt aus, eine *verdammte Bescherung*, wie sie findet. Drei Tage leidet sie *Höllenqualen*, dann kommt die *Erlösung* und alles bleibt beim Alten. *Herrgott, bin ich froh*, jubelt sie, *lieber Gott, ich danke Dir, dass dieser Kelch an mir vorübergegangen ist. Aber DIE Angst, die ich gehabt habe!*

Für eine Prüfung an der Akademie muss sie eine Mappe zusammenstellen. Beim Betrachten ihrer Arbeiten überfällt sie das

Grausen: Aus jedem einzelnen Blatt stinkt mich die Unlust an! So viele Jahre Abneigung und Quälerei sind hier angehäuft, es kann einem übel werden. Wann hört das endlich auf?

In ihrer Ratlosigkeit skizziert sie Episoden ihrer Jugend in ein Heft. Die Erinnerung an die Osterferien in Ammerland drängt sich auf, in denen sie mit Georg Ackermann und seinen Freunden ihr Kaiserreich gründete. Spielerisch und fast von selbst entsteht eine Geschichte, halb erlebt und halb erfunden, in der alles Platz hat, was sie bewegt: der Abschied von der Kindheit, den sie nie vollziehen wollte, der Verlust der Unschuld, der Schmerz des Erwachsenwerdens, die bange Frage nach dem Wohin. Ideen fliegen ihr zu, Szene reiht sich an Szene, schwerelos, wehmütig und humorvoll, vor der Kulisse Ammerlands und seiner Bewohner und des von ihr inszenierten Spiels. Der Generalfeldmarschall taucht auf und der Kardinal Erzbischof, die *Hexenmuru* Stora Max, Graf Pocci und seine Söhne, der starke Viktor und die *Münsinger,* gegen die man zu Felde zog. Im März 1932 sind die Vornotizen abgeschlossen, im Juli meldet das Tagebuch: *Das 8. Kapitel ist fertig! Jetzt hab' ich noch die Hälfte,* im Oktober ist ihr Buch beendet: «Kalumina, der Roman eines Sommers». Ein kleines Meisterwerk ist ihr geglückt. Wedekind, der trotz zahlreicher Versuche nie einen Roman zu Ende bringen konnte, wäre stolz auf sie gewesen.

Dabei ist der Ruin der Familie offenkundig: Die letzte Quartalstantiemenabrechnung des Drei Masken Verlags betrug sieben Mark fünfundvierzig, und was Tilly als Schauspielerin verdient, reicht nicht einmal zur Schuldentilgung. Tilly verkauft ein goldenes Armband, Kadidja versucht, Kurzgeschichten und Zeichnungen an den Mann zu bringen. Aber Hermann Sinsheimer, ein alter Freund der Familie und Redakteur am «Berliner Tageblatt», gibt sich kühl und geschäftsmäßig. *So also verhalten sich Menschen, von denen man etwas will,* denkt Kadidja. *Als ob sie unsere Armut spürten. Mama ist verzweifelt, Pamela droht mit Selbstmord, Sternheim tobt in Brüssel. Man muss schon sehr tapfer sein, um in dieser Situation den Mut nicht zu verlieren.*

Gottfried Reinhardt soll nach dem Willen seines Vaters in

Amerika das Filmhandwerk lernen, aber der Widerstand seiner Mutter schiebt seine Reise so oft hinaus, dass Kadidja das *ewige Abschiednehmen langsam zum Kotzen* findet. *Ein Jahr lang hoffte ich, dass es besser wird, aber die Besserung ist immer nur vorübergehend. Ich WILL mich nicht unterkriegen lassen, ich MUSS Haltung und Laune bewahren.*

Auch Erika Mann hat ein Jugendbuch geschrieben: «Stoffel fliegt übers Meer», die Geschichte eines armen Fischerjungen, der als blinder Passagier des Luftschiffs «Graf Zeppelin» nach Amerika fliegt auf der Suche nach einem reichen Onkel. Der rote Raddampfer «Luitpold» spielt eine Rolle, auf dem Erika ihr Abschiedsgedicht an Pamela schrieb, der «Blaubergsee» ist eine Kombination aus Starnberger See und Bodensee, Ersterer Erinnerung an glückliche Jugendzeit, Letzterer an die weniger glückliche mit Pamela und Sternheim in Uttwil. Illustriert hat den «Stoffel» Ricki Hallgarten, der traurige Freund aus der «Herzogpark-Clique», den Erika und Klaus in New York trafen. Nach seiner Rückkehr wurde sein Zustand Besorgnis erregend. Um ihn aufzumuntern, unternahm Erika mit ihm eine Autoralley und verfasste gemeinsam mit ihm ein Weihnachtsmärchen. Auch die Illustration ihres «Stoffel» sollte ihn ermutigen. Aber vor dessen Erscheinen und am Vorabend einer neuen Autotour erschoss sich Ricki Hallgarten in einer Bootshütte am Ammersee im April 1932. *Du wirst, immer noch, ungefähr ermessen können, was das für uns bedeutet,* schrieb Klaus in einem seiner seltenen Briefe an Pamela.

Kurz darauf wird das ohnehin gespannte Verhältnis Pamelas zu den Mann-Geschwistern erneut schwer belastet durch einen offenen, hinter Pamelas Rücken abgeschickten Brief Sternheims an den Verleger Bermann Fischer, in dem er *im Namen unserer geschändeten Literatur schallendsten Protest* gegen die Bücher «Kind dieser Zeit» und «Treffpunkt im Unendlichen» von Klaus Mann erhebt und sie als *teuflische Schweinereien* und *schamlose Entgleisungen* bezeichnet. Der Brief geht durch alle Zeitungen, und die Kritik, die «Treffpunkt im Unendlichen» ebenso verrissen hat wie alles Bisherige von Klaus Mann, nimmt Partei für ihn gegen Sternheim. Auch Pamela ist schockiert. Das Verhältnis zu Sternheim erfährt eine deutliche Abkühlung. Ist ihm auf Dauer zu helfen?

Im November 1932 bietet Willy Schäffers Pamela ein mehrwöchiges Engagement mit Wedekind-Liedern in seinem Kabarett der Komiker an. *Wie sollen wir denn leben, ohne dass ich meinen Beruf ausübe und dadurch verdiene?*, fragt Pamela ihren Mann, der ihr vorwirft, sie nur *auf Gastspiel* zu sehen. *Und wen von den geldlosen, kraftlosen, eigensüchtigen Menschen, die ich hier sehe, soll ich Dir schicken? Glaubst Du denn, dass die augenblickliche Situation für mich leicht zu ertragen ist? Ich kann mir mein Leben weder ohne Dich noch ohne meinen Beruf vorstellen, und da Du mir bisher nicht gesagt hast, wie ich es anstellen soll, müssen wir doch versuchen, das eine mit dem anderen zu vereinen. Wenn mir doch einer von Euch einmal einen praktischen, ausführbaren Rat gäbe, statt immer nur zu klagen, zu klagen und noch mal zu klagen.* Deutschland steuere auf *Krieg oder Bürgerkrieg* zu, so dass man nicht wisse, ob im nächsten Monat noch Gelegenheit zum Auftreten sei. *Menschen unserer Kreise gehen jetzt hauptsächlich nach Russland, Musiker, Maler, Schriftsteller, auch Schauspieler. Carola Neher, die Witwe von Klabund, die neulich bei Mama zu Besuch war, erzählte, dass sie Russisch lernt. Von Deiner Schwester Edith erfuhr ich, was ich schon von anderer Seite gehört hatte: dass alle Juden aus öffentlichen Institutionen, Rundfunk, Film, Theater, Presse, aus Industriebetrieben und wo immer sie sind, hinausgeworfen werden.* Sternheim solle in seinen Briefen *größte Vorsicht* walten lassen – *die Wahrheit ist heute nicht allein das kostbarste Lebensgut, mit dem man so sparsam wie möglich umgehen muss, sondern einfach AMOKLAUF!*

Pamela überredet Tilly, Sternheim in Brüssel Gesellschaft zu leisten. Die tut es ungern, aber findet Sternheim einen bemühten Gastgeber, der mit ihr Parks und Museen besucht und sie, die acht Jahre Jüngere, in Geschäften als seine *belle-mère* vorstellt, aber sie auch mitten im Satz stehen lässt, um nach Hause zu gehen – es sei ihm schwindlig und die Straße schwanke. Auch in der Wohnung ist Tilly vor Überraschungen nicht sicher: Als das Hausmädchen eines Nachmittags den Tee serviert, ist plötzlich ein Brief Benns verschwunden, den Tilly eben noch in der Hand hatte. *Ich war sehr beunruhigt. Sternheim half mir suchen, ohne Erfolg. Wir tranken Tee, plötzlich ging er an sein Bücherbrett, zog den Brief hervor und sagte lächelnd: «Da ist er ja!» Er war kindisch und etwas tückisch.*

Aber er konnte mir auch Gedichte von Hölderlin vorlesen und mit mir über Bilder sprechen, die wir im Museum gesehen hatten. Die direkte Art seiner Ausdrucksweise, ohne Hemmung und Scheu, wie sie eigentlich nur Kinder haben, verblüffte mich. Einmal nahm er plötzlich meine Hand und sagte: «Nicht wahr, jetzt sind wir Freunde fürs Leben.» Es gibt wenige Menschen, die so knapp und unsentimental ihrer Empfindung Ausdruck geben können.

Dabei denkt Tilly nur an Benn. Ob er ihr treu bleibt? Benn gibt sich über jeden Verdacht erhaben und weist Anspielungen entrüstet zurück: *Sie müssen nicht solche unerhörten Fragen stellen nach amour und meinem Bromleben! Ich lebe in Gedanken, Worten und Werken esoterisch u. astral u. christlich. […] Tillychen, Sie müssen das Telegrafieren u. all das Stürmische lassen. Ich habe viel zu tun z. Z. u. kann nicht mehr schreiben, als ich es tue. Ich denke wirklich viel u sehr lieb an Sie.*

In Tillys Abwesenheit fasst Kadidja den Entschluss, sich von ihrer Mutter zu trennen. Seit sie denken kann, hat sie Tilly gestützt, erheitert, verteidigt, hat mehr Zeit mit ihr verbracht als jedes andere Familienmitglied, oft genug selbst am Rand einer Depression und ohne Rücksicht auf eigene Bedürfnisse, jetzt kann sie nicht mehr. *Diese Frau, die sinnlos über alles jammert und in MIR einen Halt sucht, richtet mich zu Grunde. Ich habe es satt, mir vorhalten zu lassen, dass ich kein Geld verdiene und faul und disziplinlos bin, ich habe es satt, mir in mein Leben dreinreden zu lassen und neben einer Schwerkranken zu leben, ich habe es satt, mich durch haltlose Ausbrüche von Depressions-*

Diese Frau richtet mich zu Grunde
Tilly und Kadidja, Berlin 1932

*zuständen in meiner Arbeitskraft lähmen zu lassen, ich habe es
satt, ich habe es satt!* Kadidja will sich eine Bude suchen und
Tilly ihren Tantiemenanteil überlassen – mehr könne sie im Augenblick nicht tun.

Aber als sie ihren Entschluss der Verwandtschaft ankündigt –
Pamela, Tante Martha, Onkel Hans Carl und Tillys Bruder Karl
Newes, der mit seiner Frau Jella ebenfalls in Berlin lebt –, schlägt
ihr Unverständnis entgegen: Wie könne sie, die als einziges Familienmitglied Zeit genug habe, ihre Mutter im Stich lassen? Bei
Tillys Rückkehr bricht Kadidjas Widerstand zusammen: *Tilly
hat sich entsetzlich aufgeregt! Sie weinte und war vollkommen
verzweifelt – ich ließe sie in der allerschwersten Zeit allein, und
sie wisse ja nun, was sie von meiner Liebe zu halten habe. Ich
KANN es nicht tun. Ich weiß, dass ich mich von Tilly trennen
müsste, aber ich liebe sie und habe nicht die Kraft, mich hier los-
zureißen. Ich allein bin schuld daran, dass ich zu Grunde gehe.
Und Gott, der mich nicht stärker geschaffen hat!*

Weihnachten ist dann überraschend nett. Gottfried ist endlich abgereist, Kadidja hat im Kabarett Die Katakombe vorge-

sprochen und sich schon halb in dessen Direktor Werner Finck verliebt. In der Altonaer Straße ist ein Bäumchen geschmückt, Else Heims und Wolfgang Reinhardt sind zu Besuch, im Radio wird die Christmette übertragen. Von Benn kommen Rosen für Tilly: *Bin ich auch nicht Ihr Schwiegersohn, doch ein paar Blumen schick ich schon.*

Kadidjas Roman ist angenommen! Im Scherl-Verlag des «Pressezars» Alfred Hugenberg. Kadidja erhält tausend Mark Vorschuss, von dem sie neunhundert Mark an Tilly abgibt, und darf als Jungautorin am Presseball teilnehmen, wo ALLES versammelt ist: Marlene Dietrich und Peter Lorre, Max Reinhardt und Helene Thimig, Ernst Deutsch, Hans Albers, Rudolf Forster, Fritz Kortner, Egon Friedell, Elisabeth Bergner, Alfred Kerr, Erich Mühsam, Richard Tauber, Heinrich Mann, Trude Hesterberg, Gertrud Eysoldt, Werner Krauss, Carl Zuckmayer und viele mehr. Ein allerletztes Mal feiert das künstlerische Berlin sich selbst und die zurückliegende, glorreiche Epoche. Kadidja ist erst befangen, aber dann amüsiert sie sich herrlich. Mit Erstaunen stellt sie fest, dass fast alle, denen sie begegnet, von ihrem Buch gehört haben und ihr Glück und Erfolg wünschen. *Ich bin die Kaiserin des Presseballs,* jubelt sie.

Es ist der 29. Januar 1933. Am nächsten Tag ist Hitler Reichskanzler.

18

Im Banne Benns

1933–1937

Am 15. Februar 1933, zwei Wochen nach Hitlers Amtsantritt, verliert Heinrich Mann seinen Posten als Präsident der Preußischen Akademie der Künste Abteilung Dichtkunst. Der Verfasser des «Untertan» reist ab und wird deutschen Boden nicht wieder betreten.

Seine Nachfolge als kommissarischer Leiter übernimmt Gottfried Benn, den Heinrich Mann vor nicht allzu langer Zeit in das Gremium berief und der ihn zum sechzigsten Geburtstag begeistert gefeiert hat. Dr. Benn begrüßt den neuen Staat – Erhebung oder Untergang der weißen Rasse, das Thema interessierte ihn schon immer. Außerdem erhofft er sich Beistand gegen jene, die er hasst: die eilfertigen Linken und schnellen Schreiber vom Schlage eines Johannes R. Becher und Egon Erwin Kisch, die ihn elitär schalten und ihm mangelndes Gesellschaftsbewusstsein vorwarfen.

Dr. Benns Groll ist mächtig, die Gelegenheit günstig. In der Berliner Funk-Stunde am 24. April 1933 liest er seinen Essay «Der neue Staat und die Intellektuellen». Auf *Finessen lasse ich mich nicht ein*, schreibt Benn am selben Tag an Carl Werckshagen. *Mir liegt daran, zunächst mal öffentlich zu zeigen, dass ein Intellektueller, der zeit seines Lebens auf Klasse gehalten hat, trotzdem zum neuen Staat positiv stehen kann, stehen MUSS!* Natürlich seien *Absage und Trennung in Bezug auf alte «liberale» Werte* schmerzlich. *Aber das Gesetz der Geschichte ist so völlig klar, meines Erachtens, dass kein Zögern möglich ist.*

Als Benns Aufsatz über den Äther geht, ist der erste landesweite «Judenboykott» bereits Geschichte. SA-Posten haben Passanten vor dem Betreten jüdischer Geschäfte gewarnt und über Klingelschilder zu meidender Ärzte und Anwälte das Wort «JUDE!» geklebt.

Benns Stellungnahme erschreckt und betrübt viele, die sich in eben jenen *alten «liberalen»* Werten zu Hause fühlen und Benn für ihren Gesinnungsgenossen hielten. Deutliche Worte findet einer, den viele der jetzt Schweigenden belächelt und verhöhnt haben: Klaus Mann. *Was konnte Sie dahin bringen,* fragt er Benn, *Ihren Namen, der uns der Inbegriff des höchsten Niveaus und einer geradezu fanatischen Reinheit gewesen ist, denen zur Verfügung zu stellen, deren Niveaulosigkeit absolut beispiellos in der europäischen Geschichte ist und vor deren moralischer Unreinheit sich die Welt mit Abscheu abwendet? [...] Wer sich [...] in dieser Stunde zweideutig verhält, wird für heute und immer nicht mehr zu uns gehören.* Klaus Mann hat Deutschland im März 1933 verlassen.

Später wird Benn eingestehen, dass der zwanzig Jahre Jüngere die Situation richtiger beurteilt als er selbst. Jetzt gibt er sich unbeeindruckt und beschließt, Klaus Manns privates Schreiben öffentlich im Rundfunk zu beantworten: Nur mit denen könne man über die *deutschen* Vorgänge sprechen, meint er, die im Land geblieben seien, mit *Flüchtlingen, die ins Ausland reisten,* nicht. *Sie stellen es so dar, als ob das, was sich heute in Deutschland abspielt, die Kultur bedrohe, die Zivilisation bedrohe, als ob eine Horde Wilder die Ideale schlechthin der Menschheit bedrohe, aber, und so lautet meine Gegenfrage, wie stellen Sie sich denn nun eigentlich vor, daß die Geschichte sich bewegt? Meinen Sie, sie sei in französischen Badeorten besonders tätig?*

In vielen deutschen Städten sind Bücher «entarteter», politisch unliebsamer oder jüdischstämmiger Autoren öffentlich verbrannt worden. Benns Schriften waren nicht dabei. Wer seine «Morgue»-Gedichte gelesen hat, fragt sich, warum. Genießt er Schutz wegen Wohlverhaltens? Seinen Posten als kommissarischer Leiter der Dichterakademie ist er schon wieder los. Hans Friedrich Blunck hat ihn beerbt, ein auch bei näherem Hinsehen durch und durch «unentarteter» Autor. Das neue Regime handelt schnell.

Im Februar 1933 kündigt das Berliner Staatstheater einen Aufführungsvertrag für Wedekinds «Herakles», den Tilly mit viel Überredungskunst zustande gebracht hat. Die Kulturpolitik werde völlig neu überdacht, sagt man ihr, vorherige Zusagen seien ungültig. Tilly ist besorgt: Wird man Wedekind ganz ausschalten? Wovon soll sie leben?

Ein langjähriger Freund kommt ihr zu Hilfe: Dr. Paul Fechter, Feuilletonredakteur der bürgerlich-liberalen «Deutschen Allgemeinen Zeitung», Literaturwissenschaftler und Wedekind-Kenner. Der Witwe Wedekinds in Bedrängnis beizustehen, ist für ihn eine Selbstverständlichkeit. Er unterzieht das Werk einer neuerlichen Prüfung und stellt fest: Auch Wedekind hat «völkische» Züge, man muss sie nur finden. Wedekind, verkündet Fechter, war kein *Revolutionär, der niederriss,* sondern *ein Verbündeter der neuen Mächte, der schon vor dreißig Jahren Wege zu einer höheren Moral wies. Er hat die bürgerliche Welt seiner Zeit nicht als Bohémien oder Anarchist verneint, sondern weil er die heutige gesündere Welt zukunftschauend vorausahnte.* Sein Resümee präsentiert Dr. Fechter in einem öffentlichen Vortrag. Mit auf dem Podium: Tilly Wedekind, die Witwe des Dichters, die mit ausgewählten Textstellen die frisch gewonnenen Erkenntnisse untermauert.

In Altona werden Kommunisten durch das Handbeil geköpft, Nazischergen erschießen den Philosophen Theodor Lessing, die Konzentrationslager Dachau und Oranienburg sind eröffnet. Kulturkommissar Hans Hinkel erklärt Max Reinhardts Leitung des Deutschen Schauspielhauses für beendet, Alfred Kerr flieht nach Prag, und Dr. Loewenstein, kürzlich noch einer der erfolgreichsten Anwälte Münchens, darf als Jude kein Gerichtsgebäude mehr betreten und keinen Schriftsatz unterzeichnen.

Durch die Belle-Alliance-Straße ziehen Kolonnen Fahnen schwingender Jugendlicher zum Tempelhofer Feld. «Jetzt gefallen mir sogar die braunen Uniformen», sagt Benn. Neben ihm

Im Banne Benns:
Tilly, frühe dreißiger Jahre

am Fenster steht Tilly. *Fassungslos* sei sie gewesen, schreibt sie in ihren Memoiren, dass Benn auf *diesen hohlen Pomp* hereinfiel. Ihrer Liebe zu ihm tut das keinen Abbruch, im Gegenteil: *Ich liebe Dich, Benn! Mit 2 mit 3 mit 4 mit 5 mit 6 mit 7 mit 8 mit 9 mit 10 Fingern, mit beiden Händen, mit Kopf und Herz, mit Leib und Seele, mit meinem ganzen Sein – bin ich Dein! Tilly*

Geschrieben am 10. August 1933.

Im Februar 1934 reist Pamela zu einer Vortragstournee mit Wedekind-Liedern in die Schweiz – für Sternheim Unsinn, Zeitverschwendung und Grund für zornige Briefe. *In einem Augenblick, wo die Welt in Bürgerkriegen zu Grunde geht, wäre Deine letzte Anstrengung an meiner Seite, vorausgesetzt, Du hättest über Deinem krassen Eigeninteresse, das Dir aber nicht den geringsten Vorteil bringt, für mich eine Spur Teilnahme. Ich glaube nicht, dass Du mit Vorsingen in Aarauer oder Lenzburger Kränzchen in solchen historischen Weltenmomenten irgendwie auch Dir selbst auf die Dauer den geringsten Eindruck machst.*

Mit diabolischer Freude schickt er Alarmmeldungen über seinen Gesundheitszustand, nur um sie anderntags zu widerrufen. Pamela ist *sanatoriumsreif: Was ich durchmachte, KANN ich Dir nicht beschreiben. Ich dachte, Du seist zusammengebrochen, gelähmt, habest Schlaganfall oder Verstand oder Sprache verloren. Die ganze Nacht lag ich schlaflos und kam gestern Nachmittag völlig zerschlagen hierher zurück, wo ich Dein Telegramm vorfand, dass keinerlei Gefahr sei. Diese 6 Jahre Aufregungen hätten einen Menschen mit stärkerer Konstitution, als ich sie habe, zermalmt. Wenn meine Arbeit mich in all dem nicht tröstete, wäre ich nicht mehr am Leben. Ich möchte aber wenigstens wissen, ob Du es bist. In Angst und Schrecken grüßt Pamela.*

Pamela will Sternheim verlassen. Sie glaubt erreicht zu haben, was zu erreichen war: Sternheim ist seit ihrer Heirat in keiner Anstalt gewesen und konnte auf nervenärztliche Betreuung weitgehend verzichten. Sein Roman «Vorkriegseuropa im Gleichnis meines Lebens», in Brüssel fortgeführt, und seine Komödie «Aut Caesar, aut nihil», in der er den Verkauf des Uttwiler Hauses durch Theas Anwalt Cäsar Kinkelin aufs Korn nimmt, sind keinesfalls Werke eines Geisteskranken, wie etwa «Die Väter oder Knock out». Pamela darf sich anmaßen, an all dem nicht unbeteiligt gewesen zu sein. Sie ist siebenundzwanzig Jahre alt. Wenn noch etwas aus ihr werden soll, darf sie nicht mehr lange warten. Ihre Rückkehr nach Brüssel schiebt sie mit der Begründung hinaus, sich in Berlin um Tilly kümmern zu müssen.

Sternheim sieht für Pamela nur einen Platz: den an seiner

Seite, und zwar in London, wo seine Schwester lebt und wo er besuchsweise feststellen konnte, dass die Preise niedriger und die Aussichten, gespielt zu werden, größer sind als in Brüssel. Eine Wohnung hat er in Aussicht, wegen der Sprache solle Pamela unbesorgt sein, man brauche *einen Grundstock von 100 Worten,* der Rest ergebe sich von selbst. *Ich richte jetzt, mein geliebtes Kind, die von Dir UMGEHEND ZU BEANTWORTENDE FRAGE an Dich: Wann gedenkst Du aus Deinen neuen Umständen in die Verhältnisse mit mir zurückzukehren, die Deine Heirat mit mir gesetzlich begründen und die Deine Liebe zu mir Dir gebot? [...] Die Anhänglichkeit an die Eltern DARF NICHT ZU EINEM KOMPLEX WERDEN! Ich bitte Dich zum letzten Mal, die innere Entscheidung JETZT DORT IN DIR ZU TREFFEN, ob Du in Deinen Kinderschuhen steckenbleiben und ein abhängiges Leben zweiten Ranges weiterführen oder Dich mit meiner natürlichen Hilfe aus dem Allgemein-Normalen zu einem Vorbildlich-Besonderen entwickeln willst, und MIR DAS SCHNELLSTENS MITZUTEILEN, damit ich hier mit der unbedingt notwendigen Ruhe die letzten Details für unsere Übersiedlung treffen kann.*

Pamelas Gewissensqual ist erheblich: Sternheim ist noch immer krank – im Jahr 1933 verzeichnet sein Kalender einhundertzwanzig Anfälle und Absencen – und leidet nach wie vor an Depressionen. Wie soll sie ihm erklären, dass er nun ohne sie auskommen muss? Außerdem war sein Vater Jude. Verlässt man jüdische Menschen in einer Zeit, in der in Deutschland offizieller Druck ausgeübt wird, sich von jüdischen oder halbjüdischen Partnern zu trennen? Muss sie nicht gerade jetzt zu ihm stehen? Tilly meint nein: Sie habe genug für Sternheim getan und müsse an sich selbst denken. *Es ist eben schade,* schreibt Pamela ihrem Mann, *dass ich jung bin und optimistisch und von den entrücktesten künstlerischen Ehrgeizen besessen, aber es ist eine natürliche Tatsache, die sich auf die Dauer nicht unterdrücken lässt, ohne sich sehr schmerzlich zu rächen.*

Bei einem Treffen in Ostende im Juni 1934 vereinbaren Pamela und Sternheim ihre Scheidung.

Während ein enttäuschter, aber gefasster Sternheim in London eine neue Existenz aufzubauen versucht, beginnt für Pamela der eigentliche Konflikt: Soll sie nach Berlin zurückkehren oder im Ausland bleiben wie ihre Freunde Erika und Klaus Mann?

In Zürich hat sie Erika nach mehr als sechs Jahren wiedergesehen. Als Gründerin und Prinzipalin des Kabaretts Die Pfeffermühle steht sie mit Therese Giehse, Sibylle Schloss, Magnus Henning und anderen allabendlich im Hotel Hirschen auf den Brettern, vom Publikum gefeiert, von der Schweizer Fremdenpolizei und deutschen Spitzeln beargwöhnt. Wie ihr Bruder ist Erika an der Gegnerschaft zu Hitler gewachsen und gereift. Aus der unsicheren Schauspielerin ist eine Organisatorin und Kämpferin ersten Ranges geworden.

Will Pamela sich anschließen? Hätten ihre *künstlerischen Ehrgeize* hier nicht eine lohnende Aufgabe? Pamela kann singen und Gitarre spielen, ihre Herkunft prädestiniert sie für das Kabarett, ihre Bühnenpräsenz ist ein Gewinn für jedes Ensemble. Sie hat Onkel und Tanten in der Schweiz, die Großeltern sind in Lenzburg begraben, Wedekind gilt sowieso als halber Schweizer – ihre Mitarbeit würde der Pfeffermühle womöglich sogar in den Augen der Kantonsbehörde nützen. Die Frage ist nur: Hat sie die politische Überzeugung, den Mut und den Willen, ihren Teil zum Widerstand gegen den Faschismus beizutragen?

Anscheinend nicht. Pamela wendet sich ab und vollzieht einen zweiten, noch radikaleren Bruch mit Erika und Klaus. Als Grund für ihre Rückkehr nach Hitler-Deutschland nennt sie später Tillys Mittellosigkeit. Aber auch Tilly könnte in der Schweiz Fuß fassen – wenn sie wollte oder Pamela sie drängte.

In Berlin sieht Pamela, dass ein Engagement nicht einfach zu bekommen ist. Jüdische Theaterleiter wie Max Reinhardt, Victor Barnowsky, Carl Meinhard oder Rudolf Bernauer sind emigriert oder entmachtet. Die neuen Herren kennt sie nicht, und Gustaf Gründgens, der Jugendfreund, durch Reinhardts Förderung zum ersten Schauspieler aufgestiegen und im Februar 1933 von Göring mit der Leitung des Preußischen Staatstheaters betraut, hält sich bedeckt – Pamela ist für ihn ein Überbleibsel aus einer inzwischen ungeliebten und gefährlichen Vergangenheit. Zudem kann er sich vor guten Schauspielerinnen kaum retten: Maria Bard, Käthe Dorsch, Käthe Gold, Ruth Hellberg, Marianne Hoppe, alle wollen bei ihm spielen – und wie viele Frauenrollen gibt es?

Pamelas Mut sinkt. An wen soll sie sich wenden? Traurig sitzt sie in der Dreizimmerdachwohnung in der Lessingstraße 50, in die Tilly mit Kadidja aus Kostengründen gezogen ist. Mutter und Tochter überlegen, was zu tun ist. Tilly erinnert sich Emmy Sonnemanns, der netten Kollegin und jetzigen Freundin des allmächtigen Göring. Sie direkt um Hilfe anzugehen ist schlecht möglich, aber Pamelas Lage gesprächsweise anzudeuten, kann nicht schaden. Umso größer ist die Freude, als Frau Sonnemann von sich aus anbietet, beim Herrn Intendanten ein Wort für Pamela einzulegen. Es hat Gewicht: Pamela wird engagiert und ist Ensemblemitglied des Preußischen Staatstheaters Berlin mit fünfhundert Mark Monatsgage. Wer etwas dagegen hat, bekommt zu hören: «Fräulein Wedekind spielt hier auf Wunsch Frau Sonnemanns.» Da weiß jeder Bescheid. Pamela ist froh über die Entwicklung, auch wenn sie sich hiermit offen an die Seite der Todfeinde von Erika und Klaus Mann stellt.

Währenddessen stirbt im Konzentrationslager Oranienburg Erich Mühsam, Lyriker, Essayist und Kämpfer für eine bessere Welt, von den vielen Anhängern Wedekinds einer der intelligentesten, originellsten und loyalsten, der nach eigener Angabe *Hunderte von Malen* mit ihm in der Torggelstube saß. Als Aktivist der Münchner Räterepublik, Kommunist und Jude hat er im Konzentrationslager kaum Überlebenschancen. «Sie sind also der berühmte Herr Mühsam?», fragen ihn Bewacher. «Hier haben Sie einen Strick, mit dem erhängen Sie sich in Ihrer Zelle. Tun Sie es nicht, tun wir es für Sie.» Ein Mitgefangener sieht ihn abends mit zwei Uniformierten über den Hof gehen. Am Morgen findet man seine Leiche über dem Toilettenloch im Latrinenbau.

Die Röhm-Affäre, sagt man, markiert die Abkehr Gottfried Benns vom Nationalsozialismus. *Es giebt keine Worte mehr für diese Tragödie,* klagt er seinem Intimus F. W. Oelze. *Ein deutscher Traum – wieder einmal zu Ende.* Ina Seidel gesteht er: *Ich kann nicht mehr mit. Gewisse Dinge haben mir den letzten Stoß gegeben. [...] Das Ganze kommt mir allmählich vor wie eine Schmiere, die fortwährend «Faust» ankündigt, aber die Besetzung langt nur für «Husarenfieber». Wie groß fing das an, wie dreckig sieht es heute aus.*

Seine Ansichten ändert Benn deswegen nicht. Er bleibt der kampflustige, ruhmsüchtige Zyniker, Stoiker und Nihilist, der er immer war. Ein strategischer Ansatz hat sich als falsch erwiesen, das ist alles. Darauf muss er sich jetzt einstellen.

Veröffentlichungsmöglichkeiten sieht er kaum, die Patienten bleiben weg. Er denkt daran, seine Praxis aufzulösen und als Arzt in die Reichswehr zurückzukehren. Ein festes Monatseinkommen wäre ihm sicher, die Anonymität des Militärs böte Schutz vor politischen Anfeindungen. *Ein schwerer Entschluss, Berlin zu verlassen,* gesteht er Oelze, *aber vielleicht tue ich es. RAUS aus allem; u die R.(eichs) W.(ehr) ist die aristokratische Form der Emigrierung!* Nicht wenige Zeitgenossen werden ihm diese Formulierung über den Tod hinaus verübeln.

Der Bremer Kaufmann F. W. Oelze ist ein Bekannter nach Benns Geschmack – ein intelligenter Stichwortgeber, vornehm, unaufdringlich, mit dem Talent für kleine, feine Geschenke. Benn wollte erst nicht mit ihm korrespondieren, jetzt mag er ihn nicht mehr missen.

Im März 1935 ist es so weit: Im Rang eines Oberstabsarztes tritt Gottfried Benn mit halbjähriger Probezeit dem Heer bei. Stationierungsort: Hannover. *Abschied von 17 ¹/₂ Jahren Belle-Alliance-Straße,* meldet er Oelze und fügt ein Gedicht bei:

> *Im Taumel war ein Teil, ein Teil in Tränen,*
> *In manchen Stunden war ein Schein und mehr,*
> *In DIESEN Jahren war das Herz, in JENEN*
> *waren die Stürme – wessen Stürme? – wer?*

Der sah Dich hart, der andre sah Dich milder,
der, wie es ordnet, der, wie es zerstört –.
Doch was sie sahn, das waren halbe Bilder,
Da Dir das Ganze nur allein gehört.

Für Tilly ist Benns Wegzug eine Tragödie. Er ist das Zentrum ihres Lebens. Ihre erotische Leidenschaft für ihn ist auch nach fünf Jahren unverändert stark. Gute oder schlechte Tage hängen nicht unwesentlich davon ab, wie viel von ihm und seiner Person für sie da sind. Um eine bestimmte Stunde, meistens vormittags, klingelt bei ihm oder ihr das Telefon. Tilly nimmt den Apparat in ihr Zimmer, und nicht selten ist die Leitung danach stundenlang besetzt. Der Gedanke an Wochen und Monate ohne ihn ist ihr nahezu unerträglich. Benns Trost, Hannover sei nur vier Schnellzugstunden entfernt, hilft ihr nicht. Tilly weiß: Die Wirklichkeit ist anders.

Sie fürchtet weniger den gelegentlichen Seitensprung – auch ihr eigenes Konto ist davon nicht unbelastet –, es plagt sie die Sorge, dass eine andere Frau ihren Platz einnehmen könnte. Sie nimmt sich vor, den Geliebten so oft wie möglich zu besuchen.

Dabei weiß Tilly nicht, dass Benn seit dem ersten Tag ihrer Beziehung neben ihr eine zweite Freundin hat, der er ebenso oft und in ebenso geistvollen Briefen die Unverbrüchlichkeit, Einmaligkeit und Ausschließlichkeit seiner Liebe schwört wie ihr selbst.

Sie heißt Elinor Büller-Klinkowström, ist am 7. Mai 1886 geboren, im selben Jahr wie Benn und Tilly, geschieden, mit einer Tochter in Kadidjas Alter. Von Beruf ist sie Schauspielerin – vielleicht hat Tilly von ihr gehört oder ist ihr gar begegnet. Sie wohnt in der Klingsorstraße 66, unweit von Tillys alter Steglitzer Adresse. Benn nennt sie «Mor» oder «Morchen», verbringt Weihnachten im Kreis ihrer Familie, erscheint Silvester zum Karpfenessen und erweckt den Eindruck, sie heiraten zu wollen, sobald die Zeit reif sei. (In ihrem Nachlass findet sich die Visitenkarte: Elinor Benn, geb. Büller.) Tilly wird als alte Frau lange nach Benns Tod von Elinors Existenz erfahren, Elinor wird sterben ohne Kenntnis einer Tilly in Benns Leben.

Treue ist ein so ungeheuer innerlicher Prozess, dass man ihn überhaupt nicht lehren oder verkünden kann, schreibt Benn in «Die Stimme hinter dem Vorhang». *Für die Praxis gilt meine Maxime: gute Regie ist besser als Treue. Den Partner schonen,*

Die aristokratische Form der Emigrierung
Oberstabsarzt Gottfried Benn

nichts merken lassen, kein Wirklichkeitsfanatismus an die Stelle! Hamsuns Ausdruck *Es gibt nur eine Liebe, die gestohlene* bezeichnet er als *eines der wahrsten Worte der Menschheitsgeschichte.*

Oelze gegenüber nennt Benn Elinor seine *himmlische,* Tilly seine *irdische* Liebe. Mit Letzterer – *seit über 5 Jahren die vollendetste erotische Beziehung* – verkehre er neuerdings gelegentlich sogar per Du – *aber ich empfinde es als unangebracht. Derartige Beziehungen berechtigen noch nicht zu Intimitäten.*

Den selbst gestellten Anspruch, «nichts merken zu lassen», erfüllt Benn perfekt. Seine Briefe sind Meisterwerke der Verschleierung, dabei gehaltvoll, informativ, atmosphärisch dicht, charmant, zärtlich, von verführerischem Glanz. Kein Wunder, dass beide Frauen sie sorgsam bewahren. Deren Briefe an Benn sind bis auf wenige Ausnahmen verschollen. Ob Benn sie zur Vermeidung von «Regiefehlern» gleich vernichtet oder ob sie später verloren gehen, sei dahingestellt.

Wie anfällig auch die beste Regie sein kann, zeigen die Ostertage 1935. Benn möchte Elinor Hannover zeigen. *Wie machen wir es?*, fragt er. *Ach, komm FREITAG MITTAG her, Mor, wir werden uns schon durchschlagen, ja? Schreibe, mit welchem Zug. Wie ich, so um 12.51 hier. Bringe nur HANDTASCHE mit, damit wir Elektr. fahren können vom Bahnhof. Ja! Komm, süßer Mor! Kuß vom Väterchen*

Tilly gilt es fern zu halten: *Was Dein Kommen angeht, Tillerchen, müssen wir uns noch ein paar Tage gedulden. Geht noch nicht. Ob Du 1 Woche früher oder später kommst u. mich besuchst, Du weißt ja, daß ich auf Dich warte u. gar nicht an andere Frauen denke. Aber die Sache will gut überlegt sein.* Ostersonntag gäbe es eine *Autotour nach Hildesheim* mit einem Vorgesetzten, die er *natürlich annehmen* müsse. Tilly solle nicht alles *so düster* sehen.

Aber Benn kennt Tillys Leidenschaft für Blumen und Geschenke – in den Tagen nach seiner Übersiedlung kamen Nelken, Levkojen und, nach einer Klage über dürftiges Frühstück, Kaffee nebst Kaffeemaschine, stets mit Eilboten und außerhalb der regulären Post. Ein dummer Zufall könnte sein ganzes Gebäude einstürzen lassen. *Liebste Tilly*, legt er nach, *ich schreibe nur, um Dich zu bitten, mir Ostern NICHT wieder ein Paket zu schicken. Weder Kuchen noch Kaffee, noch Blumen. [...] Bitte respektiere meine Bitte!*

Tilly will sich nicht abspeisen lassen. Irgendetwas stimmt nicht, das fühlt sie genau. Sie schreibt, telegrafiert, drängt und äußert Vermutungen, bis Benn deutlich wird: *Tillerchen, «quatsch nich, Krause»*, fährt er sie an, *immer von der Vollmondnacht und «Näheres mündlich» zu schreiben! Bleibe anständig! Ich sehe daraus nur, wie locker Du bist und wie lose bei Dir alles sitzt, immer bereit für Juristen u. Lautenschläger mit und ohne Vollmondnacht! Ich weiß Bescheid!* Mit *Lautenschläger* meint er den jungen Schauspieler Jonny, der ihm von Anfang an missfallen hat, mit *Jurist* den von den Nazis vertriebenen Dr. Loewenstein.

Schließlich gibt Benn nach: *Also, Tillerchen, zwar bin ich schrecklich ärgerlich, wenn Du immer zweifelst, ob das stimmt, was ich schreibe, ZB die Autofahrt am 1. Feiertag ... aber großartig, komm MONTAG MITTAG 12.51 hier an, das ist der Zug, mit dem ich gekommen bin, er fährt vom Zoo, glaube ich, 9 1/2 ab. [...] Ich werde Dich auf dem Bahnhof hier erwarten. [...] Ich freue mich sehr auf Sie, gnädige Frau! Also MONTAG 12.51 AUF DEM BAHNHOF Hannover. Weitere Abmachungen nicht nötig. Nicht zu viel Gepäck!*

Ostersonntag Nachmittag geleitet Benn sein *Morchen* zum Zug, Montag früh, bevor er wieder zum Bahnhof muss, um Tilly abzuholen, hat er gerade noch Zeit für einen Brief an sie: *Mein lieber süßer Mor, nachdem Dein Zug fort war, war ich schrecklich traurig u. verlassen u. trottete Vollgas weg nach Hause. Saß eine Stunde am Schreibtisch, döste, war traurig. [...] Zu Fuß zu Knickmeyer, saß am selben Tisch wie Freitag mit Dir, wo wir Himmel u. Erde aßen, saß da bis 9.21, wo Du am Zoo ankommen mußtest, ging dann heim schlafen. Schlief ein etwa, als Du gerade in Deinem Wöhnchen ankamst. Bedachte noch alles um Dich herum u. schlief ein. [...] Dein Besuch war sehr schön für mich, lieber Mor. [...] Heute ist keine Post. Ganz stiller Tag.*

Das Saarland ist wieder deutsch, die allgemeine Wehrpflicht wieder eingeführt. Die Arbeitslosigkeit ist von neunundzwanzig auf zehn Prozent gedrückt, die Wirtschaft dank Rüstungsaufträgen flottgemacht, die Wohnungsnot durch Siedlungsbau gemildert. Die Reichspost strahlt dreimal wöchentlich das weltweit erste Fernsehprogramm aus, in deutschen Wohnzimmern tönt der Volksempfänger. Hitler betont seinen Friedenswillen und schließt mit England ein Flottenabkommen. Leni Riefenstahls Film «Triumph des Willens» hat Premiere. Thingstätten fördern germanisches Bewusstsein, und Rassen- und Vererbungslehre ist verbindlicher Teil des Schulunterrichts. *Der arische Stammbaum! Ein Begriff, der uns Heutigen mit jedem Tag vertrauter, selbstverständlicher wird – staatlicher Nachweis bis zu den Großeltern für Parteidienststellen und -gliederungen bis zum 1. Januar 1800. Arisch ist, wer frei ist von schwarzem oder jüdischem Bluteinschlag,* heißt es in der Frauenbeilage des «Völkischen Beobachters».

Im Sommer 1935 meldet der Literaturprofessor Adolf Bartels Zweifel an Wedekinds Abstammung an: Nur Juden könnten Stücke wie «Erdgeist» oder «Die Büchse der Pandora» erfinden. Tilly ist in heller Aufregung. Zwar erwähnt Artur Kutscher in seiner Biografie von 1922 Äußerungen Wedekinds, es sei möglich, dass seine Mutter *einen Tropfen jüdischen Blutes* gehabt habe, aber beteuert gleich darauf, dass *keinerlei Nachweis* zu erbringen sei.

Tilly konfrontiert den Professor mit Dokumenten, die seinen Irrtum beweisen, und fordert eine Richtigstellung. Am 21. August 1935 erscheint in der «Berliner Nachtausgabe» eine Notiz: *FRANK WEDEKINDS AHNEN. Der Literaturhistoriker Adolf Bartels und Frau Tilly Wedekind geben folgende Erklärung bekannt: Von dem Dichter Frank Wedekind, der väterlicherseits von einem uralten, unbestritten rein arischen Geschlecht abstammt, ist wiederholt behauptet worden, dass seine Vorfahren mütterlicherseits nicht rein arischer Abstammung seien. [...] Neue, genaue, bis zur 6. Generation rückwärts angestellte Forschungen haben ergeben, dass [...] sämtliche mutterseitigen, bis ins 17. Jahrhundert nachweisbaren Ahnen Frank Wedekinds evangelisch-lutherisch und rein arischen Blutes waren. Alle gegenteiligen Vermutungen und Äußerungen haben sich als haltlos und unrichtig erwiesen.* Benn gratuliert Tilly aus Hannover: *Sehr gut! Hast Du gut gemacht.*

Tilly bleibt unruhig. Man forscht jetzt überall nach. Und

richtig: Kaum ist Wedekinds Ahnenreihe geklärt, decken findige Zeitungsschreiber Tillys so genannten Webfehler auf. Benn tröstet sie: *Gräme Dich nicht, Tillerchen, wegen dieser Schweinehunde! Einmal wäre es ja vielleicht doch zur Sprache gekommen, also laß es ruhig laufen. Den Kindern schadet es ja keinesfalls mehr, nach dem Gesetz. Mein Gott, was für eine dreckige Welt. Ärgere Dich nicht, bist doch die süßeste Tilly!*

Die «Nürnberger Gesetze» finden Benns Zustimmung: *Gut so!*, schreibt er Tilly. *Eine befreiende Tat! Übrigens steht fest, dass mit J[uden] die 25%[igen] NICHT gemeint sind. Die ersten Kommentare, die schon erschienen sind, lassen es klar erkennen.* Tilly solle sich *ganz ruhig* verhalten. *Denn tatsächlich haben die Leute ja recht u. Du machst nur unnötig viele noch darauf aufmerksam.* Wenn Pamela ein Problem damit habe, solle sie nur an *ihren St.[ernheim]* denken.

Pamela bringt am Staatstheater jene Attribute zur Geltung, die man seit Beginn ihrer Bühnentätigkeit an ihr lobt: Präsenz, Intelligenz, Temperament, Tempo. Die Presse hat sich an ihre Erscheinung gewöhnt, Intendant Gründgens hat sie als Schauspielerin und Vertraute in seiner oftmals schwierigen Stellung schätzen gelernt. Pamela ist froh, ihren Platz gefunden zu haben. Im Übrigen, darf man annehmen, heißt ihre Devise Schweigen, Wegschauen, Verdrängen.

Gustaf Gründgens spielt mit dem Feuer, geschickt, umsichtig, schwungvoll und nach außen hin stets gut gelaunt. Ängste lässt er sich nicht anmerken. Er durchschaut Hitlers System der wechselnden Gunstverteilung, der Pfründe, des gegenseitigen Wegbeißens. Er weiß, dass er seinen Schutzherrn Göring stützen muss, der ihn auf den Thron gehievt hat gegen zahlreiche Stimmen, die dem Exgatten Erika Manns und «Kulturbolschewisten» Gründgens die Eignung für das höchste deutsche Theateramt absprachen – je glanzvoller das Preußische Staatstheater sich entfaltet, das als eines der wenigen im Reich nicht Dr. Goebbels untersteht, desto sicherer sitzt Göring im Sattel. Göring macht sich Gründgens' Talent zunutze, der mit seiner Hilfe dort ist, wo er schon immer meinte sein zu müssen: ganz oben. Beide stehen unter Erfolgszwang.

Wer den vierunddreißigjährigen Gründgens als Schauspieler und Regisseur bewunderte, aber seine Befähigung anzweifelte, einen komplizierten Apparat mit Bühnenarbeitern, Inspizienten, Maskenbildnern, Schneidern, Tischlern und Friseuren zu leiten, muss sich korrigieren: Gründgens wirtschaftet verantwortungsvoll, hat tausend Details im Kopf, kennt Namen und Lebensumstände aller Mitarbeiter, ist interessiert, hilfsbereit und doch distanziert. Einen besseren Chef, darin herrscht Einigkeit, hat das Staatstheater nicht gehabt. Seine Schauspieler, fast durchweg Berühmtheiten mit entsprechenden Allüren, gehen für ihn durchs Feuer. Alles klappt wie am Schnürchen.

Dabei muss Gründgens aufpassen, nicht selbst zum Idol zu werden. Des eifersüchtigen Görings Wohlwollen zu verscherzen wäre lebensgefährlich. Er muss stets Günstling bleiben, aufrecht, aber gebeugten Hauptes, muss den Pakt honorieren, den er mit dem Preußischen Ministerpräsidenten, Luftwaffenchef, Beauftragten des Vierjahresplans und Reichsjägermeister geschlossen hat, der Löwen als Haustiere hält und dessen Lieblingsbegriff eiskaltes Durchgreifen ist. In einem mutigen Akt hat Gründgens ihm seine Homosexualität gestanden. Das hat das gegenseitige Vertrauen gestärkt. Jetzt kann es sich der frisch gebackene Intendant erlauben, auf dem von einem in Schwierigkeiten geratenen Juden mit allen Interieurs (einschließlich des Tafelsilbers mit Monogramm «G») günstig erworbenen Landgut Zeesen seinen halbjüdischen Sekretär Erich Zacharias Langhans wohnen zu lassen und, im Rahmen des Möglichen, Juden, Halbjuden und jüdisch Verheiratete an seinem Theater weiter zu beschäftigen.

Nach dem Zusammenbruch der Diktatur werden ihm seine Mitarbeiter anständiges und couragiertes Verhalten und einen mit Umsicht und Selbstdisziplin vollbrachten schwierigen und gefährlichen Balanceakt bescheinigen. Schurkereien sind ihm nicht nachzuweisen. Er hat die Chance ergriffen, sich zu verwirklichen und seine weit reichenden Fähigkeiten einzubringen.

Aber ein Preis ist zu zahlen, den weder Gründgens noch sein Ensemble im darauf folgenden Katzenjammer benennen: Mehr als jeder andere Bereich zwingt die Kunst zur Stellungnahme, und mehr als jede Kunst die Kunst des Worts. Eine Mozart-Sinfonie oder Bach-Fuge kann als neutral gelten, ein Schauspiel nie. Besonders gefährlich sind die von den Nazis bevorzugten Komödien.

Wer im Dritten Reich Theater spielen oder schreiben will, muss lügen – es sei denn, er wäre überzeugter Nationalsozialist. Am Preußischen Staatstheater sind das wenige, und die wenigen sind bekannt. Wenn gewisse Kollegen den Raum betreten, verstummt das Gespräch. Alle anderen lügen, und zwar in dem, was Hölderlin *das Heilige, das am Herzen mir liegt* nennt – in der Kunst. Je virtuoser Gründgens brilliert, je glitzernder Pamela ihre Sätze spricht, desto größer ist die Lüge, die jedes Wort begleitet.

Bittet um weiteres Wohlwollen der schönen, begehrenswerten Frau T. W. Er weiß, daß er ein unwürdiges Objekt dieses Wohlwollens immer war und immer nur sein wird u vor der stillen strahlend süßen Knospe ihrer Güte nicht bestehn kann. [...] Einen guten Sonntag, liebstes Tillerchen! Wo wollen wir uns denn am nächsten treffen? Und die Blumen nimm an Dein Herz oder in Deine Arme. Kuß G.

Benn schreibt mehrmals pro Woche, spart nicht mit Zärtlichkeiten und erotischen Anspielungen und zitiert, wenn der Druck wächst, auch mal seinen Vorgänger Wedekind: *und habe lange nicht erfahren, wie süß der Liebe Freuden sind.* Tillys Bett sei *wundervoll in jeder Hinsicht,* sie sei ein *reizender Mensch u. eine entzückende Frau [...] aus Honig u Marzipan, ehrlich gesprochen, aus Aprikosen u. Erdbeerfleisch.* Keine schweren Träume seinetwegen! *Ich bin u bleibe Tillist, Tillyanhänger, unentwegt. Du kannst Dich drauf verlassen.*

An Elinor schreibt er: *Mein Leben ist sehr schön mit Dir verbunden, sanft u. fest, jeder schleppt seine Sachen u. ich kann Dir Deine nicht alle leider abnehmen, aber vielleicht wird es doch amal, wir ein Häusle u. ein Tischle haben u. zusammen schleppen.* Von seinem Gehalt zweigt er regelmäßig *Zehrgeld* für sie ab.

Zum Geburtstag 1935 schicken beide Frauen Taschentücher. Benn dankt prompt und höflich: *gleich beschnaubt, das eine! Danke, süßer Mensch* (an Elinor); *gestern habe ich das erste neue Taschentuch eingeweiht. Es schnaubt sich großartig drein!* (an Tilly).

Aber Tillys Benn-Appetit ist unersättlich. Außer Taschentüchern schickt sie Kopfkissen, Vergissmeinnicht, Maiglöckchen und Rosen, am nächsten Tag folgen Kerzen und Kuchen. Benn stöhnt unter der Last. *Du sollst doch nicht so viel u. so vielerlei senden,* klagt er. *Ich mag es doch nicht!*

Es ärgert ihn auch, dass Tilly immer wieder bei seiner Zimmerwirtin anruft, die zu Hause als Schneiderin arbeitet, und ihn sprechen will. *Das Telefon steht im Atelier von Frl. H.[oppe] u sie probierte gerade im Nebenzimmer bei nicht völlig geschlossener Tür einer Kundin ein neues Kleid an, so daß beide jedes Wort verstanden. Daher war meine Stimme vielleicht etwas gekappt. [...] Ich möchte Dich ganz ausdrücklich bitten, nicht hier anzurufen. [...] Das kann ich Frl. Hoppe nicht zumuten u. das ist auch mir nicht angenehm.* Im Übrigen sei die Wohngemeinschaft um sieben Uhr früh geweckt worden – durch eine Eilsendung Tillys.

Tilly, so hat man den Eindruck, führt einen aussichtslosen Kampf gegen Benns Uneinnehmbarkeit und die eigene Unfähigkeit, ihrer Sucht nach ihm Herr zu werden. Schlimmer noch: Sie kann nicht aufhören, ihm Vorwürfe zu machen. Ungerechte, wie sie weiß. Benn kümmert sich. Häufiger als er kann man kaum schreiben – allein im Jahr 1935 einhundertdreiundsiebzigmal (einhundertsechzehnmal an Elinor im selben Zeitraum) –, und jeder Brief enthält Aufmunterungen, Ratschläge für Tillys Gesundheit und Fragen nach den Töchtern: *Geht K.[adidja] fort? Und P.[amela]? – Strahlend oder bös?* Aber Tilly will *das Ganze, das nur ihm allein gehört,* wohl ahnend, dass sie es nie bekommen wird. Aber weil er ihr immer wieder versichert, die einzige Frau in seinem Leben zu sein, und ein Teil von Tillys Wesen, darf man annehmen, seine Unaufrichtigkeit spürt, versucht sie es immer wieder.

Im Herbst 1935 ist Tilly Teil einer Tournee der Deutschen Landesbühne. Ihr Name ist kein Bonus mehr, sie ist froh, wenn jemand sie beschäftigt. Im Schauspielhaus Steglitz oder im Theater an der Saarlandstraße verkörpert sie kleine Rollen, *still gespielt von Tilly Wedekind,* heißt es in den Zeitungen. In dem politischen Tendenzstück über den Prinzen Louis Ferdinand erhofft sie sich die Rolle der Königin Luise, aber wird wegen ihres wenig germanisch-vollbusigen Aussehens zur Hofdame herabgestuft. *Dein Busen ist so richtiger u. Du auch,* tröstet Benn. *Gräme Dich nicht.* Ein POSITIVES habe die Entwicklung: *Du bist anerkannt als A.(rierin). Denke, wie Du zerschmettert warst vor 6 Wochen! Dies ist eine Legitimation. So allein mußt Du es ansehen u. – schweben. [...] Wenn DU magst, sehn wir uns ja sicher, vielleicht 2mal in der Zeit, vielleicht 3–4 mal.* Wo lässt sie Wäsche waschen? Soll er Seife oder Zahnpulver schicken? Wie viele fahren im Wagen? *Ist Gefahr da für Dich resp. MICH?? Gelegenheit macht Diebe! Irre Dich nicht in der Tür abends u. nachts! [...] Aber fremdgehn DARFST DU NICHT. Schreibe SOFORT, dass Du das nicht tust.* Für ihren Besuch will er Taschentuch und Schwamm bereitlegen. *Dann schrubbe ich Dir das Gesicht ab, wenn Du kommst zur Unkenntlichkeit vom Staub der Landstraßen entstellt. [...] Verliere nicht den Mut, kleine Grazerin! Sei umarmt u geküsst u zärtlich gestreichelt.*

Magdeburg, Halberstadt, Torgau, Annaburg, Liebenwerda, Allstadt an der Helme, Probstzella – ungeheizter Autobus, schlechtes Stück, schlechte Unterkunft, schlechte Organisation, unregelmäßiges Essen und Schlafen, sogar die streikende Galle, alles würde Tilly ertragen, aber dass Benn nicht kommt und sie ihn nicht sieht, kein einziges Mal während einer zweimonatigen Tournee, das ist hart. Mal ist es der Fahrplan, mal der Dienst, immer redet er sich heraus, immer spendet er schalen Trost: *Es wäre eine Hetze u. trotz der Schönheit, Dich zu sehn eine schwierige Unternehmung. Sei damit einverstanden, Tilly. Ich kann warten, tu Du es auch, ich meine, da es nicht anders geht, müssen wir nicht böse u. unzufrieden sein. [...] Denke darüber nach u. Du wirst zugeben, daß es so vernünftiger ist.*

Tillys Briefe werden so bitter, dass Benn sie nicht *allzu pedantisch* lesen will, sonst würde er *böse. Was soll ich nach dem Ganzen sagen? Du schreibst: «Der Herr hat gegeben u der Herr hat genommen» u. verabschiedest Dich in jedem Brief von mir mit «Lebe wohl» usw. als ob ich Dir die tiefsten Wunden geschlagen hätte u. Dich aufs schnödeste behandelt hätte, während ich einfach mich schwer hier frei machen kann, um für 2 Stunden mit Dir zusammen zu sein. Ich bin innerlich u. äußerlich etwas erschöpft, kein Wunder nach dem Jahr das hinter mir liegt u. kann nicht mehr so herumspringen, ich muss die Sonntage oft sehr mich ausruhn u. erholen. Du mußt Dir einen Jüngeren suchen, der besser fliegen u. springen kann. Offenbar. Ich finde mich auch ganz u gar nicht zurecht, wo Du nun eigentlich nächsten Sonnabend bist. Sonntag in Pritzwalk – u. Sonnabend? Wo? Es tut mir unendlich leid, wenn Du umsonst Urlaub genommen hast, sehr leid. Die Veilchen – kamen sie nicht in Kyritz an?*

Weihnachten 1935 fährt Benn in den Harz nach Hahnenklee, wo Oelze das Fest verbringt. Er steht vor dem Haus, in dem der Freund wohnt, sieht Baum und rote Kugeln durchs Fenster, aber kehrt um, ohne zu klingeln. Das ist Benns Art. Vergangenen Sommer, beim Familientag der Wedekinds in der Stadthalle Hannover (das Wedekind'sche Stammhaus liegt im niedersächsischen Horst, seit Franks Tod bemüht sich Tilly, an den alle fünf Jahre stattfindenden Zusammenkünften teilzunehmen) saß Benn unbemerkt in einer Ecke, beobachtete Tilly, Pamela und Kadidja und wollte hinterher Einzelheiten wissen. *Der gebildete Mensch lebt geräuschlos* – dieses Wort des von ihm bewunderten Goethe zitiert er oft und gern.

Nach endloser Suche hat Benn eine eigene Wohnung gefunden. Möbel und Teppiche sind zu besorgen, aber Tilly solle nicht denken, ihm dabei helfen zu können. *Das kannst Du nicht, ich mache es lieber alleine. Was ich Dir schon vor einigen Monaten*

einmal so offen schrieb, ich wiederhole es: Ich kann u will mich
u. meine Existenz nicht umgestalten, auch nicht umgestalten las-
sen durch Dich. Ich lebe allein, die «Mauer aus Hieroglyphen»,
von der Du schreibst, sie ist da, sie besteht. Ich muß innerhalb
ihrer leben, niemand kann es sonst. Wenn es für Dich zu schwer
ist, immer wieder dieses Nichtweiterwollen u. Nichtweiterlassen
bei mir zu spüren, so sage es in aller Freundschaft. Ich bleibe, der
ich war u. bin, für mich für Dich. Mir ist es weit lieber, wir spre-
chen uns darüber offen aus, als daß ich weiter diese Stimmung-
Mißstimmung von Dir gegen mich empfinde, die in den letzten
Wochen aus allen Deinen Briefen sprach. [...] Daß Du trotzdem
die gütigste, schönste, in jeder Hinsicht bezauberndste Frau bist,
die es überhaupt giebt, ändert nichts an der Konstellation. Deine
Einzigartigkeit als Frau u Mensch steht für mich außer jeder Dis-
kussion, aber der Weg, den ich gehe, den gehe ich allein, ohne
mich zu eröffnen, u. ohne Frau. Ich wollte, es wäre anders u. ich
könnte Dir Besseres schreiben.

Erst im Januar darf Tilly seine neue Wohnung besuchen.
Komm Sonnabend oder Sonntag, wie es Dir paßt. Schreibe wann.
Du kommst vom Bahnhof allein her, ich hole Dich NICHT ab.
Klingelst an der Tür, wo mein Schild unten dran ist, dann öffne
ich von oben. Braucht im Haus niemand zu sehen, daß Du hier
wohnst. Also überlege. Aber, Tillerl, Du mußt damit als ganz fest-
stehend rechnen, daß Du nur 2 Tage hier wohnen kannst. Länger
geht es nicht, wie Du sehn wirst.

1936 ist ein trauriges Jahr für Tilly. Sie ist viel krank, und Benns
Briefe werden kürzer, kälter, unverbindlicher. Im Frühjahr empfiehlt er ihr, sich einen *Schatz* zu nehmen: *Kein Grund, daß Du*
nicht alles haben sollst, wonach Dein Herz begehrt. Also, avanti,
Tilly, es ist wieder Frühling, März, April!

Sehen will er sie nicht. *Liebe Tilly, Dein Brief von gestern ist*
schon wieder so unzufrieden und mißgestimmt, daß es vielleicht
besser ist, Du kommst Sonnabend nicht her. Ich kann Dir Deine
Mißstimmung nicht nehmen u. andererseits kann ich die Ver-
fassung, in der Du Dich offenbar auch mir gegenüber befindest,

nicht lieben. Einen Besuch in Hannover Ende März muss sie sich erbetteln.

Am 11. April 1936 wird Tilly fünfzig Jahre alt. Vor zweiundzwanzig Jahren hat Wedekind dieses Jubiläum begangen, unter wenig glücklichen Umständen, in einer gänzlich anderen Zeit. Wird Benn mit ihr feiern? Sie sind doch immer noch ein Paar. Versprochen hat er es.

Aber Benn ist erkältet und kann nicht reisen. Tillys todestraurigen Brief hat ein Zufall erhalten. [...] *ist mir eine schreckliche Enttäuschung, wenn Du nicht kommst! Dann freut mich weder Geburtstag noch Ostern. Ich denke, es würde Dir guttun, raus aus H.[annover] u. Deinen 4 Wänden u. Dich hier bissel umzuschauen. Aber ich kann Dir freilich nicht viel bieten, ein angenehmes, ruhiges Unterkommen, Unbehelligtsein – aber das hast Du auch dort. Also wozu? Nur um T. eine Freude zu machen? Das kann man nicht verlangen. Man kann überhaupt nichts verlangen.*

Seinen eigenen Fünfzigsten verbringt Benn mit Tochter Nele in Hamburg – *Der erste Tag reizend, der zweite nervös, der dritte reif zur Abreise. Bei ihr wie bei mir.*

Nach ihrem Geburtstag sieht Tilly den Geliebten noch dreimal, zuletzt bei einem Mittagessen in Berlin im Spätsommer 1936. Seit Ostern hat ihr die Galle kaum Ruhe gelassen. Vom Bahnhof Zoo wünscht Benn ihr gute Genesung. *Tut mir so sehr leid, daß ich Dir so gar nicht helfen kann. Fahre deprimiert ab und müde.* Bei einem Besuch in Steinhude – *auf einem Hügelgasthof auf einem der kleinen Höhenzüge bei Hannover [...] hingefahren mit Autobus wie ich das immer tat. Nachmittag, Ernteende* – schreibt er die Gedichtzeile: *einsamer nie als im August.* Abends sieht man ihn oft in Friedrich Wolfs Weingroßhandlung und Weinstuben in der Großen Aegidienstraße, die durch seinen Aufsatz «Weinhaus Wolf» literarische Berühmtheit erlangen werden. Der Sohn der Wirtin erinnert sich: *Er setzte sich immer abseits an einen ruhigen Tisch, den Abendschoppengästen den Rücken zugekehrt. [...] Er war immer sehr deprimiert, hatte das Bedürfnis, sich meiner Mutter mitzuteilen*

*(mit sehr leiser Stimme) und bat sie oft, an seinem Tisch platzzu-
nehmen [...] Er war so klein, daß seine Füße, wenn er auf der
Bank saß, den Fußboden nicht berührten.*

Das «Schwarze Korps» hat schwere Angriffe gegen Benn gedruckt, ihn *Ferkel, widernatürliches Schwein, warmer Bruder*
und *Judenjunge* genannt. Anlass war ein schmaler Gedichtband,
erschienen zum fünfzigsten Geburtstag. Benn sah sich erledigt,
fürchtete um seine Stellung, plante seinen Abschied. Fürspra-
chen seines Generals und des Präsidenten der Reichsschrifttum-
kammer, Hanns Johst, retteten ihn dieses Mal.

Tilly bleibt bis zum Jahresende krank. Benn schreibt regelmäßig, erkundigt sich nach ihrem Befinden, fragt, wie es mit
dem Essen steht und ob sie schon wieder zunimmt. Auf seinen
Rat lässt sie sich von seiner Bekannten Dr. Lulu Goldhaber im
Berliner Jüdischen Kankenhaus behandeln. *Liebste Tilly, ich
werde mich NICHT nach einer «üppigen Schönheit» umsehn,
kein Bedarf. Werde warten, bis Du wieder auf bist, u das wird
bald sein. [...] Nichts zum Greifen, Küssen, Anbeißen, Anfassen,
Scherzen, Fragen, Aufknöpfen, sich in die Büsche schlagen! Nur
Dienst! [...] Ich habe KEIN «Gschpusi». Nicht mal was Ange-
deutetes ...*

Weihnachten 1936 verbringt Benn allein. *Wo soll ich hin? Ist
mir ja am wohlsten zu Hause. Eine Flasche Macon werde ich
warmstellen u. Kohle auf die Öfen, dazu langt es gerade noch.*
Tilly sendet eine Krawatte, Mimosen und Pfeffernüsse, Benn
dankt. *Ich ging dann noch ¹/₂ Stunde spazieren, las eine Stunde
u. um 9 lag ich im Bett.* Zum Jahreswechsel 1936/37 schickt er
Grüße und stellt einen Berlinbesuch in Aussicht.

Und beendet mit einem brutalen Schnitt die Beziehung: am
Neujahrstag: *Liebste Tilly [...] Du schreibst, wann Du nach H.
kommen magst. Du hast recht, es war immer so sehr schön, wenn
Du hier warst, aber jedesmal bist Du mit Vorwürfen fortgegan-
gen, daß Du schon wieder zurück solltest u. daß Du nicht immer
hier bliebest. Und von Deinem Standpunkt aus mit Recht. Aber
es ging nicht u. es geht weiter nicht u darum möchte ich, daß Du
den Gedanken fallenläßt, demnächst herzukommen. Diese Art*

Beziehung, wo man sich alle Viertel- oder Halbjahr einmal sieht, sind für Dein u. sind für mein Leben zu schwierig u. unnatürlich. Für ganz aber geht es nicht, das weißt Du wohl. Man muß sich das Leben einfach u. klar einrichten u. gar nichts mehr erwarten, anders geht es nicht. Ich habe mir hier eine kleine Vertraute herangezogen, die in ihren freien Stunden für mich schreibt, arbeitet, sich um meine Sachen etwas kümmert. [...] ich KANN mich nicht um zerrissene Bettlaken u. alles kümmern, ich brauche jemanden, der anständig ist, u. mit dem ich über meine Dinge sprechen kann. [...] Ach, es ist keine Leidenschaft u. keine Sache des Glücks! Reiner Ordnungssinn; Bedürfnis nach etwas Gespräch u. Nähe. Und darum möchte ich zunächst nicht nach Berlin kommen u. möchte nicht, daß Du hierherkommst. Du wirst das verstehn, Tillychen, u. vielleicht sogar mir recht geben. Es ist selbstverständlich, dass NIEmand in meine Privatdinge hineinsieht u. daß unsere Beziehungen u. Briefe völlig unberührt davon sind u. bleiben. Es kann ja keine Frau Dich ersetzen, Dich verdrängen, sich mit Dir vergleichen. Aber das Leben ist es, das einen zu Schritten u. Entschlüssen bringt, denen man auch Rechnung tragen muß u. die ihr Recht beanspruchen. Bitte denke über diese Dinge nach u. denke gütig u. freundschaftlich darüber nach. Dich küßt Dein G.

Die «kleine Vertraute» heißt Hertha von Wedemeyer. Er kennt sie seit Ostern und hat sie vor Tilly und Elinor verborgen gehalten.

Tilly schreibt einen *sehr heftigen Brief.* Was bleibt ihr anderes übrig? Benn antwortet kühl: *Liebe Tilly, ich bekam Deinen Brief. Es besteht meiner Meinung nach kein Grund, warum Du mir nicht mehr schreiben solltest, aber tue es, wie Du magst. Ich werde nicht aufhören, an Dich in unendlicher Freundschaft u. Dankbarkeit zu denken. Dein G. B.*

Tilly ist dem Selbstmord nah. Nachts schluchzt sie in ihre Kissen, leise, denn Kadidja schläft im Nebenbett und soll nicht alles mitbekommen. Nichts schmerzt so wie diese Trennung. Wie soll sie ohne den Geliebten weiterleben? Was bedeuten ihr Berlin, Wohnung und Zuhause? Sie kratzt das letzte Geld zusammen, stellt einen Eilantrag bei der Devisenstelle und flieht nach Südtirol. Ein paar belanglose Briefe gehen hin und her, Benn klagt, er sei *völlig parterre* und wünsche sich zu Tilly nach Italien. Aber Tilly weiß, dass sie die Liebe ihres Lebens für immer verloren hat. Otto Falckenberg von den Münchner Kammerspielen bietet ihr eine Rolle an – die Dame in Trauer in «Minna von Barnhelm».

Zehn Tage nach seinem Geständnis an Tilly entschließt sich Benn zu einem Brief an Elinor, sein geliebtes *Morchen*, den *EINZIGEN* Menschen, der ihm in *fünf Jahrzehnten* geblieben ist. Die Formulierung von der *kleinen Vertrauten* behält er bei, aber sein Brief an Elinor ist länger, inniger und, im Rahmen seiner Möglichkeit, offener als der an Tilly. *Du MUSST, Mor, diesen Weg mitgehn, das bist Du mir und unserer tiefen Freundschaft schuldig. Diese über alles, diese unantastbar über alles!*

Elinor wartet mit ihrer Reaktion. Erst Mitte März formuliert sie ruhig und präzise, was sie zu sagen hat: Gerade an der *FREUNDSCHAFT* habe es gefehlt, an seinem *Rat*, seinem *Zuhören*, seinem *Mitdenken*, kurz: an *INTERESSE* für irgendetwas anderes als sich selbst. Der *verletzte Stolz* ließe sich verschmerzen, aber das tue weh – und deswegen empfinde sie seinen Abschiedsbrief als die *größte Pleite* ihres Lebens.

Jahrzehnte später gibt ihre Tochter Elinors Brief zur Veröffentlichung frei. Elinor hat ihn nicht abgeschickt. Wahrscheinlich wusste sie, dass sich ein Mann wie Gottfried Benn nicht ändern wird.

Elinor Büller stirbt am 15. Juli 1944. Ob sie Benn wiedergesehen hat, ist nicht bekannt.

Im Sommer 1936 schreibt Benn ein Gedicht: «Auf eure Lider senk ich Schlummer». Der Komponist Manfred Gurlitt schlägt vor, den Plural in den Singular zu verwandeln, Benn stimmt zu. *Sonderbar mit dem Gedicht!*, schreibt er an Oelze. *Es war über 2 Frauen gemacht u. Gurlitt macht EINE daraus u. es wirkt besser, ruhiger, geschlossener.*

Auf deine Lider senk ich Schlummer,
auf deine Lippen send ich Kuß,
indessen ich die Nacht, den Kummer,
den Traum alleine tragen muß.

Um deine Züge leg ich Trauer,
um deine Züge leg ich Lust,
indes die Nacht, die Todesschauer
weben allein durch meine Brust.

Du, die zu schwach, um tief zu geben,
du, die nicht trüge, wie ich bin –
drum muß ich abends mich erheben
und sende Kuß und Schlummer hin.

19

Emigration und Krieg

«Bleiben Sie bitte am Apparat, Sie werden aus Amerika verlangt ...» Es ist Sommer 1937, Kadidja verbringt ihre Ferien in
Ammerland, Lilly Ackermanns Köchin hält ihr den Hörer hin.
Es knackt und rauscht, jemand sagt etwas auf Englisch, dann
hört sie Gottfried Reinhardts Stimme, leicht angetrunken, aber
sehr liebevoll. Es sei irgendwann am frühen Morgen, er habe die
Nacht durchgefeiert, aber sei klar bei Verstand und könne nur
das eine sagen: Seine Sehnsucht nach Kadidja sei enorm, sie solle
ihn bitte, bitte besuchen. Er würde ihr Arbeit besorgen, sie wären zusammen, und alles wäre wie früher.

Kadidja ist überwältigt. Fünf Jahre hat sie diese Stimme nicht
gehört. Auf einmal ist alles wieder da: die Abende im «Kupfergraben», Aufführungen im Deutschen Schauspielhaus, Knei-
penbesuche und herrlich verrückte Ausflüge im Morgengrauen
in die Umgebung Berlins. An Gottfrieds große Liebe hat sie nie
recht geglaubt, auch seine Briefe klangen immer ein wenig un-
echt und theatralisch, aber nach der gemeinsamen Berliner Zeit
ist auch ihre Sehnsucht groß. Kadidja sagt zu. Später wird sie
von Emigration sprechen, jetzt ist es ein spontaner Versuch, eine
Jugendliebe neu zu beleben.

Kadidjas Buch «Kalumina – Roman eines Sommers» ist im
Frühjahr 1933 erschienen und gut, teilweise begeistert besprochen worden. Manfred Hausmann, selbst ein bekannter Jugend-
buchautor, zitiert seine Söhne, die «Kalumina» das *wunderbarste Buch der Welt* fanden, weil es so *wirklich* sei. Ihn selbst habe
die *schmerzliche Ernsthaftigkeit,* das *Unausgesprochene und
Ahnungsvolle* so berührt, dass ihm *wunderlich traurig ums Herz*

gewesen sei. Kadidja weiß jetzt, dass sie mit ihrem Schreiben Menschen erreichen und fesseln kann. Sie hat einen Beruf gefunden, die quälende Unsicherheit ist erst einmal gewichen, und sie hat auch schon eine Fortsetzung von «Kalumina» geschrieben: «Der schwarze Prinz». Die Beziehung zu Gottfried ist darin verarbeitet, die Heldenverehrung Max Reinhardts, der Schmerz und die Verwirrung der vergangenen Jahre.

Aber die Erfahrung, nach der das zweite Werk immer das schwerste ist, bestätigt sich auch in Kadidjas Fall. «Der schwarze Prinz» wirkt brüchig, zum Teil konstruiert, weitab vom Schwung und der Lockerheit des ersten Bandes. Kadidja ist selbstkritisch genug, mit der Veröffentlichung zu warten, und auch der Scherl-Verlag zögert: Kadidja ist in der zeitweilig verbotenen «Katakombe» aufgetreten und war mit deren Direktor, dem Kabarettisten Werner Finck, liiert, der wegen seiner frechen Sprüche mehrere Monate im KZ saß. In der Zwischenzeit hat sich Kadidja an einem realistischen Roman versucht. Tilly sollte dafür bei Benn Medizinisches zum Thema Blutsturz besorgen, aber der winkte ab: Seine Unterlagen seien verpackt, und realistische Romane bekämpfe er. *Blutstürze gehören ins Leben, nicht in Bücher,* beschied er wenig ermutigend. Um das Schreiben nicht zu verlernen und Geld zu verdienen, verfasst Kadidja Artikel, Interviews und Stimmungsbilder für Berliner Blätter, mit Vorliebe über Kinder und deren Welt, als Erinnerung an ihren Vater, der Kinder ernst nahm, und an ihr Ammerlander Kaiserreich. *Wenn man einmal wirklich erwachsen geworden ist, muss man es sein Leben lang bleiben,* heißt es in einem ihrer Aufsätze. Der große Wurf nach «Kalumina», auf den sie sehnsüchtig wartet – wie könnte er aussehen in der Atmosphäre politischer Bedrückung, die überall zu spüren ist? Vielleicht wird Amerika diesen Knoten lösen.

Gottfried bestürmt Kadidja, bald zu kommen. Reisegeld schickt er keins. Kadidja bittet Else Heims in Los Angeles um eine offizielle Einladung und deklariert ihre Fahrt als Studienreise, bei der sie Berichte für deutsche Zeitungen schreiben würde. Es dauert Monate, bis Kadidja das Geld für die Überfahrt zusammengekratzt und Visum und Dokumente beigebracht hat. Weihnachten verbringt sie in München bei Tilly, die immer noch dort ist. Am 8. Januar 1938 beginnt in Hamburg ihre Reise über den Ozean. Tilly, die eben einen Brief Benns erhielt, in dem er seine Hochzeit mit Herta von Wedemeyer, der *kleinen Vertrauten* aus Hannover, ankündigt, ist es, als würde *ein Stück von ihr weggerissen*. Kadidja tröstet sie: Sie fahre für sechs Monate, die würden wie im Flug vergehen.

In New York erfährt Kadidja, dass sie dreihundert Dollar braucht, um an Land gehen zu dürfen. Der Chefingenieur lässt Gottfried Reinhardt ausrufen. Er findet Kadidja, die Ziehharmonika auf den Knien, mitten in einem Abschiedslied für die Schiffsoffiziere, die ihre Freunde wurden – unter einer gerahmten Fotografie Adolf Hitlers. Gottfried zuckt zusammen und will den Raum sofort verlassen, kramt aber schließlich das geforderte Geld aus der Tasche. Das Wiedersehen beginnt nicht glücklich.

Nach Deutschland schickt Kadidja Jubelmeldungen. *Ich war im teuersten Lokal von New York, bin über die größte Brücke der Welt gefahren, ich habe das Gelände für die Weltausstellung 1939 und das Ghetto besucht, mir im besten Warenhaus einen Mantel und ein Kleid gekauft und mich im besten Hotel frisieren lassen. Schon am ersten Abend habe ich im Rundfunkhaus Toscanini gehört! Dabei hatte ich das Gefühl, als sei mir das alles längst bekannt. Ich fühlte mich gleich zu Hause.*

Auch die Zugfahrt durch Colorado und New Mexico begeistert sie: *Einsam und unberührt die Prärie, wenige Bäume, wilde Flüsse, die sich tief in den Boden hineinfressen, hohe, felsige Berge, ein weiter, blauer Himmel, und alles wie mit einem goldenen Schimmer übergossen.* Es habe gar nichts ausgemacht, dass Gottfried in Chicago wegen Geschäftsterminen ausgestiegen sei und sie die zweitägige Zugreise allein habe machen lassen.

Else Heims holt sie in Pasadena ab. Das Haus der Reinhardts in Brentwood Heights, im spanischen Stil gebaut, ist umgeben von blühenden Büschen und Palmen, acht Minuten vom Ozean entfernt. Kadidja sitzt auf dem Patio, hört den Springbrunnen plätschern und fühlt sich im Paradies. Ihr Zimmer hat ein eigenes Bad und ist mit neuen, extra für sie gekauften Möbeln bestückt. Vom Fenster sieht man Wüstenberge. *Kadidja singt und ist lieb und reizend,* schreibt Else Heims an Tilly. *Wir sind SO froh, sie hier zu haben!*

Dabei sind die Probleme längst da. Else Heims, trotz unbestreitbaren «Ariertums» die «jiddische Mamme» schlechthin, verfolgt das klare Ziel, ihren Jüngsten mit Kadidja zu verheiraten. *Ich bin hier mitten in die schönste Scheiße geraten,* schreibt Kadidja an Pamela. *Die ganze Hollywood-Klatschgesellschaft hat auf mich gesetzt wie auf ein Rennpferd, und Gottfried hat anscheinend nichts weiter als die nette, rührende und romantische Idee gehabt, für mich den Weihnachtsmann zu spielen.* Die Aussicht, Arbeit zu finden, sei verschwindend gering – Amerika stecke in einer Wirtschaftskrise, die Metro habe Hunderte von Angestellten entlassen, und *grässlich viele Emigranten* säßen herum und hätten nichts zu essen. Kadidja lernt Englisch, schreibt dies und das, unternimmt Besichtigungstouren mit Else Heims, liegt in der Sonne.

Gottfried, noch ebenso launisch, unzuverlässig und egozentrisch wie in Berlin, arbeitet von früh bis spät. Amerika hat ihn Tüchtigkeit gelehrt. Für einen Film mit Joan Crawford hat er die Story-Entwicklung gemacht, jetzt produziert er für MGM «The Great Waltz», ein Epos über den Walzerkönig Johann Strauß nach Texten von Oscar Hammerstein, für Kadidja der denkbar größte Kitsch. Sie wirft ihm vor, die gemeinsame Vergangenheit zu verraten, sich dem Kommerz zu verkaufen, fett und angepasst zu sein, sie lacht ihn aus, versucht, ihn wie früher zu reizen, vergebens – Gottfried Reinhardt ist beschäftigt, will Geld verdienen und berühmt werden. Für «Kunst» im Sinne Kadidjas hat er keine Zeit, für ihre Angriffe noch weniger. Die Welt des alten Berlin, der Kadidja nachtrauert, ist für immer verschwunden. Else Heims versucht indessen weiter, die beiden zu verkuppeln. *Ich streike,* schreibt Kadidja an Tilly, *bei dieser gewalttätigen Familie muss man das manchmal.* In Wirklichkeit leidet sie.

Ihren Kummer begräbt sie in einer Novelle «Michaels letzter Brief», unveröffentlicht, in ihrem Nachlass gefunden und so offenkundig autobiografisch, dass es legitim erscheint, Schlüsse daraus zu ziehen. Danach sieht sie Gottfried manchmal wochenlang nicht, und wenn sie ihn trifft, ist er patzig und unfreundlich. Eine Geliebte, vor Kadidjas Ankunft abserviert und mittlerweile zu ihm zurückgekehrt, lässt Kadidja keineswegs immer nur *lieb* und *reizend* sein, wie Else Heims schrieb. In ihrer Wut zertrümmert sie einen Spiegel.

Nach Deutschland berichtet Kadidja vom Frühling, von einem Wirbelsturm, der die Häuser abdeckte, von einem Kurs für englische und amerikanische Literatur an der University of California – *schließlich gehört ja die Kenntnis der Literatur immerhin auch ein bisschen zu meinem Beruf.* Für Gottfried hat sie einen neuen Spitznamen: *der Senilissimus.*

Kadidja will ihren sechsmonatigen Aufenthalt verlängern. Sie habe zu viel Deutsch gesprochen, meint sie, das müsse anders werden. Von Land und Leuten ist sie nach wie vor begeistert: *die bunten Sonntagsbeilagen der Zeitungen, die Girls in Uniform in den Drive-Ins, Mary Pickford, die den Weihnachtsbaum am Hollywood Boulevard anzündet, die Cowboys, Pferde, Mexikaner, der Springbrunnen mit der Statue eines betenden Kindes, das nachts bengalisch beleuchtet wird – ich könnte noch stundenlang weiterschwärmen. Ich habe immer gewusst, dass Amerika und ich nur allzu gut zueinanderpassen.* Trotzdem habe sie sich *nie deutscher* gefühlt als gerade jetzt.

Im Oktober 1938 übersiedelt sie nach New York. Warum sie nicht auf eigene Faust ein Unterkommen in einem der vielen Filmstudios der Westküste anstrebt, bleibt ihr Geheimnis. In New York versucht sie, Wedekinds Werke zu vermarkten, sowohl als Dienst am Ruhm ihres Vaters, als auch um Tilly finanziell zu helfen. Sie nimmt Verbindung zu Schauspielern und Agenturen auf, lässt sich von Tilly Plakate und Pressematerial schicken. Aber das Interesse ist gering und die Empfindlichkeit maßgeblicher Leute groß. *Ich führe täglich einen wahren Eiertanz auf. Talleyrand auf dem Wiener Kongress war ein Waisen-*

knabe gegen mich. Aber ich tanze ja gern, vielleicht kommt mit der Übung etwas von meinem früheren kindlichen Talent zurück. Sie will keine *deprimierten Briefe* schreiben, die *Familienerfahrung* habe sie das gelehrt, gibt aber einmal versehentlich zu, dass alles *entsetzlich schwer* sei und Amerika ein *grausames, rücksichtsloses Land.*

Während amerikanische Wedekind-Enthusiasten auf sich warten lassen, meldet sich in Deutschland Dr. Goebbels. Der «Marquis von Keith» interessiert ihn, filmisch dargestellt von Werner Krauss, dem repräsentativsten Schauspieler des Reichs, der in seinen Anfangsjahren oft mit Wedekind auf der Bühne stand. Eine Bedingung hat Dr. Goebbels: Die Titelfigur müsse als *jüdischer Schieber* gespielt werden. Durch die UFA lässt er anfragen, ob die Rechte zu haben wären. Vierzigtausend Mark sind im Gespräch.

Tilly ist stark versucht. Die Summe würde ihre Geldsorgen mit einem Schlag beenden, sie könnte vielleicht eine Wohnung oder ein kleines Haus kaufen. Schließlich hat Wedekind den Marquis von Keith eine Mischung aus *Zigeuner und Pferdedieb* genannt – warum sollte er kein Jude sein? Bekannte reden ihr zu – der Inhalt des Werks würde ja nicht verfälscht. Dennoch kann sich Tilly zur Zustimmung nicht durchringen, vielleicht aus Respekt vor ihrem toten Ehemann, vielleicht aus eigenem, mulmigem Gefühl. Dr. Goebbels eine Absage zu erteilen erfordert all ihren Mut, aber sie tut es.

Dass kein Theater Wedekind spielt, empört sie nach wie vor. Sie beantragt eine Audienz bei Hermann Göring und muss sagen: Der Mann gefällt ihr. Stahlblaue Augen, Raubtiergesicht, energische Pranken, dabei höflich und zuvorkommend. Ein Typ wie Hans Albers. Auch was er sagt, klingt ermutigend: «Wenn einer meiner Intendanten Wedekind spielen will, habe ich nichts dagegen.» Im Lauf des Gesprächs wird er müde, und Tilly glaubt zu sehen, dass er sich unter dem Schreibtisch etwas in den Oberschenkel spritzt.

Einer von «Görings Intendanten» ist Franz Ulbrich am Preußischen Staatstheater Kassel. Sein Oberspielleiter Hans Carl Müller, der Ehemann von Martha Newes, will Tilly helfen und wagt, Görings Placet eingedenk, eine Inszenierung von «König Nicolo», dem weichsten, romantischsten aller Wedekind-Stücke. (Der Autor selbst nannte es *fünfaktiges Gejammer,* was ihn nicht hinderte, es ungezählte Male mit Tilly zu spielen.) Regisseur Müller dämpft alles Grelle und ermöglicht es einer vorsichtigen Kritik, dem Stück Ansätze zeitgemäß-akzeptierten Denkens zu bescheinigen. Hans Carl Müllers gut gemeinte Tat findet keine Nachahmer: Die Kasseler Wedekind-Inszenierung bleibt die einzige im Dritten Reich. Wedekind kommt mit einem blauen Auge davon, Tillys Geldnot weicht nicht.

Österreich ist deutsch geworden. Hitler spricht ein Dankgebet am Grab seiner Eltern, das Wort «Jude» erscheint nun auch an Wiener Schaufenstern, und ein jüdischer Herr muss vor gaffenden Passanten das Wiener Straßenpflaster mit einer Zahnbürste reinigen. Egon Friedell, Verfasser der «Kulturgeschichte der Neuzeit», lebenslanger Verehrer Tillys, Zechkumpan Kadidjas aus besseren Zeiten und getaufter Jude wie sein Mentor Karl Kraus, springt angesichts eines Gestapowagens vor seiner Haustür aus einem Fenster im dritten Stock und ist sofort tot. Noch im Fallen, berichtet man, warnt er Mitbürger vor dem Verderben durch die Nationalsozialisten. Karl Kraus starb gnädig im alten Österreich im Juni 1936.

Der «Anschluss» bringt Tillys Bruder Karl Newes in Bedrängnis, der bisher als österreichischer Staatsbürger relativ unbehelligt in Berlin lebte, wo er für den österreichischen Stahlkonzern Gebr. Böhler AG im Rahmen des Vierjahresplans für die Luftwaffe tätig ist. Jetzt fällt er unter die Nürnberger Rassengesetze. Als so genannter «Fünfundzwanzigprozentiger» fürchtet er weniger um die eigene Sicherheit, aber Jella, seine tschechische Frau, ist Jüdin. Ernste Konsequenzen drohen. Gemeinsam mit seiner Frau schwört Karl Newes, dass Jella und ihr Zwillingsbruder nicht die leiblichen Kinder ihres Vaters, sondern eines tschechischen Grafen sind, auf dessen Gut sie aufwuchsen.

Die gräfliche Familie deckt die Aussage. Jella Newes wird als «Mischling ersten Grades» eingestuft, die Vormerkkarte zum Einzug des Vermögens im Polizeiamt Schöneberg berichtigt. Die Newes-Söhne Klaus und Hans dürfen nicht zur Hitlerjugend.

Was wird aus Kadidja? Die Sorge lässt Tilly nicht ruhen. Im Mai 1939 entschließt sie sich zu einer Reise nach Amerika. Geld, das ihr ein Bekannter unerwartet zurückzahlte, reicht für ein Billett der Touristenklasse auf der «Europa». Sie wird ziemlich abgebrannt ankommen, aber hofft auf Unterstützung amerikanischer Freunde. Das Schiff hat viele Emigranten an Bord, hauptsächlich Österreicher, und muss vor Southampton englische Minenfelder umfahren. Sonst ist von Turbulenzen wenig zu spüren. Es gibt Hummer, auch in der Touristenklasse. Der Kapitän lädt zum Cocktail, im Salon fliegen Kanarienvögel zwischen Palmen frei herum. Tilly, die noch nie eine Seereise gemacht hat, schwärmt in den höchsten Tönen. Sogar ein Verehrer findet sich, ein Bremer Baumwollkaufmann. *Er hinkt und sieht aus wie Adalbert Matkowsky,* schreibt sie den Daheimgebliebenen, *seine Frau – leider hat er eine! – ist Münchnerin.* Am Ankunftstag dürfen nur Amerikaner an Land, Tilly muss sich eine Nacht gedulden, dann sieht sie unter Tausenden wartender Menschen am Pier von New York *DAS KIND, gesund und hübsch, im dunkelblauen Kleidchen, mit rot karierter Weste und einem unwahrscheinlich großen Strohhut auf dem Kopf.*

Kadidja hat ein kleines Apartment in der 55. Straße gemietet, mit zwei Schlafsofas und Küchenbenutzung. Ihr möbliertes Zimmer in den Außenbezirken wäre für beide zu klein. Sie zeigt Tilly Sehenswürdigkeiten und stellt sie ihren Bekannten vor – die *tolle Tilly,* die ohne Geld und Englischkenntnisse über den Ozean fährt. *Ich bin sozusagen Stadtgespräch,* schreibt Tilly an Pamela.

Kadidja habe sich nicht wesentlich verändert. *Sie ist eher hübscher und hält mehr auf sich. Sie hat sogar gelernt, selbst zu waschen und zu bügeln! Aber sie ist genauso langsam und unordentlich wie früher, und ich habe genug zu tun, ihr nachzu-*

räumen. Ich fürchte, sie lernt es nie. Immer sucht sie etwas, wird nie fertig und kann einen damit in gelinde Verzweiflung bringen. Aber dann ist sie wieder entwaffnend nett! Ich war ein paar Mal recht traurig, weil ich doch das Gefühl habe, dass sie im Grund niemanden braucht und niemanden vermisst. Sie geht ihren Weg, ist innerlich selbständig und unsentimental.

Tilly besucht auch Dr. Loewenstein in Amherst, Massachusetts. Seiner Münchner Existenz beraubt, ist er binnen fünf Jahren Professor für Staatsrecht an der Yale-Universität geworden und hat geheiratet. Seine Frau, vom gleichen Typ wie Tilly, ist über das Auftauchen ihrer Vorgängerin nicht erfreut, so dass Tilly bald wieder abreist.

Anfang August sagen Bekannte: «Wenn Sie nach Europa zurückwollen, sollten Sie sich beeilen.» Tilly hat keine Veranlassung, im Ausland zu bleiben. Das Naziregime verfolgt sie nicht, ihr politisches Bewusstsein drängt sie nicht. Sie bucht eine Passage, und Kadidja macht sich Vorwürfe, *nicht nett genug gewesen zu sein. Das Empire State Building ragt für mich als Vorwurf in den Himmel, dass ich nicht mit Dir oben war. Jetzt ist New York ohne Dich eine ganz fremde, verlassene Stadt geworden. Ich glaube, jetzt werd' ich's wirklich nicht mehr lange hier aushalten und bald heimkommen.* Meint sie das wirklich, oder will sie Tilly (und eventuell die deutsche Briefzensur) beruhigen?

Am 1. September 1939 beginnt der Krieg. Zehn Jahre werden vergehen, bevor Kadidja Europa wiedersieht.

Pamela hat gut zu tun. Sie spielt in «Zwei Herren aus Verona», in der «Orestie» von Aischylos, in Goldonis «Mirandolina» und Ferdinand Raimunds «Gefesselter Phantasie». In der «Kameliendame» darf sie Chansons singen, beim «Hamlet»-Gastspiel des Staatstheaters in Kopenhagen ist sie dabei. Zurzeit spielt sie die Kaiserin Eugenie in «Cavour», einem Drama des Duce Benito Mussolini. Die Rolle ist gut, Gründgens führt Regie.

Eines Tages kommt eine Anfrage aus der Provinz: Am Stadttheater Greifswald ist die Rolle der Marie Antoinette zu besetzen, in einem Stück um die so genannte «Halsbandaffäre», verfasst vom Dramaturgen der Greifswalder Bühne. Ein junger Schauspieler soll nach Berlin kommen und die Sache mit Pamela besprechen.

In Tillys Wohnung in der Lessingstraße erscheint ein groß gewachsener, überschlanker Mensch mit weichen, zur Seite gekämmten Haaren, einem interessanten Kopf und großen Händen. Sein Mantel und Anzug sind abgetragen, das Hemd ist nicht gebügelt, dennoch wirkt seine Erscheinung elegant, ja weltmännisch. Er raucht nervös und spricht schnell und eindringlich. Als im Theater die Besetzung der Rolle besprochen worden sei, habe er spontan Pamelas Namen genannt, er wisse nicht, warum. Er habe sie nie auf der Bühne gesehen, aber würde sich freuen, wenn es klappte. Sein Name: Charles Regnier.

Franzose? Nein. Hugenottischer oder elsässischer Abstammung, heißt eigentlich Karl Friedrich, ist in Freiburg im Breisgau geboren und in Montreux zur Schule gegangen. Greifswald sei sein erstes Engagement. Sein Alter: sechsundzwanzig Jahre.

Pamela gefällt der junge Mann. Obwohl sie es nicht nötig hat, fährt sie nach Greifswald, probiert ein paar Tage und spielt die Premiere. Am Morgen danach will sie zum Bahnhof, aber kein Taxi lässt sich finden. Das Stadttheater will die Dame aus Berlin nicht verprellen und sucht Hilfe beim Bürgermeister. Der hat den Gefängniswagen frei. «Den brauch' ich nachher sowieso», sagt er. Pamela lacht über das originelle Gefährt und steigt winkend ein. Eine halbe Stunde später wird der Dramaturg und Bühnenautor verhaftet und sein Stück abgesetzt. Gründe werden nicht genannt.

Aber Pamelas Kontakt mit dem jungen Schauspieler bleibt. Er besucht sie in Berlin. Nach und nach erfährt sie mehr über ihn. Er ist Arztsohn, die Familie seiner Mutter besaß ein Hotel in Badenweiler, wo manchmal sogar königliche Hoheiten abstiegen, das seine Großmutter aber kurz vor der Inflation verkaufte, aus Hass auf seinen Vater, der ein Sanatorium daraus machen wollte. Der Vater erschoss sich, als Charles zehn Jahre alt war, und ließ die Mutter mit vier Söhnen zurück. Der Jüngste lag noch in der Wiege. Seitdem ist die Familie bettelarm. Die Mut-

Pamela

ter bewohnt ein möbliertes Zimmer in Berlin, ein Bruder ist beim Militär, ein anderer versucht sich als Geschäftsmann, der vierte ist seit Jahren in Paris. Gelernt hat keiner etwas. Charles selbst sei bei der Eignungsprüfung der Reichstheaterkammer dreimal durchgefallen. «Kommen Sie nicht wieder», habe man ihm gesagt, «es hat keinen Zweck.» Auch Gründgens habe ihn abgelehnt, auf besonders schnöde Weise, beim Vorsprechen des Monologs aus «Leonce und Lena». Wo es heißt: *Was die Leute nicht alles aus Langeweile treiben! Sie studieren aus Langeweile, sie beten aus Langeweile, sie verlieben, verheiraten und vermehren sich aus Langeweile,* habe Gründgens gerufen: «... und aus Langeweile spielen sie Theater!» und den Raum verlassen. Dass man ihn in Greifswald genommen habe, sei das reine Wunder.

Charles

Pamela lauscht amüsiert. Was für ein merkwürdiger Mensch! Ist er wirklich unbegabt? In Greifswald scheint er sich einen Platz erobert zu haben. Schreiben tut er auch? Ja, er übersetzt aus dem Französischen, Sacha Guitry und ähnliche Autoren, lese viel Französisches. Sein Lieblingsautor sei André Gide.

Pamela erfährt, dass er im KZ war, fünf Monate Lichtenburg in Torgau an der Elbe. Zwei Männer in Ledermänteln hätten ihn abgeholt, als er mit Mutter und Bruder beim Essen saß. Der Grund? Na, was wohl: Homosexualität, natürlich. Auch kommunistische Schriften eines Freundes habe er versteckt. Gefoltert sei er nicht worden, aber hätte zusehen müssen, wie man andere schlägt – einhundert Stockhiebe auf das unbekleidete Hinterteil, überwacht von einem SS-Arzt. Viele seien vom Zuschauen ohnmächtig geworden. Irgendwann habe man ihn entlassen, nachdem er unterschrieben habe, nichts von dem auszusagen, was ihm widerfahren sei. Jetzt habe er nur ein Ziel: um den Militärdienst herumzukommen. Nicht einen Tag seines Lebens wolle er eine Uniform tragen.

Eines Abends fragt Pamela: «Hätten Sie Lust, hier zu übernachten?» «Schon», antwortet Charles, «aber wo soll ich schlafen?» «In meinem Bett, natürlich!», antwortet Pamela.

In dieser Nacht, sagt Charles später, habe sich ihm das *Mysterium Frau* erschlossen.

Aber Tilly darf nichts erfahren – Pamela will es nicht. Wenn Tilly in Berlin ist, hat Charles Besuchsverbot. Über ihr Verhältnis zu ihrer Mutter sagt sie wenig, über sich selbst auch. Umso klarer sind ihre Pläne für Charles: Als Erstes muss er weg aus Greifswald und an ein vernünftiges Theater. Warum versucht er es nicht an den Münchner Kammerspielen?

Charles fehlt der Mut, Pamela überredet ihn. Charles schickt eine Bewerbung und erhält nicht einmal eine Empfangsbestätigung. Pamela kontaktiert ihren alten Freund Dr. Theo Haubach, den sie zusammen mit Carlo Mierendorff in Heidelberg kennen lernte, als sie noch die Odenwaldschule besuchte und gern in Dirndl und Kniestrümpfen auf Tische stieg, um Wedekinds Lieder vorzutragen. Haubach ist, wie Mierendorff, als Sozialdemokrat und Nazigegner mehrmals im Gefängnis gewesen. Seinen Humor hat er nicht verloren. Bei der *Göttlichen* sei er eingeladen gewesen, schreibt er Wolfgang Petzet, dem Chefdramaturgen der Münchner Kammerspiele, und habe dort einen *schönen Mann* angetroffen, *Charles Regnier heißt er, ist aber Deutscher,* der auf seine Bewerbung ohne Antwort geblieben sei. *Ich bitte Dich, den Mann irgendwie zu bescheiden. Was er kann, weiß ich nicht, aber Pamela schwört auf ihn. Aus Kameradschaft zur Wedekind'schen Schlange schließe ich mich dem an.*

Bis eine Antwort kommt, wird erst einmal geheiratet. Pamela hat es entschieden, und Charles hat dem wenig entgegenzusetzen. Die acht Jahre ältere Frau übt, nicht zuletzt wegen ihrer Vergangenheit, einen mächtigen persönlichen und erotischen Reiz auf ihn aus. Ihre Sicherheit gibt ihm Selbstvertrauen. Tief innerlich weiß er um sein Charisma, aber es plagen ihn Zweifel an der eigenen künstlerischen Leistung und übermächtiges Lampenfieber. Pamela sagt ihm konkret, worauf es ankommt und was er verbessern kann. Wer hätte gedacht, dass er je eine Frau so lieben kann?

Für Pamela ist der unaufgeregte, leise Charles Regnier der Antityp dessen, was ihr bisher gefallen hat. Temperamentmäßig wird sie ihm immer überlegen sein. Aber sie glaubt an sein Talent, will ihn groß und berühmt machen. Vor allem sieht sie Zukunft – Hoffnungslosigkeit und Niedergang hat sie bei Sternheim zur Genüge erlebt, das soll ihr nicht wieder passieren. Vielleicht ist die neue Beziehung eine Art Wiedergutmachung an der eigenen Biografie. Dass der schlanke junge Mann auch sexuell so gut zu ihr passt, bestärkt sie.

Natürlich fürchtet sie, ihn wieder an das «andere Ufer» zu verlieren. Um Charles' Treiben kontrollieren zu können, besteht sie darauf, dass sein Freund und Lebensgefährte Kai Molvig, ein Klavier spielender Balletttänzer aus Riga, in der Lessingstraße mitwohnt. Charles hat schwere Bedenken, aber das Zusammenleben funktioniert und besteht seine Bewährungsprobe, als Pamela Badewasser einlässt, bedauernd, dass für *Herrn Kai* keines übrig bliebe, und zur Antwort erhält: «Machen Sie sich keine Sorgen, gnädige Frau, ich bade für Sie weiter.» Damit ist die Freundschaft besiegelt, auch wenn Pamela und Kai zeitlebens beim «Sie» bleiben. Charles spricht von einem *großen Erfolg* und einer *Rechnung, die aufgeht*, und ist mehr denn je von Pamelas Unfehlbarkeit überzeugt.

Charles und Pamela heiraten am 22. Juni 1940 im Standesamt Moabit, wo sich Frank und Tilly und Pamela und Sternheim das Jawort gaben. Beide Male warteten Zeitungsschreiber vor dem Eingang, jetzt wird nicht einmal Tilly eingeweiht, und statt des Rubinschmucks, den Wedekind seiner Braut schickte, tauscht das Paar Vorhangringe.

Anfang 1941 darf Charles in München Direktor Falckenberg vorsprechen und wird auf der Stelle engagiert. Der akute Mangel an männlichen Darstellern mag die Entscheidung begünstigen – immer mehr Schauspieler werden eingezogen, manchen Provinzhäusern droht bereits die Schließung. Charles macht Regieassistenz, holt Kaffee, bereitet den Probenraum vor, spielt kleinste Rollen. Die künstlerische Qualität des berühmten Hauses enttäuscht ihn. *Man hat das Gefühl, als könne hier jeder tun und lassen, was er will,* schreibt er Pamela.

Überhaupt sei München eine merkwürdige Stadt: An Sonnabenden gingen *ALLE* zum Skifahren, *sportsmäßig ausstaffiert* und nach *Mottenpulver und ranzigem Öl* stinkend, und wenn man jemanden nach dem Weg frage, käme man erst nach *qualvollen Viertelstunden* wieder los, *indem einem alles ganz genau erklärt und jede Möglichkeit, den zu erreichenden Ort ganz bestimmt zu verfehlen, in Erwägung gezogen wird.* Seine Wirtin sei *reizend,* aber hielte Heizen für *völlig überflüssig, ja sogar gesundheitsschädlich. So hocke ich denn in Decken gehüllt in meinem Zimmer und warte auf meine Erkältung.*

Tilly, die den Großteil der letzten Jahre in Münchner Pensionen verbrachte, ist viele Male umsonst in Direktor Falckenbergs Vorzimmer gesessen. Es gibt keine Rollen für sie. Um Geld zu verdienen, arbeitet sie bei der Münchner Briefzensur. Was würde Wedekind dazu sagen? Es ist der Tiefpunkt ihrer Karriere. Um sieben Uhr früh verlässt sie das Haus und leuchtet sich mit einer Stablampe den Weg über die schon stark heruntergekommenen Trottoirs der «Hauptstadt der Bewegung». Die deutsche Luftwaffe fliegt Angriffe auf englische Städte, die Antwort der Gegner wird nicht lange auf sich warten lassen. Verdunklung ist angeordnet.

Pamela, die Charles baldmöglichst nach München folgen will, plant die Zukunft: Neben einer Stadtwohnung ist ein Landsitz zu finden, wo man dem in Kürze einsetzenden Bombenhagel ausweichen kann. Ammerlander Freunde nennen ihr ein Haus in St. Heinrich, das zu mieten sei. Charles soll mit Tilly hinfahren und es sich ansehen.

Schwiegersohn und Schwiegermutter treffen sich am Münchner Hauptbahnhof, fahren nach Seeshaupt und gehen nebeneinander den einstündigen Weg am Ufer des Starnberger Sees entlang nach St. Heinrich. Charles ist angenehm überrascht von Tillys Natürlichkeit. Tilly, die keine Ahnung hat, wer sie begleitet, erzählt von ihrer schwierigen Ehe und ihrer Sorge um die eigenwilligen Töchter. Vor allem sei zu wünschen, meint sie, dass Pamela endlich einen Mann findet, mit Geld und guten Verbindungen, der sie an die Hand nimmt und sagt, was zu tun ist.

Das Haus, das sie begutachten sollen, liegt ein gutes Stück hinter St. Heinrich am Waldrand, etwa fünfzig Meter vom See entfernt. Die Besitzerinnen sind die Schwestern Helene und Margarete von Gaffron, Erstere blind, Letztere taub mit einem Hörrohr aus Messing. Ihr Haus nennen sie «Malvenhaus» nach den blauen und gelben Girlanden, mit denen die taube Margarete, von Beruf Kunstmalerin, es verziert hat. Zu mieten ist der erste Stock, drei Zimmer und ein Atelier, das auch als Küche dient. Kein Badezimmer ist da, aber ein privater Strand. Ein Balkon führt um drei Seiten des Hauses. Man schaut über Wiesen und See bis zur Zugspitze. Charles ist begeistert. *Mit der Blinden alles besprochen, mit der Tauben Freundschaft geschlossen,* schreibt er an Pamela. *Meine süße, liebe Pamela, wie freue ich mich auf die Stunde, wo wir hier zusammen wohnen, wie freue ich mich über ton amour, Du machst mich SO glücklich, ich kann Dir gar nicht sagen, wie, und ich liebe Dich, wie ich es auch nicht sagen kann, und Tag und Nacht bist Du in mon esprit et dans mon cœur. Wenn das Schicksal es gut mit uns meint – und die Sterne – dann werde ich Dich NIE mehr von mir lassen!*

Leider ist die Miete zu hoch. Pamela schlägt vor, ihren Halbbruder Friedrich Strindberg als Mitmieter zu gewinnen, der in Berlin als Journalist gut verdient. Tilly kann sich ein Zusammenleben mit ihm schlecht vorstellen, aber die Verlockung, der Briefzensur zu entkommen, lässt sie zustimmen. Sie fährt mit Charles noch einmal nach St. Heinrich und unterschreibt den Mietvertrag. Charles schwärmt von einer *äußerst netten* Kaffeestunde bei den Schwestern. *Mal wurde ich mit Strindberg angeredet, mal mit Wedekind, zum Schluss sagte ich, mein Name sei Ibsen.*

Pamela soll sich *BITTE* keine Sorgen machen – er werde *AL-LES* tun, um *Madame votre mère* beim Einrichten zu helfen. *Ich finde sie ja wirklich ganz raisonnable – manchmal hat sie natürlich Schnapsideen, aber wer hat das nicht? Wenn das Apartment erst einmal eingerichtet ist, wird sie alles als einen weit zurückliegenden Scherz betrachten. Wir lachen eigentlich SEHR VIEL über alles Kommende.*

Wieso kümmert sich dieser junge Mann so um mich, fragt sich Tilly. Irgendwann erfährt sie die Wahrheit und ist's zufrieden.

Kurz nach Tillys Einzug ins Malvenhaus stirbt Helene, die blinde Schwester. Umso froher ist die taube Margarete um Tillys Gesellschaft. Durch das Hörrohr kann man sich gut mit ihr unterhalten. Sie hat einen prachtvoll gepflegten Blumen- und Gemüsegarten und zieht vor dem Fenster Tabakpflanzen. Auch Tilly freut sich über die neue Freundin.

Die Harmonie wird getrübt, als Friedrich Strindberg samt holländischer Freundin anrückt und verkündet, von seinem Berliner Verlag für ein Buchprojekt beurlaubt, sich auf Dauer im Malvenhaus niederzulassen. Tilly macht das große Südzimmer frei, Frau von Gaffron stellt eine Mansarde als Künstlerklause zur Verfügung. Spannungen treten auf, als Friedrichs Freundin einen Teppich Tillys zertrennt, um ihn besser im Zimmer zu verteilen. Auch dass sie kaum je abwäscht, ärgert Tilly. Friedrich, den sie «Stören-Friedl» getauft hat, erweist sich als äußerst lärmempfindlich.

Den Bruch bewirkt ein Abendfest Tillys, zu dem sie Charles, Kai Molvig und ein paar Bekannte einlädt, nicht aber Friedrich Strindberg und seine Freundin. Friedrich erhebt Einspruch gegen die Grammophonmusik, sowohl seiner Nachtruhe als auch des kürzlichen Todes der blinden Schwester wegen. Tilly weist auf Margaretes Taubheit hin, aber stellt das Grammophon ab. Im Verlauf des Abends hebt sich die Heiterkeit, und irgendwann ertönt auch wieder Grammophonmusik, *fortissimo,* wie es Friedrich in einem Beschwerdebrief an Pamela formuliert. Als gegen ein Uhr nachts immer noch Umtrieb herrscht – *in unserem Zimmer klang es, als würden Schuhplattler auf der Treppe getanzt,* meint Friedrich –, bewaffnet er sich mit einem Brett (Charles hat den Eindruck, es sei ein Tisch) und geht damit auf die Gäste los, wobei *Strichjungen* einer der milderen Ausdrücke ist, die er für Charles und Kai übrig hat. Seitdem spricht man nicht mehr miteinander. Tilly besorgt sich eine Herdplatte und kocht in ihrem Zimmer. Das Fahrrad, das sie der Freundin ihres Stiefsohns geliehen hat, benutzt sie nur noch selbst und schließt es im Keller ab. Es ist Juli 1941, die Wehrmacht marschiert gen Moskau, im ehemaligen Ostpolen finden erste Massenerschießungen von Juden statt.

Nach einem halben Jahr heiratet Friedrich seine Freundin und zieht mit ihr nach Schweden, wo er aufgrund seines schwedischen Passes Aufenthaltsrecht genießt. Vorher besorgt er auf Pamelas Anweisung ein offizielles Schreiben, auf dem in Schwedisch, Deutsch, Englisch und Russisch zu lesen ist, dass das Malvenhaus unter dem Schutz der schwedischen Botschaft steht. Das Schreiben hängt eingerahmt im Flur, und im Garten steht ein Mast bereit, an dem bei Bedarf die schwedische Flagge gehisst werden kann – man weiß nie, was kommt.

In New York fühlt sich Kadidja *merkwürdigerweise momentan sehr begabt und voller Ideen.* Eine Novelle «Die Schlosskinder» schwebt ihr vor, über Wedekinds Jugend in Lenzburg, oder «Wo der Großvater die Großmutter nahm», ein Porträt über die amerikanische Vergangenheit der Familie Wedekind. Hätte der Scherl-Verlag Interesse für einen großen Bericht «Amerika, vom Winde verweht», anlässlich des eben angelaufenen Films? Er könnte *seine 100 Mark* wert sein, meint sie. *Außerdem arbeite ich an einer neuen Geschichte, die, wenn ich sie zu Ende führen kann, wie ich sie angefangen habe, das Beste und Sensationellste wird, was ich vielleicht je geschrieben habe. Ich brauche noch eine einzige ruhige Woche, dann ist sie fertig:* «Lucifers Lebensgeschichte, von ihm selbst erzählt, unverantwortlicherweise aufgeschrieben und herausgegeben von Kadidja Wedekind». *Aber ich MUSS erst die beiden anderen Geschichten fertig machen. Mein Verhängnis ist, dass mir zu viel einfällt und*

Ein grausames, rücksichtsloses Land
Kadidja in New York, um 1941

dass ich an zu vielen Sachen auf einmal arbeite. Dadurch wird nie etwas fertig, und ich könnte manchmal in die Luft gehen vor Ungeduld. Dann wieder komme ich mir läppisch vor, dass ich bei so erschütternden Weltereignissen meine Angelegenheiten so wichtig nehme.

Rückschläge versucht sie wegzustecken. Ein englisches Kinderbuch, nach langem Hin und Her vom Verlag abgelehnt, will sie fertig stellen, *denn ich glaube nicht an halbfertige Sachen.* Illustrationen, die sie erwähnte, waren keine – *ich schrieb nur aus Aberglauben nicht, woran ich wirklich arbeitete. Es waren*

Schaufensterdekorationen, 7 Stück und mit großer Mühe ausgeführt. Ich hatte eine Empfehlung an ein Warenhaus, leider konnten sie die Sachen nicht brauchen. Ich bin noch bei verschiedenen anderen Geschäften gewesen, auch erfolglos.

Else Heims will sie nach Los Angeles zurückholen. Kadidja lehnt ab – keine *10 Pferde* brächten sie dorthin, wo man sie *nur unter die Haube* bringen wolle. *Ich bin zwar wirklich nicht mehr die Jüngste, aber ich KANN mir nicht helfen: Ich möchte immer noch viel lieber die Kameliendame geschrieben als ein Kind geboren haben. Denn selbst wenn ich ein Kind bekäme, das die Kameliendame schriebe, würde ich mich ärgern, es nicht selbst getan zu haben.*

Eine New Yorker Wedekind-Aufführung, für die angeblich sogar Geldgeber da sind – ein Lichtblick nach ihrer langen Bemühung –, scheitert an Kadidjas Misstrauen: *Es ist schließlich deutsches Gut, das der Gefahr einer Verballhornung ausgesetzt wird,* schreibt sie Tilly. Weihnachten 1941 schickt sie Grüße. Das *alte Erpresserfest* würde in Amerika ja Gott sei Dank *unsentimental gefeiert – ein großer Vorteil, wenn man in der Fremde ist.*

Dann bombardieren japanische Kampfflugzeuge Pearl Harbor. Amerika tritt in den Krieg ein, direkter Briefkontakt mit Deutschland wird unmöglich. Nur über Verwandte in der Schweiz hört man gelegentlich von Kadidja.

Am Münchner Theater herrscht Frauenüberschuss, Otto Falckenberg kann Pamela nicht beschäftigen. *Liebling, sei nicht eine Sekunde Deines Lebens aus diesem Grunde traurig,* bittet Charles, *ich habe ja nur einen Gedanken und nur ein Gefühl: c'est toi et mon amour infini pour toi!* Pamela bezweifelt seine Aufrichtigkeit. Warum bemüht er sich nicht intensiver, sie zu sich zu holen? Hat er eine Geliebte? Lange kann sie diesen Zustand nicht ertragen. *Liebste Pamela – Engel – ma femme,* fleht Charles, *sage doch nicht solche Dinge, das tut mir weh. Wir wollen doch den Mut nicht verlieren und auch nicht sagen, dass unser vie ensemble JAMAIS sein wird. ICH kann warten, und ICH werde warten!! Darüber ist in MEINER Seele überhaupt kein Zweifel – meine Liebe zu Dir ist so kristallklar in mir, wenn es nur mit allen Dingen so wäre!*

Im März 1942 sieht Charles die Möglichkeit einer Rolle für Pamela im «Kreidekreis» von Johannes von Guenther und schafft es, Direktor Falckenberg von der Notwendigkeit ihres Engagements zu überzeugen. Auch eine Wohnung hat er gefunden, Franz-Joseph-Straße 19 im Parterre. Ein Zimmer bekommt Kai Molvig, das andere teilt er sich mit Pamela, die nun auch im Theater offiziell seine Frau ist. «So, der Schwiegersohn vom Wedekind san Sie», sagt die Souffleuse Gusti Helminger. «Mei, hat der sei Frau behandelt! In Bauch treten hat er's, wo's a Kind drin g'habt hat. Von mein Kasten aus hab ich's g'sehn!»

Eine letzte Verpflichtung am Preußischen Staatstheater will Pamela wahrnehmen: eine Tournee im August 1942 im Rahmen der Truppenbetreuung durch Belgien und Nordfrankreich. Sie will Sternheim wiedersehen. Der hat 1935 mit einer Übersetzung seiner «Marquise von Arcis» mit der jungen Vivien Leigh in der Hauptrolle in London einen letzten Erfolg gehabt und lebt zurückgezogen in Brüssel, mehrmals pro Woche von Anfällen und Absencen geplagt, mit Henny Carbonara, seiner neuen Frau, einer österreichischen, von einem Italiener geschiedenen Jüdin. *Sehr ergeben,* beschreibt er sie in einem Brief an Pamela, *musiknärrische Cellospielerin, die aber außer für meine Stücke, die sie halb auswendig schon von Wien her wusste, keinerlei sonstiges Interesse für meine geistigen Notwendigkeiten hat.* Thea berichtet er, *mutterseelenallein* zu sein, aber mit einer *inneren Haltung,* die ihn *weder mit Königen noch mit der Vergangenheit* tauschen ließe. Sein Schlafpensum beziffert er auf sechzehn Stunden täglich, *ich erlebe wachend nur noch drei Monate von zwölf, ein Glück in so anarchischen Zeiten.* Seine Tagebücher hat er beim Einmarsch deutscher Truppen vernichtet, aber Gouverneur von Falkenhausen hat ihm signalisiert, dass er und seine Frau nichts zu befürchten haben. Pamela findet ihn in seiner Lieblingsstellung unter einer Wolldecke auf dem Liegestuhl. «Ach, Kindchen, da bist du ja», sagt er, als sie zu ihm tritt. Pamela bleibt zwei Tage, dann fährt sie weiter. Carl Sternheim stirbt am 3. November 1942 vierundsechzigjährig an einer doppelseitigen Lungenentzündung. An seiner Beisetzung nehmen seine Frau, der Priester und vier weitere Personen teil.

Pamela, sechsunddreißig Jahre alt, ist schwanger. Ein sehnlicher Wunsch von Charles erfüllt sich, Tilly ist entsetzt – ein Kind mitten im Krieg? Dann siegen Optimismus und Vorfreude. Tilly sammelt Babysachen von Verwandten und kauft in München, was zu haben ist: Hemdchen, Jäckchen, Windeln, Strampelhöschen, Lätzchen, Häubchen, Schnuller, Milchfläschchen und einen großen Wäschekorb als Wiege. Am Theater ist nur die Kollegin Maria Nicklisch eingeweiht. Pamela fährt bis Wochen vor der Niederkunft auf der Lenkstange von Charles' Fahrrad sitzend zu den Vorstellungen, dann sagt sie zur Garderobiere: «So, jetzt krieg' ich das Kleid nicht mehr zu» und evakuiert sich ins Malvenhaus.

Dort steht kurz darauf Pamelas Schulfreundin Lilo vor der Tür, die Tochter von Wedekinds altem Theateragenten Eugen Frankfurter, ein verträumtes, blauäugiges Mädchen mit Münchner Dialekt. Erst die Nürnberger Rassengesetze haben ihr beigebracht, dass sie Jüdin ist. Jetzt leistet sie Zwangsarbeit in einer Batteriefabrik und haust mit Leidensgefährtinnen in einer Sammelwohnung. Durch Glück darf sie ihr Fahrrad behalten. Als Gerüchte über eine Verlegung der Arbeitskräfte nach Osten aufkommen, packt sie einen kleinen Koffer, nimmt den seit September 1941 vorgeschriebenen gelben Stern ab und radelt nach St. Heinrich. Pamela bringt sie in ihrem Schlafzimmer unter und hält ihre Anwesenheit auch vor Frau von Gaffron geheim. Nachts, wenn alles schläft, wagt Lilo sich hinaus und vertritt sich die Beine im Garten oder auf Waldwegen.

Nach Lage und Ausstattung bietet das Malvenhaus ausgezeichnete Voraussetzungen für ein Versteck. Der Dachboden hat zahlreiche Abseiten. Vom Balkon führt eine Außentreppe direkt in den Wald. Frau von Gaffron würde eine Hilfsaktion für eine bedrängte Jüdin wahrscheinlich mittragen. Und wer wird in diesem abgelegenen Haus nachschauen?

Aber Pamela verliert nach vierzehn Tagen die Nerven. Auch Tilly zittert bei dem Gedanken an eine Entdeckung. Beide haben Lilo oft geraten, in die Schweiz zu emigrieren, und sich über ihre Weigerung gewundert, ihr geliebtes München zu verlassen. Pamela drängt erneut, nennt eine Stelle in Vorarlberg, von der man angeblich leicht über die Grenze gelangt, und kontaktiert einen Züricher Vetter, der bereit wäre, Lilo in Empfang zu nehmen.

Lilo wäscht und ordnet ihre Habseligkeiten und macht sich auf den Weg. Im Zug gerät sie in eine Kontrolle, die sie mit ihrem unauffälligen, auf den Namen ihres geschiedenen Mannes lautenden Ausweis durchaus bestehen könnte. Aber in Panik schluckt sie Tabletten und wird ohnmächtig in ein Krankenhaus eingeliefert. Im Fieberwahn nennt sie ihren richtigen Namen und erwähnt Bekannte, die ihr zur Flucht verhalfen, unter anderen Pamela. Einige der Genannten werden verhört und erzählen in St. Heinrich, was vorgefallen ist. Pamela bleibt ungeschoren, Lilo wird nicht wieder gesehen. Auf Pamela, Charles und Tilly legt sich ein Schatten, der bis zum Ende ihres Daseins nicht weichen wird.

Am 2. April 1943 kommt im Entbindungsheim in Pähl bei Weilheim Esther Carola Regnier zur Welt. *6.30 naissance,* schreibt Charles in seinen Kalender. Er hat Vorstellung und sieht seine Tochter erst am nächsten Tag. Tilly steht Pamela bei. *Ich liebe Dich sehr,* schreibt sie ihrer Tochter, *Du bist so rührend in Deinem Mutterglück. Ich habe mich immer darauf gefreut, Enkel zu haben, dass es mich so glücklich machen würde, wusste ich nicht.* Der biblische Name Esther, aus Anhänglichkeit an Erika und Klaus Mann und den gemeinsamen Lebensweg gewählt, darf in der Geburtsurkunde nicht erscheinen, Carola enthält die Buchstaben von Sternheims Vornamen und ist der Name der Kaiserin aus Kadidjas «Kalumina». Von Schwester und Vergangenheit durch Grenzen oder Tod getrennt, will Pamela sie trotzdem bei sich haben.

Einer der ersten Besucher am Wochenbett ist Gustaf Gründgens. Er hat Göring um Suspension von seinem Intendantenposten gebeten und macht bis zu seiner freiwilligen Einberufung in die Wehrmacht eine Kur in Berchtesgaden. Er übergibt Pamela eine große Geldsumme zur Aufbewahrung, falls ihm etwas passieren sollte. Als er sich im März 1936, inmitten einer gegen ihn und seine Homosexualität gerichteten Kampagne, vorübergehend nach Sizilien absetzte, bat er sie, ihn zu begleiten, und dachte sogar daran, sie zu heiraten. Pamela empfahl Marianne Hoppe. Gründgens folgte ihrem Rat und bereute es nicht. Er lädt Pamela auf sein Gut Zeesen ein, wo er in Kürze wieder sein wird, und schickt Schlafwagenbilletts erster Klasse.

Pamela und Charles folgen der Einladung in einem für Funktionäre reservierten Sonderzug. Am Anhalter Bahnhof holt Gründgens' großer Wagen sie ab und fährt sie auf sein Gut. Carolas Existenz scheint er allerdings schon wieder vergessen zu haben. «Da liegt ein Kind in der Halle – wer ist das?», fragt er die Kollegin Ruth Hellberg, die auch in Zeesen wohnt. «Ach so, Pamelas Tochter. Na, hoffentlich wird sie eine gute Schauspielerin.»

Gottfried Benn, der von der Reise hört – durch einen sporadischen Brief Tillys aus St. Heinrich –, ärgert sich. *Alles zum Vergnügen der Künstler,* schreibt er Oelze. *(Während die Generäle zu Fuss gehn müssen, kürzlich wurde ein mir bekannter Oberst bestraft, der einen Dienstwagen 50. m. hat umfahren lassen, um an seine Wohnung zu gelangen.) [...] Ein Narr, wer nicht mitmacht. Ein Narr, wer bei den Dingen bleibt, die ihm aufgetragen waren.*

Kadidja hat in New York geheiratet. Ihr Mann heißt Ulrich Biel, hat dunkles, nach hinten gekämmtes Haar, trägt einen Schnurrbart, ist Jude aus Berlin und als Jurist in Amerika ohne Arbeit. Kadidja hat lange gezögert, jetzt schlagen sie sich gemeinsam durch. Angeblich tritt sie in Valeska Gerts Kabarett Beggar Bar auf und arbeitet als Verkäuferin. Genaues weiß man nicht.

Am 30. Oktober 1943 stirbt siebzigjährig in New York Max

Reinhardt an den Folgen eines Schlaganfalls, nach schweren Jahren der Emigration. Sein «Actors Workshop» in Hollywood scheiterte an Geldmangel, ein Ensembletheater, wie er es in Berlin hatte, war in New York undurchführbar. In der Carnegie Hall findet eine Gedächtnisfeier statt.

Auf München fallen Sprengbomben von tausend Kilogramm Gewicht, so genannte Wohnblock-Knacker, Phosphorbomben und fünfzig Zentimeter lange Stabbrandbomben, die Dächer und Obergeschosse durchschlagen und mit grellweißer Flamme alles in ihrer Nähe entzünden. Die Bevölkerung ist angewiesen, Brände mit Hilfe von Feuerpatschen und Wassereimern zu löschen und Deckel von Waschtrögen als Schutzschilde zu benutzen. Nach den Angriffen sieht man eingestürzte Häuser, Schutthaufen, herabhängende Zimmerdecken und auf den Straßen Feuerwehr, Sanitäter, gaffendes Publikum und Menschen mit ihrem wenigen noch brauchbaren Mobiliar auf der Suche nach einer Notunterkunft. Die Staatsbibliothek an der Ludwigstraße liegt in Trümmern, ebenso das Nationaltheater und ein Großteil von Pinakothek und Residenz. Der Turm der Peterskirche ist wie durch einen Schnitt gekappt. Theatervorstellungen beginnen um fünf Uhr nachmittags, so dass man vor dem Fliegeralarm zu Hause ist.

In der Parterrewohnung in der Franz-Joseph-Straße sitzen Charles und Kai Molvig. In ihre Zimmer haben sie Holzhütten gebaut, die Platz für Bett, Schreibtisch, einen Sessel und ein paar Stühle bieten und mit Kanonenöfen heizbar sind. Kais Hütte hat zwei besondere Öffnungen für die Tastatur und Pedale seines Klaviers. «Hol ein bisschen Post», sagt er zu Charles. Der schleicht über die Straße und zieht ein Bündel Kuverts aus dem Schlitz des randvollen Briefkastens am Habsburgerplatz. Der Inhalt wird im Schein der Lampe studiert. Was im Entferntesten regimekritisch klingt, wird unterstrichen, angekreuzt und mit Kommentaren versehen – «wir werden darauf zurückkommen» oder Ähnliches. Eine Muskatreibe, ins Papier gedrückt, täuscht einen Stempel vor, die Post landet wieder im Briefkasten. Bei besonders guter Laune streckt Kai den Arm durch das schmale, hohe Klofenster und ruft «Heil Hitler!» in den Hof. Vor dem Verlassen der Wohnung bei Fliegeralarm pudert er sich die Nase und überzeugt sich, das Strickzeug dabeizuhaben, an dem er gerade arbeitet.

Fast mehr als einen Treffer auf die Wohnung fürchtet Charles den Verlust der Kammerspiele. Sein Einberufungsbefehl käme dann bald, und ob er wegen des Schattens auf seiner Lunge noch einmal zurückgestellt würde, ist mehr als fraglich. Auch letztes Mal gelang es nur mit Hilfe einer Spritze, die ihm ein mit Pamela befreundeter Arzt kurz vor der Untersuchung verpasste und die Herzrasen und Atemnot verursachte. Charles' Bruder Axel, der selbst eine schwere TBC hatte, ist bereits in Russland.

Am 12. Juli 1944 wird die Vorstellung in den Kammerspielen wegen Fliegeralarms unterbrochen. Man spielt die «Geheimnisvolle Ehe» von Hans Fitz. Charles, als Regisseur des Abends, tritt vor den Vorhang und schickt das Publikum nach Hause. In der Nacht wird in der Franz-Joseph-Straße fast die gesamte Häuserzeile zwischen Leopold- und Friedrichstraße weggerissen. Das Haus Nummer 19 bleibt als eines der wenigen stehen.

Am 13. Juli mittags fallen Brandbomben auf die Kammerspiele. Der Asbestvorhang rettet Zuschauerraum, Foyer, Kassenhalle und Herrengarderobe, alles andere verbrennt. Charles, Pamela und Kai Molvig verlassen München in Richtung St. Heinrich. Am Stachus treffen sie den Filmregisseur Rolf Hansen. «Ihr wolltet also wirklich ohne mich gehen?», fragt dieser vorwurfsvoll. «Nein», lügt Charles, «wir waren eben auf dem Weg zu dir.» Rolf Hansen schließt sich der Gruppe an und bleibt bis nach Kriegsende im Malvenhaus.

Carola isst nicht. Reihum versuchen die Bewohner des Malvenhauses, ihr Nahrung einzuflößen, ohne Erfolg. Eine Untersuchung beim Kinderarzt bringt keine Besserung, ein fünfwöchiger Aufenthalt im ausgelagerten Hauner'schen Kinderspital in Ohlstadt bei Murnau produziert nur Heimweh. Charles Kalender verrät *grand nervosité et profonde tristesse*.

Pamela, die nach dem 20. Juli 1944 alles für möglich hält, entwickelt einen Plan: Tilly soll in die Schweiz gehen, sie, Pamela, wird ihr das Kind nachbringen, in der Sicherheit von Zürich sollen Großmutter und Enkelin das Kriegsende abwarten. Sie lobt die Schweizer Ärzte und nennt das berühmte Sanatorium Bircher-Benner als Anlaufstelle. Tilly, die es wieder einmal schwer mit sich selbst hat, fühlt sich überfordert. Charles glaubt an keine akute Gefahr, weder für Tilly noch für Carola, und will sich nicht von seinem Kind trennen. Aber Pamela erreicht mit Hilfe Emmy Görings eine Ausreisebewilligung für beide aus humanitären Gründen und ein Besuchsvisum für sich selbst. Und nachdem es ihr auch noch gelingt, bei Bircher einen Platz zu reservieren, verstummt der Protest. Tilly fährt im August 1944, nach einer Nacht im Eden-Hotel am Münchner Hauptbahnhof, wo sie sich durch die finstere Eingangshalle tasten und Bettzeug, Handtuch und Kerze selbst mitbringen muss. Das daneben liegende Hotel Deutscher Kaiser, in dem sie 1917 Tabletten schluckte, ist nur noch ein Haufen Schutt.

Acht Tage später bringt Charles Frau und Tochter zum Zug. Carola hat eben laufen gelernt und ist kaum zu bremsen, dann sind sie weg. Charles fährt mit dem Schiff zurück nach Seeshaupt und legt sich im Malvenhaus ins Bett, den einzig möglichen Ort, wenn die Umstände ihn übermannen.

In Zürich muss Pamela feststellen, dass das Sanatorium Bircher nicht für Kinder eingerichtet ist – man hat Tilly als Patientin erwartet und ist nicht bereit, eine Ausnahme zu machen. Carola wird im Kinderheim Sunneschie einquartiert, hundert Meter den Zürichberg aufwärts, wo Tilly sie besuchen kann. Pamela nimmt Abschied von ihrem Kind. *Sie herzte und küsste es,* erinnert sich Tilly, *die Tränen liefen ihr über die Wangen. Dann riss sie sich los, das Kind fing an zu weinen, im Taxi weinte Pamela noch immer, und ich konnte nur ihre Hand halten.*

Am Bahnhof ist sie wie verwandelt und plaudert mit einem Züricher Vetter auf Schweizerdeutsch, so dass Tilly sich ausgeschlossen fühlt. Tilly entfernt sich, ohne die Abfahrt des Zuges abzuwarten.

Im Kinderheim ist die Ernährung nur unwesentlich besser als in Deutschland. Carolas Zustand macht eine Bluttransfusion nötig. Bei Besuchen dreht sie Tilly den Rücken zu, als wolle sie sagen: «Warum überlässt du mich diesen Leuten?» Als die Heimleiterin Tilly rät, nur einmal pro Woche zu kommen, um Carola die Eingewöhnung zu erleichtern, wird es Tilly zu viel. Sie bearbeitet Dr. Bircher so lange, bis er einwilligt, Carola aufzunehmen, auf Tillys Verantwortung und unter der Voraussetzung, dass sie die Pflege allein durchführt. Tilly bekommt Kinderbadewanne und Wickeltisch ins Zimmer. Carolas Ernährung wird sorgfältig zusammengestellt aus Orangensaft, Mandelmilch, Gemüsesäften und dem berühmten Birchermüsli, und bald läuft sie zwischen den anderen Gästen herum. *Alles liebt sie, das hat sie mit auf die Welt bekommen,* schreibt Tilly an Pamela.

Unter Pamelas Gepäck bemerkte Tilly einen Hutkoffer und fragte sich, was ihre Tochter damit vorhabe. Er enthielt, wie sich herausstellte, Carolas Nachttopf, der jetzt, nach Pamelas Abreise, fehlt. Pamela muss wieder schwanger sein, schließt Tilly, denn Nachttöpfe sind in Deutschland Mangelware, und wenn Pamela nicht schwanger wäre, hätte sie ihn bestimmt bei Carola gelassen. Tillys Vermutung ist richtig, und in St. Heinrich erfährt nun auch Charles die Neuigkeit.

Wie lange wird der Krieg sich hinschleppen? Jede Nachricht deutscher Offensiven ist niederschmetternd für Charles. Wird man ihn doch noch holen? *Tiefe Depression, Radio meldet alarmierende Dinge,* notiert er. Eine gepackte Tasche steht bereit, mit der er im Wald verschwinden will, falls man nach ihm sucht.

Im Dezember 1944 häufen sich die Luftangriffe. Nachts schwärmen englische Bomber über München, tagsüber bringen amerikanische Flugzeuge vom Typ Flying Fortress Tod und Zerstörung. Im Malvenhaus hört man ihren Überflug. Eine tonnenschwere Bombe fällt in den Starnberger See. Es kracht gewaltig, die Druckwelle lässt die Fensterscheiben erzittern. Die taube Frau von Gaffron sagt im Wohnzimmer: «Ich glaube, es hat geklopft.»

Im Zuchthaus Brandenburg wartet Sternheims ältester Sohn Carlhans auf seine Hinrichtung. Bei der Weihnachtsfeier seiner Division fragte er: «Wer hat hier eigentlich Geburtstag – Jesus Christus oder Adolf Hitler?», und wurde dafür zum Tod durch Enthaupten verurteilt. *Heute um 12 Uhr 30, also in knapp einer halben Stunde, muss ich sterben,* schreibt er einem Onkel. *Eine Lüge wäre es zu sagen, dass ich keine Angst vor dem Tode hätte, die hat wohl jedes lebende Wesen, und ich mag nicht heroischer erscheinen, als ich bin. Dennoch bin ich gefasster, als ich dachte, und das macht wohl, dass ich auf des barmherzigen Gottes große Gnade hoffe. Seltsam ist, dass ich seit Wochen den 19. Dezember als meinen Todestag ahnte. Nun ist es noch ein Tag eher. Ich habe mit meinem Leben gespielt, wohl mehr geträumt als jemals gelebt. Ich habe mich ganz und gar verloren. Außerdem war ich wohl krank. Verzeihe mir alles, was Du mir vorzuwerfen hast, und tröste meine arme Mutter, an die ich viel zu wenig dachte. Frage aber erst an, ob sie überhaupt meinen Tod erfahren darf. Grüße meine Familie und sei selbst herzlich gegrüßt von Deinem dankbaren Carlhans.*

Am 6. Januar 1945 bringt Pamela bei grimmiger Kälte im Malvenhaus ihren Sohn Anatol zur Welt. Charles bindet Seile an die Bettpfosten, an denen sie sich beim Pressen festhalten kann, und holt im Schneetreiben die Hebamme aus Seeshaupt. Die Nachgeburt versenkt er auf Pamelas Geheiß im See.

Während Hitler auf die Vorsehung hofft und Gaskammern sprengen lässt, während Carl Goerdeler und Theo Haubach hingerichtet werden und Volksgerichtshofspräsident Roland Freisler, von einem herabfallenden Balken erschlagen, mit zweiundzwanzigtausend anderen Berliner Bombenopfern desselben Tages stirbt und München einunddreißig schwere Luftangriffe verzeichnet, bleibt es im Malvenhaus ruhig. Charles kocht und backt Brot, Kai Molvig strickt, Anatol gedeiht, die schwedische Flagge weht im Wind. Rolf Hansen, der einen Mantel mit Pelzkragen besitzt, geht als schwedischer Gesandter auf dem Balkon auf und ab.

Ende April nehmen die Amerikaner Landsberg, kurz darauf Weilheim und Seeshaupt. St. Heinrich wird vier Stunden mit Kanonen verteidigt. In Ambach geht die Posthalterin Anny Bierbichler mit erhobenem Betttuch den Siegern entgegen. Rolf Hansen will Milch beim Bauern Reisinger holen und findet den Hof verwaist. Nach langer Suche öffnet er die Falltür im Stubenboden und vernimmt das vielstimmige Gebet: «Heilige Maria, Mutter Gottes, hilf, Heilige Maria, Mutter Gottes, hilf …»

Am nächsten Tag ist die Wiese vor dem Malvenhaus voll mit Menschen in gestreifter Kleidung – KZ-Häftlinge, die zum Zweck der Spurenvernichtung verschleppt werden sollten und bei Wolfratshausen von Amerikanern befreit wurden. Charles kocht Kartoffeln und ist beim Bereiten von Nachtlagern behilflich. Eine amerikanische Streife klopft an die Haustür, ein Soldat schaut in den Wäschekorb mit dem schlafenden Anatol. So endet in St. Heinrich der Zweite Weltkrieg.

20

Die Helden kehren heim

Sommer 1945. Auf der Landstraße in St. Heinrich herrscht Verkehr wie auf dem Kurfürstendamm: Jeeps und Truppentransporter, dazwischen Deutsche per Fahrrad oder zu Fuß, mit Rucksack oder Handkarren auf der Suche nach Essbarem. Nahrungsmittel sind rationiert, die Bauern betreiben Unterproduktion, um möglichst wenig abgeben zu müssen. Das Fraternisierungsverbot für amerikanische Soldaten ist teilweise aufgehoben. Pamela findet die Angehörigen der US-Streitkräfte *reizend,* besonders fünf Schwarze, die am Rand der Sumpfwiese beim Malvenhaus kampieren und in Frau von Gaffrons Küche Wasser holen. Rolf Hansen hat einen Gemüsegarten angelegt. Anatol wird gestillt und erhält Brei aus Mangold und Karotten.

Die Hausgemeinschaft hat Zuwachs bekommen. Im Eckzimmer des Erdgeschosses wohnt jetzt Emilie Regnier, genannt Goldi, Charles' Mutter, eine grundgütige, dabei politisch wache und gebildete Frau mit leiser Stimme und badensischer Aussprache, lungenkrank wie ihre vier Söhne und anscheinend zufrieden mit ihrem nicht eben glänzenden Platz in der Malvenhaushierarchie. Ihr größter Wunsch ist ein Lebenszeichen von Axel, ihrem Zweitgeborenen, der seit über einem Jahr in Russland verschollen ist und an dessen Rückkehr man eigentlich nicht mehr glaubt. In einer Mansarde wohnt Manni, die zweite Frau von Tillys 1939 in Prag verstorbenem Bruder Bertl, eine Tschechin aus Brünn, aber deutschsprachig aufgewachsen und wegen ihrer Ehe mit einem Österreicher bei Kriegsende in ein Lager verbracht, wo sie durch einen Schlag mit einem Gewehrkolben fast alle Zähne verlor. Manni macht sich in der Küche nützlich, zur Freude der Malvenhausbewohner, die den böhmischen Einschlag im kargen Speisezettel zu schätzen wissen. In ihrer Freizeit studiert sie die Vermisstenanzeigen des Roten Kreuzes und lauscht den endlosen im Radio verlesenen Namenlisten, in der Hoffnung, Bertls ältesten Sohn genannt zu hören, dessen letzte Nachricht 1943 aus der Ukraine kam.

An den Münchner Kammerspielen geht man mit Hammer, Nägeln und Latten daran, einen provisorischen Spielbetrieb wieder aufzunehmen. Otto Falckenberg, der sein Theater mit Tricks und Verrenkungen über das Dritte Reich rettete, stolpert über ein 1943 aus taktischen Gründen an Hitler geschicktes Glückwunschtelegramm, wird als «Nutznießer des Regimes» eingestuft und darf das Schauspielhaus nicht betreten. Erich Engel wird neuer Intendant. *In unserem Theater arbeitet einer gegen den anderen,* schreibt Charles an Tilly in Zürich. *So scheint es aber in ganz Deutschland zu sein. Die Leute zeigen sich gegenseitig in schamlosester Weise an, die schmutzige Wäsche wird nicht nur öffentlich gewaschen, man schlägt sie sich auch noch öffentlich um die Ohren.* Häufig gebrauchte Wörter sind *kaltgestellt* und *abserviert*. Ein als Spitzel für die Gestapo tätig gewesener Schauspieler bringt es fertig, in gestreifter KZ-Kleidung zu den Proben zu erscheinen.

Charles spielt in «Lebensmut zu hohen Preisen» von Axel von Ambesser und im «Spiel im Schloss» von Ferenc Molnár. Nach einer Aufführung von «Ein Strich geht durchs Zimmer» von Valentin Katajew sagt ihm Erich Engel, er wäre mit dieser Leistung *in Berlin mit einem Schlag als erster Schauspieler durchgesetzt.* Aber Charles geht seine Karriere viel zu langsam voran, und sein Verdienst reicht gerade für das Nötigste.

Er möchte dringend in die Schweiz zu Carola, aber es verkehren kaum Züge, und ein Visum zu bekommen ist so gut wie unmöglich. Auch Pamela beklagt das Getrenntsein von Tochter und Mutter in jedem Brief, ist aber trotzdem dafür, Tilly und Carola zunächst in der Schweiz zu belassen – die Ernährungslage in Deutschland sei *zu schauderhaft*. Tilly solle sich um ein Engagement für Charles am Züricher Schauspielhaus bemühen und für die ganze Familie die österreichische Staatsbürgerschaft beantragen.

Tilly ist von Bircher in eine Zwei-Zimmer-Untermiete bei einem Professorenehepaar gezogen, teils mit geliehenen, teils mit geschenkten Möbeln. Das Sanatorium war zum Schluss nicht mehr bereit, den mit Pamela vereinbarten, nach Kriegsende zurückzuzahlenden Kredit zu verlängern. Der Umzug, schreibt Tilly, habe ihr *letztes Geld verschlungen,* und Pamelas *viele Vorschläge* machten sie *ganz wirr* im Kopf. Sie hat Carola freudig und liebevoll umsorgt, hat jeden ihrer Fortschritte nach St. Heinrich berichtet, aber die Enkelin wird größer – *ihr Schlafröckli reicht ihr nur noch zur Wade, daran sieht man, wie sehr sie gewachsen ist –,* und in diesem Alter seien Kinder eben oft *recht anstrengend. Ich habe Sehnsucht nach zu Hause wie noch nie – wenn es doch bald möglich wäre! Das Schlimmste ist, dass ich eine Depression habe und mir alles unendlich schwer fällt.*

Die Anteilnahme der Schweizer an Tillys Schicksal hält sich in Grenzen. *Keine Schweizer Bühne nimmt Notiz von meinem Hiersein,* klagt sie. *Dabei gibt es wohl kaum ein Theater in der Schweiz, an dem Wedekind und ich nicht mehrfach gespielt hätten. Sollte sich keines bereit finden, der Witwe Wedekinds in dieser bedrängten Lage beizustehen? Ich kann es nicht glauben.* Ihre Jugendliebe Paul Eger, ein vor den Nazis in die Schweiz geflohener, krebskranker älterer Herr, erhält als Intendant des Theaters in Luzern eine Bittschrift: *Könntest Du nicht den Liebestrank oder Kammersänger spielen, wenn nicht jetzt, dann in der nächsten Spielzeit? Könntest Du mir einen Vorschuss darauf geben, mir 300 Frs. schicken? Ich bin in dringender Verlegenheit.* Kadidja überweist monatlich dreißig bis vierzig Dollar, vom Munde abgespart, aber bei weitem nicht ausreichend.

Erst jetzt erfährt die Familie, wie schlimm es Kadidja in Amerika ergangen ist, in schmuddeligen möblierten Zimmern, als Kinderfräulein, das nachts die Wäsche der Herrschaft waschen musste, als Verkäuferin in Warenhäusern bei einem Gehalt, das weder für Zahnarzt noch Krankenversicherung reichte, dabei begleitet von der ständigen Angst, als feindliche Ausländerin interniert zu werden. Nicht im eigentlichen Sinn vom Naziregime verfolgt, blieb sie ohne Rückendeckung politischer Gruppierungen und geriet nicht selten zwischen alle Stühle. Als Erika Mann während eines Vortrags behauptete, es gebe unter den Deutschen aktive und passive Nazis und sonst nichts, meldete sich Kadidja und fragte, ob die Vortragende wisse, dass auch Hunderttausende nicht rassisch oder politisch Verfolgter verschleppt und getötet worden seien, nur weil sie vorlaut, aufmüpfig, homosexuell, körperlich oder geistig behindert oder sonstwie ungenehm waren. Erika war nicht erfreut über den Zwischenruf, und das Verhältnis ist seither gespannt. Eine Zeit lang teilte Kadidja eine Wohnung mit Monika Mann, deren Schiff auf dem Weg in die Vereinigten Staaten torpediert wurde, die sechzehn Stunden im Wasser schwamm und zusehen musste, wie ihr Ehemann ertrank, aber in ihrer Familie deshalb keinen höheren Stellenwert genießt. Als Heinrich Mann, einer der Helden von Kadidjas Jugend, desillusioniert und ohne Hoffnung in New York ankam, ließ sie es sich nicht nehmen, ihn am Kai zu begrüßen, was er sich, wie es in einem Brief an sie heißt, *verdammt gemerkt* hat. Nach ihrer Hochzeit mit Ulrich Biel erlitt Kadidja eine Bauchhöhlenschwangerschaft und musste operiert werden. Jetzt hat sie eine Narbe über der Bauchdecke wie Wedekind und darf kein Gewicht mehr heben. Künstlerisch hat sie kaum etwas geschafft. Die Novelle «Lucifers Lebensgeschichte», die sie im Frühjahr 1940 in *EINER ruhigen Woche* abzuschließen hoffte, ist eben erst fertig geworden, dreiundsiebzig Seiten lang, keine berauschende Bilanz. *Ich habe oft verschwiegen, wie schlecht es mir ging, und Heiteres erfunden,* bekennt Kadidja. *Aber es hätte doch wirklich gar keinen Sinn gehabt, Euch mit traurigen Tatsachen zu belasten. Ich bin nun einmal dafür, sich nur dann zu beklagen, wenn es etwas nützt – und auch dann so wenig wie möglich!*

Trotz ihrer Behinderung trägt sie regelmäßig CARE-Pakete zur Post, nicht nur für ihre Familie in St. Heinrich, sondern auch für Martha und Hans Carl Müller, der in Kassel Intendant geworden ist, aber trotzdem an Mangelernährung leidet, und für den verzagten, verunsicherten Karl Newes in Wien. Dessen Frau

Jella hat das Dritte Reich durch die eidesstattliche Verleugnung ihres jüdischen Vaters überlebt, aber ihr Zwillingsbruder, der dieselbe Aussage machte, und fast die gesamte Familie wurden in einem Vernichtungslager ermordet. Die Söhne Klaus und Hans, für die Hitlerjugend zu schlecht, sind in amerikanischer Kriegsgefangenschaft. Die Zustände in Wien schildert Karl Newes als *grauenhaft:* Menschen verhungerten und würden aus Mangel an Särgen in Papiertüten beigesetzt. Von seinem Ersparten könne er *ein Jahr leben,* danach sehe er schwarz. Kadidja tröstet ihn: *Ich habe hier Barnowsky und Klemperer erlebt, wie sie sich dollarweise Geld pumpten, um sich mal wieder ein Abendessen kaufen zu können. Und die Herren waren ja auch keine Märzhasen mehr und hatten im Leben einiges geleistet.* Kadidja bedauert den begrenzten Umfang ihrer Hilfe: *Ich habe mit allem Talent hier so wenig erreicht, dass ich nicht einmal für die Meinigen sorgen kann, was mir doch so sehr am Herzen liegt. Das ist bitter.*

Verlassen möchte Kadidja die Vereinigten Staaten nur mit einem amerikanischen Pass in der Tasche. Wenigstens diesen Erfolg will sie für sich verbuchen. Außerdem setzt sie sich weiterhin für Wedekinds Werk ein. *Ich glaube bestimmt, dass Papa in etwa einem Jahr große Chancen hier haben wird,* schreibt sie nach Europa. *Dass New York kein leichtes Pflaster ist, seht Ihr daran, dass auch ausgekochte Halunken wie Zuckmayer und Bert Brecht es hier zu nichts gebracht haben.*

Ulrich Biel, Kadidjas Mann, taucht eines Tages im Malvenhaus auf – in amerikanischer Offiziersuniform und einer schwarzen, von einem Chauffeur gefahrenen Limousine. Im Gepäck hat er Kaffee, Fruchtsaftdosen, Schokolade, Fleischkonserven und Zigaretten, als Mitglied der Kulturabteilung des Military Government erzählt er Interessantes über Zeitungs- und Buchlizenzen und die Besetzung von Intendantenposten. Seine angeheiratete Familie, verspricht er, wolle er in jeder Weise unterstützen, auch Tilly und die österreichischen Verwandten, die er schon besucht habe. *Ulrich ist wirklich ein lieber, guter Mensch, es ist rührend, wie er sich der Familie annimmt,* schreibt Tilly aus

Zürich. Über Kadidja berichtet Ulrich Biel nur Erfreuliches, von Emigrantenelend sagt er nichts. *Uli mag es nicht, wenn ich unsere Vorkriegspleite erwähne,* schreibt Kadidja. *Man darf ihn gar nicht daran erinnern, wie ich durch Liedersingen wöchentlich 15 Dollar verdiente, wovon wir 10 Dollar Miete zahlten.* Bei weiteren Malvenhausbesuchen ist eine blonde deutsche Gräfin an Ulrich Biels Seite. Charles und Pamela wundern sich, aber aus Taktgefühl und Dankbarkeit für seine Hilfe und weil er doch ein wichtiger Kontakt ist, schweigen sie, auch gegenüber Kadidja in New York.

In einem dramatischen, irrationalen Akt wirft Pamela ihre Schwiegermutter Goldi aus dem Malvenhaus. Grund ist deren Freundschaft mit dem Maler Jo von Kalckreuth, der als Kriegsheimkehrer dort Unterschlupf gesucht hat. Er ist gut zwanzig Jahre jünger als sie, von einer Liebesbeziehung kann keine Rede sein. Vielleicht fühlen beide ein wenig gegenseitiges Anlehnungsbedürfnis. Leider hat Kalckreuth die Angewohnheit, pfeifend durchs Haus zu gehen. Das ist wenig ratsam in Pamelas Gegenwart, aber was folgt, sprengt alle Maßstäbe. Charles hört durchdringende Schreie seiner Frau, stürzt hinzu und sieht Pamela auf dem Boden liegend die Dielenbretter mit Fäusten bearbeiten. Keine Sekunde sei dieser Zustand länger erträglich, Goldi und Kalckreuth müssten ausziehen, und zwar sofort! Die beiden Schuldigen stehen wortlos dabei, gehen in ihre Zimmer, packen ihre Sachen und verschwinden. In einem Haus bei der Brücke nach St. Heinrich finden sie Unterkunft. Der Vorfall wird nicht wieder erwähnt.

Hinterher stellt sich heraus, dass noch eine weitere Missetat auf Goldis Konto lastet: Sie hat dem Bauern Reisinger gesagt, dass Kadidja so bald nicht nach Europa zurückzukehren gedenkt, und somit Pamelas Sprachregelung widersprochen, nach der sie jederzeit, und zwar mit Sekretärin, im Malvenhaus erwartet wird, um von dort Korrespondentenberichte für Amerika zu schreiben, was Einquartierungen von Flüchtlingen unmöglich mache, zumal auch Tillys und Carolas Rückkehr unmittelbar bevorstünde. *Man darf der Goldi NICHTS erzählen,* schreibt Pamela an Tilly, *sie ist zu unvernünftig und gedankenlos. Reisingers habe ich in allergröbster Weise die Meinung gesagt, seitdem sind sie wieder zahm.* Dass ihre Aktion Platz im Malvenhaus schafft, bedenkt Pamela nicht. Hauptsache, es herrscht Ruhe, und niemand pfeift.

Pamela ist wieder schwanger, und wieder erfährt man nichts. Ihr Geständnis an Charles leitet sie mit der Frage ein, ob sie sich *jetzt im See ertränken* müsse. Auch Tilly ist besorgt. Aber als am 7. September 1946 Adrienne Regnier im Malvenhaus geboren wird, freuen sich alle. *Mein Gott, Pamelas Baby,* schreibt Kadidja nach Zürich, *zuerst hab' ich so reagiert wie Du, aber es ist doch auch ganz nett. Nur der Uli tut mir ein bisschen leid. Der wollte so gern wieder ein Kind haben, und ich hab' gesagt, dass wir's uns einfach nicht leisten können. Wir haben doch kein eigenes Möbelstück!*

Wenn man sie *am Dichten* hindert, sagt Kadidja, dann sei es *ungefähr so,* als ob man *jemanden, der dringend aufs Klo muss, daran hindert zu gehen.* Dennoch hat sie ihre Arbeit an einer neuen Novelle gleich wieder unterbrochen, aus einem besonders triftigen Grund: Die Literaturagentin Elisabeth Frank, Tochter Fritzi Massarys und Witwe des im Exil verstorbenen Schriftstellers Bruno Frank, hat Tilly um Erlaubnis gebeten, die Stücke «Erdgeist» und «Die Büchse der Pandora» für die amerikanische Bühne bearbeiten zu lassen, und zwar von Bertolt Brecht, der sich dafür mit Orson Welles und Charles Laughton zusammengetan haben soll. Tilly begrüßt den Vorschlag, Kadidja ist entsetzt. *Bitte, liebstes Mamali, gib Deine Erlaubnis nicht,* fleht sie. *Brecht hat in Amerika keinen einzigen Erfolg vorzuweisen und ist als Kommunist ein rotes Tuch. Gar nicht auszudenken* sei, was er aus Wedekinds Werk machen würde. Aber Tilly hat ihre Zustimmung bereits erteilt.

Kadidja versucht es mit Diplomatie. Bei *aller Bewunderung für den Verfasser von «Furcht und Elend des Dritten Reiches»,* schreibt sie der Agentin, sei er ein *zu starker, eigenständiger*

Dichter, um das Werk eines anderen befriedigend zu bearbeiten – ohne *zu weit gehen* zu wollen, sei auch Schiller als Bearbeiter des «Faust» *nicht denkbar*. Was man hier vorhabe, sei *literarischer Inzest*, heraus käme ein *Wechselbalg – weder echter Brecht noch echter Wedekind, und beides wäre doch schade.* Stattdessen solle man Wedekinds Urfassung der beiden Stücke spielen, die ja nur aus Zensurgründen getrennt worden sei. Dafür brauche man eine *erstklassige Übersetzung*, die aber *keiner von uns Emigranten* machen könne. An Tilly schreibt sie: *Brecht möchte ganz einfach die Lulu haben, weil er sich davon für sich selbst einen Erfolg verspricht und weil ihm von allein nichts einfällt. Muss die Lulu ausgerechnet den Diebesfingern von Bert Brecht ausgeliefert werden? ERFOLGLOSEN Diebesfingern?*

Kadidja macht Elisabeth Frank einen Gegenvorschlag: Orson Welles in der Rolle des «Marquis von Keith». *Darin kann er Geschäfte machen, Bilder fälschen, hinken, Frauen verführen, Feenpaläste bauen, Feuerwerke abbrennen, hochstapeln und philosophieren, so viel er will. Ich glaube, er hätte große Lust zu allen diesen Dingen.* Wäre es *nicht geradezu ein Verbrechen*, fragt Kadidja, Orson Welles den Keith *NICHT* spielen zu lassen? Und welche Filmidee – *Frau Liesl, bitte!*

Aber *Frau Liesl* interessiert der «Marquis von Keith» nicht. Sie will die «Lulu», und zwar in Brechts Bearbeitung – denn unbearbeitet, das betont sie immer wieder, sei Wedekind in Amerika unspielbar. Kadidja glaubt zu erkennen, dass sie sich Brecht verpflichtet fühlt, ihm vielleicht sogar Geld gibt und sich von ihm um den Finger wickeln lässt. Sogar als Übersetzer der «Lulu» bringt sie ihn ins Spiel. *Es ist zum Lachen,* empört sich Kadidja, *Brecht kann kaum Englisch. Ich schreibe und spreche viel besser als er, und selbst ich würde mich an eine so verantwortungsvolle Aufgabe nicht heranwagen.*

Bei einer Zusammenkunft erläutert der ungeliebte Dichter seine Bearbeitungsidee: Amerikanische Frauen seien so anspruchsvoll, dass ihre Männer zu ihrer Finanzierung unentwegt arbeiten müssten. Dadurch blieben die Frauen unbeaufsichtigt und gingen fremd. «Sehr schön», sagt Kadidja, »aber das ist nicht die ‹Lulu›.» *Ich versuchte dann zu erklären, WAS die Lulu sei, und das tut mir jetzt bitter leid. BB hörte aufmerksam zu und wird die Idee wahrscheinlich in seinem nächsten Stück verwenden. Man hätte sich einen so gefährlichen, phantasiearmen, dabei so raffiniert begabten Menschen wie BB natürlich von Anfang an mit größter Vorsicht vom Leib halten müssen.*

Irgendwann platzt Kadidja der Kragen, *Frau Liesl* erhält einen geharnischten Brief – den ersten seiner Art, der von ihr überliefert ist: *Haben Sie sich denn je überlegt, was für eine ungeheure Anmaßung und Respektlosigkeit es ist, einen Dichter wie Wedekind immer «bearbeiten» zu wollen? Was würden Oscar Wilde, Shaw, O'Neill, Thornton Wilder oder Somerset Maugham sagen, wenn Sie ihnen erklärten: «Wir müssen Ihre Stücke erst umdichten.» Würden Sie Thomas Mann zumuten, seine Romane von Erich Maria Remarque umschreiben zu lassen, damit sie «Bestseller» werden? Und was – schließlich und endlich – glauben Sie, würde mein Vater selbst zu Ihren Plänen sagen? Sie können doch nicht deshalb, weil er tot ist und sich nicht mehr wehren kann, derartig mit ihm umspringen! Wenn Brecht so genau wüsste, wie man für Amerika erfolgreiche Theaterstücke schreibt – ja, warum bearbeitet er denn nicht seine eigenen Stücke!? Sie waren dabei, als er mir sagte: «Was sich die Amerikaner nicht gern sagen lassen, dafür bezahlen sie nicht.» Dass die Amerikaner für die Lulu bezahlen würden, davon ist er überzeugt. Und da ich kein Dummkopf bin und genausogut wie er weiß, was für ein gutes Stück die Lulu ist, will ich sie unter keinen Umständen hergeben. Ich habe, offen gesagt, in all den Wochen darauf gewartet, ob Sie, Frau Liesl, vielleicht anfangen würden, sich ein ganz kleines bisschen zu genieren. Statt dessen wurde mir, als ich versuchte, meinen Vater zu verteidigen, gesagt, dass meine Aufregung überflüssig sei und dass ich nicht so «bockig» sein sollte.*

Kadidjas Kreuzzug zeigt Wirkung: Brecht tritt zurück, seine Wedekind-Bearbeitung unterbleibt. Kadidja fühlt sich als moralische Siegerin – ob zum Schaden oder Nutzen der Literatur und des Vaters, sei dahingestellt. Es ist Herbst 1946, Brecht ist in

New York, um seine «Duchess of Malfi»-Bearbeitung auf die Bühne zu bringen, die er mit W. H. Auden für Elisabeth Bergner geschrieben hat. Sie endet – von Kadidja aufmerksam beobachtet – mit einem Misserfolg.

Kadidja beschließt nun, selbst die «Lulu» zu bearbeiten, nach Wedekinds Originalmanuskript, das ihr Tilly aus der Schweiz schickt. Außerdem lässt sie das Gesamtwerk ihres Vaters beim Copyright Office in Washington registrieren, was gründliches Studium, mehrere Reisen in die Hauptstadt und einen Großteil ihres Geldes erfordert. Die angefangene Novelle bleibt darüber liegen. *Ich bin ja wohl schon eine durch und durch komische Figur, dass ich nie etwas fertig machen kann. Aber ich seh' keinen anderen Ausweg. Meine eigenen unsterblichen Werke müssen eben noch ein paar Jahre warten.*

Ulrich Biel findet Kadidjas Eintreten für Wedekind abwegig. Seiner Meinung nach werden dessen Stücke auch in Zukunft in Amerika kaum Interesse erwecken, und es ärgert ihn, dass seine Frau alles andere darüber vernachlässigt und ihn bei einem Heimaturlaub in einer unordentlichen, mit Papieren übersäten Wohnung empfängt. Er drängt sie, mit ihm nach Deutschland zu kommen. Anscheinend will er seine Ehe retten. Aber Kadidja wünscht Ruhe und Abgeschiedenheit für ihre Arbeit. *Wenn ich mit meiner Schriftstellerei schon je in Amerika irgendetwas erreicht hätte, so würde Uli die Sache mit anderen Augen ansehen. Aber so ist alles, was dabei herauskommt, dass ich keine Zeit für ihn habe und sein Geld ausgebe. Er hat's nicht leicht – aber ich auch nicht.*

Bleiben oder fahren? Tilly weiß nicht, was sie tun soll. Sie hat Sehnsucht nach dem Malvenhaus und fühlt, dass Carola mit ihren Eltern und unbekannten Geschwistern vereint werden sollte. Aber es graut ihr vor dem Umzug, nicht nur der andauernden Depression und der arthritisch schmerzenden Handgelenke wegen. Ein Rückreisevisum ist erforderlich. Der Winter steht vor der Tür, und Pamela nennt ständig neue von ihr mitzubringende Gegenstände. Wie soll das gehen? *Bitte, Pamel-*

chen, dränge mich nicht, bittet sie die Tochter. *Ich tu, was ich kann, aber es macht mich nervös, wenn ich das Gefühl habe, ich komme nicht mehr nach. Die Dinge verfolgen mich bis in den Schlaf.*

Von jenseits des Ozeans lässt sich Kadidja hören: *Ich kann mir nicht helfen, es ärgert mich, dass Du in das schreckliche Deutschland sollst, nur um für Pamelas Kinder und Haushalt zu sorgen, weil Pamela ihrem Beruf nachgehen muss! Warum muss ausgerechnet Pamela ihrem Beruf nachgehen? Wenn man Kinder hat, sollte man doch auch bereit sein, sich ihnen zu widmen, und nicht die Sorge um sie der Großmutter aufbürden, die viel zu begabt und viel zu nervös für so etwas ist. Ich habe gar nichts gegen Pamelas gesunden Egoismus. Er ist eine sehr nützliche Eigenschaft und hilft ihr durchs Leben. Ich habe was dagegen, dass Pamela Dich ausnützt, weil ich weiß, dass Du Dich Deiner Haut nicht wehren kannst.*

Ratlos wendet Tilly sich an Charles. *Ich fühle mich durch Dich so geborgen, weil Du so ruhig bist. Es ist alles unvorstellbar schwer – ich glaube, wir müssen noch warten, bis einigermaßen normale Reiseverhältnisse eintreten. Ich bin dem nicht gewachsen, und ich ängstige mich zu Tode. Hoffen wir auf das Frühjahr. Ich muss eben sehen, wie ich bis dahin durchkomme. Ich bin innerlich entsetzlich zerrissen, aber ich kann gegen diese Schwierigkeiten nicht an und muss es Gott und Christus überlassen, was er über uns beschließt. Seid nicht böse und nicht zu unglücklich.*

Tilly sucht wieder Schutz bei der Religion. In Birchers Sanatorium besuchte sie regelmäßig die Andachten, jetzt liest sie täglich in einem Band «Losungen». Trotz Mietschulden von siebenhundert Franken bei dem Professorenehepaar – das Originalmanuskript von Wedekinds Stück «Musik» kam unverkauft von einem Genfer Auktionshaus zurück –, schickt sie Pakete nach St. Heinrich. Neben genau vorgeschriebenen Mengen von Zucker, Kaffee, Honig, Haferflocken, Sardinen, Kakao, Schokolade, Tee und Zigaretten sind in bestimmten Abständen «Fett-» und «Konzentratpakete» zugelassen. Abends liest sie einer augenleidenden Dame vor, um ein paar zusätzliche Franken zu verdienen. In Briefen führt sie Carolas Hand zu Grüßen an die Eltern, wie einst Pamelas, als diese Wedekind grüßen ließ.

Ende März 1947 ist es so weit. Mit einer Wagenladung voller Möbel und sechzig Kilogramm Lebensmittel treten Tilly und Carola die Heimreise an. Charles, der sie in Lindau in Empfang nimmt, kann nur staunen, wie Tilly trotz ihrer Depression alles geregelt und in die Wege geleitet hat. Ihr Gesichtsausdruck ist versteinert, ihre Bewegungen sind kraftlos und unkoordiniert wie immer, wenn die Krankheit sie im Griff hat. Im überfüllten Zug nach München bahnt sich Charles den Weg zur Toilette. Carola schläft neben ihrer Großmutter in einer Fensterecke. Auf dem Rückweg hört Charles Lachen und angeregte Unterhaltung und findet Tilly, die inmitten eingezwängter Reisender temperamentvoll von ihrem Leben und ihrer Ehe mit Frank Wedekind berichtet. Von einer Minute zur anderen ist die depressive in die manische Phase umgeschlagen.

In Seeshaupt wartet ein Pferdefuhrwerk. Eine Schnur mit einem blauen Luftballon haltend, einen Spielzeugrechen über der

Tilly und Enkel: Taufe von Adrienne in der Kirche
von St. Heinrich, 1947

Schulter, kehrt Carola, fast vier Jahre alt, in das Haus zurück, das sie als Baby verlassen hat. Oben auf der Treppe steht eine fremde Frau im Schlafrock – ihre Mutter.

Pamela begibt sich auf eine Vortragstournee, Charles ist fast immer in München. Statt einem hat Tilly nun drei Kinder zu betreuen und ist doch *SO froh, wieder zu Hause zu sein.*

Gustaf Gründgens hat sich nach neun Monaten sowjetischer Internierung, einem Verfahren vor dem Deutschen Prüfungsausschuss und einer auch von Pamela unterzeichneten Petition ehemaliger Kollegen im Mai 1946 unter demonstrativem Beifall mit Sternheims «Snob» auf die Berliner Bühne zurückgemeldet. Jetzt spielt er den «Marquis von Keith» am Deutschen Theater, das wieder Max Reinhardts Deutsches Theater heißt. Tilly reist nach Berlin. Gründgens' Deutung des «Marquis» überzeugt sie nicht, aber als man ihr einen Rosenstrauß in die Direktionsloge reicht, rinnen ihr Tränen übers Gesicht.

Tilly nimmt die Gelegenheit wahr und wählt die ungewohnte Telefonnummer eines ihr sehr bekannten Mannes: Dr. Gottfried Benn. Im Februar 1946 schrieb er ihr nach Zürich, nachdem er von Ulrich Biel ihren Aufenthaltsort erfahren hatte. *Alt geworden, müde u. traurig* erzählte er vom Tod Hertha von Wedemeyers, seiner Frau, die Gift nahm beim Einmarsch der Russen in das Dorf an der Elbe, wohin Benn sie evakuiert hatte, nachdem sie in Landsberg an der Warthe *alles stehenlassen* mussten und mit *einer Handtasche über Schneefelder* flohen. Zu Tillys sechzigstem Geburtstag am 11. April 1946 schickte er Glückwünsche – er habe ihrer gedacht, *wie übrigens jedes Jahr,* und es tue ihm *unendlich leid,* von ihren Schwierigkeiten zu hören. *Du solltest immer in einem Zimmer voll Rosen sitzen,* meinte er, *den Blick auf den See, in einem weißen seidenen Kleid mit violettem Samt besetzt und Anna Karenina oder «Feuer» von D'Annunzio lesen u. abends abgeholt werden zum Hummeressen, dann Obstsalat u. roter Wein. Das wünsche ich Dir u. vielleicht kommt es nochmal wieder!* An seinen Publikationen könne er *nichts bedauern oder gar bereuen [...] es war immer*

echt u. kam aus meinem Wesen. Wenn man immer nur das pub-
lizierte und ausspräche, was 15 Jahre später OPPORTUN er-
scheint, würde man überhaupt nichts publizieren. [...] Ich bin
völlig mit mir einig und brauche von keiner Seite mehr eine Be-
stätigung.

Tilly besucht ihn in seiner Wohnung in der Bozener Straße 20
in Schöneberg. Er ist so dünn geworden, dass sie ihn fast nicht
erkannt hätte. Neben ihm steht Dr. Ilse Kaul, Zahnärztin und
seit Dezember 1946 Benns dritte Ehefrau, ein wenig herb, wie
Tilly findet, aber höflich und nett. Essen gibt's im Wartezimmer,
Kaffee im Schlafzimmer. Es ist gemütlich. Das Einfache an Benn,
seine Vorliebe für Straßenbahnfahren und Bierkneipen, mochte
Tilly schon immer. Die neue Frau Benn ist mit vierunddreißig
Jahren so jung, dass Eifersucht nicht aufkommt.

Alles wartet auf Kadidja. Tilly will ihr *Kind* wieder bei sich haben, Charles seine Schwägerin kennen lernen, von der ihm Pamela nur Gutes berichtet und deren Briefe ihn durch ihren treff-
sicheren Stil beeindrucken. Dennoch mischen sich Sorge, ja
Beklemmung in die Erwartung. Das Verhältnis zu Ulrich Biel ist
zerrüttet, seit er Pamela ihre Tätigkeit am Preußischen Staatstheater vorwarf und sie Mitläuferin und Sympathisantin des Dritten Reichs nannte. Bei einem seiner letzten Malvenhausbesuche
ließ er, aus Versehen oder absichtlich, eine englischsprachige Notiz Kadidjas zurück, die den Satz enthielt: *I HATE that Wac*
Pamela. «Wac», so erkundigt man sich, steht für «Women's Army
Corps», also für weibliches Armeepersonal, und kann, da Pamela nie eine Uniform trug, nur auf ihren vermeintlich mili-
tanten Charakter zielen. Warum Kadidja ihre Schwester hassen
sollte, ist unverständlich, selbst als Scherz.

Unterschrieben ist die Notiz mit *your Ex-bride Kadidja.* Weiß
sie von der Existenz der deutschen Gräfin, oder muss man sie
warnen? Will Ulrich Biel sie provozieren, die Beziehung aufzukündigen, so dass er «böswilliges Verlassen» oder «ehewidriges
Verhalten» als Scheidungsgrund angeben kann? *In diese Situ-*
ation wird das arme Kätzlein dann von ihrer lieben Familie

gebracht, schreibt Pamela an Martha und Hans Carl, die ein besonders enges Verhältnis zu Kadidja haben, *weil man aus Taktgründen und Hintertreppendiplomatie über eine so entscheidende Angelegenheit geschwiegen hat. Denkt Euch nur, wie grauenhaft, wie entsetzlich es für sie werden kann. Ich bin ganz krank bei dem Gedanken!*

Andererseits ist das genaue Verhältnis der Gräfin zu Biel nicht bekannt. Man will sich nicht dem Vorwurf der Einmischung in Kadidjas Ehe aussetzen. *Kadidja wird schon wissen, dass Uli nicht vier Jahre lang als Mönch gelebt hat,* meint Tilly und weist auf Kadidjas *mimosenhafte Empfindlichkeit* hin.

In die Unsicherheit platzt der Brief eines Unbekannten aus New York an Tilly, der sich *Freund und Faktotum* Kadidjas nennt, in deutscher Sprache schreibt und seiner Ausdrucksweise nach Arzt sein könnte. Kadidja, meint er, sei seit einiger Zeit in einer *psychisch recht delikaten Verfassung,* ihre *außerordentliche Labilität* habe zugenommen, bei *objektiv minimalem Anlass* gerate sie in *starke Erregung.* Ihre literarische Produktion sei *schwankend* und entspreche nicht ihrer *bedeutenden Begabung.* Es sei *überaus wichtig,* Kadidjas Umwelt *unproblematisch* zu gestalten, *so dass tiefere Konflikte nicht aufgestört werden und sie nicht innerlich Stellungen einzunehmen braucht, die vielleicht besser uneingenommen bleiben.*

Nicht weniger überraschend ist ein Bittbrief Kadidjas an Pamela, sie *nie, nie wieder* mit Tilly allein zu lassen, sie könne es nicht ertragen. *Pamela, Engelin, ich kann Dir nicht beschreiben, wie ich seit Jahren unter Tillys Briefen leide. Wenn sie aus Zürich kamen, war ich immer völlig zerschmettert und auf zwei Wochen arbeitsunfähig. In Notwehr habe ich mich so weit erniedrigt, meinerseits Jammerbriefe zu schreiben. Dass irgendein Mensch mich dazu bringen kann zu KLAGEN, was mir von Natur aus gar nicht liegt und was auch ungesund ist, das hat mich besonders verbittert!*

Angesichts solch widersprüchlicher Meldungen beschließt Pamela, in der Sache Biel und der Gräfin nichts weiter zu unternehmen – ein Fehler, den sie bereuen wird.

Nach einem weiteren Jahr der Verzögerung und mehr als elf-jähriger Abwesenheit kommt Kadidja im März 1949 als frisch gebackene Amerikanerin mit einem Truppenschiff nach Europa und fährt zunächst nach Berlin zu Ulrich Biel. Einzelheiten der Begegnung erfährt man nicht. Von Berlin fährt Kadidja nach Kassel zu Martha und Hans Carl und in deren Begleitung, als ob sie Angst hätte, ihrer engsten Verwandtschaft allein gegenüber-zutreten, weiter nach München.

Die Ankunft ist bizarr: Kaum dem Zug entstiegen, beginnt Kadidja von Amerika zu erzählen, als käme sie von einer wich-tigen Mission, deren Ergebnis so schnell wie möglich mitzutei-len sei, und wirft dabei mit berühmten Namen um sich, von Feuchtwanger bis Kesten, Einstein, Kurt Weill, Oskar Maria Graf oder Thomas Mann, mit lauter Stimme, so dass Fremde ste-hen bleiben und das Schauspiel betrachten. Charles traut seinen Augen nicht, Pamela wartet schweigend. Schließlich geht sie auf Kadidja zu, reicht ihr die Hand und sagt: «Guten Tag!»

Es ist, als ob ein frischer Wind durchs Malvenhaus weht. Ka-didjas jugendliche Stimme, ihr fröhliches Lachen, ihre direkte, kameradschaftliche Art, ihre flotten Ausdrücke – Carola, Ana-tol und Adrienne sind begeistert von ihrer neuen Tante. Sie schenkt ihnen Kaugummi und verspricht ihnen Hosen aus dem-selben nie gesehenen blauen Stoff, den sie selbst trägt, so ge-nannte *Cowboyhosen*. Die Kinder finden das Wort großartig und wiederholen es immer wieder. Im ehemaligen Kinderzim-mer rückt Kadidja einen Tisch vor das Fenster, der bald mit Pa-pieren und Manuskripten bedeckt ist und eine ungewohnte, prickelnde Atmosphäre künstlerischer Freiheit verbreitet. Über das Gitterbett der kleinen Adrienne, die jetzt mit den Geschwis-tern im Elternzimmer schläft, klebt Kadidja ein großes blaues Papier, das sie jedes Mal, wenn das Laken morgens trocken ist, mit einem Stern, einer Blume oder einem Engelsbild verziert. Binnen kurzer Zeit ist das Papier voll und Adrienne zum Er-staunen der Erwachsenen vom Bettnässen kuriert. Auf dem Balkon liest Kadidja in großer Runde aus einem Manuskript.

Carola weiß, um was es sich handelt: ein Buch über Frank Wedekind, an dem die Tante arbeitet.

Eines Abends ertönt wütendes Geschrei. Türen werden geschlagen, etwas Schweres knallt gegen die Verbindungstür zum dunklen Elternzimmer, wo die Kinder in ihren Betten liegen. Am Morgen finden sie Kadidjas amerikanische Stiefel im Türrahmen. Man sitzt gemeinsam am Tisch, aber die Fröhlichkeit ist gedämpft. Die Kinder erinnern sich des Vorfalls noch Jahrzehnte später in aller Deutlichkeit.

Im Mai 1949 kommt eine einsame Gestalt durch das Gartentor: Axel Regnier, Charles' Bruder, ausgezehrt, lungen- und magenkrank, mit Rattenbissen auf der Stirn, nach fünf Jahren russischer Gefangenschaft, wo er absichtlich hungerte, in aller Heimlichkeit, um nicht als Saboteur erschossen zu werden, bis alle Rippen zu sehen waren und jeder Knochen hervorstand und man ihn mit einem Krankentransport nach Hause schickte. Ruhig von Temperament wie Charles und Goldi, beklagt Axel weder sein Schicksal, noch heischt er um Mitleid. Die Kinder lieben den unerwartet in ihr Leben getretenen Onkel und wollen so viel wie möglich mit ihm zusammen sein. Vor dem Militärdienst hatte Axel Tanzunterricht und spielte Schlagzeug in einer Jazzkapelle. Jetzt verdingt er sich als Waldarbeiter und zieht an die Brücke nach St. Heinrich in die Nähe von Goldi, seiner Mutter.

Noch einer kehrt heim in diesen Tagen: Klaus Mann. Am Abend des 20. Mai 1949 vergiftet er sich mit einer Überdosis Schlaftabletten in einem Hotel in Cannes und stirbt am nächsten Abend, zweiundvierzig Jahre alt, nach einer kürzlich durchgeführten Eukodal-Entziehungskur, einem Suizidversuch im Vorjahr und einer immensen Lebensleistung aus Romanen, Erzählungen, Theaterstücken, Autobiografien und Hunderten von Essays und Artikeln, die ihn bei allem Fleiß dennoch nie von der väterlichen Geldbörse unabhängig machten.

Sein Schlüsselroman «Mephisto» (*geistig sehr schwach,* urteilte

Benn in einem Brief an Oelze) kann nach Mitteilung des Verlegers Georg Jacobi in Deutschland nicht erscheinen, weil der darin porträtierte Gustaf Gründgens *hierzulande bereits wieder eine sehr bedeutende Rolle spielt.* In einem seiner letzten Briefe antwortet Klaus Mann: *Das heiße ich mir Logik! Und Zivilcourage! Und Vertragstreue! Gründgens hat Erfolg: Warum sollten Sie da ein Buch herausbringen, das gegen ihn gerichtet scheinen könnte! Nur nichts riskieren! Immer mit der Macht! Mit dem Strom geschwommen! Man weiß ja, wohin es führt: zu eben jenen Konzentrationslagern, von denen man nachher nichts gewusst haben will* ...

Im Januar 1946 hat er Tilly in Zürich besucht und mit Carola gespielt. *Furchtbar nett* sei er gewesen, von herzlicher Höflichkeit wie immer. Pamela nahm keinen Kontakt zu ihm auf, auch nicht, als er nach Kriegsende in München war und sie durch den Schauspieler Hans Reiser grüßen ließ, einen Kollegen von Charles an den Kammerspielen. Später hörte sie, dass er in Garmisch bei Richard Strauss war, also quasi an St. Heinrich vorbeigefahren ist.

Aus Klaus' Tagebüchern weiß man, dass er Pamelas im Exil nur noch selten und wenig freundschaftlich gedachte. Pamela trifft der Tod des ehemaligen Verlobten ins Mark. Verzweifelt schreibt sie an Erika in die Schweiz. *Liebe Pamela,* antwortet die, *mein Gott, seit wie langem habe ich keinen Brief mehr so begonnen* ...

21

Zwist

1950–1959

Kadidja hat das Malvenhaus verlassen – sie habe nicht gewusst, wie abgelegen es sei und dass es kein Bad gebe. Außerdem habe sie gleich bei der Ankunft gemerkt, dass man *sie nicht mag*, sonst hätte Pamela sie kaum so begrüßt, als *käme sie eben aus Pasing*. Als die Münchner Kammerspiele Charles eine kleine Vierzimmer-Dachwohnung in der Leopoldstraße 79 in Schwabing vermitteln, zieht Kadidja in das frei gewordene Zimmer in der Franz-Joseph-Straße, Tür an Tür mit Kai Molvig.

Von Ulrich Biel ist sie geschieden, abgefunden mit achttausend Dollar und einer befristeten Unterhaltszahlung. Zu einer Beteiligung Kadidjas an dem stattlichen Vermögen, das er angeblich in Berlin bereits besitzt, war er nicht bereit. Die Familie riet Kadidja von einem Prozess ab, dem sie nervlich und finanziell nicht gewachsen sei. Kadidja hadert mit der Entscheidung, fühlt sich falsch beraten und ärgert sich über die eigene Schwäche. Warum haben ihre Nächsten sie nicht entschiedener unterstützt? Warum hat man ihr Ulrich Biels Verhältnis mit der Gräfin verschwiegen? Sie arbeitet als Redakteurin bei der «Münchner Illustrierten» und deren Chef, dem aus der Emigration heimgekehrten ungarischen Schriftsteller Hans Habe.

Weihnachten 1950 wollen Pamela und Kadidja ihrer Mutter ein Geschenk kaufen. Ein Morgenmantel soll es sein. Kadidja besorgt ihn, er ist dunkelrot und geeignet für winterliche Gänge durch den ungeheizten Malvenhausflur. Preis: neunundsechzig Mark. Martha und Hans Carl wollen sich beteiligen, Kadidja hat das Geld vorgestreckt.

Am 28. Dezember – der Morgenmantel ist überreicht und hat

gefallen – besucht Pamela ihre Schwester in der Franz-Joseph-Straße, die dort mit Fräulein Engelhardt, einer Kollegin von der «Münchner Illustrierten», in der Küche sitzt. Man spricht über dies und jenes, schließlich sagt Pamela, sie müsse Kaffee kaufen, bevor die Geschäfte schließen. «Kaffee kannst du von mir haben», sagt Kadidja und gibt ihr eine Dose, die sie im amerikanischen PX achtzig US-Cent, also vier Mark, gekostet habe. Pamela, erfreut über das preiswerte Produkt, gibt Kadidja einen Zwanzigmarkschein, aber die kann nicht herausgeben. «Lass mal», sagt Kadidja, «wir verrechnen das später.» Worauf Pamela ihre zwanzig Mark wieder einsteckt und samt Kaffee die Wohnung verlässt. So Kadidjas Version.

Nach Pamelas Erinnerung hat Kadidja den Schein genommen und *achtlos auf den halbrunden Tisch im Flur geworfen.* Das erzählt sie Charles am Abend. Und weil sie ganz genau weiß, dass es so und nicht anders war, reagiert sie äußerst gereizt, als Kadidja ein paar Tage später dreiundzwanzig Mark für den Morgenrock und vier Mark Kaffeegeld anmahnt. Allenfalls schulde sie sieben Mark, sagt Pamela, denn zwanzig Mark habe Kadidja schon bekommen. Es gibt einen gewaltigen Krach.

Kadidja lässt sich ihre Version von Fräulein Engelhardt schriftlich bestätigen. Pamela führt ihren Kontobucheintrag vom fraglichen Tag an. Beide verweisen auf ihr bekannt gutes Gedächtnis, beide behaupten, nicht verrückt und daher sehr wohl in der Lage zu sein, einen solch einfachen Vorgang korrekt und wahrheitsgetreu wiederzugeben. Was beide Schwestern bewusst oder unbewusst seit langem spüren, bricht auf – die Länge und Schwere des Zerwürfnisses, das mit diesem Streit seinen Anfang nimmt, ist anders kaum zu erklären.

Wenn Du schon derartig heftig und empört reagierst, wenn ich Dich um Geld bitte, das ich nach bestem Wissen und Gewissen zu beanspruchen habe, fragt Kadidja, *wie wird es dann eines Tages sein, wenn ich Dich um Geld bitte, auf das ich keinen Anspruch habe? Wie glaubst Du, wird mir dann zumute sein, nach diesem furchtbaren Krach? Mein Gott, Pamela – es fällt mir ja nicht GERNE auf, aber was soll ich denn machen –, es MUSS mir doch auffallen, was für liebevolle Briefe Du mir geschrieben hast, als Du mich brauchtest, und wie streng Du auf einmal mit mir bist, seit Du mich nicht mehr brauchst. Ich weiß, Du kannst nichts dafür, wenn Du Dich manchmal wie eine ausgesprochene Giftnudel aufführst. Du leidest an einem Gefühl, das heute sehr viele Menschen haben: an Lebensangst – der panischen Angst, zu kurz zu kommen. Das ist sehr traurig. Du kannst nichts dafür. ABER ICH KANN AUCH NICHTS DAFÜR! Ich kann nicht durch Deine Probleme in die Situation gebracht werden, mich meiner Haut wehren zu müssen oder im Armenhaus zu landen. Das ist ungerecht.*

Pamela versichert der Schwester, ihr gerne zwanzig Mark doppelt bezahlt zu haben. *Was mich viel mehr bedrückt, ist die Tatsache, dass Du jede Gelegenheit ergreifst, um mich mit offenen und versteckten Vorwürfen und Anklagen zu überschütten, aus denen hervorgeht, dass Du von frühester Kindheit von mir missverstanden, ausgenützt und geschädigt worden bist. Wenn ich wirklich das Monstrum an Lieblosigkeit, Egoismus, bösem Willen und Undankbarkeit bin, das Du behauptest, dann, liebe Kadidja, gibt es nur eine Konsequenz: den Umgang mit mir so schnell wie möglich abzubrechen.* Pamela und Kadidja halten einander vor, was sie für Tilly getan und wie sie unter ihr gelitten haben. Beide glauben, dass sich Tilly mit der jeweils anderen gegen sie verbündet.

Tilly will nur Frieden. *Ich bitte Euch inständig: vertragt Euch,* fleht sie. *Wägt nicht ab, was einer für den anderen getan hat – es war viel! –, reicht Euch die Hände und sagt: Wir wollen fest daran glauben, dass keiner dem anderen etwas Böses will. Seid nicht gereizt oder überempfindlich, es wächst kein Segen aus solchem Verhalten. Wir wollen nicht leichtsinnig mit den paar Jahren umgehen, die uns noch geschenkt sind. Tut es um meinetwillen – versöhnt Euch!*

Der Zwist der Töchter deprimiert Tilly so, dass sie Elektroschocks als Behandlung erwägt. *Was hältst Du davon?,* fragt sie Dr. Benn. *Ein Nervenarzt in Garmisch sagte mir, es wäre so, als wenn man mit einem Hammer auf ein Uhrwerk schlüge. Ka-*

didja ist ein so liebes Kind, aber sie ist unendlich schwierig, neigt wie ich zu Depressionen, und deshalb habe ich eingesehen, dass es besser ist, wenn ich nicht zu viel mit ihr zusammen bin. Mit Pamela stehe ich, seit Kadidja hier ist, auch nicht mehr sehr gut. Sie ist immer auf Kadidja eifersüchtig, weil sie denkt, dass ich sie mehr liebe. [...] Ich komme, etwas spät, immer mehr zu der Erkenntnis, dass Menschen wie Wedekind keine Kinder in die Welt setzen sollten.

Der Streit geht weiter. Pamela will ihrer Schwester einen Schlafanzug zurückschicken, den sie von ihr zum Geburtstag bekommen hat. Tilly beschwört sie, den Schritt zu unterlassen, und ruft sogar Charles zu Hilfe. Pamela tut es trotzdem. *Es gibt nichts Beleidigenderes, als jemandem Geschenke zurückzugeben,* empört sich Kadidja, *notabene nachdem man sie ein dreiviertel Jahr benützt hat. Ich will von meinen nächsten Verwandten weder geärgert noch gequält werden, und ich werde Dir von nun ab Deine Briefe ungelesen zurückschicken. Praktisch Wichtiges bitte ich mir auf Postkarten mitzuteilen. Auf seelisch Interessantes verzichte ich.* Nun weigert sich auch Pamela, Briefe ihrer Schwester zu lesen – der Arzt habe ihr Aufregung verboten.

Kadidja fragt nun, wieso Charles bei ihrem Einzug in die Franz-Joseph-Straße einen Stuhl aus ihrem Zimmer genommen habe, mit dem Hinweis, er gehöre Kai Molvig? Und wieso er Tillys Daunendecke benutze und auf Tillys Schreibmaschine schreibe? Die Decke, erklärt Charles, habe ihm Tilly in knapper Zeit überlassen, als man alles teilte, ihre Schreibmaschine benütze sie selbstverständlich auch selbst, bei dem Stuhl bedaure er seinen Formfehler. *Deine «Entschuldigung» ist akzeptiert,* schreibt Kadidja. *Ich habe es allerdings lieber, wenn Entschuldigungen ehrlich demütig sind – dann kann man auch ehrlich großmütig verzeihen. Ihr habt jetzt wohl beide gemerkt, dass es ein schlechtes Geschäft ist, mich zu ärgern. Ich fürchte, dass ich nur dieser und keiner menschlichen Erwägung Deine Entschuldigung verdanke. Sie klingt jedenfalls danach. Manchmal denke ich, die Emigration wäre für Euch beide sehr gesund gewesen.*

Pamela hätte dann gelernt, was sie ohne den Namen Wedekind wert ist. Ich weiß es heute. Das macht mich zugleich sicherer und bescheidener, als Ihr es seid. Es gehört offensichtlich zu Eurem System, Leuten Dinge wegzunehmen und unangenehm zu werden, wenn sie sie wiederhaben wollen. Was nennst Du eigentlich noch alles «Formfehler»? Auch die Methoden der SS?

Tilly tröstet ihren Schwiegersohn – wie könne Kadidja, die sich mit *so viel Güte und Besorgtheit* um alles kümmerte, jetzt so *bösartig alles zunichte machen? Aber Charles, es ist typisch Wedekind'sch! Frank hat seinen Vater einmal geohrfeigt. Ich war immer so glücklich, dass meine beiden Kinder füreinander geradezu schwärmten und füreinander eintraten. Jetzt scheint der Teufel in sie gefahren zu sein. Kadidja hat schwärzeste Rachegedanken, und Pamela ist nur noch eine Rechenmaschine.*

Charles arbeitet wie ein Besessener. Zehn Jahre ist er an den Kammerspielen, die ganz großen Rollen sind an ihm vorbeigegangen. Er bearbeitet und übersetzt französische Stücke, synchronisiert Filme, wirkt in ungezählten Rundfunkproduktionen mit, oft bis in den frühen Morgen. Mehrmals pro Woche unterrichtet er an der Otto-Falckenberg-Schauspielschule. Der gefürchtete, unerbittliche Regisseur Fritz Kortner gab ihm 1949 in dem Film «Der Ruf» die erste Filmrolle, seither häufen sich die Angebote. Unermüdlich feilt er mit ihm an der Szene des Riccaut de la Marlinière in «Minna von Barnhelm». Charles ist nervlich am Ende, aber sein Auftritt wird ein weit über München hinaus beachteter Erfolg.

Ein Glücksfall ist Charles' Zusammenarbeit mit Käthe Dorsch. Charles zeigt ihr seine Bühnenfassung von Colettes Roman «Cherie», eine *süße Arbeit,* wie die Dorsch findet. Sie lädt ihn ein, es in Wien mit ihr zu inszenieren. Die berühmte Schauspielerin hat die Sechzig überschritten, ihr hoher Anspruch, der sie jede Geste und jeden Tonfall festlegen lässt, ist geblieben. Charles hat den Blick für einfache, wirkungsvolle Lösungen szenischer Probleme und die Gabe, Sätze mundgerecht zu formulieren. Am

Ende ist die Dorsch so zufrieden, dass sie am liebsten immer mit ihm arbeiten möchte.

Bei einem Empfang des Münchner Verlags Kurt Desch lernt Charles Jean Cocteau kennen. Er übersetzt dessen Stück «Bacchus» und führt Regie bei der deutschen Erstaufführung im Oktober 1952 am Düsseldorfer Schauspielhaus, wo Gustaf Gründgens inzwischen Intendant ist. In München überlässt man ihm das Weihnachtsmärchen, ein Jahr «König Drosselbart», im nächsten «Zwerg Nase» – Letzteres mit dem Schauspielschüler Mario Adorf als Koch.

Die Bindung an die Münchner Kammerspiele beengt ihn mehr und mehr. Schrittweise löst er seinen Vertrag, erst für ein paar Monate, dann für ein halbes Jahr, schließlich ganz. Die Haushalte in München und St. Heinrich sind zu bestreiten, ein Kinderfräulein muss bezahlt werden. Tilly erhält regelmäßig Zuwendungen, desgleichen Goldi, seine Mutter. Für Pamela inszeniert er einen Vortragsabend an Trude Kolmans Privattheater Die kleine Freiheit. Am Flügel: Kai Molvig. Seit dessen Tänzerkarriere durch eine Verletzung beendet ist, versucht Charles, ihm neue Arbeitsmöglichkeiten zu eröffnen.

Er selbst leidet an Angstzuständen und Schlafstörungen. *Sehr überarbeitet! Große Nervosität, die erst durch Arbeit am Stück besser wird,* notiert er. *Wenn ich doch nur endlich ganz allein wäre! Zu viel Weiblichkeit um mich herum. Da habe ich nicht mehr das Gefühl, dass ich esse, da werde ich nur noch gegessen.*

Sehnsüchtig erwarten seine Kinder die Ankunft ihres Vaters im Malvenhaus. Sobald er da ist, glätten sich die Wogen, Sicherheit und Behaglichkeit breiten sich aus. Selbst wenn er nur lesend auf der Couch liegt, sind die Kinder glücklich, umso mehr, wenn er ihnen auf Waldspaziergängen Geschichten erzählt, mit ihnen Tretboot fährt oder ihnen auf dem Balkon des Malvenhauses die Haare schneidet. Eisiger Schreck durchfährt sie, als ein Sanitätsauto in die Einfahrt biegt und ihr Vater im Eiltempo aus dem Haus getragen wird. Er hat Bauchschmerzen missachtet, den Blinddarmdurchbruch knapp vermieden. Zehn Tage später steht er wieder auf der Bühne.

Gastliches Malvenhaus. Filmregisseur Rolf Hansen hat sich am Strand eine Hütte gebaut. Sein silbergrauer Mercedes parkt an der Landstraße und wird, weil sein Eigentümer als Kinderfeind gilt, nur von fern bewundert. Sehr beliebt ist dagegen Marianne Hoppe. Ihr holzverkleideter Fiat ist nie abgeschlossen, und ihr Sohn Benedikt, der oft wochenlang im Malvenhaus wohnt und den Kindern wie ein Bruder ist, kennt sich bestens aus. Favorit der Kinder ist Adolf Wohlbrück. Seit einiger Zeit spielt und filmt er wieder in Deutschland, wo sein Name so bekannt ist, dass er nicht glaubt, ihn ändern zu können, und den Vornamen weiterhin mit seinem ungeliebten österreichischen Landsmann teilen muss. In London, wo er seit seiner Emigration lebt, nennt er sich Anton Walbrook, bei den Kindern heißt er «Onkel Tony». Sein Trick, eine Kleiderbürste wie einen Igel den Arm hinauflaufen zu lassen, erregt größte Begeisterung. Axel Regnier, seit einiger Zeit in der Programmplanung des Bayerischen Rundfunks tätig und durch Zuverlässigkeit und Kompetenz zum geschätzten Mitarbeiter avanciert, hat sich ein Segelboot gekauft, das an einer Boje im Schilf liegt.

Gustaf Gründgens, ein weiterer bekannter Kinderfeind, macht Urlaub in Ambach. In Begleitung seines Adoptivsohns Peter Gorski verbringt er Zeit im Malvenhaus. Die Atmosphäre ist angespannter als sonst, der Gast braucht viel Ruhe. Leise singen die Kinder unter dem Fenster:

> *Lieber Onkel Peter,*
> *komm ein bisschen runter,*
> *lass den Onkel Gustaf oben,*
> *dann wollen wir dich loben.*

Anatol ist sicher, dass Gustaf Gründgens ihn nicht mag, weil er ihn als Kleinkind einmal gefragt hat: «Onkel Gustaf, warum hast du dir alle Haare ausgerissen?»

Eines Sommertags im Jahr 1953 kommt ein weißer Wagen mit roten Ledersitzen die Auffahrt herauf, ein Hillman Minx, wie

Benedikt Hoppe weiß, dem eine schwarzhaarige Dame im lockeren weißen Hosenanzug mit roten Lippen und rot lackierten Fingernägeln entsteigt: Erika Mann. Die Kinder betrachten sie ehrfurchtsvoll, die Erwachsenen begrüßen sie stürmisch. Erika, wissen die Kinder, ist Pamelas liebste Freundin – die Mutter hat es ihnen oft genug gesagt. Aus Briefen, die sich Erika und Pamela seit dem Tod Klaus Manns schrieben, lässt sich rekonstruieren, was Trennung und Drittes Reich aus der Beziehung machten:

Eri, liebe, liebe Eri, schreibt Pamela 1949 unter dem Schock des Ereignisses, *Klaus tot – oh, es hat mich so getroffen, ich war ganz verzweifelt und merkte erst, wie ich immer in Gedanken bei Euch war und eigentlich immer gehofft hatte – ja, was eigentlich? Die kurzen, aber von mir unvergessenen Jahre unseres gemeinsamen Lebens – so schwer belastet durch das Schicksal der Trennung und alles, was diese noch erschwert und vertieft hat, es ist eigentlich gar nichts zu sagen darüber. Nur, dass ich an Dich denke, heute wie immer und nur eines wünsche und hoffe, dass Du an diesem Verlust nicht zu sehr leiden musst. Und dass Du mir verzeihst, Eri, was man ja wohl nie verzeihen kann – dass ich so von Euch gehen musste.*

In ihrer Antwort meidet Erika Persönliches, spricht nur über den Bruder und die eigene Familie. *Er ist so unschuldig gestorben, wie er gelebt hat. Hätte er unser – unserer Mutter und meiner – auch nur GEDACHT, oder hätte er uns gar angeredet, er hätte es nicht vermocht [...] ich möchte, dass Du dies weißt und dass auch Dir sein Bild rein bleibe.* Eingedenk der gemeinsamen Jugend, so scheint es, darf Pamela von Klaus Abschied nehmen, zum inneren Kreis Gleichgesinnter und schicksalhaft Verflochtener gehört sie nicht mehr. Immerhin legt Erika einen Zettel von Klaus' Hand mit dem Spruch aus dem Lukasevangelium bei, der jetzt seinen Grabstein schmückt – *warum,* schreibt sie, wisse sie selbst nicht.

Im November 1951, nach vorsichtiger Annäherung und der gegenseitigen Versicherung, eine Begegnung *nicht* zu *fürchten,* sehen sich die Freundinnen nach achtzehnjähriger Unterbrechung in München wieder. *Schlechte Tage,* schreibt Charles in seinen Kalender, *Sorgen um Pamela – Gustaf – Erika Mann Komplikationen.*

Nicht umsonst hat Erika in Hunderten von «Lectures» Nazismus, Duckmäuserei und Anpassertum gegeißelt, nicht umsonst nennt man sie, halb bewundernd, halb ängstlich, die «Emigrazie». Wenn es um ihren Exmann und Todfeind, den *trostlosen Gustaf* geht, mit dem Pamela, wie sie weiß, nach wie vor befreundet ist, versteht Erika keinen Spaß. Wahrscheinlich hat Pamela zu vermitteln versucht und dabei den Roman «Mephisto» erwähnt, der nach Klaus' und Erikas offiziellem Standpunkt KEIN Schlüsselroman und NICHT gegen Gründgens gerichtet ist.

Kurz nach Erikas Abreise erhält Pamela einen deutlichen Brief: Von einem *persönlichen Ressentiment* von Klaus gegen Gustaf könne schon deshalb nicht die Rede sein, weil dieser Klaus *ja nichts getan* habe. *Dass freilich K. ihn als einen Verräter par excellence empfand [...] ist eine andere Sache. Auch sie hätte aber gewiss nicht genügt, diesen Roman zu verursachen. [...] Was ganz offenbar gesagt werden sollte, war dies: Den gibt es also auch noch, und schon wieder in führender Stellung, und anscheinend soll es ihn dort immer geben – als Salonkommunisten erst, dann als Generalintendanten und Staatsrat und emsigen Mehrer im Ausland des kulturellen Nazi-Prestiges; als Prunk-Versatzstück des Adenauer-Staates und dann schließlich gewiss als Kommunistenführer wieder. Unkraut wird stets gebraucht, und besitzt es genug Verstand, sich so vielfältig rückzuversichern, so gedeiht es üppigst. [...] Dass Gründgens, sehr im Gegensatz zu den meisten, draußen sofort hätte tätig sein können, als Regisseur aller Branchen, wobei auf wichtigeren Gebieten viel zu leisten gewesen wäre, macht sein Versagen nicht geringer. Urprovinziell, von tiefer Unsicherheit und hysterischer Ängstlichkeit, wie er immer gewesen, graute ihm vor der Fremde (wo man noch nicht wusste, wie reizend er war und es am Ende nicht merken würde) mehr als vor dem heimischen Blutsumpf, in dem er glitzernd watete, nicht ohne zu versichern – heimlich, aber häufig und mit geschulter Stimme –, dass edelste Gründe ihn dazu anhielten. Aber geh! Als ob Du den Guten nicht kenntest! [...] Es wäre mir lieber gewesen, Du hättest nicht aufgedeckt, was an Unvereinbarem zwischen uns liegt. Es ist spät, wir können's nicht ändern und werden einander nicht lehren, mit fremden Augen zu sehen.*

Sie sei, ganz im Gegenteil, *froh*, antwortet Pamela, auf das Trennende hingewiesen zu haben. *Die Feststellung, wie wenig Gewicht das hat, ist dann umso beglückender. Jede menschliche Verbindung, die wirklich eine ist, ist ewig. Und dieses Gefühl war während Deines Hierseins überzeugend. [...] Die moralische Haltung des einzelnen muss gleich hoch bewertet werden, auch wenn er politisch auf der falschen Seite steht. Wenn ein Individuum sich unter einer Diktatur moralisch benimmt, dann ist das niemals kostenlos, sondern immer höchst unbequem und lebensgefährlich.*

Die Argumente sind ausgetauscht, ein brüchiger Friede ist wiederhergestellt. Dieser gilt, darf man annehmen, bei Erikas Besuch im Malvenhaus im Sommer 1953 und den folgenden in der Münchner Leopoldstraße. Zu den Regnier-Kindern ist Erika ausgesprochen nett. Sie schenkt ihnen selbst verfasste Bücher, «Wenn ich ein Zugvogel wär» und «Unser Zauberonkel Muck», schreibt als Widmung: *von der beinahe echten Tante Erika* und demonstriert bereitwillig ihr Kunststück, Zigaretten mit dem brennenden Ende in den Mund zu stecken. «Wie viele rauchst du am Tag?», fragen die Kinder. «Sechzig, leider», gibt sie zur Antwort. Tatsächlich ist der Raum, in dem die Erwachsenen sitzen, bei ihren Besuchen so verqualmt, dass man nur Umrisse erkennt.

Das Publikum der Fünfzigerjahre, scheint es, steht Wedekinds Werk nicht weniger ratlos gegenüber als zu Kaisers Zeiten. Der Vorwurf, seine Sprache habe «Papiergeschmack», hat sich über zwei Weltkriege gehalten. Lulu wird nach wie vor als Vamp begriffen und neuerdings zu ihrem Nachteil mit der schärfer gewürzten Kost aus Hollywood verglichen. Was einst gewagt schien, gilt als veraltet – und bleibt unverständlich wie zuvor. Eine Zeitung fasst zusammen: *Der Moralverächter und Wahrheitsprediger Wedekind interessiert uns nicht mehr. Wir staunen nur noch, seltsam erschüttert, über den Dichter als besessenen Chirurgen, der in den Eingeweiden des Menschen das Geheimnis des Lebens sucht und verzweifelt, weil er nur Exkremente findet.* Lediglich die *Vereinzelung* seiner Figuren wirke modern.

Tilly will das nicht gelten lassen und kämpft für das Werk ihres Mannes, wie sie es ihr Leben lang getan hat. Von ihrem Zimmer im Malvenhaus schreibt sie Briefe in alle Richtungen, an Thomas Mann zum Beispiel, den sie als *Persönlichkeit von Format* für die Herausgabe einer Dünndruckausgabe zu Wedekinds neunzigstem Geburtstag gewinnen möchte. *Die Schauspieler, die Wedekind noch miterlebten, sind zum größten Teil verstorben,* argumentiert sie, *die Jungen wissen nichts mehr davon. Also – ICH finde, dass Wedekind zu Unrecht so wenig gespielt wird!*

Wie recht sie haben!, antwortet Thomas Mann. *Wir haben oft schon davon gesprochen, wie wenig das gegenwärtige deutsche Theater sich um dieses immer hochlebendige, ja sensationelle dramatische Werk kümmert. Was freilich den Herausgeber betrifft, so fühle ich mich da auf recht unsicherem Boden.* Auch Bundespräsident Heuss kann nur indirekt helfen: *Sie haben mir vom Schicksal der Wedekind'schen Dramen in den letzten Jahrzehnten geschrieben und meinen, ich solle gelegentlich ein gutes Wort für Wedekind einlegen. Es ist mir nicht ganz klar, bei welcher Gelegenheit ich das tun soll.*

Gegen Friedrich Dürrenmatts Stück «Die Ehe des Herrn Mississippi», in dem Rezensenten mehr als nur zufällige Parallelen zum «Marquis von Keith» und zu «Schloss Wetterstein» zu erkennen glauben, protestiert Tilly öffentlich. Der Beschuldigte wehrt sich in einem Aufsatz, betitelt «Bekenntnisse eines Plagiators», der Tilly ausnehmend gut gefällt. *Es ist mein Verhängnis oder mein Schicksal,* schreibt sie dem Schweizer Dramatiker, *dass ich für originelle, geistreiche und witzige Leute etwas übrig habe (siehe Wedekind), obwohl Sie, mein lieber Dürrenmatt, sich kaum etwas aus der Liebeserklärung einer alten Frau ma-*

chen werden. Aber, lieber Friedrich, ganz so naiv, wie Sie denken, bin ich denn doch nicht. Man ist nicht ungestraft zwölf Jahre lang Frau eines Dichters. Ich kenne Eure Schliche. Ich weiß genau, wie ihr voneinander abschreibt. Wedekind hat es nur geschickter gemacht als Sie, lieber Friedrich. [...] Man hat in Berlin und auch anderwärts festgestellt, dass eine ganze Generation von Dramatikern bei Wedekind gelernt hat. Ich bin auch nicht so kleinlich, an «Pointen» zu hängen, da hätte ich viel zu tun. Aber wenn ich eine Ähnlichkeit nachweisen will, muss ich halt Ihre Sätze anführen und die entsprechenden bei Wedekind.

Dürrenmatt antwortet: *Es tat mir leid, dass wir öffentlich auf uns schießen mussten, es tut mir noch jetzt leid, vielleicht noch mehr als vorher, nachdem ich Ihren Brief erhalten habe. [...] Wer möchte da nicht Plagiator sein! Ich würde gern mit fliegenden Fahnen zu Ihnen überlaufen, kann es nur nicht, weil ich schon von Anfang an zu Ihnen übergelaufen bin.*

Im September 1953 erleidet Frau von Gaffron einen Schlaganfall, in ihrer Küche beim Bereiten des Morgenkaffees zu früher Stunde. Den Kochlöffel in der Hand, fällt sie um, mit dem Stiel pocht sie auf dem Küchenboden um Hilfe. Charles kommt hinzu und schafft sie ins Bett. Sie stirbt sechs Tage später. Man breitet eine Spitzendecke über die Leiche, ein Pferdewagen bringt sie nach Seeshaupt zum Friedhof. Das Malvenhaus soll verkauft werden.

Für die Kinder steht außer Zweifel, dass ihr Vater es kaufen wird. Keine andere Möglichkeit ist denkbar, die Vorstellung, das Malvenhaus verlassen zu müssen, unerträglich. Aber hat Charles das Geld? Die in einem Strumpf verstauten Fünfmarkstücke, die er seit deren Ausgabe sammelt, ergeben zweitausendvierhundert Mark, weitere Reserven sind nicht da. Charles war zu Dreharbeiten in Jugoslawien und Italien, muss demnächst nach Südafrika, inszeniert und spielt in Bochum, Wuppertal, Düsseldorf, Berlin und Wien. Aber die Gagen sind bescheiden, die Kosten hoch. Das Malvenhaus soll vierunddreißigtausend Mark kosten. Es ist baufällig und hat keine eigene Quelle, so dass es im Sommer immer wieder zu Engpässen kommt und Wasser in Eimern per Leiterwagen vom benachbarten Bauernhof geholt werden muss. Allein die Bohrung nach Wasser, meint Charles, würde seine Finanzkraft übersteigen.

Charles zögert fast ein Jahr, während Interessenten ein und aus gehen. Eines Tages erscheint Herr Koch, ein rheinischer Papierfabrikant, der ein paar Stunden zuvor bereits ein anderes bayerisches Anwesen gekauft haben soll. Die Kinder bestürmen den Vater, die Katastrophe in letzter Minute zu verhindern. Aber Charles fehlt der Mut. Herr Koch kauft das Malvenhaus.

Für die Kinder stürzt die Welt ein. Umso mehr, als Herr Koch auf frühestmögliche Räumung drängt. Als er eines Nachmittags unangemeldet vorfährt und Auskunft verlangt, wann endlich ausgezogen werde, erleben die Kinder einen Auftritt ihrer Mutter, der alles bisher Dagewesene in den Schatten stellt. Die Haare feuerrot gefärbt, wie das seit Jahren ihre Gewohnheit ist, wirft Pamela laut schreiend alles vom Balkon, was ihr in die Hände kommt: Liegestühle, Tische, Korbsessel, Spielsachen, Bücher, Schemel. Als sie Tillys mannsgroße Zinkbadewanne über die Brüstung wuchtet, ergreift Herr Koch die Flucht. Seine Begleiterin verliert einen Stöckelschuh, bückt sich im Laufen und rettet sich durchs Gartentor in das von Herrn Koch offen gehaltene Auto. Ums Haus verstreut liegen Gegenstände, die Badewanne hat eine Delle.

Als Antwort schickt Herr Koch einen Bautrupp: Sein Eigentum sei vom Verfall bedroht und müsse vor dem Winter saniert werden. Pamela erwägt, die Presse einzuschalten, Charles ist dagegen: *Das sind eben die Situationen im Leben, in denen man ganz einfach der Schwächere ist. Da hilft nur Nachgeben und Gelassenheit. Es ist nichts zu retten.* Möbelpacker kommen, der herzzerreißende Abschied vom Malvenhaus findet statt. Familie Regnier zieht nach München in die Leopoldstraße. Tilly und Manni, ihre Schwägerin, finden Unterkunft in Ambach.

Kadidja hat ein Stück geschrieben: «Die kleine Staatsaffäre». Im Königreich Amarand herrscht Königin Angelika, dreizehn Jahre alt, *eine Mischung aus Jeanne d'Arc und Cleopatra,* deren *Klugheit* gemildert ist durch *weiblichen Charme, den sie schon als Kind hat, und durch Kindlichkeit, die sie als Frau nie verlieren wird.* Eine feindliche Armee überrennt das kleine Amarand. Angelikas herrischer und kaltherziger Onkel flieht, der bisher die Staatsgeschäfte führte, Königin Angelika tritt dem Eroberer allein entgegen. «Ich bin ja so froh, dass Sie da sind», begrüßt sie ihn, «jetzt können Sie endlich durchsetzen, was mein Onkel immer verhindert hat!» Mit scheinbarer Naivität wickelt sie ihn um den Finger und macht mit seiner Hilfe aus dem besetzten Land ein kleines, genau zwischen Kommunismus und Kapitalismus angesiedeltes Paradies.

Ein Jahr lang feilt Kadidja an ihrem Werk – *wie Hauptmann, Ibsen und Papa,* wie die Kaiserin aus «Kalumina» ist Königin Angelika eine Wunschprojektion ihrer selbst. Dass sie wieder eine Herrscherin wählt, lässt einen Hang zur Selbstüberhebung nicht ausschließen, das Kindlich-Echte gegenüber dem Kalt-Berechnenden ist nach wie vor ihr Thema. Dass das Fahrwasser ihr liegt, zeigt die Qualität ihrer Arbeit: Seit «Kalumina» ist ihr nichts so gut gelungen.

Das Stadttheater Saarbrücken nimmt «Die kleine Staatsaffäre» zur Uraufführung an. Kadidja fährt zu den Proben. In letzter Minute fällt ihr ein Satz ein, der einen Aktschluss entscheidend verbessert. Die Premiere ist ein solider Erfolg. *Das ausverkaufte Haus amüsierte sich großartig, lachte mit gutem Grund und bereitete der anwesenden Kadidja Wedekind einen beifallsumrauschten Autorenstart,* schreibt die «Frankfurter Abendpost». Die «Neue Zeitung Berlin» hält Kadidjas Komödie für *erfreulich über alles hinausgehend,* was sich sonst an *weltschmerzlichen Seelenkrämpfen* breit mache. Neben einer erneuten, beachtlichen Talentprobe leistet Kadidja Pionierarbeit: Von Frauen verfasste Theaterstücke sind in Deutschland selten.

Einmal in Schwung, schreibt sie einen Roman über König Ludwig II. und dessen Beziehung zu Richard Wagner. Für den Bayernkönig schwärmt sie seit ihrer Kindheit. Sein Scheitern am Unverständnis egoistischer Mitmenschen rührt schmerzlich an ihre Sicht der eigenen Biografie, und auch Wagners Durchsetzen seiner künstlerischen Interessen ist ihr nicht gleichgültig: Die Unterstützung ihrer Familie, davon ist Kadidja überzeugt, und das Durchfüttern ihres mittellosen Ehemanns sind ihr schlecht vergolten worden, zum Schaden ihrer für sie zweifelsfrei feststehenden außerordentlichen Begabung. Wie Richard Wagner sollte sie auftreten, gemäß eines ungesicherten, gefährlichen, aber von ihr beherzigten und oft zitierten Ausspruchs ihres Vaters: *Pamela ist begabt, Kadidja ist genial*, aber kann es nicht, weil ihr Charakter eher dem Ludwigs II. entspricht. Vielleicht hofft sie, aus der Beschäftigung mit den beiden entgegengesetzten Persönlichkeiten ein Stück seelischer Gesundheit zurückzugewinnen.

Eine Filmidee drängt sich auf. Kadidja arbeitet ihren Roman in ein Drehbuch um, im Auftrag Wolfgang Reinhardts, des «Schönen» der Reinhardt-Söhne, und schlägt O. W. Fischer als Hauptdarsteller vor. Für den Film verlagert sie den Schwerpunkt auf des Königs unglückliche Liebe zu Kaiserin Elisabeth: *Wir wissen*, schreibt sie in der Einführung, *was Enttäuschung, zurückgestoßenes Liebesbedürfnis, Einsamkeit und unterdrückter Betätigungsdrang in einem Menschen anrichten können – dass die Seele erkrankt und das Menschenleben von innen her zerstört.* Kadidjas Drehbuch wird als zu wenig filmgerecht abgelehnt, aber im Vorspann des Films «Ludwig II. – Glanz und Elend eines Königs» mit O. W. Fischer und Ruth Leuwerik, der Millionen von Menschen in die Kinos lockt, heißt es: *Nach einer Erzählung von Kadidja Wedekind.*

Die Gunst der Stunde nutzend, entwickelt Kadidja Ideen zu einem «Lulu»-Film, schreibt ihre in Amerika begonnene Wedekind-Biografie weiter und verfasst ein Fernsehspiel «Die Dynastie hat Ausgang», das der NWDR mit Ida Ehre in der Hauptrolle sendet. Ein Filmexposé von ihr erhält einen Förderpreis. Kadidja trägt Bluejeans, Pullover und abgetragene Schuhe, schickt was kaputt ist, an Tilly zum Nähen, geht kaum je zum Friseur, aber ist glücklich – endlich hat sie wieder das Gefühl, Wedekinds Anspruch zu genügen, der auf die Frage nach dem *höchsten Le-*

bensglück in Maximilian Hardens Gästebuch schrieb: *Seinen Anlagen gemäß verbraucht zu werden.*

Dabei übersieht sie, dass ihr Pass abläuft. Als naturalisierte Amerikanerin darf sie nicht mehr als fünf Jahre im Land ihrer Herkunft zubringen, sonst droht der Verlust der Staatsbürgerschaft. Hals über Kopf reist sie in die Schweiz und überdenkt ihre Lage: Ihr Roman «König Ludwig und sein Hexenmeister» ist in der «Münchner Abendzeitung» in Fortsetzungen erschienen, aber kein Verlag will eine Buchausgabe herausbringen. Der Regisseur Erwin Piscator hat ihr Stück «Die kleine Staatsaffäre» in einem Brief zwar gelobt, aber nichts zu seiner Förderung unternommen; in Oldenburg erlebte es eine zweite Aufführung, namhafte Bühnen ließen es links liegen. Kadidjas «Lulu»-Filmtreatment hat nicht gefallen. Um die intensive Arbeit zu bewältigen, lebte sie in Hotels und Pensionen über ihre Verhältnisse, was sie, wie sie errechnet, das *Doppelte von dem kostete,* was ihre literarischen Bemühungen einbrachten. In Amerika wird sie ein weiteres Mal vor dem Nichts stehen. Die Erfolgssträhne scheint abgerissen, Kadidjas Hochgefühl schlägt um in Bitterkeit.

Einlassungen ihrer Familie, die die stetige Weiterarbeit in Deutschland für wichtiger erachtet als den Erhalt des amerikanischen Passes, weist sie zurück: Sie wolle nicht sein wie jene Juden, die sich aus *Angst vor Armut zu Tode foltern ließen* oder wie *unzählige Deutsche,* die aus *Angst vor Armut Nazis wurden.* Schließlich sei sie – hier taucht der Begriff zum ersten Mal auf – die *einzige freiwillige Emigrantin aus Nazi-Deutschland.*

Pamela hat ihr die Auslagen ihrer CARE-Pakete ersetzt und bemüht sich um staatliche Wiedergutmachung für die im Dritten Reich entgangenen Wedekind-Tantiemen, die hauptsächlich Kadidja zugute kommen sollen. Es ist ihr gelungen, aus einem Künstlerhilfsfond eine jährliche Zahlung an Kadidja zu erwirken. Aber Kadidja, so scheint es, sieht nur das übermächtige, gegen sie verschworene Schicksal. *Es stimmt mich traurig, dass Du, liebste Pamela, mir dazu gratulierst, dass mein Pass auf ein knappes Jahr verlängert wurde. Es beleuchtet die Groteskheit meiner Situation: dass ich für lebensnotwendige Grundlagen, die für andere Menschen selbstverständlich sind, dankbar sein soll. Du darfst mir gratulieren, wenn ich in Amerika eine Existenzmöglichkeit habe, die die Reise nicht zu einem lebensgefährlichen Abenteuer macht. Vorher ist kein Anlass zu Gratulationen.*

Kadidja will *nicht klagen.* Sie stellt nur fest, dass sie in Amerika als Kindermädchen und Ladenfräulein arbeiten musste und ihren Beruf nicht ausüben konnte; mit Paketen und Geldsendungen *sechs Jahre lang den Karren der Familie aus dem Dreck zog,* für Pamela und deren Kinder, die Haus- und Kindermädchen HATTEN, während sie Haus- und Kindermädchen WAR; von Ulrich Biel mit achttausend Dollar abgespeist wurde, während ihr fünfundzwanzigtausend zustanden; nur Tillys wegen aus Amerika zurückgekommen sei und Mutter und Schwester *angefleht* habe, ihr nicht zur Rückkehr zu raten, weil sie die Zwangslage, in der sie sich jetzt befände, voraussah – *leider haben weder Mama noch Pamela es unterlassen, mir zuzureden.* Sogar die Wohnung in der Franz-Joseph-Straße habe ihr geschadet: *Ich bin mit guten Augen eingezogen und habe heute schlechtere Augen als jemand von siebzig Jahren; ich muss beim Arbeiten eine sehr scharfe Brille tragen.* Man solle ihr *BITTE* nicht erzählen, dass man es selbst *nicht leicht* habe, das kenne sie *nachgerade auswendig. Ich spreche hier einmal – unerhörtes Ereignis! – davon, dass ICH es nicht leicht habe; ich spreche von MIR!*

Der Krach mit Pamela um zwanzig Mark habe sie *mindestens die Hälfte* ihrer *Vitalität* gekostet. *Er hat mich zutiefst beeindruckt, DENN ICH HATTE DIR JA NICHTS GETAN! Ich musste den Eindruck gewinnen, dass der mir nächst stehende Mensch es mir nicht gönnt, wenn es mir gut geht. Ich mache Dir keinen Vorwurf daraus, ebenso wie ich Tilly keinen Vorwurf aus ihren Depressionen mache. Ich weiß, dass Ihr beide für Eure Veranlagungen nichts könnt. Aber Eure Veranlagungen haben leider gewisse nachteilige Folgen für mein ganzes Leben.*

Man sollte doch bemerkt haben, dass sie seit Monaten *nichts*

Eigenes geschrieben habe – und natürlich auch mit ihrer Wede-kind-Biografie nicht weitergekommen sei, für die sie beim Langen-Müller Verlag unter Vertrag steht und die sie nun wohl oder übel in Amerika weiterführen muss.

Am 12. August 1955 stirbt Thomas Mann. Pamela ist Teil der Trauergemeinde in Zürich. Danach werden Erikas Briefe merkwürdig kurz und ausweichend. Auch wenn sie in München ist, ruft sie nicht an. Im August 1957 kommt von ihrer Sekretärin Anita Naef eine frostige Anfrage: Wie käme Pamela dazu, das ihr leihweise überlassene Exemplar von Klaus Manns Stück «Der siebente Engel» einer Bekannten in Rom zu schicken? *Frau Erika Mann schien nicht zu verstehen, dass Sie ein Ihnen anvertrautes, unersetzliches Werk von Klaus Mann unautorisiert an irgendeine Dame in Rom sandten, ohne auch nur nachträglich Frau Erika Mann von der Adresse dieser Dame in Kenntnis zu setzen.*

Pamela klärt auf: Die Sendung des Buchs erfolgte auf Erikas Veranlassung, was diese übersehen haben muss. Erika entschuldigt sich: *Ich habe mich in dieser Sache geirrt und ins Unrecht gesetzt und bedaure dies sehr.*

Gleichzeitig nennt sie den Grund ihrer zweijährigen Zurückhaltung: ein Artikel im «Münchner Merkur» vom 16. August 1955: «Die Heimkehr des Proteus – das Unbehagen an Thomas Mann» von Walther Kiaulehn, einem Journalisten, der gelegentlich mit Pamela auftritt. Bei allem Respekt vor der *Weltgeltung des Dichters Thomas Mann* stellte Kiaulehn die Frage, warum der Verstorbene nach dem Krieg den Einfluss des *grässlichen Irrtums des deutschen Geistes, der Nietzsche heißt,* nie eingestanden habe. *Nicht dass man es ihm verargte, Hitler und sein Gefolge abzustrafen, sie mit Hohn und Hass zu verfolgen. Nein, aber man verübelte ihm zu unterschlagen, was ihn vorgestern noch in bedenkliche Nähe seiner Feinde gerückt hätte.*

Für Erika ist Kiaulehns Artikel von einer so *viehischen Gemeinheit, Lügenhaftigkeit, Roheit und nazihaften Infamie,* dass sie jeden Raum, in dem dieser *feige Schuft* sich aufhielte, auf der

Stelle verließe. Sie könne verstehen, dass Pamela sich der *Zug-kraft* Kiaulehns bediene, aber versichere ihr, dass sie, Erika, es *nicht über sich* brächte, *noch mit Leuten zu verkehren, die IRGENDEINE von mir hochgehaltene Figur so behandelt hätten wie jener Schmutzfink meinen Vater am Tag seiner Beerdigung. Auch mit solchen, die es – wenngleich aus reinem Opportunismus – unterließen, mit dem Hundsfott zu brechen, sondern sich, ganz im Gegenteil, öffentlich mit ihm zeigten, vermöchte ich nicht mehr zu reden.*

Pamela ist überrascht und verletzt. Sie tritt nicht wegen Kiaulehns *Zugkraft* und schon gar nicht aus *reinem Opportunismus* mit ihm auf, sondern um einem freiberuflichen Kollegen einen Nebenverdienst zu ermöglichen. Als anderntags wieder ein Kuvert mit Erikas Absender eintrifft, hofft sie, die Freundin habe ihr Urteil revidiert. Tatsächlich erfolgt eine Berichtigung, aber nicht wie von Pamela erwartet: *Liebe Pamela,* schreibt Erika, *ich überlese meinen Brief von gestern und finde einen kleinen, aber äußerst sinnentstellenden Fehler: Auf Seite 2, Absatz vier, Zeile drei von UNTEN ist das Wort «nicht» natürlich unsinnig. Es hat ganz einfach in Wegfall zu geraten.*

Während der nächsten acht Jahre ruht der Kontakt.

Über die Ambacher Dorfstraße geht eine verwehte Gestalt, der Blick umflort, die Lippen schmal geworden: Tilly, neunundsechzig Jahre alt. Am Dampfersteg begegnet ihr eine Bekannte mit ihrer kleinen Tochter. Unverwandt starrt das Mädchen Tilly an, das geschminkte Gesicht, die aufgesteckten Haare, den Schleier um die hohe Stirn. «Bist du eine Fee?», fragt sie schließlich. «Nein», antwortet Tilly, «ich bin nur eine verrückte alte Frau.»

Ambach hat zwei Geschäfte, Busse verkehren nach Wolfratshausen und München. Auch Martha Newes und Hans Carl Müller wohnen im Dorf, ebenso Tillys Schwägerin Manni sowie Willy Süskind, der Jugendfreund von Pamela und Kadidja. Tillys Wohnung, mit zwei Zimmern zum See, einem Zimmer nach Osten, einer kleinen Küche und Bad, ist komfortabler als das

Malvenhaus. Die Vermieterin, eine Studienrätin, ist nett und kultiviert. Tillys Enkel verbringen Wochenende und Ferien bei ihr.

Aber die Depression, die sie abgeschüttelt glaubte, hat sie gepackt wie lange nicht. Alles macht sie nervös. Stundenlang schaut sie vom Balkon über den See, nachts stört das beständige Rauschen. Sie will verreisen, andere Umgebung sehen, sich erholen und beruhigen und verschwindet im Nebenzimmer, um zu packen. Aber sie kann sich nicht aufraffen und kommt weinend mit dem geöffneten, leeren Koffer zurück. Manni, auf dem Weg zu ihr, trifft sie auf der Treppe. «Wo ist der Strick?», fragt Tilly.

Aus Ebenhausen im Isartal meldet sich Grete Hauptmann. Gerhart Hauptmann ist 1946 in Agnetendorf verstorben. Ida Orloff, Tillys Jugendfreundin, die ihn so nachhaltig beeindruckte, nahm sich im Mai 1945 aus Furcht vor Vergewaltigung durch russische Soldaten das Leben. Wedekinds einstiger Widersacher erlebte mehr als dreißig Uraufführungen eigener Stücke und war auch im Dritten Reich der meistgespielte deutsche Autor. Sein Nachlass soll für mehr als eine Million Mark verkauft worden sein. *Frau Hauptmann ist mir sicher geistig überlegen,* schreibt Tilly an Kadidja, *aber sie hat nie sämtliche Rollen ihres Mannes gespielt, war nicht mit 32 Jahren Witwe und hat nicht für Kinder und Enkelkinder gesorgt. Sie hat immer ein glänzendes Leben geführt, lebt heute im Sanatorium und hat eine ständige Pflegerin. Mein Leben ist bestimmt etwas mühsamer.*

Nach Jahren des Schweigens (und einigen unfreundlichen Bemerkungen über sie in Briefen an seinen Freund F. W. Oelze – *die trauernde Witwe, die etwa gar das Werk ihres toten Mannes betreut, ist immer eine fatale Erscheinung, ich habe einige in meiner Umgebung*) kommt im Mai 1955 ein letzter Brief von Gottfried Benn. Bei Kriegsende dem Blickfeld der Öffentlichkeit so entrückt, dass viele ihn für tot hielten, ist sein Ruhm seit dem Erscheinen der «Statischen Gedichte» unaufhörlich gestiegen. Seine Haltung im Dritten Reich hat er im «Doppelleben» erläutert, weitere Stellungnahmen lehnt er ab. Einmal hat er Tilly in St. Heinrich besucht und mit ihr eine Rundfahrt auf dem

See unternommen. *Liebste Tilly, ja es ist traurig, daß wir so lange nichts voneinander hörten – meine Schuld, aber, um es gleich zu sagen, ich war u bin nicht krank, aber von einer krankhaften Müdigkeit u. Apathie, es gibt Tage, wo ich nur auf der Couch liege u. selbst einen Federhalter oder Kugelschreiber nicht in der Hand halten kann. Ilse hält den Betrieb aufrecht, ich meine das nicht finanziell, aber menschlich u. gesellschaftlich, ich kümmre mich um gar nichts mehr, u. Ilse ist keine Briefschreiberin. Du bist umgezogen? Neue Adresse? Das überrascht mich sehr! Wieso? Habt Ihr das Haus in St. Heinrich aufgeben müssen? Lebst Du allein oder mit Enkeln (oder mit einem Jüngling ..., verzeih, aber es wäre ja nicht schlecht!) Voriges Jahr war ich viel auf Reisen u Vorlesungen. Dies Jahr habe ich alles abgesagt, selbst Rom, Florenz, Basel, Zürich. Ich mag nicht mehr. Erfolg habe ich ja genug, aber es bedeutet mir alles nichts mehr. Ilse ist lieb zu mir, aber sie amüsiert sich auf ihre Weise. Ich kann es ihr nicht verdenken, ein oller Kerl, der nicht tanzt u. nie ausgeht – der ist langweilig. Aber wir halten zusammen. [...] Leb wohl, liebste Tilly. Von Dir sprechen tun wir oft. Und an Dich denken tue ich noch öfter. Altwerden ist doch grausig! Man geht richtig ein. Kuß u Umarmung! Dein alter G Benn*

Als Benn diese Zeilen schreibt, berät er gerade die Zusammenstellung seines Gedichtbands «Aprèslude» mit einer jungen Frau aus Worpswede, Ursula Ziebarth, die seit einem drei viertel Jahr seine Geliebte ist. Er schreibt ihr täglich, will jede Einzelheit wissen und hält, wie es immer getan hat, die Natur seiner Beziehung verschleiert. Persönliches muss Ursula auf Zettel notieren, die er vor Ilse, seiner Frau, verbergen kann. In Gegenwart Oelzes muss sie ihn siezen, bei Empfängen separat sitzen und auf Zeichen von ihm warten, zu einem verabredeten Treffpunkt aufzubrechen. In Briefen an Dritte äußert er sich geringschätzig über sie.

Ursula Ziebarth, fünfunddreißig Jahre jünger als Benn, erliegt dem *Zauber seiner Sprache*, der *seltsamen Magie seiner Worte* und empfindet seine *körperliche Anwesenheit* als *angenehm* – *Benn war der denkbar behutsamste Mensch, auch wenn er eine*

Frau berührte, [...] er hatte etwas von einem russischen Ofen,
der stets Wärme abgibt, in dessen Nähe man sich wohl befin-
det – und scheitert, wie Tilly und alle Frauen vor ihr, an der
Mauer aus Kühle u. Abgeschlossenheit, an seinem *Nichtweiter-*
wollen u. Nichtweiterlassen.

Saß man mit ihm beisammen, erinnert sich Nele, seine Tochter, *[...] fühlte man, dass hier der Felsen war, der einen retten*
oder tragen konnte. Dieser liebe, ruhige, heitere und kluge Mann,
dieser Gottfried Benn. Und er war wirklich all das, was man
glaubte, solange man mit ihm beisammen war. Dass er nachher
vielleicht nicht ganz so viel tragen wollte, war eine andere Sache.
Er war so charmant, dass ich alle verstehe, die ihn liebten.

In seinem Brief an Tilly erwähnt Benn den kürzlichen Krebs-
tod von Sternheims Tochter Mopsa, einundfünfzig Jahre alt,
Aktivistin der französischen Résistance und vierzehn Monate
lang Häftling im Konzentrationslager Ravensbrück. Zum Zeitpunkt seines Briefes hat sich auch in seinem eigenen Körper
der Krebs wohl schon festgesetzt. Nach seinem siebzigsten Geburtstag am 2. Mai 1956 erleidet er unerträgliche Schmerzen,
darf nicht mehr rauchen und kein Bier mehr trinken. *Ich warte*
noch eine Woche, dann werfe ich mich vor einen der großen
Reiseomnibusse, schreibt er in einem seiner letzten, Ilse Benn
diktierten Briefe an Oelze. Er stirbt am 7. Juli 1956 in einem Berliner Spezialkrankenhaus, wie gewünscht im Sommer – *wenn*
alles hell ist und die Erde für Spaten leicht.

> *Die vielen Dinge, die du tief versiegelt*
> *durch deine Tage trägst in dir allein,*
> *die du auch im Gespräche nie entriegelt,*
> *in keinen Brief und Blick sie ließest ein,*
>
> *die schweigenden, die guten und die bösen,*
> *die so erlittenen, darin du gehst,*
> *die kannst du erst in jener Sphäre lösen,*
> *in der du stirbst und endend auferstehst.*

Tillys Gang durch die Wüste dauert drei Jahre. 1958 bekommt sie eine Neubauwohnung in München, Widenmayerstraße 46, im ersten Stock, zwei ineinander gehende kleine Zimmer mit hübschem Blick auf die Isaranlagen. Sie kann Theater und Vorträge besuchen und ohne Mühe Freunde sehen. Tilly lebt auf.

Endlich entsinnt sich die Stadt München der Verdienste Wedekinds. Das Haus Prinzregentenstraße Nummer 50 bekommt eine Marmortafel. Joachim Ringelnatz' Gedichtfrage *Und wo ist in München die Wedekindstraße?* wird mit dreißigjähriger Verspätung beantwortet. Sogar einen kleinen Platz hat man ihm zugedacht, mitten in Schwabing, wo Feilitzsch-, Occam- und Siegesstraße zusammentreffen. Ein Brunnen soll an den Dichter erinnern, der hier einst Lieder sang und Stücke schrieb. Tilly wählt einen Spruch aus «König Nicolo», der ihn zieren soll:

> *Seltsam sind des Glückes Launen,*
> *Wie kein Hirn sie noch ersann,*
> *Dass ich meist vor lauter Staunen*
> *Lachen nicht noch weinen kann!*

Auf dem Platz sind Tribünen errichtet, Rundfunk und Fernsehen sind da. Rot vermummte Scharfrichter treten auf, Bildhauer Wilhelm Hüsgen, der letzte Überlebende der originalen Truppe von 1902, sagt ein paar Worte, gefolgt von Wedekinds einstigem Intimus, dem greisen Theaterprofessor Artur Kutscher. Pamela singt Lieder ihres Vaters, Anatol, der von ihr erste Gitarrengriffe lernte und sich dem Traum verschrieben hat, es auf diesem Instrument zur Meisterschaft zu bringen, darf sie begleiten. Wie zu Wedekinds Zeiten mischen sich Neugierige aus umliegenden Kneipen und Nachtlokalen unter die Gäste.

Tilly ist müde und bleibt nicht lang. Aber die späte Ehrung Wedekinds beglückt sie sehr.

22

Neuer Zwist und Tillys Tod

1960–1970

32, Bowdoin Street   *26. September 1960*
Cambridge, Mass
USA

Bitte an meine Familie um einen Rat, weil ich nicht mehr weiter weiß – von Kadidja.

Es sei gleich vorausgeschickt, dass ich niemanden für die eventuellen negativen Folgen eines Rates verantwortlich mache. Aber vielleicht fällt einem von Euch etwas Gutes ein. Ich bin jetzt wirklich in einer verflixten Situation. Es folgt, auf siebzehn Schreibmaschinenseiten, eine Auflistung dessen, was sie seit ihrer Rückkehr in die USA im Frühjahr 1957 getan und widriger Umstände halber unterlassen hat. *Ohne Zweifel habe ich in diesen dreieinhalb Jahren zu viel gestartet. Ich habe mich nicht auf eine Sache konzentriert. Aber ich wusste eben nie, was Erfolg haben würde. So habe ich alles versucht, was aussichtsreich schien.*

Das Haupthindernis zu eigener produktiver Arbeit scheint nach wie vor das vermeintliche Unvermögen anderer zu sein, mit Wedekinds Werk verantwortungsvoll und Gewinn bringend umzugehen. Dr. Joachim Schondorff, Leiter des Langen-Müller Verlags in München, hat eine englische Ausgabe von «Frühlings Erwachen» ohne Vermerk über die Aufführungsrechte autorisiert, was ein langes Memorandum Kadidjas über das amerikanische Copyright und dessen Handhabung auslöste. Darüber, so schreibt sie, habe sie eine lukrative und zukunftsträchtige Wedekind-Vortragsreihe an Universitäten unterbrechen müssen.

Viel Zeit verschlingt auch Kadidjas Versuch, ihren elf Jahre zurückliegenden Scheidungsprozess neu aufzurollen. Hätte sie damals weniger auf den Rat ihrer Familie gehört, argumentiert sie, wären ihr Geldsorgen heute unbekannt – Ulrich Biel sei mittlerweile einer der reichsten Männer Berlins. *Es ist ja nicht so, dass ich Fehler nicht verzeihe. Jeder Mensch macht Fehler, ich auch. Aber ich muss für Fehler büßen, gegen die ich mich mit aller Macht gewehrt habe und nur beging, weil mich alle in die falsche Richtung drängten. Es ist wie ein Jagdunfall, da kann auch keiner was dafür, aber einer ist davon ein Krüppel geworden. Ich habe ein verkrüppeltes Schicksal und muss schauen, wie ich weiterkomme. Dabei habe ich doch wirklich und wahrhaftig – amtlich beglaubigt – ein eigenes schöpferisches Talent und bin durch die Emigration und das Dritte Reich sehr geschädigt worden: Wenn man einem schöpferischen Menschen mehr als zehn Jahre seines Lebens einfach in den Abfalleimer wirft, so ist das eine Tragödie.*

Im Sommer 1961 taucht ein weiteres, ernst zu nehmendes Problem auf: In Paris will der Dichter Pierre Jean Jouve die Stücke «Erdgeist» und «Die Büchse der Pandora» zu einem abendfüllenden Werk zusammenfassen. Die Idee liegt auf der Hand, denn beide Stücke waren ursprünglich eins. Zu Wedekinds Lebzeiten wurde fast ausschließlich der «Erdgeist» gespielt, «Die Büchse der Pandora» war verboten, das Publikum kannte die Geschichte nur zur Hälfte. Wer die beiden Stücke auf einen Theaterabend reduzieren will, muss vielfältige editorische Entscheidungen treffen, denn Wedekind hat sein ursprüngliches, nie veröffentlichtes Werk nicht etwa nur halbiert, sondern durch das Hinzufügen neuer Akte zwei eigenständige Stücke geschrieben. Er selbst unternahm 1912 einen wenig erfolgreichen Versuch der Wiedervereinigung, Erich Engel und Otto Falckenberg legten Bearbeitungen vor, Alban Bergs Libretto zur Oper «Lulu» zeigt eine weitere Möglichkeit der Deutung.

Pamela und Tilly unterstützen Pierre Jean Jouves Bemühung mit dem Argument, dadurch werde dem französischen Publikum ein ihm bis dato nahezu unbekannter Autor näher gebracht. Kadidja sieht sie ungern. Denn seit sie 1946 eine Bearbeitung Bertolt Brechts verhinderte, brütet sie über einer eigenen Version. Dabei sucht sie den Schlüssel zum Verständnis des Werks in Wedekinds ureigener Biografie, genauer gesagt in der Figur seines Großvaters Jakob Friedrich Kammerer, jenes genial begabten Mannes, der Phosphorzündhölzer als Erster industriell herstellte, dessen Fabriken, zuletzt in Zürich, immer wieder abbrannten und der als Witwer dem eigenen Sohn die Braut wegschnappte, sie selbst heiratete und einige Zeit später im Bett mit einer Eisenstange zu erschlagen drohte, wofür er bis zum Lebensende in einer Irrenanstalt büßte. Die junge Frau ist für Kadidja das Urbild der Lulu. Im Großvater, der wie Prometheus das Feuer nutzbar machte und an sexueller Leidenschaft zugrunde ging, vermutet sie eine Selbsterkenntnis Wedekinds.

Anderen Bearbeitern hat Kadidja den Zugriff auf Wedekinds Originalmanuskript voraus, das ihr Tilly in den späten Vierzigerjahren nach New York schickte. Kadidja findet vieles darin unfertig, hält es als Ganzes für unaufführbar und verwebt deshalb geeignete Passagen des Originals mit Bekanntem aus den Stücken «Erdgeist» und «Die Büchse der Pandora». Eine selbst erfundene Rahmenhandlung soll das mystische Element unterstreichen. Mit diesem Werk hofft Kadidja auf einen durchschlagenden Erfolg, eine mit ihrem Namen verbundene Theatersensation. Naturgemäß sieht sie es ungern, wenn sich Außenstehende auf ihrem Territorium tummeln. Keinesfalls soll Pierre Jean Jouves Bearbeitung vor ihrer erscheinen. Von Amerika aus verhandelt sie mit dem Langen-Müller Verlag und sinnt auf einen möglichst wirkungsvollen Titel. «Blendwerk Lulu» fällt ihr ein.

Das stößt beim Verlag auf wenig Gegenliebe. Dr. Schondorff dringt auf Wedekinds Originaltitel: «Die Büchse der Pandora, eine Monstretragödie», Pamela und Tilly schließen sich ihm an. Kadidja sieht die Einzigartigkeit ihres Werks in Gefahr und hat herbe Worte für Mutter und Schwester: *Es ist mir nicht in den Sinn gekommen, dass Ihr, die Ihr so großzügig gegen fremde Menschen wart, natürlich gegen mich viel strenger sein wollt und mir nicht erlauben wollt, einer Arbeit, die wirklich zum großen Teil MEINE ARBEIT ist, auch einen Namen zu geben, durch den sie sich von anderen Arbeiten unterscheidet. Natürlich sehe ich ein, dass ich kein solches Recht habe. Manchmal versuche ich, die Hand nach dem Glück auszustrecken. Manchmal will das Aschenbrödel auf den Ball gehen, genauso gern wie seine Verwandten.*

Einen Vertrag Dr. Schondorffs, angeblich auf dem Seeweg geschickt und daher wochenlang unterwegs, will Kadidja nicht unterschreiben und bombardiert stattdessen den Verlag mit Vorschlägen und Forderungen, bis Dr. Schondorff von seinem Angebot zurücktritt. Kadidja spricht von einer *zertrümmerten Existenz* und muss einen von der Huntington-Hartfort-Stiftung finanzierten Studienaufenthalt vorzeitig abbrechen, der auf der Basis des Erscheinens ihres «Lulu»-Buchs zustande gekommen war – ihr letztes Buch «Kalumina» ist seit Jahrzehnten vergriffen.

Im November 1962 kehrt Kadidja aus Amerika zurück und nimmt Wohnung in der Germaniastraße 5 in München-Schwabing, einem Neubau hinter der Erlöserkirche, knappe fünf Minuten Fußweg zur Leopoldstraße 79, wo Regniers wohnen. Pierre Jean Jouve veröffentlicht seine «Lulu»-Bearbeitung ohne Genehmigung, wohl wissend, dass ein Prozess der Erbengemeinschaft Wedekind zu teuer wäre. Kadidjas Bearbeitung ist als broschiertes Typoskript beim Münchner Drei Masken Verlag erhältlich.

Verleger Schondorff mahnt nun ihre Wedekind-Biografie an: *Sie haben mir vor etwa zehn Jahren einige ausgezeichnete Kapitel dieses Buches gezeigt, das allein genügt natürlich nicht. Ich möchte Sie bitten, mir diese Kapitel erneut zuzusenden und mir dabei Vorschläge über die Vollendung des Buches zu machen. Wie schön wäre es, wenn eines Tages das vor elf Jahren mit uns abgesprochene Wedekind-Werk aus Ihrer Feder nicht nur erscheinen, sondern auch für sich den Ruhm beanspruchen könnte, DAS Werk über Wedekind zu sein.*

Aber Kadidja hat die Biografie nicht weitergeschrieben, sie jetzt aus dem Ärmel zu schütteln ist unmöglich. Verängstigt oder widerwillig lässt Kadidja den Brief des Verlegers unbeantwortet, bis er auch hier die Geduld verliert: *Sie haben weder meinem Ersuchen entsprochen, mir die vorliegenden Manus-kripte Ihrer Wedekind-Biographie zuzusenden, noch haben Sie mir die erbetenen Vorschläge über die Vollendung Ihres Buches gemacht. Sie haben damit darauf verzichtet, die über jedes Maß im Verzug stehende Erfüllung des zwischen uns geschlossenen Verlagsvertrages nachzuholen, so dass ich den Vertrag nunmehr als aufgehoben betrachten muss.*

Ein Durchschlag seines Briefs geht an Tilly: *Meine Gedanken waren viel bei Ihnen, weil ich mir vorstellen konnte, welchen Kummer Sie haben. Wenn ich auch immer wieder versucht habe, Frau Kadidja goldene Brücken zu bauen, bin ich nun fest ent-schlossen, keinen Brief, den ich noch von ihr bekomme, zu be-antworten, weil ich zu der Überzeugung gekommen bin, dass alle hilfreichen Versuche doch eine vergebliche Liebesmühe sind.*

Auch mit ihrem nächsten Wedekind-Projekt hat Kadidja Pech. Zu Wedekinds hundertstem Geburtstag im Juli 1964 bereitet sie für das Bayerische Fernsehen eine Sendung vor: «Auftritt: Frank Wedekind». Irgendwann erfährt sie, dass auch Pamela eine Sen-dung plant: «Die Zirkuswelt des Frank Wedekind», für das Zweite Deutsche Fernsehen in Mainz. Anstatt sich mit der Schwester abzustimmen, ersucht sie hinter deren Rücken das ZDF um ein Exposé des dortigen Vorhabens – jede Sendung über Wedekind müsse von der Erbengemeinschaft als Ganze autorisiert wer-den.

Ihr Einfall scheint mir ein wenig wie eine verbilligte Nachge-burt der Sendung, die wir in Freimann vorbereiten, schreibt sie dem Produzenten. *Seien Sie mir bitte nicht bös, dass ich offen bin. Aber mir scheint, es ist Ihnen nicht damit gedient, dass Sie mit Ihrer Sendung quasi auf abgeschwächte Art in meine Fuß-stapfen treten. [...] Natürlich bin ich vor allem um meinen Va-ter besorgt, das verstehen Sie sicher.*

Pamela, von einem verunsicherten Mainzer Sender alarmiert, fordert von ihrer Schwester die Rücknahme ihres Einwands bis zum Mittag des folgenden Tages, andernfalls erhalte das Bayeri-sche Fernsehen den Hinweis, dass ohne ihre Zustimmung Ka-didjas Sendung nicht stattfinden könne.

Kadidja antwortet telegrafisch: *werde gemäß deines wunsches unseren vertragspartnern morgen mitteilen dass dir wie schon bei früheren gelegenheiten meine ausübung meines berufs im zusammenhang mit unserem vater unerwünscht weshalb du konkurrenz arrangierst.*

Pamela telegrafiert zurück: *deine pläne durch vollkommen anderen charakter mainzer vorhabens weder berührt noch angetastet – widerrufe sofort lügenhafte unterstellung sonst verleumdungsklage.*

Kadidja lenkt ein – und schreibt einen ihrer bittersten Briefe: *Liebe Pamela! Wenn Du gerne an meiner Stelle auch die Sendung für Freimann schreiben, oder jedenfalls als Autorin genannt werden und vielleicht auch das Honorar haben willst, bin ich bereit, es Dir zu überlassen. Oder vielleicht willst Du die von mir angeregte und bereits weitgehend ausgearbeitete Sendung überhaupt verhindern und anstatt dessen etwas ganz Ähnliches in Mainz machen? Vielleicht ist es Dir bereits gelungen, mir diese von mir gestartete Arbeit und Erwerbsmöglichkeit zu nehmen. Tief traurig, Deine Kadidja*

Es kommt, wie es kommen muss: Pamelas Sendung wird am 24. Juli 1964 ausgestrahlt, dem Geburtstag des Vaters, Kadidjas am 20. Dezember. *Ich musste zurücktreten,* schreibt sie der Schwester. *Meine Sendung hat kaum jemand gesehen.*

Pamela spielt Theater, wann immer sich die Möglichkeit bietet, prägnant und eindrucksvoll wie je, in Erich Kästners «Die Schule der Diktatoren», in Sternheims «1913» oder als Helena Marowa in Wedekinds «Kammersänger» mit Peter Pasetti als Gerardo und Paul Verhoeven als Professor Dühring. Für einen Auftritt mit Wedekind-Liedern beim Maggio Musicale in Florenz lernt sie Italienisch, in Heidelberg singt sie die Jenny in der «Dreigroschenoper». Mit Kai Molvig als Komponist und Klavierbegleiter erarbeitet sie Programme von Brecht-Liedern und französischen Chansons. Auf ihre Anregung vertont der Münchner Komponist und Pianist Ludwig Kusche Kästners Gedichtzyklus «Die dreizehn Monate» und trägt sie mit Pamela

Auf dem Ambacher Balkon: Adrienne, Carola, Pamela,
Anatol, Charles und Tilly, Sommer 1962

als Solistin in vielen Städten vor. Die Stuttgarter Schauspielschule verpflichtet sie als Gastdozentin für das Fach Chanson.
Daneben übersetzt sie aus dem Französischen, unter anderem
Marcel Pagnols mehrbändige, auch in Deutschland äußerst erfolgreiche Jugenderinnerungen «Eine Kindheit in der Provence»,
was ihr Kritikerlob, begeisterte Leser und einen Dankbrief des
berühmten Franzosen einbringt.

Charles, auf dem Höhepunkt seines beruflichen Erfolgs, hat
südlich von Rom ein Haus gekauft und es mit Pamela einge-
richtet. Auch am Starnberger See hat Familie Regnier wieder eine
Bleibe, in der Dachwohnung des Bauernhauses in Ambach, in
der früher Martha und Hans Carl wohnten. Martha ist nach
München gezogen, Hans Carl verstorben. Carola ist nach einer
Ballettausbildung Schauspielerin geworden, Anatol studiert in
London Gitarre und plant, von Schuldgefühlen und der Liebe

zu einem jüdischen Mädchen bewegt, eine Reise nach Israel. Adrienne geht in München zur Schule. Zu Kadidja haben die Kinder seit Jahren keinen Kontakt mehr – fast haben sie vergessen, wie ihre Tante aussieht.

Tilly, in Hochform, genießt den Münchner Fasching. In engen Atlashosen und dem Wams des fahrenden Schülers aus «Stein der Weisen» geht sie ins Tröpfchen, in die Traumkulisse oder zum Scharfrichterball und feiert und tanzt die Nächte durch. Daneben versucht sie, ihre Memoiren zu schreiben, behindert durch schmerzende Handgelenke und Finger – Tillys einst klare Schrift ist durch Jahrzehnte der Depression und Aufregung so zittrig geworden, dass nur Eingeweihte sie lesen können. Mit der Schreibmaschine geht es einigermaßen. Schwungvoll füllt sie Blatt um Blatt, meist in den frühen Morgenstunden im Bett, oft im Anschluss an einen Faschingsball. Eine Nachbarin tippt ihre Entwürfe ins Reine.

Dennoch wird klar, dass mit dieser Arbeitsweise ein druckreifes Produkt kaum zu erreichen ist. Jemand müsste über einen längeren Zeitraum mit Tilly arbeiten, Wichtiges von Unwichtigem trennen, Personen und Umstände erläutern. Nur eine Person hat die Zeit und die Fähigkeit, diese Aufgabe zu übernehmen: Kadidja. Die steht vor einer schwierigen Entscheidung. Sie weiß um die Gefahren, die das Zusammensein mit ihrer Mutter auf die eigene Psyche ausübt, und dass die Memoiren sie für Monate, vielleicht Jahre mit Tilly verketten würden. Sie weiß aber auch, dass ihre Weigerung das Projekt wahrscheinlich zum Scheitern brächte; ein Buch über Tilly schreiben wollte sie schon immer. Kadidja stimmt zu – und gerät dabei unausweichlich in erneuten Konflikt mit Pamela.

Denn die sieht Tillys Buch mit Skepsis entgegen. Anders als Kadidja leidet sie weniger an Tillys Depressionen als an ihren manischen Phasen, auch das seit der Kindheit. Tillys Feste waren ihr ein Gräuel. Der Anblick ihrer Mutter, die sich sektglasschwenkend von Männern ins Zimmer tragen ließ, bereitete ihr Übelkeit. Tillys ausschweifendes Sexualleben erfüllte sie mit Abscheu. Sie kann nicht glauben, dass Tillys Memoiren anderes als Taktlosigkeiten enthalten werden. Ihr Einspruchsrecht hat sie sich schriftlich zusichern lassen.

Was sie liest, bestätigt ihre Befürchtung; denn Tilly hat Frank Wedekind nicht als strengen, aber gütigen Vater erlebt, als geschickten Pädagogen, der seine Kinder zu selbstständigem Denken anhielt und ihnen eine geistige und moralische Welt eröffnete, sondern hat mit ihm das Bett geteilt, seine Pedanterie und Eifersucht erlitten und beabsichtigt nicht, diese Erfahrungen zu beschönigen. Nach allem, was sie für ihn und sein Werk getan hat, glaubt sie, dazu ein Recht zu haben. Pamela ist entsetzt: *Es berührt schmerzlich und befremdend, die Schwächen eines großen Menschen so einseitig als Grundthema herausgestellt zu sehen. Sicher hättest Du als unabhängige Schauspielerin ebenfalls Karriere gemacht. Dass Dein Weg sich aber auf solcher Höhe bewegte, dass die Elite der Menschheit Dir aufgeschlossen und teilnehmend zur Seite stand, verdankst Du doch in erster Linie dem Ruhm und Nimbus des Namens Wedekind.*

Besonders die «Krawattengeschichte» mit Friedrich Strindberg aus dem Jahr 1914 liegt Pamela im Magen: *Wann, wo und wem hättest Du sie nicht immer wieder erzählt? Sie war der Alptraum meiner Kindheit und löste in mir immer wieder Peinlichkeit, Beschämung und tiefen Schmerz aus. Du kannst Dir vorstellen, wie ich mich auf die Publikation dieser Berichte freue. Dass in diesem Zusammenhang auch mein Privatleben mitverkauft werden soll, wird mir von Tag zu Tag unerträglicher – oft möchte ich nur zu gern tot sein.*

Tilly sucht Hilfe bei Charles: *Es tut mir Leid, wenn ich Dich hineinziehen muss, aber Pamela, mit der ich sprechen wollte, schlug einen Ton an, den ich keinem meiner Kinder mir gegenüber gestatten kann. Du wirkst immer besänftigend und ausgleichend. Pamela ist immer dagegen, wenn ich über ihren Vater schreibe. Aber ich kann Wedekind ja nicht himmelblau-rosa darstellen, das war er nicht, und dann wäre er auch ganz uninteressant. Die Sache mit Friedl hat Frank tief getroffen, er hat sie bis ans Ende seines Lebens nicht verwunden.* Man einigt sich darauf, Friedrichs Namen zu ändern und seine Identität zu kaschieren. Auf die Episode zu verzichten, lehnt Tilly ab.

Es ist ja nicht MEIN Buch, verteidigt sich Kadidja. *Bei manchem dreht sich mir der Magen um. Aber nachdem unsere Mutter sich so ablehnend über unseren Vater äußert, wäre es unmöglich, wenn sie über die anderen Familienmitglieder nur entzückend schriebe. Für mich ist das eine sehr undankbare Arbeit, viel, viel schwerer, als ein neues Buch zu schreiben, mit dem ich auf meine alten Tage vielleicht noch einen kleinen Erfolg hätte haben können.*

Im Frühjahr 1966 reist Tilly in die Schweiz, um Carola, ihr *Schätzchen*, dem ihre besondere Liebe gilt, auf der Bühne der Komödie Basel in dem Stück «Ihr 106. Geburtstag» von Jean Sarment zu sehen, neben Tilla Durieux, ihrer Kollegin, die sie 1905 in Berlin kennen lernte und die mit sechsundachtzig Jahren immer noch eine gefeierte, viel beschäftigte Schauspielerin ist. «Tilla hat Lust am Bösen», soll Max Reinhardt gesagt haben, und wenn Tilly an die Gelegenheiten denkt, bei denen sie Wedekind provozierte und Ehekrisen heraufbeschwor, würde sie dieser Einschätzung wohl zustimmen; andererseits kennt sie die Durieux als überzeugte Verfechterin von Wedekinds Werk, dem sie eine glänzende Wiedergeburt voraussagt. Tillas Ehe mit dem Kunsthändler Paul Cassirer endete nicht weniger dramatisch als Tillys: Beim Scheidungsanwalt, wohin Tilla ihn 1926 seiner maßlosen Eifersucht wegen gebracht hatte, verschwand er im Nebenzimmer und schoss sich in den Bauch. «Jetzt bleibst du aber bei mir!», schrie er, als Tilla zu ihm stürzte. Stunden später starb er im Krankenhaus, den Kopf seiner Frau neben sich auf dem Kissen. *Man bezahlt es teuer, mit einem Genie oder einem genialen Mann verheiratet zu sein,* schrieb Tilla an Tilly aus Zagreb, wo sie nach dem Krieg Kostüme für ein Puppentheater schneiderte. *Mein Gott, erinnerst Du Dich, wie wir nächtelang stumm dasaßen und Frank und Paul zuhörten, wie sie sich stritten?*

Am 11. April 1966, einem Ostermontag, feiert Tilly ihren achtzigsten Geburtstag. Pamela schlägt das Hotel Vier Jahreszeiten für ein Mittagessen vor, Tilly findet ihr Stammlokal Tivoli gut genug. *Das Essen dort bekommt mir, und die Chefin meinte, es sei der Siebzigste – da muss ich doch hin!* Nachmittags sitzt sie in einem Meer von Blumen in ihrer Wohnung.

Auch der Schauspieler Romuald Pekny gratuliert. Vor einem Jahr sah Tilly ihn in der Rolle des Franz Lindekuh in einer viel beachteten Aufführung von Wedekinds Stück «Musik» mit Annemarie Düringer als Klara Hühnerwadel, Peter Pasetti als Professor Reißner, Doris Schade als Frau Reißner und Therese Giehse als Gefängniswärterin. Bei Romuald Peknys Auftreten erschrak Tilly, so sehr glich er ihrem verstorbenen Mann in Stimme, Ausdruck und Bewegung – in einer Rolle, die sie als eines der vielen bitteren Selbstporträts Wedekinds kennt. Auf Tillys Frage, wie ihm diese erstaunliche Leistung gelungen sei, meinte Pekny, alle darstellerischen Elemente seien im Text vorhanden – die *Peitschenschläge,* die Wedekind austeile und die *immer ihn selbst* träfen. Seither schwärmt Tilly für Romuald Pekny und korrespondiert eifrig mit ihm. Er nennt sie *Liebste, Begehrenswerteste* und schließt jeden Brief mit einem Handkuss. Die Enkel lächeln über ihre verliebte Großmutter.

Belächelt wird auch Tillys Freundschaft zu dem Bildhauer Professor E. Andreas Rauch, gut fünfzehn Jahre jünger als sie selbst, der seit Monaten an einer Büste von ihr arbeitet. Tilly weiß es besser und hat in aller Stille noch einmal eine richtige Affäre, die sie auf fünf Schreibmaschinenseiten in Form einer Geschichte schildert, wie sie es oft tut, wenn sie etwas bewegt: *Sie bot ihm Tee an, erinnerte sich an Sekt im Kühlschrank. Plötzlich saß er neben ihr, umschlang sie und küsste sie. Sie war überrascht und wehrte ihn ab. Er wurde umso heftiger und fing an, ihr das Kleid von den Schultern zu streifen. Sie wurde von seiner Leidenschaft angesteckt. Sie hatte wohl zwanzig Jahre keine Beziehung zu einem Mann gehabt, es überkam sie wie ein Gewitter.*

Monatelang sind Tilly und der Künstler fast täglich zusammen. Er isst bei ihr, liegt auf ihrer Couch. Mit seinem Auto fahren sie ins Grüne. «Wenn Ihr Mann nicht bald kommt, wird das Essen kalt», meint die Kellnerin eines Gartenlokals. «Du ahnst nicht, was es für mich bedeutet, einen Menschen zu haben, der gut zu mir ist», sagt der Professor zu Tilly.

Eines Tages fragt er nach ihrem Alter. *Da erwachte der Träumer. Er hatte nur ihre Person gesehen, die ihm Lockung und Verführung wurde, und hatte die Tatsachen nicht beachtet. Nun war es mit einem Mal anders. Er sah immer mehr die treu sorgende Mutter in ihr und schämte sich, dass eine so viel ältere Frau diese Leidenschaft in ihm erweckt hatte. Nach Tisch ruhte sie jetzt in ihrem Schlafzimmer, während er im Wohnzimmer lag. Den «eisernen Vorhang» nannte sie sein verändertes Benehmen. Aber zuweilen versuchte er doch wieder, den Vorhang zu heben. Er war ungeduldig. Sein Erfolg schien ihm nicht groß genug, er erschien sich selbst nicht jung genug, um noch lange warten zu können. Sie schrieb Briefe, hoffte, für ihn zu werben, Ausstellungen anzuregen. Seine Nervosität und Depression nahmen zu und richteten sich häufig gegen sie.*

Die Geschichte endet mit Tillys Abschiedsbrief: *Warum kränkst und verletzt Du mich bei jeder Gelegenheit? Ich habe das nicht um Dich verdient, ich war immer gütig und taktvoll zu Dir. Du sagtest neulich, ich gehöre zu Deinem Leben wie Dein Auto. Ich bin aber sehr verwöhnt und habe nicht die Absicht, mich zu begnügen. Dazu bin ich mir zu gut, und ich habe es auch nicht nötig. Deshalb ziehe ich einen Schlussstrich unter die «Affäre Rauch».*

Am 12. Dezember 1966 wird Pamela sechzig Jahre alt. Sie verbringt den Tag in Ambach. *Ich wollte Dir heute alles, alles Gute sagen, was ich für Dich empfinde,* schreibt ihr Tilly. *Ich denke daran, wie Du neugeboren neben mir lagst und wir uns aufmerksam betrachteten. Ich denke daran, wie Du ein Schulkind wurdest, wie meine Mutter starb, an Papas Tod. Wie lange konntest Du ihn nicht vergessen! Ich denke an die Zeit mit den Mann-Kindern, an die Zeit, als Du in Köln warst und wir zusammen spielten, an Sternheim und alles, was damit zusammenhing, und*

Ich habe nicht die Absicht, mich zu begnügen: Tilly, München, ca. 1965

an Charles, von dem ich so lange nicht wusste, dass er mein Schwiegersohn ist. Ich denke auch gern an die Zeit in St. Heinrich – es war, besonders als Carola da war, unsere gemeinsame glücklichste. Und ich glaube nicht, dass das alles weg ist und verloren, als hätte es nie existiert. Verlebe den Tag gut und ruhig, und finde Dich auch mit der Zahl ab. Kein Mensch würde Dir Deine Jahre zutrauen. Ich musste des Dritten Reichs wegen zehn Jahre früher in den Hintergrund treten. Vergiss nicht, dass man für alles dankbar sein muss. Ich werde sehr an Dich denken am 12., und ich werde für Dich beten. Mit viel Liebe umarmt Dich Deine Mama.

Zu der *Zahl, mit der sich Pamela abfinden* soll, gratuliert auch Erika Mann: *Nun bist Du also an der Reihe. Es ist, wie Du ein-*

räumen wirst, ein seltsames Datum, in seiner Absonderlichkeit nicht gemildert durch die Tatsache, dass man es längst hatte kommen sehen. Sag aber selbst: hätten wir, 16- oder 17jährig, derlei für möglich gehalten? Doch kaum.

Seit einem versöhnlichen Brief Erikas vom April 1965 besteht die Freundschaft wieder, sehr zu Pamelas Freude. Dass ich Deiner gedenke, oft, ohne Groll und in Treue, wirst Du wissen, schrieb Erika damals, selbst wenn die «Gegebenheiten» unseren persönlichen Umgang nicht mehr zulassen. Gustaf Gründgens ist im Oktober 1963 in Manila gestorben, Peter Gorski, sein Erbe, prozessiert gerade gegen das Erscheinen des «Mephisto». Wie bei Euch alles liegt und steht, hieß es weiter, können wir den Unrechtsstreit sehr wohl verlieren, und – gemäß früheren Äußerungen Deinerseits – muss ich Dich – passiv – auf der Gegenseite vermuten in einer Angelegenheit, die mir wahrhaft am Herzen liegt. Erika erzählt von ihrer Krankheit: Seit elf Monaten liege ich auf dem RÜCKEN, da man zu Oxford eine schwere Knochen-Operation (die dritte ihres Zeichens) total verpfuscht hat. Möchte es Dir gut gehen, Dir und den Deinen! Viele Grüße für Charles, den ich wiederholt von Herzen bewundert habe. Und, bitte, wenn Du kannst, sei mir freundlich gesinnt.

Pamela antwortete umgehend. In der Sache «Mephisto» habe sie einen unabhängigen Standpunkt, der mit keinem der hier einander gegenüberstehenden identisch und daher durchaus undankbar sei, dennoch gebe es keinen Tag, an dem sie nicht in unveränderter Verbundenheit an Erika denke. Das Eis ist gebrochen, bald stehen keine Gegebenheiten einem Wiedersehen mehr im Weg, und Erika schreibt wie früher: Durchaus nicht kann ich Dir sagen, wie lieb der Nachmittag neulich mit Dir gewesen ist. Aber fast sicher hast Du selber das alles gespürt.

Erika, die seit Jahren an Osteoporose leidet, immer unbeweglicher wird und ein Auto mit Handbetrieb fährt – kuppeln könne sie nur noch im alten, klassischen Sinn –, bittet Pamela, zu einem Besuch in Zürich die Gitarre mitzubringen, für Wedekinds Lieder, «Der Taler» und «Der blinde Knabe», Tränen stehen mir in den Augen bei diesen beiden. Pamela wundert sich, *wie wir so sehr getrennt sein konnten – aber es ist ja einzig meine Schuld. [...] In meiner vermessenen Naivität hatte ich geglaubt, das Schicksal würde uns, ebenso wie es uns getrennt hatte, auch wieder zusammenführen und mir, vom Wahn der Vollkommenheit geheilt, erlauben, einen kleinen Teil früherer Verheißung mit mehr Verständnis und Dankbarkeit in die Tat umzusetzen. Jedenfalls war die höchste Auszeichnung, die mir im Leben zuteil wurde, Deine Freundschaft – sie ist nie durch nichts und niemanden ersetzt worden.*

Am 5. April 1969 erhält Pamela die Nachricht, dass Erika Mann ein Gehirntumor entfernt werden musste. Sie ruft Erikas Sekretärin Anita Naef an und erfährt, dass Erika schon wieder essen könne und die Ärzte zufrieden seien. *Erika realisiert nicht, was man gemacht hat und dass es einen Befund gibt. Nur, dass etwas mit ihrem Kopf ist; im Spiegel sieht sie die Narbe mitten auf der Stirn.*

Am 16. Mai 1969 schreibt Anita Naef: *Liebe Frau Wedekind, dass es nichts Gutes bedeutet, wenn Sie gar nichts hören, ist Ihnen sicher klar.* Anfang Juli reist Pamela nach Zürich. Sie findet Erika in *einem riesigen Zimmer* liegend, in *beinahe unveränderter Schönheit, Grazie und Eleganz.* Pamela verbringt zwei Tage fast ununterbrochen an Erikas Bett. *Langsam, ganz langsam wich der Leidenszug um ihren Mund, und sie schien zuzuhören, obwohl sie keinerlei Anzeichen einer Reaktion zu erkennen gab und nicht die geringste Andeutung eines Lächelns. [...] Noch einmal versuchte ich auszusprechen, was sie sowieso schon wusste, und wieder war sie ganz konzentriert auf meine Worte. Plötzlich sagte sie – deutlich und mühelos – mit der ihr eigenen Stimme und Sprache: «Ein wundervoller Abend.»* Die nächste Nachricht ist ein Telegramm: *Erika erlöst 27. August 13.50 Uhr.*

Drei Jahre arbeitet Kadidja an Tillys Memoiren, geduldig, umsichtig, geschickt und phantasievoll wie bei allen ihren schriftstellerischen Unternehmungen. Pamela überwacht jede Zeile und verlangt Änderungen, die Umformulieren, Neutippen, Zerschneiden oder Überkleben von Seiten erfordern. Kadidja beschwert sich über die ihr auferlegte, anonyme und wenig prestigeträchtige Arbeit und die Bürde des *bis zu zehn Mal monatlichen Zusammenseins mit Tilly. Das halte ich nicht aus, und ich kann es mir in keiner Weise leisten. Ich habe es schwerer als irgendeiner meiner Verwandten und KANN nicht mehr dafür da sein, dass es anderen Menschen möglichst gut geht!*

Zur Explosion kommt es, als Kadidja wegen einer vermeintlich unterlassenen Hilfeleistung Pamelas bei einer Krankheit Tillys den Satz herausschleudert: *Ein so rohes Verhalten würde man vielleicht Ilse Koch zutrauen, bei einer Tochter Frank Wedekinds wirkt es überraschend.* (Die Frau des Buchenwald-Kommandanten hat sich gerade im Gefängnis das Leben genommen.)

Die viehische Gemeinheit Deines Vergleichs wird ein Nachspiel für Dich haben, das verspreche ich Dir, schießt eine bis aufs Blut gereizte Pamela zurück. *Entweder Du hast den letzten Rest von Verstand verloren, oder Du bist für derartig kriminelle Handlungen verantwortlich. Das eine wie das andere wird sich feststellen lassen.*

Pamela macht Tilly für Kadidjas Äußerung mitverantwortlich und droht, auch mit ihr den Verkehr abzubrechen. Tilly, scheint es, hat von beiden Töchtern genug und wendet sich an Charles: *Ich habe sechzig! Jahre alles verwaltet, und es ist begreiflich, dass ich jetzt, mit 83, endlich meine Ruhe haben möchte. Pamela übertreibt, wie Du wohl zuweilen gemerkt hast, und dass ich über Kadidja keine Gewalt habe, wisst Ihr zur Genüge. Warum kommen alle Vorwürfe an mich? Ich werde versuchen wegzufahren, und niemand soll wissen wohin. Ich werde nicht mehr lange Hilfe brauchen. Pamelas Wunsch, mich nicht mehr zu sehen, wird vielleicht rascher erfüllt, als Ihr denkt. Viele Grüße, die böse Schwiegermutter.*

Tillys Ziel heißt Le Pré-Carrée, eine Privatklinik in Corcelles sur Chavornay am Genfer See, *une maison de repos discrète et confortable.* Sybil Vane, Tillys plötzlich wieder aufgetauchte Gefährtin aus der Prinzregentenstraße, ist dort Hausdame. Martha soll Tilly hinbringen. Die Hand nach einem Sturz in Gips, zusammengesunken und zittrig, sitzt Tilly neben ihrer Schwester auf einem Gepäckwagen am Münchner Hauptbahnhof und wartet auf den Zug. Carola, die sie verabschiedet, fragt sich, ob sie die Großmutter lebend wiedersieht.

«Le Pré-Carrée» ist, wie Tilly bald bemerkt, ein Irrenhaus – man sagt, Friedrich Dürrenmatt habe die Anstalt als Modell für den Schauplatz seiner «Physiker» benutzt. Sogar die Mitglieder des Personals haben nach Tillys Beobachtung durchweg einen *Dachschaden*.

Das alles interessiert Tilly wenig, auch die Tatsache, dass Sybil Vane, noch immer tücherumweht und fahrig, erst gegen Mittag aufsteht und vielleicht noch hilfsbedürftiger ist als sie selbst. Denn das Schicksal schenkt Tilly eine letzte Liebe. Er heißt Daniel, ist vierzig Jahre alt und trägt hellblaue Leinenhosen, ein ärmelloses Unterjäckchen und Tennisschuhe. Mittags zieht er eine Jacke an. Er liebt Mozart und spielt Klavier, immer dasselbe Stück, mit viel Pedal und immer denselben Fehlern, wie Sybil behauptet. Er spricht kein Deutsch und Tilly kein Französisch. Es ist eine «Liebe aus dem Lexikon» – so nennt Tilly die Geschichte, die sie mit kaum entzifferbarer Krakelschrift aufschreibt: *Ich saß mit dem Rücken zur Tür und hörte ihn nicht kommen. Er beugte sich über mich und gab mir einen Kuss auf die Stirn. Dann sagte er (nach Lexikon): «Ich liebe dich vom ersten Augenblick.» Als wir uns an der Treppe begegneten, küsste er mich auf den Mund, ganz zart. Eines Tages kam er in mein Zimmer und hatte wieder einen langen Satz parat: «Ich möchte, dass wir zwei zusammen schlafen.» «Im Bett», setzte er hinzu, damit ich nur ja genau verstehe, was er meint. Na ja, seitdem schlafen wir oft zusammen. Erst war es schwierig, nach den geschickten Vorbereitungen war er sehr ungeschickt. Er plumpste wie ein Mehlsack ins Bett. Aber inzwischen hat er viel gelernt. Er sagt, ich sei sehr klug in der Liebe, und er ist ein gelehriger Schüler. Dabei hat er ganz viel Deutsch gelernt, und ich frische mein Französisch auf.*

Tillys Memoiren «Lulu – die Rolle meines Lebens», die trotz aller Widerstände ihre Ehe mit Wedekind erstaunlich freimütig schildern, finden breites Echo. *So viel berühmte Namen, so viel weibliches Verständnis einer klugen Frau,* heißt es in der «Süddeutschen Zeitung». *So einfach sollten sie alle schreiben können, unsere Dichterwitwen, noch dazu, wenn sie selbst auf der Bühne waren, die ja so leicht die Talente verdirbt für die Bühne des Lebens!* In Hamburg soll Tilly daraus vorlesen, an einem windigen Abend im Februar 1970. Die drei Enkel sind anwesend, Carola als Ensemblemitglied des Schauspielhauses, Adrienne als Geigenstudentin am Konservatorium in Blankenese, Anatol, frisch verheiratet und kurz davor, Vater zu werden, als Gitarrelehrer. Auf der Straße kommt ihnen der Buchhändler entgegen. «Bitte unternehmen Sie etwas! Frau Wedekind ist so hinfällig, dass der Abend nur im Fiasko enden kann. Reden Sie ihr zu, den Auftritt abzusagen.»

Tilly betritt das Podium, ein wenig schwankend, aber aufrecht, mustert die Zuhörer, setzt sich und erzählt mit fester Stimme vom Elternhaus in Graz und ihrer Liebe zur Bühne, von Frank Wedekind, Albert Steinrück, Max Reinhardt und Gottfried Benn. Sie spricht Gedichte und liest Passagen aus ihrem Buch. Das Publikum ist hingerissen. Nach einer halben Stunde unterbricht der Buchhändler – man solle aufhören, wenn es am schönsten ist. «Nein», antwortet Tilly, «ich habe nicht die Absicht, hier zu enden.» Sie weint ein bisschen, liest weiter und verbeugt sich nach eineinhalb Stunden unter Applaus und Bravorufen.

Es war ein überraschender Erfolg, schreibt sie Pamela. *Auch die Enkel waren beeindruckt, dass die Oma noch anderes kann als Windeln waschen. Ich empfinde es als Ernte nach schwerer Last.* Zur Geburt von Anatols Tochter schickt sie ein Telegramm: *Gott schütze das Kind.*

Ende März 1970, im langen schwarzen Kleid auf dem Weg in die Münchner Kammerspiele zu einer Aufführung des «Marquis von Keith», sinkt sie auf dem Rücksitz eines Taxis zusammen. Drei Wochen liegt sie im Koma, von einem starken Herzen am Leben gehalten. Sie stirbt im Schwabinger Krankenhaus am 20. April 1970, allein, und wird bei unfreundlichem, kaltem Wetter auf dem Waldfriedhof neben Wedekind gebettet, mehr als zweiundfünfzig Jahre nach jenem denkwürdigen Tag im März 1918, als Thomas Mann das Taxi warten ließ und Heinrich Lautensack ins offene Grab springen wollte.

23

Pamela

Tilly ist tot, die Kinder sind in alle Richtungen zerstreut, die Wohnung in der Münchner Leopoldstraße ist aufgelöst. Pamela lebt ganzjährig in Ambach im Dachgeschoss des Brosi-Bauernhofs an der Seestraße 6, wo Martha und Hans Carl die Nachkriegszeit verbrachten und sie selbst, Charles und die Kinder glückliche Sommerferien. Charles hat auf demselben Grundstück das kleinere ehemalige Bauernhaus an der Straße gemietet und mit Pamelas Hilfe eingerichtet, als Refugium für sich selbst zwischen vielen Reisen, aber auch, um Kindern und Enkelkindern ein Zuhause in Ambach zu erhalten. Pamela übersetzt nach wie vor französische Bücher und Theaterstücke, ein festgelegtes Pensum täglich, und geht, sooft sie kann, im Wald spazieren. Bei gutem Wetter schläft sie nachts in einer geschützten Ecke des Balkons, wo sie das Wasser rauschen hört und den Wind auf ihrem Gesicht spürt.

Neben Lenzburg in der Schweiz, das sie mit der Erinnerung an ihren Vater verknüpft (die Abgründe seines Wesens hat sie ausgeblendet und will sie auch jetzt nicht in ihr Leben lassen), betrachtet Pamela das Ostufer des Starnberger Sees als ihre eigentliche Heimat und ist froh, wieder dort zu wohnen, wo sie mit Erika und Klaus Mann unbeschwerte Jugend erlebte und zwei Sommer mit dem kranken Sternheim. Konrad Pocci, der Sohn des alten Grafen, und andere, die sie damals kannte, sind noch immer ihre Freunde, bei den Fischern und Landwirten in Ammerland, Seeheim und Ambach genießt «Frau Pamela» Respekt. Als ihre Vermieterin, die Brosi-Bäuerin Elisabeth Sommer, genannt Liesbeth oder Liesl, unverheiratet und jenseits der Fünfzig, nach dem Tod ihres Onkels und ihrer Mutter den Be-

Ich muss glücklich und dankbar sein
Pamela und Charles in Ambach, späte 60er Jahre

trieb aufgeben zu müssen glaubte, sprach Pamela bei dem von drei ebenfalls unverheirateten, nicht mehr jungen Geschwistern geführten Hansenbauern-Hof vor und legte es Dominikus, dem Jüngsten, dringend nah, sich um Elisabeth zu kümmern. Seitdem bewirtschaften Liesl und Domini den Brosi-Hof gemeinsam, und zwar in solcher Vertrautheit, dass Dominis Fahrrad manchmal noch um drei Uhr früh an Liesls Hauswand lehnt. Pamela ist glücklich in Ambach. Aber sie ist krank.

Seit Jahren stimmt etwas nicht mit ihrem Bewegungsapparat. Ärzte vermuteten die Ursache in einer Fußoperation vom Frühjahr 1968, jetzt kennt sie die Wahrheit: Ein Professor in Starnberg, zu dem Charles sie brachte, stellte ihr, nachdem er sie bat, in seinem Behandlungszimmer in einer möglichst geraden Linie auf ihn zuzugehen, unverblümt die Diagnose: Parkinson-Krankheit. *Ich muss glücklich und dankbar sein, wenn ich mich noch eine Weile frei bewegen kann und niemandem zur Last falle,* schreibt sie Charles.

Ähnlich bedrückend wie das Wissen um ihre unheilbare Krankheit ist das Verhältnis zu Kadidja. Nach Tillys Tod hat Pamela ihr ein Friedensangebot gemacht und aus Sorge um die Schwester, die mit bald sechzig Jahren keine Altersversorgung hat, sowohl auf ihren Anteil an Tillys Tantiemen verzichtet als auch vorgeschlagen, Kadidja aus dem Erlös der mehr als vierhundert Briefe Gottfried Benns, die sich in Tillys Schreibtisch fanden, eine Eigentumswohnung zu finanzieren. Als klar wurde, dass dies nicht ausreicht (der Schätzwert eines Benn-Briefs liegt bei fünfzig bis siebzig Mark, ein Thomas-Mann-Brief, zum Vergleich, erbringt das Zehn- bis Fünfzehnfache), verhandelte Pamela mit der Stadt München, die Benns Briefe und Wedekinds Nachlass für mehrere hunderttausend Mark ankaufte. Pamela ließ die gesamte Summe Kadidja gutschreiben und erreichte als Gegenleistung eine lebenslange, der Teuerungsrate angepasste städtische Rente für Kadidja von dreitausend Mark monatlich.

Aber Kadidja kann oder will die Vergangenheit nicht ruhen lassen. *Ich danke Dir sehr für Deinen lieben, wirklich rührenden Brief und die wundervolle Schenkung Deines Nachlassanteils an mich,* schreibt sie – und wiederholt gleich darauf ihre oft erhobenen Vorwürfe, von der durch Pamelas Schuld verunglückten Scheidung bis zu ihrem *langsam und qualvoll erstickten Talent* und der immer wiederkehrenden Behauptung, dass Pamela absichtlich und vorsätzlich jede ihrer beruflichen und persönlichen Chancen hintertrieben und vereitelt habe. *Ich hätte es gern irgendwann in meinem Leben auch gut gehabt. Hoffentlich wird mir dieser normale, gesunde, in der amerikanischen Unabhängigkeitserklärung jedem Menschen als natürliches Recht anerkannte Wunsch nicht als «Aggression» verübelt und verboten.*

Momentan sorgt eine längst überfällige, auf sechzehn Bände angelegte Wedekind-Gesamtausgabe für Turbulenz. Die Akademie der Wissenschaften und der Literatur in Mainz fördert das Projekt, die Deutsche Forschungsgemeinschaft stellt Gelder zur Verfügung, Verlage bekunden Interesse, und die Handschriftenabteilung der Stadt München macht sich an die Mammutaufgabe, Wedekinds vierundsechzig erhaltene Notizbücher mit Stückentwürfen Seite um Seite zu entziffern und abzuschreiben. Pamela signalisiert Entgegenkommen, auch im Hinblick auf die 1988 auslaufende siebzigjährige Schutzfrist, nach der Wedekinds Werk gemeinfrei wird. Kadidja wittert List und Betrug, verlangt eine hohe Vorauszahlung, nennt den Vertrag mit der Mainzer Akademie *Beschiss,* den Tantiemenanteil des Herausgebers *ungeheuer hoch* und erhebt auch fachlich so viele Bedenken und Einwände, dass es nur eine Frage der Zeit zu sein scheint, bis Geldgeber und Wissenschaftler die Lust verlieren.

Erfreulicher für Pamela ist das plötzlich wiedererwachte Interesse an Klaus Mann, der seit dem Erscheinen seines Romans «Mephisto» zur Kultfigur geworden ist. Die Regisseurin Ariane Mnouchkine, die in Paris mit ihrem Théâtre du Soleil ein spektakuläres Bühnenprojekt gleichen Namens vorbereitet, bittet Pamela um Auskunft und Hilfe. Die ist froh, ihren Standpunkt, der sie mit Erika in Konflikt brachte, auch für sich noch einmal zu überdenken und zusammenzufassen: *Zuerst möchte ich klarstellen, dass ich zu Klaus Mann positiv wie seit jeher stehe. Die jugendliche Gemeinsamkeit unseres Dreigestirns war eine einmalige und unvergessliche Konstellation.*

Das Verbot des «Mephisto» halte ich für falsch. Sie erwähnen [...] die inneren Konflikte und Widersprüche, besonders in der Figur des Gustaf Gründgens. Selbstverständlich wird das Publikum ihn immer mit der Figur Höfgen identifizieren, da der Autor nicht, wie er nachträglich bemerkt, einen Typ, sondern eine unverwechselbare Persönlichkeit geschildert hat. Aus intimer Kenntnis von Details ist ihm ein äußerlich täuschend ähnliches Konterfei gelungen, was jedoch die Unterstellungen im Wesentlichen als noch gravierender erscheinen lässt.

Gründgens habe sich *jenseits der Grenzen von Görings Macht* gegen *ständige, teils offene, teils versteckte Angriffe* behaupten müssen, habe in *selbst gewählter Isolation* gelebt, sei *nie auf einem Opernball* gewesen und habe *weder Göring noch andere Machthaber bei sich empfangen. [...] Vorkommnisse, wie die im «Mephisto» beschriebenen vom Ende des Kollegen Miklas und*

von der Tragödie Hans Otto waren in der Ära Gründgens un-
denkbar. Er hätte ohne Rücksicht auf Konsequenzen sein Amt
sofort niedergelegt. Das wusste Göring. Jedenfalls ist es Gründ-
gens gelungen, alle ihm anvertrauten Verfolgten zu retten.

Ariane Mnouchkine meint, *jeden Tag neue Fragen* zu haben.
Aber ich habe mich da wohl selbst belogen. Ich glaube, in Wirk-
lichkeit war ich von der Vorstellung gelähmt, an eine der drei
Personen zu schreiben, die zur Zeit alle meine Gedanken, alle
meine Fragen – ich wage kaum zu sagen: meine ganze Leiden-
schaft – bestimmen. Von Ihnen einen Brief zu erhalten war eine
zugleich faszinierende und seltsame Erfahrung – eine kleine
Brücke zwischen der Fiktion und der Realität, zwischen dem
Alltag und der Geschichte. [...] Vielleicht werden Sie mir glau-
ben, dass da im Moment eine Truppe von Schauspielern und
Schauspielerinnen Sie alle liebt [...] vielleicht verstehen Sie nun
meine Ergriffenheit, plötzlich einen Brief einer der zwei jungen
Damen zu erhalten, von denen ich ein hinreißendes Photo ge-
funden habe. «Diese gute Frau ist verrückt», werden Sie denken.
Sie können beruhigt sein, ich bin lediglich ungeheuer beein-
druckt von allem, was diesen Roman umgibt; wir hoffen, mit un-
serem Stück Klaus Mann gerecht zu werden [...] die Truppe ...
ich glaube, sie würde Sie gern umarmen, so wie ich es auch gern
täte.

Theater und Literaturwissenschaft haben auch das Werk Carl
Sternheims wiederentdeckt. Fragen vom Verfasser einer Stern-
heim-Monografie geben Pamela Gelegenheit zu korrigieren,
was ihrer Meinung nach häufig falsch dargestellt wird, allem
voran den Eindruck, Sternheim sei während seiner Ehe mit ihr
verrückt gewesen. Wie vor fünfzig Jahren führt sie Entlastungs-
momente an, um seinen Ruf und seine Würde zu schützen: sein
selbstständiges Einrichten der Brüssler Wohnung, seine Lebens-
mitteleinkäufe in der Nachbarschaft, sein gutes Verhältnis zu
Ammerlander und Seeheimer Bauern, sein Verzicht auf nervenärztliche Behandlung. Was sie seinerzeit zu Verzweiflungsaus-
brüchen und Selbstmorddrohungen trieb, ist verdrängt oder
vergessen, kein negatives Wort über Sternheim kommt je über

ihre Lippen, sein 1928 von Felixmüller in Uttwil gemaltes Porträt hängt in ihrem Ambacher Wohnzimmer als stete Gegenwart und Erinnerung, die sie nicht herabgesetzt oder beschmutzt haben will.

Regen Kontakt hat Pamela zu Anita Naef, Erika Manns langjähriger Sekretärin, die jetzt in Zürich Frau Katja und Golo betreut, aber den Tod ihrer Arbeitgeberin nur schwer verwindet und die Liebe und Bewunderung, die Erika galt, nun auf Pamela überträgt. *Ich glaube wirklich nicht, dass Sie ermessen, wie viel Kraft und Trost von Ihnen auf mich übergeht,* schreibt sie Pamela. *[...] Auch erscheint es mir immer mehr, als hätte Erika selbst mich unter Ihren Schutz gestellt, weil sie genau wusste, dass ich ohne diesen nicht leben kann.* In Klaus Manns Buch «Kind dieser Zeit» liest sie die Geschichte nach – *bin auf Seite 220 und ganz hingerissen* – «*eine lange Zeit der großen Freundschaft und der großen Liebe begann», heißt es da* – *wie nur konnte Sternheim Sie da herausholen? Das ist mir ein Rätsel.*

Pamela, so zeigen Eintragungen, nach ihrem Tod gefunden, die großzügige, schöne Handschrift bereits gezeichnet von der Krankheit, beschäftigen ähnliche Gedanken: Was bewog sie, mit den Geschwistern zu brechen, ihre Karriere im entscheidenden Moment zu vernachlässigen, Sternheim zu heiraten, nach Deutschland zurückzukehren? Eines jedoch stellt sie nicht in Frage: die Ehe mit Charles. Ein Kuvert mit Briefen versieht sie mit der Aufschrift: *Für meine Kinder, damit sie wissen, wie glücklich ihre Eltern zusammen gewesen sind.*

Nach mehr als neunzig Filmrollen und viel beachteten Bühnen- und Fernsehauftritten, etwa in Heinar Kipphardts «In der Sache J. Robert Oppenheimer» oder in Peter Weiss' «Die Verfolgung und Ermordung des Jean Paul Marat», und nach Jahren erfolgreichen Wirkens am Schauspielhaus Zürich, unter anderem in Dürrenmatts Inszenierung seines «Romulus der Große», spielt Charles immer häufiger gehobene Boulevardstücke, meist in eigener Übersetzung, auf Tourneen oder an Privattheatern wie der Kleinen Komödie in München oder dem Theater am Dom in Köln und oft in Zusammenarbeit mit der Schauspielerin Sonja Ziemann. Pamela weiß um seine Beziehung zu der Frau, die geboren wurde, als sie selbst in «Anja und Esther» Furore machte, aber will, so hat man den Eindruck, allzu genau nicht hinschauen. Vier Jahrzehnte hat sie die Ehe mit Charles lebendig gehalten, trotz langer Trennungsperioden und gelegentlich heftiger Eifersucht, jetzt spürt sie, wenn man ihren Briefen glauben darf, vor allem Dankbarkeit – für seine Zuwendung, seinen unermüdlichen Einsatz für die Familie, sein bloßes Dasein. Zu Sonja Ziemann ist ihr Verhältnis geradezu herzlich. 1969 spielte sie gemeinsam mit ihr in Wedekinds «Lulu» ihre letzte Theaterrolle, in einer Inszenierung von Charles für ein Schweizer Tourneeunternehmen. Die Parkinson-Diagnose war noch nicht gestellt, aber die Behinderung schon so groß, dass sie das Engagement abbrach.

Charles eilt von Stadt zu Stadt, immer bereit, Hörspiele und Film- oder Fernsehrollen dazwischenzuschieben und seine Kinder und Enkelkinder zu besuchen, äußerlich die Ruhe selbst, ein Star, dessen Name volle Häuser garantiert und der Tourneen von mehr als einhundert Vorstellungen scheinbar mühelos bewältigt, in Wirklichkeit permanent überarbeitet, von Angstzuständen und widerstreitenden Loyalitäten geplagt. Seine Mitspieler schwärmen von der entspannten Atmosphäre, die er verbreitet, und seinem großzügigen, ganz und gar allürenlosen Verhalten, und bewundern die Disziplin, mit der er selbst im Tourneebus französische Stücke übersetzt, auf der Suche nach neuen Projekten. Große Häuser und namhafte Regisseure fragen kaum mehr an, weil sie wissen, dass er auf Jahre hinaus verpflichtet ist. Seine ungesunde Lebensweise ist ihm bewusst, aber er kann nicht mit ihr brechen, sei es aus dem Bedürfnis, fern vom Tagesgeschehen unterwegs zu sein, oder aus Angst, nicht genug Geld für die Pflege zu verdienen, die Pamela zunehmend braucht. Seine schauspielerische Arbeit nimmt er so ernst wie eh und je, ringt um Form und Gestaltung, berät sich mit Pamela, die ihm immer noch letzte Instanz ist. *Sprechen kann ich nur mit Pamela,* notiert er in seinen Kalender.

Pamelas Zustand verschlechtert sich von Monat zu Monat.

Die Parkinson-Krankheit, auch Schüttellähmung genannt, bewirkt bei ihr eine graduelle Versteifung des Körpers. Anatol, der seit seiner Anstellung als Dozent für Gitarre am Münchner Konservatorium mit seiner Familie im unteren Haus wohnt, ist mit Autofahren und Einkaufen behilflich, aber wenn Pamelas Wunsch erfüllt werden soll, ihr Leben in Ambach zu beschließen, ist dauernde Betreuung zu finden. Angesichts ihrer kleinen Wohnung, ohne Aufzug und Zentralheizung, erscheint das kaum möglich, dann aber meldet sich auf Vermittlung Axel Regniers eine pensionierte Krankenschwester aus der Oberpfalz, die eine Polizistenwitwe aus ihrem Bekanntenkreis anheuert, mit der sie sich die Pflege teilen will; eine Rumäniendeutsche aus Geretsried vervollständigt das Team: Schwester Senta, Frau Busch und Frau Nedbal – Pamelas gute Engel, die sie, in mehrwöchigem Turnus wechselnd, bis zu ihrem Tod begleiten. Sie schlafen auf der Couch im Wohnzimmer, nur durch die Verbindungstür von ihr getrennt, kleiden sie an, gehen mit ihr auf die Straße, kochen und führen ihre Korrespondenz, sei es mit der Wäscherei in Wolfratshausen oder Golo Mann, mit Anita Naef oder deren neu gefundenem Lebensgefährten, dem Schriftsteller und Thomas-Mann-Herausgeber Peter de Mendelssohn, mit dem Pamela seit ihrer Jugend befreundet ist.

Pamelas Haar ist nicht mehr rot gefärbt, doch ihre Erscheinung gepflegt wie immer. Pünktlich um halb vier erscheint sie, von einer Pflegerin geführt, im Wohnzimmer und setzt sich an einen tadellos gedeckten Tisch mit belegten Brötchen und Kuchenstücken. Ihre berühmt glasklare Aussprache ist durch Krankheit und Medikamente undeutlich geworden, schreiben kann sie kaum noch. Manchmal überkommt sie der Kummer, als Schauspielerin nicht erreicht zu haben, was sie selbst und andere erwarteten, und ihr Liedrepertoire nicht auf Schallplatten festgehalten zu haben, so dass von ihrer Kunst nur die Erinnerung derer zurückbleibt, die sie gehört haben. Umso intensiveren Anteil nimmt sie am Leben ihrer Kinder und Enkelkinder und fühlt sich mit Recht als Mittelpunkt einer großen Familie. Nur bei extremen Schmerzen weint und klagt sie wie früher.

Mit Kadidja hat sie endgültig gebrochen. Wie befürchtet, hat die Mainzer Akademie nach sieben Jahren brieflichen Streits mit Kadidja ihre Beteiligung an der Werkausgabe zurückgezogen und die Verlage, die ohne öffentliche Gelder Projekte dieser Größe kaum zu realisieren imstande sind, ihrer finanziellen Grundlage beraubt. Zweiundvierzig transkribierte Wedekind-Notizbücher liegen ungenutzt in München, das Material der Germanisten, mehrere druckfertige Bände, ist eingemottet, der Autor Wedekind, von dem nur eine Hand voll Werke im Buchhandel erhältlich ist, auf unabsehbare Zeit dem Publikum vorenthalten. Pamela will von Kadidja nichts mehr wissen. Briefe schickt sie ungeöffnet zurück, einen Vermittlungsvorschlag Anatols lehnt sie ab.

Im Januar 1985 wandert Anatol mit Familie nach Australien aus. Seine israelische Frau verträgt das bayerische Klima nicht und möchte einen neuen Anfang in Wärme und einem unbelasteten Kulturkreis. Pamela nimmt die Neuigkeit stumm zur Kenntnis. Charles bringt Sohn, Schwiegertochter und zwei Enkel bei eisiger Kälte zum Münchner Hauptbahnhof und verreist kurz darauf nach Frankfurt, um ein neues Stück zu proben. Jeden Tag ruft er in Ambach an und lässt sich über Pamelas Zustand informieren – mit ihr selbst zu sprechen ist nicht mehr möglich –, an freien Tagen fliegt er nach München, müde und verzweifelt über Pamelas hoffnungslose Lage, aber unfähig, Verpflichtungen abzusagen, um sich ihr länger zu widmen. *Todmüde, sehr schlechte Verfassung, sehr schlechte Nacht, größte Sorgen,* schreibt er in seinen Kalender. Ein anderes Mal: *Ich weine im Traum, weil ich die Kinder nicht sehe.*

Im Frühjahr 1986, am Samstag nach Ostern, kommt Anatol, in Australien durch ein Telefonat alarmiert, nach Ambach. Pamela liegt mit offenen Augen im Bett, aber zeigt keine Reaktion. Adrienne ist da mit Mann und ihren zwei Söhnen. Charles kommt aus Stuttgart, fährt abends zurück. Am Dienstag Nachmittag richtet Pamela einen letzten Blick auf ihre Kinder, ohne Bewegung und Sprache, aber mit der klaren Botschaft des Erkennens. Um fünf Uhr früh am Mittwoch ruft Frau Busch im unteren Haus an: «Bitte kommen Sie herauf, Ihre Mutter ist gestorben.»

Die katholische Gemeindeschwester hat die Tote gewaschen, Frau Busch, sehr mitgenommen, räumt auf. Elisabeth Sommer steht betend im Türrahmen. Kerzen brennen. Mittags erscheint Frau Nedbal und bestimmt ein festlicheres Gewand. «So können wir sie nicht auf die Reise schicken», meint sie. Australische Rosen werden Pamela in den Sarg gelegt. Es ist der 9. April 1986. Vor dem Haus blühen Schneeglöckchen, milder Wind streicht über den See und durch die Bäume am Ufer.

In der Nacht vor der Beerdigung schneit es. Die Trauergemeinde am Holzhausener Friedhof trägt Wintermäntel. Die Sonne scheint, aber es ist kalt und der See tiefblau. Die Grabrede hält Georg Kahn-Ackermann, Europaabgeordneter für die SPD und einst Generalfeldmarschall in Kadidjas Ammerlander Kaiserreich. Den Sarg tragen vier Männer aus der Nachbarschaft, unter ihnen Dominikus Gebhard, dem Pamela zum späten Liebesglück am Brosi-Hof verhalf. Am Grabrand rutscht er aus und steht eine Sekunde später bis zum Hals in der Grube. Beim Leichenschmaus im Neuwirt, in der warmen Gaststube nach Essen und Bier, beugt er sich zu Charles und sagt: «Beinah hätte sie uns mitgerissen.»

Vater und Kinder laufen zurück nach Ambach. «Jetzt müsste man eigentlich hinaufgehen und Pamela alles erzählen», sagt Charles.

24

Kadidja

«Hätten sie Lust, Wedekinds Tagebücher zu edieren?», fragt
Kadidja den Münchner Germanisten Gerhard Hay. Der traut
seinen Ohren nicht: unveröffentlichte, zum Teil der Forschung
bislang unzugängliche Aufzeichnungen Wedekinds herauszuge-
ben, autorisiert, ja eingeladen von dessen freundlicher, salopp-
unkonventioneller Tochter und Rechtsnachfolgerin? Natürlich
hat er Lust. «Gut», sagt Kadidja, «dann treffen wir uns morgen in der Handschriftenabteilung Monacensia und sichten das
Material.»

Dort breitet sie auf Tischen aus, was jahrzehntelang unter
Verschluss war: jene Tagebuchhefte, von denen sich Wedekind
im Januar 1915 in den Nächten nach seiner ersten Operation
nicht trennen konnte, unter ihnen das angeblich hoch erotische
«Pariser Tagebuch» der Jahre 1892–94. Kadidja erläutert Zu-
sammenhänge, erzählt animiert, stellt Hilfe in Aussicht, falls gewünscht – wenn nicht, sei es auch recht, er werde die Aufgabe
sicher hervorragend bewältigen –, verzehrt dabei ein mitge-
brachtes Butterbrot und fährt mit dem Fahrrad in Richtung des
Englischen Gartens davon. Gerhard Hay transkribiert und ediert
den Text, verfasst ein Vorwort, erstellt Anhang und Personen-
register, wählt Bilder aus. Der Band erscheint und wird auf einer
viel besuchten Lesung von Charles Regnier, dem Schwiegersohn
des Dichters, der Öffentlichkeit vorgestellt. Über den Herausgeber aber ergießt sich von der zunächst so kooperativen Wede-
kind-Erbin Kadidja eine solche Flut von Schmähbriefen, dass er
Rechtsmittel erwägt und jede Freude an seiner Leistung verliert.

Wer ein Projekt in Sachen Wedekind unternimmt, und sei es
in ihrem Auftrag, und es gar zu Abschluss und Erfolg bringt, be-

rührt, so scheint es, eine Wunde in Kadidjas Seele, die sie irrational, ungerecht und rachsüchtig werden lässt – ob aus Verzweiflung über die Katastrophen, die im Zuge ihrer eigenen Beschäftigung mit dessen Werk immer wieder über sie hereingebrochen sind, oder aus einer in ihrem Amerika-Aufenthalt begründeten Existenzangst. Vielleicht glaubt sie tatsächlich, ihren Vater als Einzige richtig zu verstehen und deshalb schützen zu müssen, vielleicht ist sie krank und kann nicht anders handeln – für die Betroffenen macht das wenig Unterschied.

Wilhelm Emrich, den Herausgeber der gescheiterten Mainzer Werkausgabe, verfolgt sie über das Projekt hinaus. Wohl auch als späte Genugtuung gegenüber Pamela, die den Berliner Professor unterstützte und von der Zusammenarbeit an einer von ihm geleiteten Sternheim-Gesamtausgabe kannte, lanciert Kadidja einen 1943 von ihm erschienenen Artikel «Der Einbruch des Judentums in das wissenschaftliche und fachliche Denken» gezielt unter Publizisten und Verlegern, wohl wissend, dass sie ihn damit in Deutschland für alle Zeit unmöglich macht. Wie voraussehbar, zieht sich der für enorme Belesenheit und intuitives Literaturverständnis gerühmte Professor, dessen Bücher über Goethe und Kafka vielerorts studentische Pflichtlektüre sind, aus allen Funktionen zurück, stoppt alle Veröffentlichungen und beschließt sein Leben als verbitterter Privatmann. «Kadidja Wedekind hat meinen Vater gefällt», sagt sein Sohn. Der fragliche Artikel wird dadurch nicht besser. Aber seine Verbreitung durch Kadidja – auch das muss gesagt werden – geschieht ohne Not zu einem Zeitpunkt, als sie beruflich und privat mit seinem Verfasser nichts mehr zu tun hat.

1985, noch zu Lebzeiten Pamelas, aber de facto bereits als Alleinherrscherin über Wedekinds Werk, setzt Kadidja den Darmstädter Literaturwissenschaftler Hartmut Vinçon, 1941 geboren und allein deswegen über den Verdacht des Mitläufertums erhaben, als Herausgeber einer neuen Werkausgabe ein. Vier Jahre später sieht auch der sich genötigt, sich mit *allen zur Verfügung stehenden Mitteln* gegen Kadidjas *grobe Unfreundlichkeiten* zu verwahren. *Ich habe bis jetzt versucht, Sie als einen auf seine*

Weise ganz besonders individuellen Menschen zu sehen und Sie in Ihren Eigentümlichkeiten, auch wenn dies nicht immer leicht fiel, gelten zu lassen. Ich bedaure, dass ich jetzt diesen Brief an Sie schreiben MUSS.

Kadidja, das versichert sie jedem, der es hören will, ist nicht freiwillig Sachwalterin des väterlichen Werks: *Es handelt sich um eine Situation, die gar nicht unähnlich ist der Position vieler Menschen, auch meiner, gegenüber dem Dritten Reich: Man musste sich entscheiden, ob man sich um nichts kümmern und angenehm leben oder dem Begriff von Anstand und eventuell künstlerischer Integrität Opfer bringen wollte.*

Zahllos sind ihre Klagen über Germanisten, die sie *ausrauben* und Wedekind *verballhornen*, und weil dem so ist, hat Kadidja nicht nur keine Zeit für Eigenes, sondern ist so beschäftigt, dass sie, zwangsläufig und ganz gegen ihren Willen, alles andere vernachlässigt. Seit Tillys Tod vor neunzehn Jahren ist sie ohne Verpflichtung gegenüber Mitmenschen und hat, durch Rente abgesichert, vierundzwanzig Stunden täglich zur freien Verfügung.

Schon zum Frühstück sieht man sie im Café, allein an einem Tisch, schreibend und mit Papieren beschäftigt wie einst Wedekind, aber im Gegensatz zu ihm anspruchslos gekleidet, ganz im Stil des geistig arbeitenden Menschen, der auf Äußerlichkeit weder Zeit noch Interesse verschwendet. Auch ihre anderen Mahlzeiten nimmt sie in Gaststätten ein, zu Hause kocht sie nie. In ihre Wohnungen – gegenüber ihrem Apartment hat sie auf demselben Flur ein Büro gemietet – lässt sie, wenn es unbedingt sein muss, allenfalls die Hausmeisterin. Die berichtet von einem nicht für möglich gehaltenen Chaos, von Leinentüchern, die auf die Fußböden aller Räume gebreitet und mit Lagen von Schriftstücken bedeckt sind, und von einem Sekretär, den Kadidja, wie fast ihr gesamtes Mobiliar, vor bald dreißig Jahren vom Vormieter übernommen und wie ein Paket mit Seilen verschnürt hat, um ihn vor dem Auseinanderfallen zu bewahren. Bei den Hausbewohnern ist Kadidja beliebt. Von Reisen schickt sie Postkarten, zu Weihnachten verteilt sie Geschenke.

So unordentlich Kadidjas Wohnungen sind, so schneidend klar formuliert sie ihre Ansichten, besonders zu Themen, die ihr nahe liegen. Eine Anfrage des amerikanischen, in Freiburg lebenden Klaus-Mann-Biografen Frederic Kroll lehnt sie zunächst ab – *nachdem ich nie in meinem Leben tun konnte, was ich wollte, soll ich nun glücklicheren Generationen forwährend helfen, ihre Doktorarbeiten, ihre Bücher und Essays zu verfassen und ihre Wedekind-Inszenierungen zu machen –*, dann entwickelt sich ein jahrelanger Diskurs über Aspekte des Dritten Reichs und der Emigration, wobei sie die Rolle von Klaus und Erika Mann kritischer als die meisten beleuchtet: *Wie Sie vielleicht wissen, bezeichneten sich Erika und Klaus schriftlich und mündlich als freiwillige Emigranten. Durch ihre Äußerungen fühlten sich viele vertriebene Juden beleidigt, allerdings konnten sie sich nicht wehren, sie waren ohnedies denkbar unerwünscht, wo sie auch hinkamen. [...] Als wir uns 1938 in Amerika wiedertrafen, sagte Klaus zu mir: «Warum seid ihr denn nicht alle sofort freiwillig ausgewandert, so wie wir?» Darauf lachte ich, aufrichtig amüsiert über diese Hochstapelei. [...] Wir hätten alle einen Nobelpreisträger zum Vater haben sollen. Wir hätten alle auf der Basis seines Ruhms uns einen Vertrag von Ullstein verschaffen und nach Amerika reisen sollen, wo wir alle in jungen Jahren Englisch hätten lernen sollen. [...] Wir hätten alle in der väterlichen Villa komfortable Unterkunft und interessante Gesellschaft vorfinden sollen. Wir hätten alle mit dem Elend der Europäer die Herzen amerikanischer Geldgeber so rühren sollen, dass wir vom Resultat dieser Rührung im Hotel Bedford hätten wohnen können. Unglücklich, selbstverständlich! Wenn man es inmitten von so viel Elend so gut hat, muss man ja unglücklich sein. Als Klaus sich umbrachte, ging es ihm so gut, wie ich es mir mein ganzes Leben vergeblich gewünscht habe und es nie haben werde. [...] Haben Sie sich eigentlich je überlegt, dass ich in unserem Kreis die einzige freiwillige Emigrantin und Moralistin bin? Die Nazis hätten mich viel lieber beschäftigt als meine Schwester. Und haben Sie sich je gefragt, wie ich dafür büßen musste und immer noch büße? Aber andere Menschen waren*

*weit mutiger und moralischer als ich. Über sie werden kaum Bü-
cher geschrieben. [...] Niemand, der nicht der Versuchung ausgesetzt war, kann behaupten, dass er bei den Nazis nicht mitgemacht hätte. Ich habe die Erfahrung gemacht – und ich kann es
beweisen –, dass es im Großen und Ganzen eine Frage der Gelegenheit oder des Mangels an Gelegenheit war. Was blieb denn
Erika und Klaus anderes übrig, als «Antinazis» zu sein? [...] Sie
wären gemartert und wahrscheinlich umgebracht worden.*

Gründgens verteidigt sie, wie auch Thomas Mann: *Beide
waren Karrieristen. Beide wirkten kalt, inhuman. [...] Beide
brauchten viel Text – Gründgens gesprochenen, Thomas Mann
geschriebenen –, um sich beim Publikum beliebt zu machen.
Und beide verhielten sich während des Dritten Reichs überraschend human, wurden vielfach zu Rettern von Verfolgten. Für
beide war es eine Wanderung auf einem schmalen Grat, aber
beide empfanden offenbar die politische Situation als ihre eigentliche Probe, die sie zu bestehen hatten.* Der Hass der Geschwister auf Gründgens sei *Eifersucht auf sein Talent* gewesen –
*man schämt sich [...] wenn ein anderer etwas besser kann, wo-
rauf man es selbst angelegt hat.*

Die Toleranz, mit der Kadidja Gustaf Gründgens begegnet,
gilt ausdrücklich nicht für Pamela, die sie auch nach deren Tod
intern und öffentlich der *Nazikarriere* bezichtigt. Herzstück ihrer Beweisführung ist Pamelas Rückkehr nach Deutschland im
Sommer 1934 aus einer *bereits etablierten Emigration* (gemeint
ist der Wohnsitz Brüssel mit Sternheim seit 1930), ohne zu überlegen, dass sie selbst 1934 in Nazi-Deutschland lebte und arbeitete und erst im Januar 1938 nach Amerika ging, auf eine
sechsmonatige, von Gottfried Reinhardt ermöglichte Studienreise, von der sie – so jedenfalls steht es in ihren Briefen – noch
im August 1939 nach Deutschland zurückkehren wollte.

Gegenüber Charles, dem hinterbliebenen Adressaten, lässt
sie alle Zurückhaltung fahren: Pamela sei *erpressbar* gewesen,
habe sich durch die Unterstützung des Germanisten Emrich
eine positive Darstellung ihrer Trennung von Sternheim *erkau-
fen* und mit *allen Mitteln* ihre – Kadidjas – Rente *verhindern*

Schon zum Frühstück sieht man sie im Café:
Kadidja in einem Münchner Lokal, um 1985

wollen. *Ich zerstöre Dir eine Illusion. Deshalb musst Du mich hassen. Man sollte Hass anerkennen, wie man Liebe anerkennt. [...] Bist Du vielleicht wütend darüber, dass Deine Frau eine freiwillige und sehr erfolgreiche Mitläuferin war und dass Deine Schwägerin eine freiwillige, erfolglose Emigrantin ist, die ihre freiwillige Emigration bitter büßen musste? [...] Wollen wir uns nicht darauf einigen, dass Pamela vom Schicksal etwas aufgebürdet wurde – mein Vorhandensein, mein künstlerisches, schöpferisches Talent und dann auch noch der von mir versehentlich gewonnene Krieg –, das sie nicht aushalten konnte? Sie hätte mich ganz gut ertragen, hätte ich nie künstlerischen Ehrgeiz gezeigt, genau wie ihre innige Freundin Erika Gustaf seine Mitläuferei im Dritten Reich verziehen hätte, wäre er unbedeutend, unbegabt und erfolglos gewesen.*

Charles verspürt wenig Neigung, auf Kadidjas Gedankengänge einzugehen, und beschränkt seinen Kontakt mit ihr auf das Minimum, das gelegentliche Verlagsverhandlungen als Rechtsnachfolger Pamelas erfordern. Seine Kinder, solchen Zwängen nicht unterworfen, machen einen Bogen um Kadidja oder verdrücken sich in eine Ecke, um nicht bemerkt zu werden. Angst vor Auseinandersetzungen ist dabei, ein Gefühl der Hoffnungslosigkeit, sie von ihrer einmal gefassten Meinung abzubringen, aber auch Bequemlichkeit und Nichtwissenwollen. Als sich Kadidja telefonisch nach dem Termin von Pamelas Beerdigung erkundigt, wird sie abgewimmelt, und die Mitglieder der Familie Regnier atmen auf, als die Grablegung ohne sie stattfindet.

Nur Dilia, Anatols Tochter, auf Besuch aus Australien, will sich einen eigenen Eindruck verschaffen und klingelt an Kadidjas Tür. Kadidja lädt sie ins Café, ist freundlich und gesprächig, wenngleich der unterschwellige Vorwurf ihrer Rede nicht zu überhören ist. Als Dilia bittet, in Kadidjas Wohnung die Toilette benutzen zu dürfen, bemerkt sie mit Erstaunen, dass auch dort der Fußboden mit Papieren bedeckt ist. Gelegentlich ruft Kadidja bei der Familie an, unvermittelt, gut informiert über alle Vorgänge und als ob man erst gestern miteinander telefoniert hätte, und legt ebenso unvermittelt wieder auf. Als Adrienne sie auf ihre jugendliche, frische Stimme anspricht, sagt sie: «Der Streit hält mich jung.»

Wer Kadidja unvoreingenommen kennen lernt, ist von ihr bezaubert. Schauspieler schwärmen von ihrem plötzlichen Auftauchen bei Wedekind-Premieren, bei denen sie amüsant, fundiert und ohne Berührungsängste von Personen und Zeiten plaudert, die Jüngere nur aus Büchern kennen. Frederic Kroll, dessen Bekanntschaft mit ihr im Zerwürfnis endet wie so viele, hebt ihre Begeisterungsfähigkeit hervor – strahlenden Auges, mit halb offenem, staunendem Mund habe sie im Theater das Bühnengeschehen verfolgt. Wer genauer hinsieht, merkt ihre Verletztheit, das dünne Eis, auf dem ihre Fröhlichkeit ruht. Der Schauspieler Walter Schmidinger sagt zu Carola: «Ich traf Ihre im wahrsten Sinne des Worts besessene Tante.»

Ende der achtziger Jahre besteht Kadidjas Hausverwaltung auf der Renovierung ihrer Wohnungen. Kadidja nennt es *eine persönliche Katastrophe,* aber beugt sich nach Protest und verzweifeltem Räumen. «Wie sauber das bei Ihnen wird», sagt sie bewundernd, als die Hausmeisterin nach Abschluss der Arbeiten ihr Bad putzt – und breitet sogleich in allen Räumen wieder Leinentücher für Papiere aus. Für Hilfeleistungen im praktischen Leben, das sie schon als Kind nicht bewältigte, das Auswaschen eines Pullovers beispielsweise, ist Kadidja unendlich dankbar und revanchiert sich aufs Großzügigste. Bekannte auf der Straße begrüßt sie mit spontaner Freude: «Sie schickt mir der Himmel, ich lade Sie zum Essen ein.» Aber keine Freundschaft Kadidjas ist bekannt, die nicht im Streit endete.

Eine Ausnahme ist der Münchner Philologe Dirk Heißerer, der, anders als die meisten, Kadidja nicht nach Wedekind oder der Familie Mann befragt, sondern sich für sie selbst und ihr schriftstellerisches Werk interessiert. Er nennt sie «Kaiserin», sich selbst ihren «Adjutanten» und will ihre Romane «König Ludwig und sein Hexenmeister» und «Kalumina» neu herausbringen. Kadidja ziert sich, zögert und spricht von Vorauszahlungen – sie habe etwas geleistet, was honoriert werden müsse. Wie sehr sie das Verschwinden ihrer Bücher und ihre literarische Erfolglosigkeit betrüben – gerade weil sie von ihrem schriftstellerischen Talent zu Recht überzeugt ist –, zeigt ihre Reaktion auf einen Dankbrief von Anatols Frau Nehama, die während einer Grippe in Ambach zufällig eines der letzten «Kalumina»-Exemplare fand und las und Kadidja schrieb, *so etwas Herrliches* sei ihr lange nicht begegnet. *Es dauerte länger als eine Woche, bis ich diesen Brief heiter, ohne Bitterkeit beantworten konnte*, kommentiert Kadidja das Schreiben der jungen Israelin.

Im Juli 1994 sind Kadidjas Wohnungen wieder so heruntergekommen, dass die Hausverwaltung einzuschreiten droht und sich nur durch einen vielseitigen Bittbriefs Kadidjas abhalten lässt. *Nein, ich könnte NICHT in der Zeit, in der ich diesen Brief schreibe, aufräumen oder putzen lassen*, meint Kadidja. *Das dauert wochenlang. Ich muss ja alles so einräumen, dass ich es wieder finde. Es hat keinen Zweck, in meinem Alter neue Möbel zu kaufen, die ich obendrein klobig und bedrückend finde. Meine*

Existenz entspricht wahrhaftig nicht meinem Wunsch. Menschen erleben auch meistens nicht zu ihrem Vergnügen einen Krieg. Kadidja fügt ein Foto bei, das sie mit Blutergüssen im Gesicht und einem blauen Auge zeigt, aufgenommen, nachdem sie *auf der Straße physisch zusammenbrach.* Ein paar Tage später verfasst sie eine brillante Analyse Donald Wedekinds, einundvierzig Seiten lang, in sauberer Handschrift, als Studienhilfe für eine junge Germanistin.

Im August 1994 lässt sie sich nach langem Bitten von Dirk Heißerer nach Ammerland fahren und schreitet mit ihm die Schauplätze ihres Kaiserreichs ab – die Villa Lilly Ackermanns, den Holzschuppen, in dem die Krönung stattfand, das Haus der «Hexenmuru», das Uferstück, von dem die Flottenparade in See stach. Am Ort des Geschehens singt sie ihm die «Kalumina»-Hymne vor:

> *Die Kaiserin von Kalumina,*
> *Die hatte schwarzes Haar ...*
> *Für alle ihre Soldaten*
> *War dieses Haar Gefahr.*

> *Die Kaiserin von Kalumina,*
> *Die hatte Augen grün ...*
> *Wer sie einmal regieren sah,*
> *Der musste mit ihr ziehn.*

> *Die Kaiserin von Kalumina,*
> *Die hatt' ein Herz zu rot ...*
> *Gar mancher ihrer Soldaten*
> *Brannt' sich daran zu Tod.*

> *Doch einmal – hu! – da kam ein Prinz,*
> *Der Schwarze Prinz genannt;*
> *Der nahm der stolzen Kaiserin*
> *Das Haar, das Herz, das Land.*

Kadidja steigt die Treppe zu ihren Wohnungen im fünften Stock und fährt mit ihrem Dreirad durch die Straßen Schwabings. Umfangreiche Notizen lassen vermuten, dass sie die Wedekind-Biografie, deren Scheitern ihr so viel Kummer bereitete, mit dreiundachtzig Jahren immer noch zu vollenden hofft. Auch die Entstehungsgeschichte der Lulu will sie schreiben – *ich bin die Einzige, die weiß, dass es sie gab und wer sie war. Mit mir stirbt dieses Wissen.* Die von ihr für unfertig und unspielbar gehaltene Urfassung der «Lulu» ist 1988 von Regisseur Peter Zadek am Hamburger Schauspielhaus mit triumphalem Erfolg aufgeführt worden.

Manchmal, möchte man meinen, fühlt sich Kadidja noch so wie zu Zeiten ihrer Kindheit, als sie in München zur Schule ging und bei allen Schwierigkeiten fest an ihren *guten Stern* glaubte, als das Leben vor ihr lag und ihr alles gelang und sie in ihr Tagebuch schrieb: *Ich bin VOLLKOMMEN glücklich.* Ein Nachbar findet sie nachts um drei auf einer Bank im Englischen Garten. «Schauen Sie, wie schön», sagt Kadidja und zeigt in den glitzernden Himmel.

Im Oktober 1994 stehen die Fenster ihrer Bürowohnung tagelang offen. Man kennt sie als Frischluftfanatikerin, aber als ihr Briefkasten überquillt und eine Mitbewohnerin sich erinnert, irgendwann einen *dumpfen Fall* gehört zu haben, und sich im Flur des fünften Stockwerks Verwesungsgeruch ausbreitet, holt man die Polizei. Das Schloss wird aufgebrochen, aber die Tür lässt sich nicht öffnen. Die Feuerwehr sperrt die Straße, steigt über den Balkon ein und findet Kadidja vom Schlag getroffen gegen die Tür gelehnt, von wo sie wahrscheinlich gerade um Hilfe rufen wollte.

Nachtrag

Kadidja ruht neben Frank und Tilly auf dem Münchener Waldfriedhof. Als Todesdatum ist der 14. Oktober 1994 angegeben.

Charles heiratete 1989 Sonja Ziemann, spielte bis 1999 Theater
und starb am 13. September 2001 im Alter von siebenundachtzig
Jahren.

Friedrich Strindberg, den Carl Zuckmayer in seinem 1943/44 im
Exil für den amerikanischen Geheimdienst verfassten und in
Deutschland im Frühjahr 2002 erschienenen «Geheimreport» in
der Gruppe «negativ» als *wackeren NS-Journalisten in der Nazi-
presse* beschrieb, wurde im September 2002 von Yad Vashem
posthum mit der Medaille «Righteous of the World» ausgezeichnet. Er hat Juden in seiner Berliner Wohnung versteckt und
so deren Überleben gesichert. Sein Name ist im «Garten der Ge-
rechten» in Jerusalem auf der Ehrenwand zu lesen.

ANHANG

Anmerkungen und Zitatnachweise

Abkürzungen

WTB   Frank Wedekind, «Tagebücher – ein erotisches Leben», hg. von Gerhard Hay, Athenäum, Frankfurt/M. 1986

WBR   Frank Wedekind, «Gesammelte Briefe» (2 Bde.), hg. von Fritz Strich, Georg Müller, München 1924

FWD   Frank Wedekind, «Werke» (Darmstädter Ausgabe), Kritische Studienausgabe in 8 Bdn., hg. unter Leitung von Elke Austermühl, Rolf Kieser und Hartmut Vinçon, Jürgen Häusser, Darmstadt 1994

FWW   Frank Wedekind, «Werke in drei Bänden», hg. von Manfred Hahn, Aufbau, Berlin 1969

KUT   Artur Kutscher, «Frank Wedekind, Sein Leben und seine Werke», 3 Bde., Georg Müller, München 1927

LULU   Tilly Wedekind, «Lulu – die Rolle meines Lebens», Scherz (Rütten & Löning), München/Bern 1969

BTW   Gottfried Benn, «Briefe. Band IV: Briefe an Tilly Wedekind. 1930–1955», hg. von M. V. Schlüter, Klett-Cotta, Stuttgart 1986

BEB   Gottfried Benn, «Briefe. Band V: Briefe an Elinor Büller. 1930–1937», hg. von M. V. Schlüter, Klett-Cotta, Stuttgart 1992

BOE   Gottfried Benn, «Briefe. Band I: Briefe an F. W. Oelze. 1932–1945», hg. von Harald Steinhagen und Jürgen Schröder. Vorw. v. F. W. Oelze. Klett-Cotta, Stuttgart 1977

TSE   Thea Sternheim, «Erinnerungen», hg. von Helmtrud Mauser und Traude Hensch, Kore Edition, Freiburg/Br. 1995

KMB   Klaus Mann, «Briefe und Antworten 1922–1949», (2 Bde.), hg. von Martin Gregor-Dellin, Rowohlt, Reinbek 1991

EMB   Erika Mann, «Briefe und Antworten», hg. von Anna Zanco Prestel, edition Spangenberg bei Ellermann, München 1984

AGN   Frank Wedekind, Agenden (Kalendereinträge 1904–1918) im Frank-Wedekind-Archiv der Monacensia

MON   Monacensia, Literaturarchiv und Bibliothek, München

PRIV   Privatarchiv

15 *Das reine Buxtehude:* WTB, S. 83

16 *So bleibt mir nun nichts übrig:* Frank an die Mutter, 3. 7. 1898, WBR I, S. 194
   Beim Anblick des Anhalter Bahnhofs: WTB, S. 78
   jeder gesunden Entwicklung: KUT I, S. 31
   Gegen Berlin [...] Fast fürchte ich: WTB, S. 84 f.

17 *Die Rede kommt auf:* WTB, S. 95
   langes, darmartiges Zimmer – Gestank: WTB, S. 102
   Der hässliche Typus: WTB, S. 94
   Ob diese Büste: WTB, S. 125
   zittert und bebt: WTB, S. 93
   ein bärtiger, eleganter Herr: WTB, S. 87

18 *Ich liebe die brausende:* Frank an Adolph Vögtlin, WBR I, 8/1881, S. 28
   Nachmittags im Englischen Garten: WTB, S. 94
   Wenn ich tagsüber: WTB, S. 100
   heimatliche Katzbalgereien: Frank an die Mutter, 1. 2. 1890, WBR I, S. 206

19 *Die letzte Nacht träumte mir:* WTB, S. 140
   Teacher of: KUT I, S. 181
   Gegen Abend: WTB, S. 100

20 *Nicht selten:* WTB, S. 103
   Seit Donnerstag: WTB, S. 106
   Ich denke mir: WTB, S. 108
   Über Mittag: WTB, S. 110
   Meine Vereinsamung: WTB, S. 109
   zärtliche Sehnsucht: WTB, S. 149

21 *Wenn ich morgens:* WTB, S. 90
   Krakeel: WTB, S. 106
   Mit seinem grotesken: WTB, S. 39
   Seit 3 Monaten: Frank an Armin Wedekind, 4. 11. 1889, WBR I, S. 201
   dass ich mir nachgerade: WTB, S. 158 f.

28 *Paris ist tatsächlich:* Frank an Armin Wedekind, 1. 1. 1892, WBR I, S. 220

29 Zur Rezeption von «Frühlings Erwachen» siehe: FWD II, S. 861 ff.
   Max Nordau 1849–1923: Rabbinersohn aus Budapest, Kulturkritiker, Romanschriftsteller, lebte als Arzt in Paris. Einer der einflussreichsten Denker seiner Zeit.
   Rachel zieht sich: WBR, S. 250

30 *in den Salatkeller steigen:* Gespräch zwischen Wedekind, Hauptmann und Julius Hart in Erkner 1889, WTB, S. 36

30 *Ich nehme ihre Füße:* WTB, S. 275 f.

Richard Weinhöppel, 1887–1928: Komponist, musikalischer Leiter der «Elf Scharfrichter» unter dem Pseudonym Hannes Ruch, Konservatoriumsprofessor in Köln, Wedekinds engster Freund

Vor mir auf dem Divan: WTB, S. 259

mit Fäusten – jede Hand wie ein Pistolengriff: WTB, S. 253 f.

31 *das abgeschmackteste Buxtehude:* Frank an Armin Wedekind, 14. 2. 1894, WBR I, S. 265

Ich fürchte: Frank an Willi Grétor, WBR I, 10/1894, S. 271

Die hohe Pathetik: zu Wedekinds Lesung siehe KUT I, S. 395

sein von Wut und Hass verwüstetes Gesicht: aus: Heinrich Mann, «Erinnerungen an Frank Wedekind. Vortrag», Studienausgabe in Einzelbänden, hg. von Peter Paul Schneider, Fischer Taschenbuch Verlag, Frankfurt/M. 1994, S. 69 ff.

Ich mache die bedenklichsten: Frank an Richard Weinhöppel, 17. 1. 1897, WBR I, S. 274

32 Frida Strindberg, geb. Uhl, 1872–1943, heiratete August Strindberg 1893. Die Ehe dauerte nur zwei Jahre. Danach unruhiges Leben in Berlin, Wien, Paris, Stockholm und London. Verbindung mit Wedekind 1896/97. Laut Tilly war Frida die einzige Frau in Wedekinds Leben, über die er *nicht gut sprach* (LULU, S. 150)

Wenn mir jemand: Frank an Richard Weinhöppel, 20. 1. 1897, WBR I, S. 275

Folgen seiner Gewissenlosigkeit: Frank an Beate Heine, 19. 4. 1898, WBR I, S. 301. Beate Heine war die Frau von Dr. Carl Heine, der im Februar 1898 die erste Wedekind-Aufführung in Leipzig ermöglichte, wofür Wedekind ihm lebenslang dankbar war.

der Zusammenbruch: Frank an Beate Heine, 12. 11. 1898, WBR I, S. 314

Wenn dieser Brief: Frank an Richard Weinhöppel, 14. 11. 1898, WBR I, S. 318

33 *Ich will noch einmal:* Frank an Beate Heine, 7. 1. 1899, WBR I, S. 327

das Schrecklichste: aus: Thomas Mann, Eine Szene von Wedekind, «Das Wedekind-Buch», Georg Müller, München 1914

der Wind pfeift und heult: Frank an Beate Heine, 22. 9. 1899, WBR II, S. 9

der ganze Ausgang: Frank an Richard Weinhöppel, 2. 11. 1899, WBR II, S. 24

die bebänderte Laute: aus Heinrich Mann, «Erinnerungen an Frank Wedekind», a. a. O.

Wenn mir das gelingt: Frank an Carl Heine, 7. 8. 1901, WBR II, S. 78

33 *Als Spaßmacher:* Frank an Martin Zickel (Theaterleiter in Berlin), 6. 8. 1901, WBR II, S. 76

34 *Die längste Zeit:* Frank an Beate Heine, 10. 3. 1902, WBR II, S. 87

35 *beachtliche Talentprobe* und folgende Zitate: Kritikauszug aus Tillys rotem Buch, undatiert

36 Adele Sandrock, 1864–1937: in Holland geboren, mit Arthur Schnitzler liiert. In Berlin zweite Karriere als «Komische Alte»

37 Max Reinhardt, 1873–1943: Schauspieler bei Otto Brahm, dann Theaterleiter und -unternehmer großen Stils mit mehr als einem Dutzend Häusern, weltberühmter Regisseur, Begründer der Salzburger Festspiele
So schön: LULU, S. 22

38 *mit der Literatur fertig:* Frank an Beate Heine, 28. 7. 1904, WBR II, S. 126
Gertrud Eysoldt, 1870–1955: 1902–1933 Ensemblemitglied bei Max Reinhardt. 1920–1922 Direktorin des Kleinen Schauspielhauses Berlin, wo sie im Dezember 1929 erstmals alle Szenen von Schnitzlers «Reigen» aufführte. Die Stadt Bensheim verleiht seit 1986 den Gertrud-Eysoldt-Ring.
Wenn ich mich nicht täusche: Frank an Marie Uhl, Mutter von Frida Strindberg, 16. 8. 1903, WBR II, S. 101

39 «Die große Liebe», Romanentwurf, siehe KUT II, S. 134ff.

42 Paul Eger, 1881–1947: Schriftsteller und Theaterleiter in Darmstadt, Hamburg, Prag und Luzern. 1938 Emigration in die Schweiz
Endlich alle diese Halbheiten: Tillys Autobiografiefragment, MON

43 *Sehr geehrter Herr!:* Berthe Marie Denk an Frank, 14. 4. 1905, MON
Berthe Marie Denk, 1881–1974: stand zur Zeit ihrer «Verlobung» mit Wedekind auch in enger Beziehung zu Karl Kraus. Heiratete den Opernsänger Richard Mayr.
Ich bleibe die Nacht bei ihr: 16. 4. 1905, AGN
Die Stuttgarter haben mir: Frank an die Mutter, 7. 5. 1905, WBR II, S. 140

44 Zur Begegnung Frank-Tilly siehe auch: LULU, S. 42ff.
Otto Brahm (eigentlich Abraham), 1886–1912: Theaterkritiker (Kollege von Fontane), dann Theaterleiter und Regisseur. Wegbereiter des Naturalismus und, als Vorläufer Reinhardts, Begründer des modernen Regietheaters

45 Fritz Kortner, 1892–1970: seit 1911 am Deutschen Theater, seit 1919 am Staatstheater Berlin. 1933 emigriert. Nach seiner Rückkehr vorwiegend Regisseur
Die Frau ist nicht dazu da: Karl Kraus' Vortrag, «Fackel», Nr. 182

46 *Verehrte große Künstlerin!:* Frank an Tilly, 4. 6. 1905, WBR II, S. 143

47 *Lieber Herr Frank Wedekind!:* Tilly an Frank, 11. 6. 1905, MON
     Die Aufführung stand: «Deutsches Volksblatt», Datum nicht ermittelt

48 *Schäferstunde bei Gewitter:* Berthe Marie Denk besuchte München
     vom 28. Juni bis zum 1. Juli 1905
     Wir trennen uns: 6. 8. 1905, AGN

49 *Lieber Frank Wedekind!:* Tilly an Frank, 28. 8. 1905, MON
     Gar nicht nett: Tilly an Frank, 16. 9. 1905, MON

50 Viktor Barnowsky, 1885–1952: Theaterleiter und Regisseur, Konkurrent von Max Reinhardt
     Hoffentlich bringt er Dich gleich mit: Frank an Tilly, 16.9.1905, MON
     Lulu braucht doch auch: Tilly an Frank, 14. 10. 1905, MON

52 Monty Jacobs, 1875–1945: Kritiker am «Berliner Tagblatt» und an
     der «Vossischen Zeitung». Ab 1937 Schreibverbot, Emigration nach
     England, dort bis zu seinem Tod publizistisch tätig
     Soeben aus Hidalla: Tagebucheintrag Hauptmanns vom 26. 9. 1905,
     aus: «Gerhart Hauptmann–Ida Orloff, Dokumentation einer dichterischen Leidenschaft», Ullstein, Berlin 1969

53 *Kaum dass ich in Berlin war:* Tillys Autobiografiefragment, MON
     Als Rose stand ihm: «Berliner Tageblatt», 30. 10. 1905
     trotz aller Anbetung: Tillys Autobiografiefragment, MON

54 Emil Orlik, 1870–1932: Zeichner und Karikaturist, schuf Porträts
     zahlreicher Persönlichkeiten aus dem Berliner Theatermilieu. Lehrer
     an der Berliner Akademie. Vom japanischen Holzschnitt beeinflusst
     Maximilian Harden 1861–1927: galt als einflussreichster Publizist
     seiner Zeit, Hg. der Zeitschrift «Die Zukunft», Kritiker Wilhelms II.
     Wedekind schätzte ihn und suchte seine Unterstützung.
     Alfred Kerr, 1867–1948: *die meistbewunderte und meistgehasste Erscheinung unter den deutschen Kritikern* (Günther Rühle: «Theater
     für die Republik», Henschel, Berlin 1988), gliederte seine Kritiken
     gern in nummerierte Abschnitte, schrieb stenogrammartig in eigenwilliger Sprache. Seine letzte Kritik für das «Berliner Tageblatt» erschien am 30. Januar 1933. Emigrierte nach Prag und London, starb
     während seines ersten Deutschlandbesuchs nach dem Krieg in Hamburg.
     Er interessierte sich: Tillys Autobiografiefragment, MON

55 *Wie ich von Dir ging:* Tilly an Frank, 31. 1. 1906, MON
     Wenn ich seh', es nützt nichts: ebd.
     hastig konzipierte Unreinschrift: «Berliner Tageblatt», 13. 12. 1905

56 *T. verlässt mich:* 6. 1. 1906, AGN

56 *wie in einem eisernen Schraubstock:* Gerhart Hauptmanns Tagebuch, 28. 10. 1905, aus: «Gerhart Hauptmann – Ida Orloff, Dokumentation einer dichterischen Leidenschaft», a. a. O.
Wedekind stürzte: Gerhart Hauptmanns Tagebuch, 19. 1. 1906, aus: ebd.

57 Ida Orloffs Brief, datiert 11. 12. 1905, Schreibmaschinenabschrift ohne Anrede, Nachlass Tilly Wedekind, MON
Im kleinen Theater treffe ich: 15. 2. 1906, AGN

58 *Die kurze Zeit:* Tillys Autobiografiefragment, MON

60 Emil Gerhäuser, 1868–1917: international angesehener Wagner-Sänger, nach Verlust seiner Stimme Opernregisseur. Ottilie, seine Frau, spielte in den Uraufführungen von «So ist das Leben» und «Hidalla» in München. In einem Brief an Wedekind riet Gerhäuser ihm zur Heirat (MON). Zur Hochzeit siehe auch LULU, S. 70 f.
Wenn man die beiden Menschen sieht: Gerhart Hauptmann – Ida Orloff, «Dokumentation einer dichterischen Leidenschaft», a. a. O., S. 115
Max Halbe, 1865–1944: Schriftsteller aus Danzig, kam in jungen Jahren nach München, Teil des alten Schwabing. Die legendäre Hassliebe zwischen ihm und Wedekind kommentiert er: *Wedekind regelmäßig der schlagfertige, großzügige, überlegene Spötter, ich ebenso regelmäßig das dumme Luder. Die historische Wirklichkeit sah ein wenig anders aus.* (Max Halbe, «Jahrhundertwende», A. W. Kafemann, Danzig 1935, S. 308)

61 *Ich kann Dir nur den guten Rat geben:* Berthe Marie Denk an Wedekind, 23. 9. 1905, MON
Ich glaube: Tillys Autobiografiefragment, MON

62 *Bevor wir heirateten:* Tillys Autobiografiefragment, MON
Hätte ich damals gesagt: Tillys Autobiografiefragment, MON. Siehe auch LULU, S. 81 f.

64 *Frank hatte mir:* Tillys Autobiografiefragment, MON

65 *Frau Wedekinds Organ:* «Münchner Neueste Nachrichten», 4. 7. 1906
Die Steigerungsfähigkeit ihres Spiels: ebd., 7. 7. 1906
Ich lernte sprechen: Tillys Autobiografiefragment, MON
Ich hatte ein instinktiv: ebd.
Tilly Wedekind brachte: «Münchner Neueste Nachrichten», 16. 7. 1906

66 *eine prächtige Erscheinung:* LULU, S. 92

68 *Infolge meines:* Wedekind an Karl Kraus, WBR II, S. 162
Alexander Moissi, 1880–1935: Schauspieler aus Triest, sprach mit ita-

lienischem Akzent. Schüler von Josef Kainz. Berühmter Hamlet und Romeo

68 Karl Walser, 1877–1943: Schweizer Graphiker und Bühnenbildner. Bruder des Schriftstellers Robert Walser
bühnenunmöglich – ekelhaft: zur Rezeption von «Frühlings Erwachen» siehe FWW, II, S. 876 ff.

69 *alles Lebendige:* ebd.
Bühnen-Napoleon: aus einer zeitgenössischen Rezension
Da gab's nun auch Tantiemen: aus Wedekinds Gedicht «Das Lied vom armen Kind oder Wer zuletzt lacht, lacht am besten»
Tilly befindet sich: 16. 12. 1906, WBR II, S. 168

72 dumm, herz- und taktlos: siehe LULU, S. 101

73 *Von heute ab:* Tagebuchfragment Tillys, MON

75 *Der sexuelle Verkehr:* Tillys Autobiografiefragment, MON

76 *Wir waren so höflich:* ebd.
Wie stelle ich mich: aus Heinrich Mann, «Erinnerungen an Frank Wedekind», a. a. O.
Im großen Kurfürsten gearbeitet: 14. 2. 1907, AGN
Ich bin arbeitsunfähig: 9. 3. 1907, AGN

77 *Spielverderberin – Unliebenswürdigkeit:* Tilly an Frank, 17. 4. 1907, MON
Falls ich je nochmals: Tilly an Frank, Anfang Mai 1907, MON
Der Plan gefällt: 29. 5. 1907, AGN

78 *Wir beschließen:* 6. 7. 1907, AGN
Geliebter Frank: Tilly an Frank, 8. 7. 1907, MON
ich war bei alledem: Tilly an Frank, 9. 7. 1907, MON
müde – gründlich geheilt: Tilly an Frank, 16. 7. 1907, MON
Ich habe viel: Tilly an Frank, 18. 7. 1907, MON
obwohl mir dies: Tilly an Frank, 20. 7. 1907, MON

79 *sonst verliert:* Frank an Tilly, Datum unsicher, WBR II, S. 186
Ich habe sehr: ebd.

80 Josef Kainz, 1858–1910: in Ungarn geboren, galt als größter Schauspieler seiner Zeit. Mit Ludwig II. von Bayern befreundet. Schätzte Wedekind als Schauspieler: *Den Kammersänger spiele ich Ihnen nicht nach. Sie erschöpfen die Rolle derart, dass ich sie nicht nach Ihnen spielen möchte.* (KUT II, S. 191 f.)
Dass Frau Wedekind: «Münchner Neueste Nachrichten», 29. 8. 1907
Ich hoffe, Du kommst nun: Tilly an Frank, 13. 9. 1907, MON
Unsinn: Frank an Tilly, 17. 9. 1907, FWW II, S. 584

81 *Religiös steht er:* Frank an Tilly, 26. 9. 1907, MON
Wenn ich die Arbeit: Frank an Tilly, 17. 9. 1907, FWW II, S. 584

81 *Ich sehne mich sehr:* Frank an Tilly, 28. 9. 1907, FWW II, S. 586

84 *Berlin keine Stadt:* Frank an Artur Holitscher, WBR II, S. 201
    München feenhaft schön: Frank an Tilly, WBR II, S. 184

85 *Ich schätze mich glücklich:* Tilly an Frank, 20. 10. 1907, MON
    Mischa Elman, 1891–1967: Geiger, Berliner Debüt 1904
    Paul Cassirer, 1871–1926: Kunsthändler und Verleger
    Tilla Durieux, 1880–1971: bedeutende Schauspielerin der Reinhardt-
    Bühnen
    Die Diskussionen: aus Tilla Durieux, «Meine ersten neunzig Jahre.
    Erinnerungen», nacherzählt von Werner Preuß, F. A. Herbig Ver-
    lagsbuchhandlung, München 1971, S. 104 f.

86 Episode «Hosenlupf» zitiert aus ebd., S. 107 f.
    Robert Walser, 1871–1956: Schweizer Schrifsteller, gest. in der Ner-
    venheilanstalt Herisau. Sein Porträt Wedekinds heißt «Bildnis eines
    Dichters», aus: «Wenn Schwache sich für stark halten», Suhrkamp,
    Frankfurt/M. 1986

87 Der Satanist – Franz Wedelgrind, «Simplicissimus», 13. Jhg. 1908/09
    Vom nächsten Montag an: Donald Wedekind an Frank, 14. 5. 1908,
    MON

88 *In extremis:* Donald Wedekind an Frank, 1. 6. 1908 , MON
    Erich Mühsam, 1878–1934: Schriftsteller, enger Freund Wedekinds,
    Mitglied der Münchner Räteregierung, im KZ Oranienburg ermordet
    Artur Kutscher, 1878–1960: Literat, schrieb nach Wedekinds Tod die
    erste und bisher einzige umfassende Biografie über ihn. Begründete
    das Fach Theaterwissenschaft an der Münchner Universität, wo er bis
    zu seinem Tod lehrte.
    Fahre auf den Friedhof: 8. 6. 1908, MON
    bitte, Frank: Tilly an Frank, 9. 6. 1908, MON
    Irgendeine Grundlage: KUT II, S. 226
    Tilly mit ihrem Hofstaat: 28. 6. 1908, AGN

91 *schon fast ein Saal:* Tillys Beschreibung der Münchner Wohnung siehe
    LULU, S. 117 ff.

92 *es muss auf die Dauer:* «Münchner Neueste Nachrichten», 29. 7. 1909

93 Albert Steinrück, 1872–1929: bedeutender Schauspieler, obwohl er
    keine Ausbildung hatte. Wollte eigentlich Maler werden. Ensemble-
    mitglied bei Reinhardt, Hofschauspieler in München. Wirkte in zahl-
    reichen Filmen mit. *Ein Mammut; Knochen wie Eisentraversen; ein
    Nacken wie ein Tier aus der Eiszeit; darüber ein ungefüger Klumpen
    von Menschenkopf* («Filmkurier», 1920)
    Alkohol, Tabak, Theaterluft: Erich Mühsam, «Unpolitische Erinne-
    rungen», Nautilus, Hamburg 2000, Kapitel «Die Torggelstube»

93 *Der Kreis hielt sehr:* Franz Jung, «Schriften und Briefe», 2 Bde., Die
Republik/Petra Nettelbeck, Salzhausen 1977/78/79/81, Bd. 1, S. 273

94 *Schonungslos den Kern:* Erich Mühsam, «Unpolitische Erinnerun-
gen», a. a. O.
Ich ging auch viel mit: Tillys Autobiografiefragment, MON
Tilly springt aus dem Wagen: 27. 12. 1908, AGN
Nur das eine: Frank an Tilly, 15. 1. 1908 , WBR II, S. 197

95 *fast militärische Disziplin:* Tillys Autobiografiefragment, MON
Beziehung mit anderen Männern: ebd.

96 *Den Nachmittag:* 22. 12. 1909, AGN
Wedekinds *unausrottbares Misstrauen:* zu Wedekinds Verlagsverhält-
nissen siehe KUT III, S. 80ff.
Bruno Cassirer, 1872–1941: Verleger, 1904 gemeinsam mit Wedekind
wegen Verbreitung unzüchtiger Schriften im Zusammenhang mit der
«Büchse der Pandora» in Berlin vor Gericht. Vetter von Paul Cassirer

97 *Als ich ihn zu Rede stellte:* Frank an Tilly, 31. 1. 1910, MON
Mein einziger, geliebter: Tilly an Frank, 5. 3. 1910, MON
Wenn ich keine Nachricht: Tilly an Frank, 7. 3. 1910, MON
In der Stunde: «Stein der Weisen», 7. Auftritt
Selten einen *interessanteren Abend:* Frank an Tilly, 29. 3. 1910,
WBR II, S. 237

98 *Mein lieber Frank:* Tilly an Frank, 31. 3. 1910, MON
du hast mir: Frank an Tilly, 1. 4. 1910, MON
innigst geliebter: Tilly an Frank, 1. 4. 1910, MON

99 *endlich lebenszeichen:* Frank an Tilly, 1. 4. 1910, MON
Ich bestätige: Frank an Tilly, 29. 3. 1910, MON
Ich habe das Gefühl: Tilly an Frank, 2. 10. 1910, MON
Frank, hast Du was: Tilly an Frank, 3. 4. 1910, MON
geliebter frank: Tilly an Frank, 3. 4. 1910, MON
Ein qualvoller Tag: Tilly an Frank, 3. 4. 1910, MON

100 *Herzlichen Dank:* Frank an Tilly, 4. 4. 1910, MON
Tillys Lulu farbiger: «Münchner Neueste Nachrichten», 12. 7. 1910
mit Ausdauer und Diskretion: ebd., 14. 7. 1910
Die Ehe ist außer unserer Geburt: «Schloss Wetterstein», 1. Akt,
2. Auftritt

101 «Donnerwetterlied»: 15. 1. 1911, Nürnberg, AGN
Yvette Guilbert, 1866–1944: frz. Sängerin, sang Chansons und altfrz.
Lieder in neuem Stil, begleitet von Mimik und Sprachelementen

102 *Depression:* 9. 3. 1911, AGN
Tilly sagt mir: 22. 4. 1911, AGN

102 *Künstlerisch tot*: Briefentwurf Notizbuch 63, MON (KUT III, S. 109)
Wedekinds Kommentar zu «Franziska» siehe: «Zum dramatischen
Werk», FWW III, S. 370f.

103 *Ich erwache*: 6. 8. 1911, AGN

104 *Vielleicht verdiente ich es*: Tilly an Frank, 20. 9. 1911, MON

105 *Eine der schlechtesten Arbeiten*: «Augsburger Neueste Nachrichten»,
22. 12. 1911. Auch andere Reaktionen waren negativ.

106 *eigenartiger Abend*: «Neue Freie Presse», Wien, 4. 3. 1912
bunt, aber ohne Bildkraft: «Vossische Zeitung», 1. 6. 1912. Der Rezensent ist Arthur Kahane, ein enger Mitarbeiter Max Reinhardts.
Hier habt ihr einen Besitz: Alfred Kerr im «Berliner Tageblatt», 6. 6.
1912

107 *Ich beschäftige mich*: Tilly an Frank, 29. 6. 1912, MON
Im Nichtschwimmerabteil des Bassins: Fritz Kortner, «Aller Tage
Abend», Alexander Verlag, Berlin 1991

108 Wedekinds Brief, in dem er «Franziska» zurückzog, erschien in den
«Münchner Neuesten Nachrichten» am 6. 8. 1912, Dr. Roberts Ant-
wort am 10. 8., ebd.
Mein innigst Geliebter: Tilly an Frank, 8. 8. 1912, MON

109 *neue Phase ihrer Darstellung*: «Münchner Neuesten Nachrichten»,
2. 12. 1912
Um vier Uhr kommt Tilly: 26. 12. 1912, AGN

110 *Es tut mir furchtbar*: Tilly an Frank, 28. 12. 1912, MON

111 Siegfried Jacobsohn, 1881–1926: Kritiker, Anhänger Max Reinhardts,
gründete 1905 die wöchentlich erscheinende «Schaubühne» mit Al-
fred Polgar, Herbert Ihering und Kurt Tucholsky
«Franziska» zusammenhangloser Unsinn: Siegfried Jacobsohn, «Das
Jahr der Bühne» 1913/14, Osterheld & Co., Berlin 1914
Die Franziska in ihren zahllosen: «Berliner Tageblatt», 7. 9. 1913

112 *Bin so erregt*: 22. 12. 1913, AGN
Zu Weihnachten kommt: Tilly an die Eltern, 30. 11. 1913, MON

114 *das Unglück gerade im unglücklichsten*: «Musik», 4. Bild, 4. Szene
Friedrich Kayßler, 1874–1945: Schauspieler, 1918–1923 Direktor der
Berliner Volksbühne. Wirkte in vielen Filmen mit. Kurz nach Kriegs-
ende von sowjetischen Soldaten erschossen
Ich habe sie dafür: Frank an Tilly, 16. 1. 1914, MON
Wedekind sprach auf den Proben: Tilly Durieux, «Meine ersten neun-
zig Jahre», a. a. O., S. 193

115 *Das beste, rundeste Drama*: «Berliner Tageblatt», 24. 1. 1914
Frank und Tilly Wedekind: «Berliner Börsenzeitung», 28. 3. 1914

116 *Glücklich und zufrieden*: Der Briefwechsel zwischen Wedekind und

seinem Sohn Friedrich fand sich in einem verschlossenen und versiegelten Umschlag im Frank Wedekind Archiv in der Monacensia, München.

119 *Frank, es ist mir:* Tilly an Frank, 7. 5. 1914, MON
mit schönsten Grüßen: Frank an Tilly, 7. 5. 1914, MON
Ich frage mich: Tilly an Frank, 8. 5. 1910, MON

120 *ein Schmerzensschrei:* Zeitung und Datum nicht ermittelt
der Hexenmeister Wedekind: «Neue Frankfurter Zeitung», 12. 6. 1914
ein Reiz, der sich immer blühender entfaltet: «Vossische Zeitung», 31. 5. 1914
Gerade diese kühle Geschmeidigkeit: «National Zeitung», Berlin, 3. 6. 1914

121 Anna Pawlowa, 1882–1931: russische Ballerina, gefeierter Star von Serge Diaghilews Tanztruppe
Die Tage in Berlin: Tilly an die Eltern, 20. 6. 1914, MON
Ehrengabe zum 50. Geburtstag: siehe KUT III, S. 175

122 *ein Moment ergriffenen Schweigens:* zum 50. Geburtstag siehe LULU, S. 161f.

124 *Mein innigst geliebter:* Tilly an Frank, aus Briefen vom 27./28. 6. 1914, MON
Herzlichsten Dank: Frank an Tilly, 1. 7. 1914, FWW III, S. 613

125 *Gehe mit einer Hure:* 2. 7. 1914, AGN
Es freut mich: Frank an Anna Pamela aus Paris, PRIV
Ich denke nach: Tilly an Frank, 30. 6. 1914, MON
Ich bin mir noch immer: Frank an Tilly, 3. 7. 1914, FWW III, S. 614
Ich habe Dir alle: Tilly an Frank, 4. 7. 1914, MON

126 *Das beruhigt mich:* Frank an Tilly, 4. 7. 1914, MON
Ich bin sehr froh: Tilly an Frank, 6. 7. 1914, MON
Weswegen?: Frank an Tilly, 8. 7. 1914, MON
Ich rannte heute: Tilly an Frank, 9. 7. 1914, MON

128 *Eine zeitweise Trennung:* Tilly an die Eltern, 17. 10. 1914, MON
nicht annähernd so anstrengend: Brief Richard Dehmels an Wedekind siehe KUT III, S. 186

131 *Wie furchtbar:* Tilly an ihren Vater, 10. 1. 1915, MON
unter dem versöhnenden Gefühl: 13. 1. 1915, AGN

132 *Tilly war mir:* Frank an die Mutter, 11. 2. 1915, WBR II, S. 317
Dachsbau von Verwachsungen: LULU, S. 166

133 *sehr bleich:* Erich Mühsam, «Tagebücher 1910–1924», 12. 5. 1915, Deutscher Taschenbuch Verlag, München 1994, S. 146
keine gute Heilhaut: LULU, S. 165
Ich wollte: Tilly an Frank, Notiz, undatiert, MON

133 *Mein lieber, guter, teurer:* Tilly an Frank, 7. 5. 1915, MON

134 *ein pädagogisches Genie:* aus Pamela Wedekind, «Mein Vater Frank Wedekind», PRIV

135 *knarzende Stiefel:* siehe Kadidjas Feuilleton «Erinnerung an Frank Wedekind», MON

137 *ungetrübter Genuss:* Frank an die Mutter, 2. 11. 1915, WBR II, S. 322

138 *Tilly tanzt:* 19. 3. 1916, AGN

139 *Fleißbillett:* Tilly an Frank, 15. 4. 1916, MON
      Da sind wir in Verlegenheit: Tilly an Frank, 16. 4. 1916, MON

140 *Frank, ich bin wirklich:* Tilly an Frank, 21. 4. 1916, MON
      sehr freuen: Frank an Tilly, 16. 4. 1916, MON
      Wenn die L.W.: Frank an Tilly, 20. 4. 1916, MON
      L. W.: Lida Baronin von Wedell, Zeichnerin und Karikaturistin, ge-
      hörte zu Tillys Münchner Bekanntenkreis
      Berlin scheint groß genug zu sein: «Berliner Tageblatt», 9. 6. 1916

141 *nicht sehr simsonhaft:* ebd., 21. 6. 1916
      Ich hatte die Absicht: Tilly an Frank, Notiz, undatiert, MON

142 *Morphiumpulver:* 2. 8. 1916, AGN
      Ausgeprägtes Pflichtgefühl: LULU, S. 18
      Ich möchte Dir gerne: Frank an Tilly, 9. 8. 1916, FWW III, S. 634
      Geliebteste Tilly: Frank an Tilly, Notiz, 22. 8. 1916, FWW III, S. 634

143 «Man wirft uns in den Schützengraben»: Erich Mühsam, «Tage-
      bücher 1910–1924», 6. 2. 1916, a. a. O., S. 165
      Maria Orska, 1893–1930: bedeutende Strindberg- und Wedekind-
      Schauspielerin. *Wenn sie gequälte Kreatur spielt, ist sie ergreifend.*
      Wenn sie neckisch tut, ist sie unerträglich. (Alfred Polgar). Maria
      Orska beging in Wien Selbstmord.
      Die Iltiskragen kuscheln: «Tägliche Rundschau», Berlin, 5. 11. 1916

145 *Ungezählte Geliebte:* «Herakles», 3. Akt, 12. Auftritt
      O Dejaneira: «Herakles», 3. Akt, 10. Auftritt

146 *Enträtselung von Wedekinds Persönlichkeit:* KUT III, S. 219
      Haushalt, Kinder: Tillys Autobiografiefragment, MON

147 *Geliebter, Frank, Lieber:* Tilly an Frank, 27. 2. 1917, MON
      Das hat mir sehr: Tilly an Frank, 1. 3. 1917, MON
      Für Frank wäre es eine Freude: Tilly an Maria Orska, 10. 2. 1917,
      MON

148 *Da brauche ich doch dich nicht:* LULU, S. 174
      Liebster, geliebter bis Ende Absatz: Tilly an Frank, aus Briefen vom
      9., 10. und 15. 3. 1917, MON

149 *auf ihre Kosten:* Frank an Tilly, 14. 3. 1917, FWW III, S. 636
      sehr animiert: 15. 3. 1917, AGN

149 Carl Hauptmann, 1858–1921: Dramatiker, Erzähler, Lyriker, älterer Bruder G. Hauptmanns. Wedekind kannte ihn aus Zürich 1868–1888. Seine Tragödie «Tobias Buntschuh» wurde im März während Wedekinds Berlinaufenthalt am Deutschen Theater uraufgeführt.
jedes Mal schöner: Maria Orskas Äußerungen, 15. 3. u. 2. 4. 1917, AGN
erst studiert sein – das Wertvollste: Frank an Tilly, 14. u. 19. 3. 1917, FWW III, S. 63/40
Gestern schickten wir / Und soll ich Dir: Tilly an Frank, 16. u. 21. 3. 1917, MON

150 *Die Eier:* Frank an Tilly, 26. 3. 1917, FWW III, S. 638

151 *Der Tag, an dem der Schauspieler:* «Wedekind-Buch», hg. von Joachim Friedenthal, Georg Müller, München 1914, S. 273
rührend: LULU, S. 179

152 *Tillys hohe Stiefel:* 20. 7. 1917, AGN
Dramenentwurf «In Extremis», MON

153 *Ich schreibe jetzt ein Stück:* LULU, S. 129. Zum Züricher Gastspiel siehe LULU, S. 176ff.

154 *Geliebter, bitte, sei nicht ungerecht:* Tilly an Frank, undatiert, MON
Vor der ersten Probe: Elisabeth Bergner, «Bewundert und viel gescholten – unordentliche Erinnerungen», C. Bertelsmann, München 1978, S. 29

155 *Nur ein hoher steifer Stuhl:* «Davoser Blätter», 8. 12. 1917
Gestern machte ich – Ich hoffe: Tilly an Frank, 8., 16., 22., 24. 11. 1917, MON

156 *Ich hoffe:* Frank an Tilly, 2. 12. 1917, MON
kalte, ruhige Überlegung: Tilly an Kadidja, 60er-Jahre, PRIV

157 *Wenn Du gesund bist:* Frank an Tilly, 11. 12. 1917, FWW III, S. 642

159 *Eine Dame verzog das Gesicht:* Heinrich Mann, «Erinnerungen an Frank Wedekind», a. a. O.
Meine liebe Tilly: Frank an Tilly, 16. 1. 1918, FWW II, S. 643

160 *Weinkrampf wegen meines Bruchs:* 17. 2. 1918, AGN
menschlich zugänglicher: Erich Mühsam, «Namen und Menschen», a. a. O. Kapitel «Frank Wedekinds letzte Jahre»
Leeres Theater: Heinrich Mann, «Erinnerungen an Frank Wedekind», a. a. O.
Sehr geehrter Herr Geheimrat!: Tilly an Eugen Frankfurter, 17. 1. 1918, MON

161 *Lässt man sich scheiden ...?:* «Erdgeist», 4. Akt, 8. Auftritt
Geliebter Frank: Tilly an Frank, 15. 2. 1918, MON

162 *Wir scheiden in Frieden:* 23. 2. 1918, AGN

163 *Frank Wedekind ist:* «Münchner Neueste Nachrichten», 9. 3. 1918

166 *Er sah aus wie:* Werner Hecht, «Brecht Chronik», Suhrkamp, Frankfurt/M. 1997, S. 53

Otto Falckenberg, 1873–1947: Mitbegründer der «Elf Scharfrichter», Direktor der Münchner Kammerspiele 1916–1944

die schwarze Mähne: Otto Falckenberg, «Mein Leben – Mein Theater», zitiert nach Günter Seehaus, «Wedekind», Rowohlt Monographie, Reinbek 1974, S. 10

172 Hermine Körner, 1882–1960: Schauspielerin, übernahm im März 1919 die Leitung des Münchner Schauspielhauses von Georg Stollberg

173 *Das eine glaub ich Ihnen sagen zu müssen:* Tilly an Dr. L. Seif, 9. 6. 1919, MON

174 *Hier fühl ich mich:* Tilly an Martha, 7. 8. 1922, MON

176 Paul Geheeb, 1870–1961: Reformpädagoge, leitete mit Gustav Wyneken die Freie Schulgemeinde Wickersdorf, gründete 1910 die Odenwaldschule

Rabindranaht Tagore, 1861–1941: indischer Dichter und Pädagoge, Vermittler zwischen Ost und West, Literaturnobelpreis 1913

178 *Tilly ging los wie eine Rakete:* Georg Kahn-Ackermann im Interview mit Anatol Regnier, Ammerland, 11. 3. 2000

Nach Franks Tod: Tillys Autobiografiefragment, MON

Aber auch bei anderen Männern: ebd.

Ernst Udet, 1896–1941: Jagdflieger im 1. Weltkrieg, Flugzeugkonstrukteur, ab 1938 Generalluftzeugmeister, nahm sich nach einem Streit mit Hermann Göring das Leben

179 *Nie war Frank Wedekind im Haus:* Golo Mann, «Eine Jugend in Deutschland», S. Fischer, Frankfurt/M. 1986, S. 45

180 *Komme eben aus dem Prinzregententheater:* 1. 9. 1919, Thomas Mann, «Tagebücher 1918–1921», S. Fischer, Frankfurt/M. 1979. Albert Steinrück inszenierte die Uraufführung des «Herakles» und spielte selbst die Titelrolle. Das Stück wurde nach vier Vorstellungen abgesetzt und nur ein weiteres Mal (Darmstadt 1926) gespielt. Auch Heinrich Manns 1928 veröffentlichter Aufsatz «Damit der ‹Herakles› gespielt wird» konnte daran nichts ändern.

K(atja) hat Kummer über Klaus: 23. 3. 1920, ebd.

SEHR geschimpft: Klaus Mann, «Kind dieser Zeit», Transmare, Berlin 1932, S. 145

181 Bruno Walter, 1876–1962: Dirigent, Generalmusikdirektor München 1913–1922, Berlin 1925–1929, leitete 1929–1933 das Leipziger Gewandhaus, 1934–1936 die Wiener Staatsoper. Emigrierte in die USA. Enger Freund der Familie Mann

181 *das wunderbarste Mädchen:* Klaus Mann über Pamela siehe «Kind dieser Zeit», a. a. O., S. 281 ff., und «Der Wendepunkt», Edition Spangenberg, München 1981, S. 154 ff.

184 *ja doch nichts anderes übrig bleibt:* mündlich überliefert

185 *schrecklich wehe Augen:* 24. 6. 1924, KMB I, S. 18
Hermann Bang, 1858–1912: dänischer Dichter, wegen Propagierens homosexueller Liebe angegriffen und verspottet

186 *Verlobung einverstanden:* mündlich überliefert
Wir lasen in den Berliner Blättern: «Deutsche Allgemeine Zeitung», 12. 7. 1924
Die Nachrichten über Verlobung: ebd.

187 *wie zwei Buben:* Klaus Mann, «Kind dieser Zeit», a. a. O., S. 25

188 *üsis – es wäre so tausendschön:* Erika Mann an Pamela, 23. 7. 1924, EMB, S. 11
der glücklichsten und hoffnungsvollsten Konstellation: mündlich überliefert von Pamela
zweiter Theaterkritiker: Klaus Mann, «Kind dieser Zeit», a. a. O., S. 330

190 *immer war es meine:* Klaus Mann, «Kind dieser Zeit», a. a. O., S. 328
wie unter Diktat: Klaus Mann, «Wendepunkt», a. a. O., S. 176
scharf zählend: Klaus Mann, «Anja und Esther», 1. Bild
Wer wird unser Lied singen: Klaus Mann, «Anja und Esther», 4. Bild

191 *wo die Lichtreklamen flammen:* Klaus Mann, «Anja und Esther», 6. Bild
das Einzige, mit dem Anja: Klaus Mann, «Anja und Esther», 7. Bild
unbeschreiblich gebrechliches und korruptes Stückchen: Thomas Mann an Ernst Bertram, zitiert nach Frederic Kroll, «Unordnung und früher Ruhm», Klaus-Mann-Schriftenreihe Bd. 2, Edition Klaus Blahak, Wiesbaden 1977, S. 92
alles niedertrampelnden Geltungstrieb: TSE, S. 415

193 *Stählern:* Rezensent Franz P. Brückner, Zeitung und Datum nicht genannt, Nachlass Pamela Wedekind, MON

194 *zum ersten Mal bemerke ich:* TSE, S. 411
Liebe Pamela: Sternheim an Pamela, 8. 1. 1925, MON
Lieber und verehrter Herr Sternheim: Pamela an Sternheim, 10. 2. 1925, PRIV
Allerliebste Pamela: Erika Mann an Pamela, März 1925 (von Pamela datiert), MON

195 *Jetzt weiß ich's ganz genau:* Erika an Pamela, Herbst 1927 (von Pamela datiert), MON

195 *Zu Suggestionszwecken:* Erika an Pamela, März 1925 (von Pamela datiert), MON

196 *Eselsstadt:* Erika an Pamela, August 1925 (von Pamela datiert), MON
Ich glaube im Grunde: Erika an Pamela, September 1925 (von Pamela datiert), MON
Ach, goldene Herzenspamela: Erika an Pamela, Januar 1925 (von Pamela datiert), MON
SCHWARZE Neger: Klaus an Erika, 26. 4. 1925, MON

197 *Das Publikum war nett:* Klaus Mann an seinen Vater, 6. 11. 1925, KMB I, S. 27
Es war gestern: «Hamburger 8 Uhr Abendblatt», 23. 10. 1925
Ein MÄNNLEIN: «Hamburger Fremdenblatt», 23. 10. 1925
Sie schwingt die Reitpeitsche: ebd.

198 *sehr viel Schmiss:* «Berliner Tageblatt», 32. 10. 1925
Kokain-Episode, Erikas Lügen und Klaus' Bemerkung: Interview Frederic Kroll mit Pamela Wedekind, 13. 12. 78

199 *liebe, einzige, wunderbare:* Erika an Pamela, April 1926 (von Pamela datiert), MON

200 *Ich bin den Juni:* Erika an Pamela, Mai 1926 (von Pamela datiert), MON
Burschikos, emanzipiert: TSE, S. 435
Ich persönlich: Erika an Pamela, Sommer 1926 (von Pamela datiert), MON
Ich halte den Zeitpunkt für gekommen: Klaus Mann an Pamela, 1926, KMB I, S. 35

201 *unbeschreibliche Selbstverständlichkeit – Wunderkind ohne Zukunft:* «Frankfurter Volksstimme», undatiert
Wollt ihr wirklich: Erika an Pamela, Mai 1926 oder später (von Pamela datiert), MON
Niemand auf der Welt: Erika an Pamela, Mai 1926 (von Pamela datiert), MON
Schreib mir nun umgehend: Klaus an Pamela, 7. 3. 1927, KMB I, S. 44

202 *Mir ist so unheimlich:* Erika an Pamela, 21. 12. 1927, MON
Sesam öffne dich: «Leipziger Neueste Nachrichten», 8. 5. 1927
Wahrheit und Recht: «Berliner Tageblatt», 3. 5. 1925

203 *grober, undifferenzierter Schauspieler:* «Badische Presse», 11. 5. 1928, wahrscheinlich von einer Berliner Zeitung nachgedruckt
Heiliger Himmel: Erich Mühsam, «Der Fall Klaus Mann», in: «Welt am Montag», 8. 8. 1927
ernsthafte Künstlerin: Rezensent H. E., Zeitung und Datum nicht ersichtlich, PRIV

205 *Liebe Göttin:* Erika an Pamela, August 1927 (von Pamela datiert), MON

Ich denke: ebd.

Ach WUNDERBARE Dame: Erika an Pamela, wahrscheinlich August 1927 (von Pamela datiert), MON

Du kannst machen: ebd.

206 *Liebe, liebe Braut:* ebd.

KOMISCH ist es: Erika an Pamela, September 1927 (von Pamela datiert), MON

Liebe Pamela: Erika an Pamela, Oktober 1927 (von Pamela datiert), MON

207 *Liebe Pamela:* Erika an Pamela, 15. 10. 1927, MON

Interessante Verbindung: «Berliner 8 Uhr Abendblatt», 27. 12. 1927

208 *frühe Routine:* Zeitung und Datum nicht ersichtlich, Nachlass Pamela Wedekind, MON

große Rasse: «Berliner Tageblatt», undatiert, Nachlass Pamela Wedekind, MON

werden die glänzenden: «Berliner Morgenpost», undatiert, Nachlass Pamela Wedekind, MON

Max Osborn, 1870–1946: erster Theaterreferent der «Berliner Morgenpost», der auflagenstärksten Berliner Zeitung (1929: 600000 Exemplare). Osborn emigrierte in die USA und starb im Exil.

210 «Ich wäre dir dankbar …»: Aufzeichnung Pamelas, ca. 1975, PRIV

211 *Arabeske mit Pamela Wedekind:* TSE, S. 499

Conrad Felixmüller, 1897–1977: Maler und Grafiker. Ohnmachtsanfall Sternheims zitiert nach Conrad Felixmüller, «Erinnerungen eines Malers an seinen Kunstfreund C. Sternheim», C. Sternheim Materialienbuch, hg. von Wolfgang Wendler, Luchterhand, Darmstadt und Neuwied 1980, S. 117ff.

212 *Es erschien mir als böses Omen:* Aufzeichnungen Pamelas, ca. 1975, PRIV

Ich habe niemals geglaubt: Klaus an Pamela, 5. 2. 1928, KMB I, S. 54

auch jetzt bis ans Ende: Erika an Pamela aus New York, undatiert, MON

beinahe zu Hause: Erika und Klaus an Pamela, 14. 7. 1928 (Telegramm), MON

Ich weiß jetzt: Erika an Pamela, 1928 (von Pamela datiert), MON

213 *Die Fiktion, dass WIR:* Klaus an Pamela, 18. 10. 1928, KMB I, S. 57

TROTZ ALLEM: Erika an Pamela, 1928 (von Pamela datiert), MON

214 *Züge des Pathologischen:* ebd.

215 Eindruck des *TOTAL ÜBERGESCHNAPPTEN:* Klaus Mann, «Wende-punkt», a. a. O., S. 271 f.
Ich hatte nach dem ersten: Klaus an Pamela, 29. 10. 1928, KMB I, S. 59
der festen Überzeugung – Neues und Fruchtbares: Erika an Pamela, Oktober/November 1928 (von Pamela datiert), MON

216 Zum Ausbruch von Sternheims Krankheit siehe auch TSE, S. 529 ff.

217 Ernst E. Schlatter, 1883–1954: Schweizer Maler, seit 1921 in Uttwil «Positiver Wassermann»: Aufzeichnungen Pamelas, ca. 1975, PRIV

218 *Carl Sternheim wurde:* TSE, S. 527
Wurde so eines der intaktesten: Aufzeichnungen Pamelas, ca. 1975, PRIV

219 *Es ist nicht im Sinn:* TSE, S. 531
Feindschaft fühlte nie: TSE, S. 532

220 *Ich würde mich schrecklich:* Erika an Pamela, 22. 1. 1929, MON
Ich war so außerstande: Aufzeichnungen Pamelas, ca. 1975, PRIV
Das wäre alles nicht so weit gekommen: TSE, S. 535
Größenwahn – Reichsverweser auf Urlaub: siehe TSE, S. 454 f.

221 Theas Besuch bei Sternheim: siehe TSE, S. 550 ff.
aggressive Ausfälle: TSE, S. 558

222 *was ich jetzt für Carl tue:* TSE, S. 568. Zitate, Pamelas Berlinaufent-halt und die Auseinandersetzung mit Thea betreffend siehe Kapi-tel 6, TSE. Brief Oskar Heises: PRIV

225 *Ich möchte Ihnen nur mitteilen:* TSE, S. 648

226 *Als ich heute Morgen aufwachte:* Alle nicht anders gekennzeichneten Zitate Kadidjas und in Kapitel 16 geschilderte Episoden stammen aus Kadidjas Tagebüchern 1924–1933, 15 Wachstuchhefte, in ihrem Nach-lass gefunden, PRIV

235 Anton Kuh, 1890–1941: Schriftsteller, verfasste Aphorismen, Feuil-letons, zeitkritische Texte, Stegreifconférencier (Sprechsteller). Starb im New Yorker Exil.

237 *Um Für und Wider:* «Hamburger Fremdenblatt», Datum nicht er-mittelt, PRIV

241 Karl Loewenstein, 1891–1973: Rechtsanwalt und Universitätsdozent für Staatsrecht in München, ab 1934 außerordentlicher Professor am Amherst College der Yale-Universität USA. Internationale Kapazität auf dem Gebiet der vergleichenden Verfassungslehre.
Ich fühle mich: Loewenstein an Tilly, 7. 9. 1928, MON

251 *unruhig und verwirrt:* alle Zitate bis S. 287: *Das ist der Mann, den ich lange vergeblich gesucht habe,* stammen aus Tillys Typoskript «Gottfried Benn», beginnend mit den Worten: *Heute – am 15. Juni 1930 – sind es zwei Monate, dass ich Gottfried Benn kenne,* MON

256 *Liebste Tilly:* Benn an Tilly, vermutlich Ende April 1930, BTW, S. 5
   So unendlich ich es bedaure: Benn an Tilly, 2. 5. 1930, BTW, S. 5
   Liebe gnädige Frau: Benn an Tilly, Datum unsicher, BTW, S. 6
257 *Darf ich als Dein:* Loewenstein an Tilly, 11. 6. 1930, MON
   Liebste Tilly, ich danke Ihnen: Benn an Tilly, 8. 7. 1930, BTW, S. 7
258 *zu zwei Dritteln grauenhaft:* alle Kadidja-Zitate dieses Kapitels aus
   ihren Tagebüchern, PRIV
261 *für die in Verwirrung herangewachsene:* aus Sternheims Einleitung
   zum «Kleinen Katechismus», in Seeheim verfasst. Carl Sternheim,
   «Gesamtwerk», hg. von Wilhelm Emrich, Luchterhand, Neuwied
   1966, Bd. 6, S. 433
   erst für ihn selber: Benn an Tilly, 7. 9. 1930, BTW, S. 11
   ausländische Privatpatienten: ebd.
   alles an ihr blitzt: Benn an Tilly, 18. 10. 1930, BTW, S. 14
263 *Ich bitte Dich:* Pamela an Sternheim, Juni 1931, PRIV
   vorhandene Tatsachen: Pamela an Sternheim, 2. 5. 1931, PRIV
   Mein lieber Freund: Pamela an Sternheim, 25. 5. 1932, PRIV
264 *SO grauenvoll:* Pamela an Sternheim, 26. 5. 1932, PRIV
269 *Du wirst, immer noch:* Klaus an Pamela, 23. 5. 1932, KMB I, S. 76
270 *Wie sollen wir denn leben:* Pamela an Sternheim, 11. 10. 1932, PRIV
   Carola Neher, 1900–1941: Schauspielerin, von 1925 bis zu seinem
   Tod 1928 mit dem Dichter Alfred Henschke alias Klabund verheiratet. 1933 in die Sowjetunion emigriert, 1936 verhaftet, im Gefängnis
   von Sol-Ilzek auf dem Weg nach Sibirien an Typhus gestorben
271 *Ich war sehr beunruhigt:* Typoskriptfassung von Tillys Buch «Lulu –
   die Rolle meines Lebens», MON
   Sie müssen nicht – Tillychen, Sie müssen: Benn an Tilly, 12. u. 14. 11.
   1932, BTW, S. 26 f.
273 *Bin ich auch nicht:* Benn an Tilly, Silvester 1932, BTW, S. 29
274 Auf *Finessen:* zitiert nach Gottfried Benn, «Sämtliche Werke», hg. von
   Gerhard Schuster, Bd. IV, Prosa 2, Klett-Cotta, Stuttgart 1989, S. 503
275 *Was konnte Sie:* Klaus Mann, «Zahnärzte und Künstler – Aufsätze,
   Reden, Kritiken 1933–1936», Rowohlt, Reinbek 1993
   deutsche Vorgänge: Gottfried Benn, «Antwort an die literarischen
   Emigranten», aus: «Sämtliche Werke», Bd. IV, Prosa 2, a. a. O., S. 25
276 Paul Fechter, 1880–1951: Feuilletonchef der «Deutschen Allgemeinen Zeitung» (DAZ), 1933–1944 Mitherausgeber der «Deutschen
   Rundschau», 1954 Gründer der «Neuen deutschen Hefte»
   kein Revolutionär: «Berliner Tageblatt», 9. 11. 1933
277 *Fassungslos:* LULU, S. 252 f.
   Ich liebe Dich, Benn: Tilly an Benn, BTW, S. 279

278 *In einem Augenblick:* Sternheim an Pamela, 8. 2. 1934, MON
Was ich durchmachte: Pamela an Sternheim, 7. 2. 1934, PRIV
279 *Ich richte jetzt:* Sternheim an Pamela, 12. 6. 1934, MON
Es ist eben schade: Pamela an Sternheim, 15. 2. 1934, PRIV
281 Emmy Sonnemann-Göring, 1893–1973: Schauspielerin in Weimar
1922–1932, ab 1932 Freundin, ab 1935 Ehefrau Hermann Görings
282 *Es gibt keine Worte:* Benn an Oelze, 24. 7. 1934, BOE, S. 36
Friedrich Wilhelm Oelze, 1891–1978: Jurist, Importkaufmann in
Bremen
Ich kann nicht mehr mit: Benn an Ina Seidel, aus: Walter Lennig,
«Benn», Rowohlt Monographie, Reinbek 1962, S. 120
Ein schwerer Entschluss: Benn an Oelze, 18. 11. 1934, BOE, S. 39
Abschied von 17 1/2 Jahren: Benn an Oelze, 27. 3. 1935, BOE, S. 47
284 *Treue ist:* «Stimme hinter dem Vorhang», zitiert nach Walter Lennig,
«Benn», a. a. O., S. 69
himmlische und *irdische* Liebe: Benn an Oelze, 20. 8. 1935, BOE,
S. 60
285 *Ach, komm:* Benn an Elinor, 15. 4. 1935, BEB, S. 39
Was Dein Kommen: Benn an Tilly, 4. 4. 1935, BTW, S. 45
Ob du 1 Woche: Benn an Tilly, 9. 4. 1935, BTW, S. 49
Autotour nach: Benn an Tilly, 18. 4. 1935, BTW, S. 53
so düster: Benn an Tilly, 9. 4. 1935, BTW, S. 49
Liebste Tilly: Benn an Tilly, 17. 4. 1935, BTW, S. 53
Tillerchen: Benn an Tilly, 18. 4. 1935, BTW, S. 54
286 *Also, Tillerchen:* Benn an Tilly, 20. 4. 1935, BTW, S. 55
Mein lieber süßer Mor: Benn an Elinor, 22. 4. 1935, BEB, S. 41
287 *Der arische Stammbaum:* «Völkischer Beobachter», 2. 8. 1935
einen Tropfen jüdischen Blutes: KUT I, S. 12
Sehr gut: Benn an Tilly, 22. 8. 1935, BTW, S. 88
288 *Gräme Dich nicht:* Benn an Tilly, 29. 8. 1935, BTW, S. 91
Eine befreiende Tat: Benn an Tilly, 15./16. 9. 1935, BTW, S. 98
Denn tatsächlich: Benn an Tilly, 31. 8. 1935, BTW, S. 92
290 *das Heilige:* aus Friedrich Hölderlin, «An die Parzen»: *Doch ist mir
einst das Heilige, das am Herzen mir liegt, das Gedicht, gelungen.*
Bittet um weiteres: Benn an Tilly, 5. 10. 1935, BTW, S. 107
und habe lange nicht: Benn an Tilly, 11. 5. 1935, BTW, S. 62. Benn bezieht sich auf Wedekinds Gedicht «Ilse».
wundervoll in jeder Hinsicht: Benn an Tilly, 17. 8. 1935, BTW, S. 87
reizender Mensch: Benn an Tilly, 27. 7. 1935, BTW, S. 78
Honig und Marzipan: Benn an Tilly, 3. 10. 1935, BTW, S. 106
Ich bin und bleibe: Benn an Tilly, 26. 9. 1935, BTW, S. 103

290 *Mein Leben ist:* Benn an Elinor, 7. 5. 1935, BEB, S. 52
291 *gleich beschnaubt:* Benn an Elinor, 2. 5. 1935, BEB, S. 47
   Es schnaubt sich: Benn an Tilly, 29. 4. 1935, BEB, S. 56
   Du sollst doch nicht: Benn an Tilly, 3. 5. 1935, BTW, S. 59
   Das Telefon: Benn an Tilly, 5. 5. 1935, BTW, S. 59
   Ich möchte dich: Benn an Tilly, 23. 5. 1935, WTB, S. 64
   Geht K.: Benn an Tilly, 28. 8. 1935, BTW, S. 90
   Und P.[amela]?: Benn an Tilly, 12. 9. 1935, BTW, S. 96
292 *Gräme Dich nicht:* Benn an Tilly, 20. 9. 1935, BTW, S. 101
   Ist Gefahr da: Benn an Tilly, 27. 10. 1935, BTW, S. 114
   Aber fremdgehn: Benn an Tilly, 26. 9. 1935, BTW, S. 103
   Dann schrubbe ich Dir: Benn an Tilly, 28. 10. 1935, BTW, S. 115
   Es wäre eine Hetze: Benn an Tilly, 17. 11. 1935, BTW, S. 127
293 *nicht allzu pedantisch:* Benn an Tilly, 23. 11. 1935, BTW, S. 130
   Was soll ich nach dem Ganzen: Benn an Tilly, 2. 12. 1935, BTW, S. 135
   Das kannst Du nicht: Benn an Tilly, 26. 12. 1935, BTW, S. 146
294 *Komm Sonnabend:* Benn an Tilly, 2. 1. 1936, BTW, S. 149
   Kein Grund: Benn an Tilly, 23. 3. 1936, BTW, S. 168
   Liebe Tilly, Dein Brief: Benn an Tilly, 31. 3. 1936, BTW, S. 170
295 *Es ist mir eine schreckliche:* Tilly an Benn, 10. 4. 1936, BTW, S. 280
   der erste Tag reizend: Benn an Tilly, 4. 5. 1936, BTW, S. 181
   Tut mir so sehr Leid: Benn an Tilly, 23. 8. 1936, BTW, S. 211
   auf einem Hügelgasthof: Benn an Astrid Claes, 22. 9. 1954, aus: Gott-
   fried Benn, «Briefe. Bd. VI: Briefe an Astrid Claes. 1951–1956», hg.
   von Bernd Witte, Klett-Cotta, Stuttgart 2001, S. 41
   Er setzte sich immer: Gottfried Benn, «Sämtliche Werke», a. a. O.,
   Bd. IV, S. 611
296 *Liebste Tilly, ich werde mich NICHT:* Benn an Tilly, 6. 9. 1936, BTW,
   S. 217
   Ich habe KEIN «Gschpusi»: Benn an Tilly, 4. 10. 1936, BTW, S. 227
   Wo soll ich hin: Benn an Tilly, 23. 12. 1936, BTW, S. 253
   Ich ging dann noch: Benn an Tilly, 26. 12. 1936, BTW, S. 255
   Liebste Tilly: Benn an Tilly, 1. 1. 1937, BTW, S. 256
297 *sehr heftigen Brief:* LULU, S. 261
   Liebe Tilly: Benn an Tilly, 3. 1. 1937, BTW, S. 257
298 *völlig parterre:* Benn an Tilly, 28. 2. 1937, BTW, S. 259
   den EINZIGEN Menschen: Benn an Elinor, 10. 1. 1937, BEB, S. 154
   Gerade an der Freundschaft: Elinor an Benn, 14. 3. 1937, BEB, S. 235
   Sonderbar mit dem Gedicht: Benn an Oelze, 9. 8. 1936, BOE, S. 138
299 *Auf deine Lider:* Gottfried Benn, «Sämtliche Werke», a. a. O., Bd. I,
   Gedichte 1, S. 133

300 *das wunderbarste Buch:* zitiert aus Kadidja Wedekind, «Kalumina», hg. von Dirk Heißerer, P. Kirchheim, München 1996, Anhang, S. 201

301 *Blutstürze:* Benn an Tilly, 5. 8. 1935, BTW, S. 83
Wenn man einmal: Kadidja Wedekind, «Kleines Fräulein – sechzehn Jahre», Film-Echo, Beilage zum «Montag», 5. 4. 1937, MON

302 ein Stück von ihr *weggerissen:* LULU, S. 264
Ich war im teuersten: Kadidja an Familie, 24. 1. 1938, PRIV
Einsam und unberührt: Kadidja an Familie, 2. 2. 1938, PRIV

303 *Kadidja singt:* handschriftlicher Gruß auf Kadidjas Brief, ebd.
Ich bin hier mitten: Kadidja an Pamela, 21. 2. 1938, PRIV
Ich streike: Kadidja an Tilly, 6. 5. 1938, PRIV

304 «Michaels letzter Brief», Novelle von Kadidja Wedekind, unveröffentlicht, Typoskript, MON
schließlich gehört ja: Kadidja an Tilly, 12. 7. 1938, PRIV
die bunten Sonntagsbeilagen: Kadidja an Familie, 30. 7. 1938, PRIV
Ich führe täglich: Kadidja an Tilly, 11. 10. 1938, PRIV

305 *entsetzlich schwer:* Kadidja an Tilly, 17. 8. 1938, PRIV

306 *fünfaktiges Gejammer:* Wedekind an Karl Roessler, 20. 11. 1903, WBR II, S. 113

307 *Er hinkt:* Tilly an Familie, 27. 5. 1939, PRIV
DAS KIND – Stadtgespräch – Kadidja *eher hübscher:* Tilly an Pamela, 2. 6. 1939, PRIV

308 *Das Empire State Building:* Kadidja an Tilly, 12. 8. 1939, PRIV

312 *schönen Mann:* Theodor Haubach an Wolfgang Petzet, 6. 5. 1939 (Abschrift), PRIV
Theodor Haubach, 1896–1945: Journalist, Mitglied des Kreisauer Kreises, beteiligt am Attentat auf Hitler am 20. Juli 1944, in Berlin hingerichtet

313 *großen Erfolg:* Charles an Pamela, o. D., PRIV

314 *Man hat das Gefühl:* Charles an Pamela, 7. 3. 1941, PRIV

315 *Mit der Blinden:* Charles an Pamela, März 1941, PRIV
Mal wurde ich: Charles an Pamela, o. D., ca. April 1941, PRIV

316 *fortissimo:* Friedrich Strindberg an Pamela, 12. 7. 1941, PRIV

317 *merkwürdigerweise:* Kadidja an Familie, 4. 9. 1939, PRIV
seine 100 Mark: Kadidja an Familie, 2. 2. 1940, PRIV
Außerdem arbeite ich: Kadidja an Tilly, 15. 1. 1940, PRIV
Aber ich MUSS: Kadidja an Familie, 2. 4. 1940, PRIV

318 *denn ich glaube nicht:* Kadidja an Tilly, 26. 3. 1941, PRIV
ich schrieb nur aus Aberglauben: Kadidja an Tilly, 26. 4. 1940, PRIV

319 *keine 10 Pferde:* Kadidja an Tilly, 15. 1. 1940, PRIV
Es ist schließlich: Kadidja an Tilly, 26. 3. 1941, PRIV

319 *Liebling, sei nicht:* Charles an Pamela, o. D., wahrscheinlich Anfang 1942. «Der Kreidekreis» hatte am 20. 3. 1942 in München Premiere.

320 «So, der Schwiegersohn ...»: mündlich überliefert von Charles
Sehr ergeben: Sternheim an Pamela, 18. 1. 1936, MON
mutterseelenallein: Sternheim an Thea, 4. 4. 1937, Carl Sternheim, «Gesamtwerk», Band 10/2, hg. von Wilhelm Emrich und Manfred Linke, Luchterhand, Neuwied 1976, S. 1277
ich erleben wachend: Notizbuch, 13. 6. 1940, Carl Sternheim, «Gesamtwerk», 10/2, a. a. O., S. 1279

322 *Ich liebe Dich sehr:* Tilly an Pamela, 6. 6. 1943, PRIV

323 «Da liegt ein Kind ...»: Ruth Hellberg im Interview mit Anatol Regnier, August 1999
Alles zum Vergnügen: Benn an Oelze, 27. 6. 1943, BOE I, S. 336

325 Rolf Hansen, 1904–1990: Filmregisseur, Zusammenarbeit mit Zarah Leander («Der Weg ins Freie», 1941, «Die große Liebe», 1942), auch nach dem Krieg erfolgreich

326 *Sie herzte und küsste:* Typoskriptfassung von Tillys Buch «Lulu – die Rolle meines Lebens», MON

328 *Heute um 12 Uhr 30:* Brief von Carlhans Sternheim an einen Onkel vom 18. 12. 1944 (Abschrift), Nachlass Pamela Wedekind, PRIV. Carlhans (geb. 1901) war der Sohn von Sternheims erster Frau Eugenie Hauth (Ehe 1906 geschieden).

330 *reizend:* Pamela an Tilly, 24. 5. 1945, PRIV

331 *In unserem Theater:* Charles an Tilly, 21. 5. 1945, PRIV
in Berlin mit einem Schlag: Pamela an Tilly, 31. 12. 1945, PRIV

332 *letztes Geld verschlungen:* Tilly an Pamela, 7. 6. 1945, PRIV
Keine Schweizer Bühne: Tilly an Alfred Kantorowitz, 20. 1. 1945, MON
Könntest Du nicht: Tilly an Paul Eger, 20. 1. 1945, MON

333 *Ich habe oft verschwiegen:* Kadidja an Tilly, 5. 10. 1945, PRIV
verdammt gemerkt: Heinrich Mann an Kadidja, 30. 1. 1945, MON

334 *grauenhaft:* Karl Newes an Tilly, 28. 10. 1945, PRIV
Ich habe hier Barnowsky: Kadidja an Tilly, 29. 9. 1946, PRIV
Ich glaube bestimmt: Kadidja an Tilly, 23. 8. 1945, PRIV
Ulrich ist wirklich: Tilly an Pamela, 8. 8. 1945, PRIV

335 *Uli mag es nicht:* Kadidja an Tilly, 6. 7. 1946, PRIV

336 *Man darf der Goldi:* Pamela an Tilly, 16. 5. 1946, PRIV
jetzt im See: mündlich überliefert
Mein Gott, Pamelas Baby: Kadidja an Tilly, 15. 9. 1946, PRIV
am Dichten hindert: Kadidja an Tilly, 5. 3. 1946, PRIV

336 *Bitte, liebstes Mamali:* Kadidja an Tilly, o. D., PRIV
     Bei aller Bewunderung: Kadidja an Elisabeth Frank, 3. 9. 1946, PRIV
337 *Brecht möchte:* Kadidja an Tilly, 4. 10. 1946, PRIV
     Darin kann er: Kadidja an Elisabeth Frank, 5. 9. 1946, PRIV
     Es ist zum Lachen: Kadidja an Tilly, 3. 11. 1946, PRIV
338 *Ich versuchte dann:* ebd.
     Haben Sie sich: Kadidja an Elisabeth Frank, 26. 10. 1946, PRIV
339 *Ich bin ja wohl:* Kadidja an Tilly, 13. 11. 1946, PRIV
     Wenn ich mit meiner: Kadidja an Tilly, 3. 4. 1946, PRIV
     Bitte, Pamelchen: Tilla an Pamela, 3. 8. 1946, PRIV
340 *Ich kann mir nicht:* Kadidja an Tilly, 29. 9. 1946, PRIV
     Ich fühle mich durch Dich: Tilly an Charles, 25. 11. 1946, PRIV
342 *SO froh:* Tilly an Benn, 3. 6. 1947, PRIV
     Alt geworden, müde: Benn an Tilly, 13. 2. 1946, BTW, S. 268
     wie übrigens jedes Jahr: Benn an Tilly, 30. 4. 1946, BTW, S. 270
343 *In diese Situation:* Pamela an Hans Carl, 29. 12. 1947, PRIV
344 *Kadidja wird schon wissen:* Tilly an Pamela, 7. 10. 1947, PRIV
     Freund und Faktotum: Frank A. Wolff, New York, an Tilly, 20. 12.
     1947, PRIV
     Pamela, Engelin: Kadidja an Pamela, 13. 6. 1948, PRIV
346 *geistig sehr schwach:* Benn an Oelze, 7. 2. 1937, BOE I, S. 164
347 *Das heiße ich mir Logik:* Klaus Mann an Georg Jacobi, 12. 5. 1949,
     KMB II, S. 304
     furchtbar nett: Tilly an Pamela, 11. 1. 1946, PRIV
     Liebe Pamela: Erika an Pamela, 16. 6. 1949, MON
349 *Wenn Du schon:* Kadidja an Pamela, 12. 2. 1951, PRIV
350 *Was mich viel mehr bedrückt:* Pamela an Kadidja, 16. 2. 1951, PRIV
     Ich bitte Euch: Tilly an die Töchter, 5. 3. 1951, PRIV
     Was hältst Du davon: Tilly an Benn, 2. 5. 1951, PRIV
351 *Ich komme, etwas spät:* Tilly an Benn, 6. 10. 1951, PRIV
     Es gibt nichts Beleidigenderes: Kadidja an Pamela, 8. 10. 1951, PRIV
     Deine «Entschuldigung»: Kadidja an Charles, 28. 1. 1952, PRIV
352 *so viel Güte und Besorgtheit:* Tilly an Charles, 12. 2. 1952, PRIV
353 *Sehr überarbeitet:* aus Charles' Kalender, 1952, PRIV
355 *Eri, liebe, liebe Eri:* Pamela an Erika, 6. 6. 1949, MON
     Er ist so unschuldig gestorben: Erika an Pamela, 27. 7. 1949, MON
356 den *trostlosen Gustaf* und folgende Zitate: Erika an Pamela, 1. 12.
     1951, MON
357 *froh,* auf das *Trennende:* Pamela an Erika, 11. 1. 1952, MON
358 *Der Moralverächter:* Zeitung und Rezensent nicht genannt, anlässlich
     einer Aufführung von Kadidjas «Lulu»-Bearbeitung in Hamburg, 1950

358 *Persönlichkeit von Format:* Tilly an Thomas Mann, 1. 9. 1953, MON
Wie recht Sie haben: Thomas Mann an Tilly, 4. 9. 1953, MON
Sie haben mir: Theodor Heuss an Tilly, 16. 2. 1954, MON
Es ist mein Verhängnis: Tilly an Friedrich Dürrenmatt, 19. 9. 1952, MON

359 *Es tat mir leid:* Friedrich Dürrenmatt an Tilly, 24. 9. 1952, MON

360 *Das sind eben die Situationen:* Charles an Pamela, August 1954, PRIV

361 *Das ausverkaufte Haus:* «Abendpost», 29. 10. 1952, MON
erfreulich über alles: «Neue Zeitung Berlin», 29. 10. 1953, MON

362 *Wir wissen:* zitiert nach Kadidja Wedekind, «König Ludwig und sein Hexenmeister», hg. von Dirk Heißerer, P. Kirchheim, München 1995, S. 210
Ida Ehre, 1900–1989: Schauspielerin, langjährige Direktorin der Hamburger Kammerspiele, im Dritten Reich Berufsverbot

363 das *Doppelte* und folgende Zitate: aus Briefen von Kadidja vom 27. 8., 12. 9. und 10. 11. 1955, PRIV

365 *Frau Erika schien:* Anita Naef an Pamela, 13. 8. 1957, MON
viehischen Gemeinheit: Erika an Pamela, 25. 8. 1957, MON

366 «eine verrückte alte Frau»: nach einem Bericht von Veronika Kreuzhage, Ambach

367 «Wo ist der Strick?»: mündlich überliefert
Frau Hauptmann ist mir: Tilly an Kadidja, 1. 3. 1955, PRIV
die trauernde Witwe: Benn an Oelze, 17. 2. 1949, aus Gottfried Benn «Briefe. Band II: Briefe an F. W. Oelze. 1945–1949», hg. von Harald Steinhagen u. Jürgen Schröder, Klett-Cotta, Stuttgart 1979, S. 178

368 *Liebste Tilly:* Benn an Tilly, 4. 5. 1955, BTW, S. 277
Zauber seiner Sprache: aus Ursula Ziebarths Nachschrift zu «Hernach – Gottfried Benns Briefe an Ursula Ziebarth», Wallstein, Göttingen 2001, S. 406f.

369 *Mauer aus Kühle:* Benn an Tilly, 2. 5. 1930, BTW, S. 6
Nichtweiterwollen: Benn an Tilly, 26. 12. 1935, BTW, S. 146
Saß man mit ihm zusammen: zitiert nach Walter Lennig, «Benn», a. a. O., S. 74
Ich warte noch: Benn an Oelze, 15. 6. 1956, zitiert nach Gottfried Benn, «Briefe an F. W. Oelze 1950–1956», hg. von Harald Steinhagen u. Jürgen Schröder, Limes, Wiesbaden 1980, S. 267
wenn alles hell ist: aus Gottfried Benns Gedicht «Was schlimm ist» (1952), «Sämtliche Werke», a. a. O., Bd. I, Gedichte 1, S. 264: *Am schlimmsten: nicht im Sommer sterben, wenn alles hell ist und die Erde für Spaten leicht*

369 *Die vielen Dinge:* aus Gottfried Benn, «Sämtliche Werke», a. a. O., Epilog (1948/49), Bd. I, Gedichte 1, S. 323

371 *Bitte an meine Familie:* Kadidja an Familie, 29. 9. 1960, PRIV

372 *Es ist ja nicht so:* ebd.

373 *Es ist mir nicht:* Kadidja an Tilly und Pamela, 17. 2. 1962, PRIV

374 *Sie haben mir:* Dr. Joachim Schondorff an Kadidja, 17. 7. 1963, PRIV
Sie haben weder: Dr. Schondorff an Kadidja, 30. 8. 1963, PRIV

375 *Meine Gedanken:* Dr. Schondorff an Tilly, 2. 9. 1963, PRIV
Ihr Einfall scheint mir: Kadidja an Guy Walter, ZDF, 16. 10. 1963, PRIV

376 *werde gemäß:* Kadidja an Pamela, 22. 10. 1963, PRIV
deine pläne: Pamela an Kadidja, 23. 10. 1963, PRIV
Liebe Pamela: Kadidja an Pamela, 22. 10. 1963, PRIV
Ich musste zurücktreten: Kadidja an Pamela, 12. 2. 1965, PRIV

379 *Es berührt schmerzlich:* Pamela an Tilly, 21. 12. 1966, PRIV
Es tut mir leid: Tilly an Charles, 1. 3. 1967, PRIV

380 *Es ist ja nicht mein Buch:* Kadidja an Pamela, 14. 4. 1968, PRIV
«Jetzt bleibst du aber ... »: zitiert nach Tilla Durieux, «Meine ersten neunzig Jahre», a. a. O., S. 313
Man bezahlt es teuer: Tilla an Tilly, 24. 2. 1953, MON

381 *Das Essen dort:* Tilly an Pamela, 18. 3. 1966
die Peitschenschläge: LULU, S. 296 ,
Sie bot ihm Tee an: Typoskript von Tilly, MON

382 *Ich wollte Dir heute:* Tilly an Pamela, 8. 12. 1966, PRIV

383 *Nun bist Du also:* Erika an Pamela, 8. 12. 1966, MON

384 *Dass ich Deiner:* Erika an Pamela, 12. 4. 1965, MON
mit keinem der hier einander: Pamela an Erika, 19. 4. 1965, MON
Durchaus nicht kann ich Dir: Erika an Pamela, 23. 8. 1967, PRIV
kuppeln nur im alten: Erika an Pamela, 13. 11. 1966, MON
Tränen stehen mir: Erika an Pamela, 20. 1. 1969, MON

385 *wie wir so sehr getrennt:* Pamela an Erika, 5. 7. 1968, MON
Erika realisiert nicht: Anita Naef an Pamela, 21. 4. 1969, MON
in beinahe unveränderter Schönheit: Aufzeichnung Pamelas, 2. 7. 1969, MON

386 *Das halte ich nicht aus:* Kadidja an Emilie Regnier (Goldi), 12. 8. 1968, PRIV
Ein so rohes Verhalten: «Erklärung» Kadidjas vom 20. 2. 1969, PRIV
Die viehische Gemeinheit: Pamela an Kadidja, o. D., PRIV
Ich habe sechzig!: Tilly an Charles, 4. 5. 1969, PRIV

387 «Liebe aus dem Lexikon»: Handschrift Tillys, MON

388 *Soviel berühmte Namen:* W. E. Süskind, «Süddeutsche Zeitung», 13. 11. 1969

388 *Es war ein überraschender:* Tilly an Pamela, 4. 3. 1970, PRIV

391 *Ich muß glücklich:* Pamela an Charles, 3. 7. 1972, PRIV

392 *Ich danke Dir:* Kadidja an Pamela, 27. 10. 1972, PRIV

393 *Zuerst möchte ich:* Pamela an Ariane Mnouchkine, 15. 1. 1979, PRIV

394 *jeden Tag neue Fragen:* Ariane Mnouchkine an Pamela, 23. 2. 1979, PRIV

395 *Ich glaube wirklich nicht:* Antia Naef an Pamela, o. D., PRIV

401 «Der Einbruch des Judentums»: aus: «Das Deutsche Fachschrifttum», Heft 4/5/6, 1943
     «Kadidja Wedekind hat meinen Vater»: Hinderk M. Emrich im Interview mit Anatol Regnier, Juni 2003
     Ich habe bis jetzt versucht: Hartmut Vinçon an Kadidja, 8. 9. 1989, PRIV

402 *Es handelt sich:* Kadidja an Frederic Kroll, 23. 9. 1985, PRIV

403 *nachdem ich nie:* Kadidja an Frederic Kroll, 15. 7. 1977, PRIV
     Wie Sie vielleicht wissen: ebd.
     Wir hätten alle: Kadidja an Frederic Kroll, 16. 4. 1984, PRIV
     Haben Sie sich eigentlich: Kadidja an Frederic Kroll, 7. 2. 1979, PRIV

404 *Beide waren Karrieristen:* Kadidja an Frederic Kroll, 24. 8. 1977, PRIV

405 *Ich zerstöre Dir:* Kadidja an Charles, 28. 5. 1988, PRIV

407 *Es dauerte länger:* Notiz Kadidjas, Empfänger nicht ersichtlich, 5. 5. 1984, PRIV
     Nein, ich könnte NICHT: Kadidja an die Hausverwaltung, Anfang Juli 1994, PRIV

Dank

Allen, die durch Auskunft, Rat, Gespräch und Überlassung von Material das Schreiben dieses Buches förderten und in vielen Fällen erst ermöglichten, danke ich herzlich.

Inbesondere danke ich:
– Dr. Elisabeth Tworek, Ursula Hummel, Gabriele Weber und Christine Hannig, Monacensia Literaturarchiv und Bibliothek, München, für ihre fachkundige, großzügige und unbürokratische Unterstützung
– Dr. Elke Austermühl und Prof. Hartmut Vinçon, Editions- und Forschungsstelle Frank Wedekind, Darmstadt, für die Überlassung der transkribierten Wedekind-Agenden und des Dramenentwurfs «In Extremis»
– Dr. Günter Seehaus (†), Köln, Wedekind-Biograf, der trotz seiner Krankheit immer Zeit fand, meine Fragen zu beantworten
– Dr. Frederic Kroll, Klaus-Mann-Biograf, für die Einsichtnahme in seinen Briefwechsel mit Kadidja und für die Gespräche in der gemeinsamen Suche nach Spuren in der Vergangenheit
– Dr. Dirk Heißerer für Anregungen, Hinweise, Telefonauskünfte und großzügiges Zur-Verfügung-Stellen von Dokumenten
– Ilse Tröschel für das Entziffern von Wedekinds Briefen
– Hilde Famira-Parcetich (†), Jugendfreundin Kadidjas, für die Erinnerung an Dinge, die nur noch sie wusste
– Virginia Newes, Boston USA, für Hinweise zur Newes'schen Familiengeschichte
– Eva Jungmeier, Ulrike Liebich, Hannes Macher, Ursula

Schmidkonz und Dagmar Nick für Auskunft über Kadidjas letzte Lebensjahre
- Georg Kahn-Ackermann
- Dr. Gerhard Hay
- Dr. Manfred Linke
- Dr. Erhard Weidl
- Prof. Hermann Becke
- Prof. Dr. med. Dr. phil. Hinderk M. Emrich
- Magdalena und Madeleine Strindberg
- dem «Dichtertreff» in Berg
- Veronika Kreuzhage für ihre Idee zu diesem Buch
- meiner Lektorin Claudia Vidoni
- meinen Schwestern Carola und Adrienne für Gespräche, Hinweise und die Erlaubnis, über die gemeinsame Familiengeschichte zu schreiben

und Anja, die jeden Text als Erste las.

Quellen- und Bildnachweis

Quellen

Der Abdruck aus veröffentlichen Briefen und Werken von Klaus Mann sowie aus unveröffentlichten Briefen von Erika Mann und Klaus Mann erfolgt mit freundlicher Genehmigung des Rowohlt Verlags GmbH, Reinbek.

Der Abdruck aus Werken von Thomas Mann und von Heinrich Mann erfolgt mit freundlicher Genehmigung des S. Fischer Verlags GmbH, Frankfurt am Main.

Der Abdruck aus Werken von Gottfried Benn erfolgt mit freundlicher Genehmigung des Klett Cotta Verlags, Stuttgart.

Der Abdruck aus Werken von Erich Mühsam erfolgt mit freundlicher Genehmigung der Erich-Mühsam-Gesellschaft, Lübeck.

Der Abdruck aus Fritz Kortner, «Aller Tage Abend», erfolgt mit freundlicher Genehmigung des Alexander Verlags, Berlin.

Der Abdruck aus Gerhart Hauptmann – Ida Orloff, «Dokumentation einer dichterischen Leidenschaft», erfolgt mit freundlicher Genehmigung des Ullstein Verlags GmbH, München.

Der Abdruck aus Tilla Durieux, «Meine ersten neunzig Jahre», erfolgt mit freundlicher Genehmigung der F. A. Herbig Verlagsbuchhandlung GmbH, München.

Der Abdruck aus Thea Sternheim, «Erinnerungen», erfolgt mit freundlicher Genehmigung der Kore Edition, Freiburg.

Abbildungen

Seite 23, 27, 45, 63, 83, 158, 277: Monacensia, München; Seite 41, 59, 104, 123, 136, 149, 177, 182, 187, 199, 204, 209, 228, 232, 245, 254, 259, 272, 284, 310, 311, 318, 341, 377, 391: privat; Seite 79, 192: © VG Bild-Kunst, Bonn 2003; Seite 383: Barbara Niggl; Seite 405: Margarete Freudenstadt

Register